U0869601

识干家

日進日新　學以致用

平台生态

价值创造与价值获取

罗珉　彭毫◎著

北京燕山出版社
BEIJING YANSHAN PRESS

图书在版编目（CIP）数据

平台生态：价值创造与价值获取/ 罗珉，彭毫著．－北京：北京燕山出版社，2020.6

ISBN 978-7-5402-5629-6

Ⅰ.①平… Ⅱ.①罗… ②彭… Ⅲ.①电子商务－研究 Ⅳ.①F713.36

中国版本图书馆 CIP 数据核字（2020）第 088366 号

书　　名：平台生态：价值创造与价值获取

作　　者：罗　珉　彭　毫

责任编辑：满　懿

出版发行：北京燕山出版社

地　　址：北京市丰台区东铁营苇子坑路 138 号

网　　址：http：//www.bjyspress.com

电　　话：（010）65240430

电子邮箱：bjyspress@126.com

印　　刷：河北宝昌佳彩印刷有限公司

经　　销：新华书店

规　　格：170 毫米×240 毫米　16 开本　22 印张　418 千字

版　　次：2020 年 8 月第 1 版　　2020 年 8 月第 1 次印刷

定　　价：88.00 元

导读

本书的观点是，平台与平台生态系统这种新兴的产业组织形式与价值创造模式，正在改变一系列其他经济和社会领域，从软件产业、消费需求、医疗保健、教育到能源和政府。

我们致力于研究平台与平台生态系统，以及他们是如何运作的，他们是如何扰乱传统厂商组织、颠覆市场、改变人们的职业生涯，以及他们是如何进行价值创造与价值获取的，这些新兴平台与平台生态系统正利用强大的经济、社会和技术力量颠覆传统行业，并推出新的行业。

本书的主要内容如下：

第一章移动互联网时代的商业图景，提出移动互联网改变了人类社会发展的逻辑和连接方式。

第二章平台与平台型企业，讨论了平台的含义、产品平台、平台型企业和产业平台等互联网时代的中观层次的组织形态，并以案例研究的形式讨论了平台商业模式创新的问题。

第三章平台生态系统，讨论了商业生态系统的概念与研究视角，从理论层面厘清了商业生态系统的研究视角，对平台生态系统的概念和特点进行了深入研究，提炼了平台生态系统的要素。

第四章平台生态系统架构，讨论了平台生态系统的复杂性、平台生态系统架构的特点、平台架构、平台供给端（B 端）和平台需求端（C 端）。本章认为，平台生态系统和平台规模仅仅是构成平台生态系统价值创造的充要条件，而平台与互补性资产的结合才是构成平台生态系统价值创造的要充条件。本章强调设计平台生态系统架构必须重点考察平台生态系统中相互依赖性和互补性的性质、方向性和强度等问题，要厘清平台本身与平台生态系统参与者的应用程序、开发者、互补品提供商之间的关系，以及他们是如何影响平台生态系统架构的。

第五章价值创造的理论逻辑，从价值创造的理论发展脉络角度讨论了价值与价值创造的内涵、价值创造的理论流派和工业经济时代经典的价值创造模式，并提出了互联网时代价值创造模式的发展思路。

第六章互联网时代的价值共创与价值获取，首先提出了工业经济时代和互联网时代企业进行价值创造与价值获取的难点问题。本章认为工业经济时代厂商组织的难点是价值创造，而互联网时代厂商组织的难点是价值获取。本章讨论了衡量价值配置的理论视角、价值共创、价值获取、价值滑动、价值获取的手段和社群用户参与的价值共创等问题，最后归纳了互联网时代价值创造的特点。

第七章平台生态系统的竞争优势与价值创造，对解释平台生态系统竞争优势的理论流派进行了归纳，指出了各个理论流派的研究重点与不足，讨论了影响平台生态系统竞争优势的因素、平台生态系统的隔离机制、网络效应与网络外部性和间接网络效应与互补性资产。

第八章平台战略，讨论了平台战略的内涵与外延、平台启动战略、平台治理战略和平台竞争战略等，本章以推特（Twitter）、脸书（Facebook）、微信支付、阿里巴巴等案例为支撑，分别说明了平台启动战略、平台治理战略和平台竞争战略中的各个难点与要点。

前言

今天，平台与平台生态系统已经成为移动互联网时代推动经济和社会发展的最重要的厂商组织形态，并代表着一种新兴商业模式的兴起。平台经营模式是当今许多最大、增长最快、破坏力最强厂商组织成功的基础，这些厂商组织涵盖了阿里巴巴（Alibaba）、腾讯（Tencent）、百度（Baidu）、苹果（Apple）、谷歌（Google）、脸书（Facebook）、亚马逊（Amazon）、微软（Microsoft）、易趣（eBay）、滴滴出行（DIDI）、优步（Uber）和爱彼迎（Airbnb），他们都通过平台经营模式实现了高速增长，成为世界500强的中坚力量。

事实上，平台与平台生态系统正在改变产业竞争蓝图。今天绝大多数产业中的市场竞争，已经不再是厂商组织与厂商组织之间的竞争，而是平台与平台之间的竞争，或者说是平台生态系统与平台生态系统之间的竞争。在许多行业中，市场竞争已经从产品和服务竞争持续地迁移到平台的竞争（platform based competition），这是由产品、服务和活动的分包化及模块化、软件嵌入、消费需求的异质化、无处不在的移动互联网及日益增加的专业化需求驱动的，而这些专业化需求正每时每刻地、不断地注入消费者彰显自我存在的个人特性；信息技术的发展已经将软件产业的计算机辅助技术转化为许多非技术产业的平台架构，过去在以产品为基础的市场中，厂商组织为消费者提供良好服务的东西，在以平台为基础的市场中却可能成为厂商组织的阿喀琉斯之踵（Achilles'Heel）。

厂商组织治理和管理基于平台的业务，需要一种完全不同的战略思维。大多数旧的商业模式可能仍然具有生命力，也可能仍然是一个好模式，但是他们背后的许多假设在平台经营的环境下逐渐变得不成立了。虽然人们津津乐道地讲述着阿里巴巴（Alibaba）、腾讯（Tencent）、苹果（Apple）、谷歌（Google）和脸书（Facebook）

等互联网超级巨星的轶事，但很少有观察家去分析这些互联网超级巨星成功背后的更广泛的组织结构形式、技术架构、价值创造和价值获取的机制，以及平台与平台生态系统的治理机制。产品或服务如何成为平台？平台与平台生态系统应该如何设计？平台与平台生态系统应该如何管理、控制和定价？在缺乏熟悉的组织结构情况下，如何协调这么跨越产业边界的多人的工作？如何塑造平台与平台生态系统的可进化性、竞争持久性和生存能力？平台与平台生态系统的设计如何为应用程序开发者、互补者厂商组织和用户创造双赢或多赢的价值主张？这就是本书力图回答的基本问题，同时也希望为本书读者提供可操作的工具，以帮助读者获得关于平台与平台生态系统设计策略的答案。然而，更重要的是，本书需要为读者厘清平台与平台生态系统的构建，以及他们进行价值创造和价值获取的理论脉络。

从严格意义的管理理论溯源看，平台与平台生态系统的出现，以及他们进行价值创造和价值获取的基本模式，起源于美国著名组织理论学家詹姆斯·汤普森（Thompson，1967）① 的名著《行动中的组织》。汤普森在书中提出了长程连接技术（long-linked technologies）、密集技术（intensive technologies）、中介技术（mediating technologies）的分类和相互依赖理论。正是这些理论导致了管理理论在两个领域实现了重大发展：中观层次的组织构建和价值创造模式的创新。

从组织理论视角看，平台（platform）与平台生态系统（platform ecosystem）属于中观层次（meso-level）的组织构建。自《行动中的组织》一书出版之后，中观层次的组织构建一直是组织理论研究的热点课题，如 20 世纪 90 年代的价值星系（value constellations）（Normann & Ramirez，1993）②、价值网（value nets）（Brandenburger & Nalebuff，1996）③、价值网络（value networks）（Stabell & Fjeldstad，1998）④、战略网络（strategic networks）（Gulati et al.，2000）⑤，以及新世纪的元组织（meta-organizations）（Gulati et al. 2012）⑥ 和商业生态系统（business ecosystem）（Adner & Kapoor，

① Thompson，J. D.（1967）Organizations in action：Social science bases of administrative theory. New York：McGraw-Hill Book Company，1967.

② Normann，R. & Ramirez，R.（1993）From value chain to value constellation：Designing interactive strategy. Harvard Business Review，71（4）：65 – 77.

③ Brandenburger，A. M. & Nalebuff，B.（1996）Coopetition：A revolutionary mindset that combines competition and cooperation in the marketplace. New York：Currency/Doubleday.

④ Stabell，C. B. & Fjeldstad，Ø. D.（1998）Configuring value for competitive advantage：On chains，shops，and networks. Strategic Management Journal，19（5）：413 – 437.

⑤ Gulati，R. Nohria，N. & Zaheer，A.（2000）Strategic networks. Strategic Management Journal，21（3）：203 – 215.

⑥ Gulati，R. Puranam，P. & Tushman，M. L.（2012）Meta – organization design：Rethinking design in interorganizational and community contexts. Strategic Management Journal，33（6）：571 – 586.

2010;[①] Ansarin et al. 2016;[②] Dattée et al. 2017;[③] Kapoor & Lee, 2013;[④] Pierce, 2009;[⑤] Teece, 2007;[⑥] Toh & Miller, 2017;[⑦] Jacobides, et al., 2018)[⑧] 等。今天，厂商组织与其经营情境之间的互补性和相互依赖性，正是中观层次组织构建面临的核心问题，也是厂商进行价值创造和价值获取的关键所在。

从价值创造的视角看，价值创造是厂商经营的永恒主题。自《行动中的组织》一书出版之后，汤普森的相互依赖理论得到了长足的发展，出现了研究厂商组织内生性竞争优势的资源依赖理论（Resource Dependence Theory, RDT）（Pfeffer & Salancik, 1978）[⑨]，到20世纪90年代之后，最终衍生出内生性竞争优势理论：资源基础观（Resource-based View, RBV）（Peteraf, 1993;[⑩] Barney, 1991;[⑪] Spender and Grant, 1996）[⑫] 和动态能力理论（Dynamic Capability Theory, DCT）（Teece et al., 1997;[⑬] Teece, 2007）[⑭]，进而发展出解释价值星系、战略联盟、价值网络等组织间

---

① Adner, R. & Kapoor, R. (2010) Value creation in innovation ecosystems: How the structure of technological interdependence affects firm performance in new technology generations. Strategic Management Journal, 31 (3): 306 – 333.

② Ansari, S. S. Garud, R. & Kumaraswamy, A. (2016) The disruptor's dilemma: TiVo and the U. S. television ecosystem. Strategic Management Journal, 37 (9): 1829 – 1853.

③ Dattée, B. Alexy, O. & Autio, E. (2017) Maneuvering in poor visibility: How firms play the ecosystem game when uncertainty is high. Academy of Management Journal, 61 (2): 466 – 498.

④ Kapoor, R. & Lee, J. M. (2013) Coordinating and competing in ecosystems: How organizational forms shape new technology investments. Strategic Management Journal, 34 (3): 274 – 296.

⑤ Pierce, L. (2009) Big losses in ecosystem niches: How core firm decisions drive complementary product shakeouts. Strategic Management Journal, 30 (3): 323 – 347.

⑥ Teece, D. J. (2007) Explicating dynamic capabilities: The nature and microfoundations of (sustainable) enterprise performance. Strategic Management Journal, 28 (13): 1319 – 1350.

⑦ Toh, P. K. & Miller, C. D. (2017) Pawn to save a chariot, or drawbridge into the fort? Firms' disclosure during standard setting and complementary technologies within ecosystems. Strategic Management Journal, 38 (11): 2213 – 2236.

⑧ Jacobides, M. G. Cennamo, C. & Gawer, A. (2018) Towards a theory of ecosystems. Strategic Management Journal, 39 (8): 2255 – 2276.

⑨ Pfeffer, J. & Salancick, G. R. (1978) The external control of organizations: A resource dependence perspective. New York: Harper Row.

⑩ Peteraf, M. A. (1993) The cornerstones of competitive advantage: A resource based view. Strategic Management Journal, 14 (3): 179 – 191.

⑪ Barney, J. B. (1991) Firm resources and sustained competitive advantage. Journal of Management, 17 (1): 99 – 120.

⑫ Spender, J. C. & Grant, R. M. (1996) Knowledge and firm: Overview. Strategic Management Journal, Winter Special Issue, 17 (WI): 5 – 9.

⑬ Teece, D. J. Pisano, G. & Shuen, A. (1997) Dynamic capabilities and strategic management. Strategic Management Journal, 18 (7): 509 – 533.

⑭ Teece, D. J. (2007) Explicating dynamic capabilities: The nature and microfoundations of (sustainable) enterprise performance. Strategic Management Journal, 28 (13): 1319 – 1350.

关系理论的资源基础观（Gulati，1999；[1] Galaskiewicz and Zaheer，1999；[2] Gulati et al.，2000）[3]、知识基础观（Knowledge-based View，KBV）或能力基础观（Capability-based View，CBV）（Grant，1996；[4] Teece et al.，1997；[5] Aulakh and Kotabe，1997；[6] Makhija and Ganesh，1997；[7] Tidd and Trewhella，1997；[8] Poppo and Zenger，1998）[9]、社会逻辑观（Social Logic View，SLV）（Gulati，1995；[10] Dyer and Singh，1998；[11] Nooteboom，2000；[12] Dyer and Nobeoka，2000）[13] 和组织学习理论视角（Kogut and Zander，1992；[14] Teece et al.，1997；[15] Doz，1996）[16]，正是这些理论的发展，构成了价值创造的基本理论逻辑。

---

① Gulati，R.（1999）Network location and learning：The influence of network resources and firm capabilities on alliance formation. Strategic Management Journal，20 （5）：397 –420.

② Galaskiewicz，J. & Zaheer，A.（1999）Networks of competitive advantage. In S. Andrews and D. Knoke，eds. Research in the sociology of organization. Greenwich，Connecticut：JAI Press，Vol. 16：237 –261.

③ Gulati，R. Nohria，N. & Zaheer，A.（2000）Strategic networks. *Strategic Management Journal*，21 （3）：203 –215.

④ Grant，R. M.（1996）Toward a knowledge-based theory of the firm." *Strategic Management Journal*，Winter special issue，17 （WI）：109 –122.

⑤ Teece，D. J. Pisano，G. & Shuen，A.（1997）Dynamic capabilities and strategic management. Strategic Management Journal，18 （7）：509 –533.

⑥ Aulakh，P. S. &Kotabe，M.（1997）Antecedents and performance implications of channel integration in foreign markets. Journal of International Business Studies，28 （1）：145 –175.

⑦ Makhija，M. V. & Ganesh，U.（1997）The relationship between control and partner learning in learning-related joint ventures. Organization Science，8 （5）：508 –520.

⑧ Tidd，J. & Trewhella，M. J.（1997）Organizational and technological antecedents for knowledge acquisition and learning. R & D Management，24 （4）：359 –375.

⑨ Poppo，L. & Zenger，T.（1998）Testing alternative theories of the firm：Transaction cost，knowledge-based，and measurement explanations for make-or-buy decisions in information services. Strategic Management Journal，19 （10）：853 –877.

⑩ Gulati，R.（1995）Does familiarity breed trust? The implications of repeated ties for contractual choice in alliances. Academy of Management Journal，38 （1）：85 –112.

⑪ Dyer，J. H. & Singh，H.（1998）The relational view：Cooperative strategy and sources of inter-organizational competitive advantage. Academy of Management Journal，23 （4）：660 –679.

⑫ Nooteboom，B.（2000）Institutions and forms of co-ordination in innovation systems. Organization Studies，21 （5）：915 –939.

⑬ Dyer，J. H. & Nobeoka，K.（2000）Creating and managing a high-performance knowledge-sharing network：The Toyota case." Strategic Management Journal，21 （3）：345 –367.

⑭ Kogut，B. &Zander，U.（1992）Knowledge of the firm，combinative capabilities，and the replication of technology." Organization Science，3 （3）：383 –397.

⑮ Teece，D. J. Pisano，G. & Shuen，A.（1997）Dynamic capabilities and strategic management. Strategic Management Journal，18 （7）：509 –533.

⑯ Doz，Y. L.（1996）The evolution of cooperation in strategic alliances：initial conditions or learning processes? Strategic Management Journal，Summer special issue，17 （SI）：55 –83.

挪威管理学家斯塔贝尔与弗杰尔德斯塔得（Stabell & Fjeldstad，1998）① 以价值创造理论为基础，构建了三种经典的价值创造模式：价值链模式（value chain model）、价值商店模式（value shop model）与价值网络模式（value network model）。而这三种价值创造模式，正是建立在詹姆斯·汤普森（Thompson，1967）的长程连接技术、密集技术和中介技术基础之上的。

今天，在战略管理领域，人们越来越认识到价值创造的轨迹已从战略联盟中的焦点厂商（focus firm）转向平台与平台生态系统（Iansti & Levien，2004；② Teece，2007；③ Baldwin，2012；④ Adner et al. 2013）⑤，平台与平台生态系统相对应的价值创造模式也变成了网上价值商店（network value shop）模式，或者说是在线价值商店（online value shop）模式，其典型代表就是苹果的 Apple App Store 模式。这一模式并没有从根本上改变工业时代价值创造模式的基本假设，而是在移动互联网时代对其所进行的综合性创新。人们越来越关注厂商组织和经营活动之间的互补性和相互依赖性，以及伴随着平台与平台生态系统出现的一系列诸如平台、多边市场、平台商业模式、平台架构、需求端、供给端、价值网络、竞合、平台包络等与生态系统相关的概念，这极大地提高了人们对新的价值创造和价值获取模式的兴趣。从某种意义上说，平台与平台生态系统从新的视角提供了一种新的思考价值创造与获取、价值共创、协同专业化和厂商组织间协同进化的方法（Adner，2012；⑥ Ceccagnoli et al. 2012；⑦ Dattée et al. 2017；⑧Lusch & Nambisan，2015；⑨ Toh & Miller，2017）⑩。

---

① Stabell，C. B. & Fjeldstad，Ø. D.（1998）Configuring value for competitive advantage：On chains，shops，and networks. Strategic Management Journal，19（5）：413 – 437.

② Iansiti，M. and Levien，R.（2004）Strategy as ecology. Harvard Business Review，82（2）：68 – 78.

③ Teece，D. J.（2007）Explicating dynamic capabilities：The nature and microfoundations of（sustainable）enterprise performance. Strategic Management Journal，28（13）：1319 – 1350.

④ Baldwin，C. Y.（2012）Organization design for business ecosystems. Journal of Organization Design，1（1）：20 – 23.

⑤ Adner，R. Oxley，J. & Silverman B，eds.（2013）Introduction：Collaboration and competition in business ecosystems. In Adner R，Oxley J，& Silverman B，eds. Collaboration and Competition in Business Ecosystems. Advances in Strategic Management，Vol. 30. Bingley，UK：Emerald Group Publishing Ltd. pp. ix – xvii.

⑥ Adner，R.（2012）The wide lens：A new strategy for innovation. New York：Portfolio Penguin.

⑦ Ceccagnoli，M. Forman，C. Huang，P. & Wu，D. J.（2012）Co-creation of value in a platform ecosystem：The case of enterprise software. MIS Quarterly，36（1）：263 – 290.

⑧ Dattée，B. Alexy，O. & Autio，E.（2017）Maneuvering in poor visibility：How firms play the ecosystem game when uncertainty is high. Academy of Management Journal，61（2）：466 – 498.

⑨ Lusch，R. F. & Nambisan，S.（2015）Service innovation：A service – dominant logic perspective. MIS Quarterly，39（1）：155 – 175.

⑩ Toh，P. K. & Miller，C. D.（2017）Pawn to save a chariot，or drawbridge into the fort? Firms' disclosure during standard setting and complementary technologies within ecosystems. Strategic Management Journal，38（11）：2213 – 2236.

本书的写作最初来源于西南财经大学企业管理研究所每周进行的博士生讨论会，该讨论会已经进行了大约20年。从2014年起，该讨论会就从讨论工业经济时代的厂商组织形态和价值创造模式转向了互联网时代的厂商组织形态和价值创造模式。参加该讨论会的有：西南财经大学企业管理研究所所长、博士研究生导师罗珉教授；西南财经大学市场营销研究所所长、博士研究生导师张剑渝教授；电子科技大学经济与管理学院副院长滕颖教授；山西财经大学工商管理学院付东老师；四川大学工商管理学院企业管理专业在读博士研究生、重庆工商大学教师邓华博士；西南财经大学工商管理学院在读博士研究生马柯航、刘江鹏、李亮宇、赵振、杜华勇、鞠英伟、彭毫、池睿、樊志文、徐英、邓广宽、潘虹宇、徐杨、硕士研究生孙博言、饶瑾、华玲平等人。该讨论会不仅从理论层面讨论互联网时代的厂商组织形态和价值创造模式，也研究国内外平台型企业进行平台经营的案例，并组织师生参加众多平台型企业的调研与访谈，参与一些平台型企业的架构设计。这些理论研讨和企业实践，使该研究团队产生了一系列重要的阶段性研究成果，其中与平台与平台生态系统有关的成果有：罗珉、李亮宇：《互联网时代的商业模式创新：价值创造视角》（《中国工业经济》，2015年1期）；刘江鹏：《企业成长的双元模型：平台增长及其内在机理》（《中国工业经济》，2015年6期）；赵振：《互联网跨界经营：创造性破坏视角》（《中国工业经济》，2015年10期）；赵振、彭毫：《"互联网+"跨界经营——基于价值创造的理论构建》（《科研管理》，2018年9期）；罗珉、杜华勇：《平台领导的实质选择权》（《中国工业经济》，2018年3期）。正是有这些理论研讨、企业的调研与访谈和阶段性研究成果，促使本书的两位作者将其研究成果呈现在广大读者面前。

本书作者之一彭毫，是西南财经大学企业管理研究所在读博士研究生，他对数字经济的价值创造模式具有浓烈的兴趣。彭毫大学本科就读于西南财经大学金融学院货币银行专业，早在2009年，大学本科三年级的他就在《当代经济管理》上发表了《论网络经济的收益递增法则》、在《经济管理》上发表了《知识管理的日、美范式比较》两篇论文。彭毫在2016年考入西南财经大学企业管理研究所攻读企业管理博士学位，2017年和2018年应邀分别前往香港浸会大学和香港科技大学研究平台的搜寻与匹配机制、数据挖掘和算法，因而彭毫对平台的技术架构和数据接口、内容界面、工具界面和价值界面等有较深的研究。本书另一位作者罗珉，是西南财经大学企业管理研究所所长、博士研究生导师、教授，是国内资深的管理学教授，主要从事组织理论与企业经营研究，在管理学前沿理论研究方面多有建树。罗珉对组织间关系理论、价值星系、战略联盟等中观组织、价值创造与商业模式的研究颇受学术界称道。这两位作者的组合为本书的成功奠定了坚实的基础。

本书以两个视角为基础：组织与价值创造。首先，本书研究中观层次组织层面的平台与平台生态系统的组织形态，指出了在软件平台生态系统和非软件的消费类平台生态系统中，厂商组织之间的竞争已经从产品竞争转到平台竞争，或者说是平台生态系统之间的竞争，因而时代呼唤新的价值创造与价值获取模式，对平台生态系统需要不同的经营与管理思路。其次，本书强调新的价值创造与价值获取模式，是以一种不可预见的方式发展的，平台市场繁荣真谛在于每一天都是一个新的创新过程，而这是在工业经济时代从来没有过的事情。中观层次组织和价值创造与价值获取模式是平台进化的两个车轮，必须相互锁定和同步发展。因此，进化是以其不可逆转的平台架构与价值创造模式创新之间的相互作用为前提的。在进化过程中，平台生态系统的发展速度超过传统的厂商组织。平台领导或平台倡导者在努力协调平台生态系统，在不影响整个平台生态系统整合的前提下，利用许多互补者和局外人的资源、激情和专业知识，来共同进行价值创造。

我们写作这本书，是因为我们相信数字连接和它所提供的平台与平台生态系统将永远改变社会经济生活。平台驱动的经济转型正在为整个社会以及为创造财富、创造增长和服务人类需求的厂商组织和其他组织带来巨大的利益。同时，它正在对传统意义上的公司治理与管理规则进行彻底的改变。我们希望新兴平台与平台生态系统能够帮助市场新进入者、在位企业、市场监管者和决策者，有效地驾驭平台与平台生态系统，构建价值创造与价值获取模式，以迎接当今社会经济生活充满挑战的新格局。

彭毫　罗珉

2019 年 12 月于西南财经大学柳林校区

目录

第五章　价值创造的理论逻辑

第六章　互联网时代的价值共创与价值获取

第七章　平台生态系统的竞争优势与价值创造

第八章　平台战略

第一章

移动互联网时代的商业图景

今天，新经济的发展出现了许多新型的厂商组织和商业模式。这种以移动互联网为基础的经济，把所有的事物联结在一起。严格地说，互联网是一种沟通方式、生存方式和生存氛围。它不仅是价值的存储（storage of value），更是沟通方式（communication）的变革。美国《连线杂志》（Wired Magazine）创始人凯文·凯利（Kelly，1995）[①] 认为："互联网是以网络为基础的，芯片无处不在。今后，连鞋子里面也有智能芯片。所有的东西跟所有的东西联结在一起（connecting everything to everything），这是新经济的基础。"

应当看到，在这样一个伴随移动互联、社交网络而来的移动互联网时代，社会生活的面貌和商业世界的规则，已经不再是传统互联网概念所能解释的。新型厂商组织的出现和商业模式的创新诱发的新问题和新趋势，正在深刻地改变移动互联网时代的商业图景（business picture）。这些新的商业图景至少在以下几个方面浮现出来：

① Kelly，K.（1995）Out of control：The new biology of machines，social systems，and the economic world. New York：Basic Books.

一、 移动互联网改变了人类社会发展的逻辑和连接方式

厂商组织进行价值创造和价值获取，交换或交易活动是其最重要活动之一，而连接方式是交换或交易活动的基础。要理解互联网时代的价值创造和价值获取问题，应当从人类社会发展的线索中的“人的延伸”入手。

所谓的“人的延伸”（the extensions of man），加拿大原创媒介理论家马歇尔·麦克卢汉（Mcluhan，1964）[①] 在《理解媒介：人的延伸》一书中做了最好的解释。麦克卢汉认为，“媒介即讯息”（the medium is the message）。他认为，媒介对信息、知识、内容有强烈的反作用，它是积极的、能动的对讯息有重大影响，决定了讯息的清晰度和结构方式。“媒介即人的延伸”（the medium is the extensions of man）。媒介与人是相对独立的。不同媒介对不同人的感官起作用。印刷媒介影响人的视觉，使人的感知成线状结构；视听媒介影响人的触觉，使人的感知成三维结构。麦克卢汉认为，人类有三种延伸：一是身体器官的延伸，例如轮子是脚的延伸，衣服是皮肤的延伸，住宅是集体皮肤的延伸；二是某种感官的延伸，例如口头言语是听觉的延伸，印刷物是视觉的延伸；三是中枢神经系统的延伸，对于他所处的电力时代，中枢神经系统的延伸包含广播、电报、电话、电视等新兴媒介。这些延伸都在不同的层面上对人类社会产生了影响。事实上，科学技术的发展有清晰的规律，就是对人不断地延伸。例如轮子与火箭，就是对人腿的延伸，洗衣机就是对人手的延伸，电话就是对人耳朵的延伸，电视就是对人眼睛的延伸，科技发展的规律就是如此。事实上，人类历史上的任何重大技术变革，都会从根本上改变“人的延伸”方式和优化连接方式，因而厂商组织的经营活动就会发生质的变化。例如，内燃机技术、喷气式发动机技术改变了交通运输问题，拓展了人类连接的空间边界。

现代通讯工具和互联网带来的是连接方式的彻底改变：更快的连接，更广范围的连接，更便捷的连接。互联网的实质就是“连接”——物的连接、人的连接，以及商业与人的连接。从这个意义上说，互联网不是新技术，但它能够让人进一步延伸，而人与人、人与自然的协作方式也就会发生巨大变化，即使最乐观的人也可能

---

① Mcluhan，M.（1964）Understanding media：The extensions of man. Cambridge，Massachusetts：MIT Press.

会低估互联网可能带来的变化。

严格地说，互联网是渠道（channels），沟通渠道、销售渠道和支付渠道，而互联网思维则是一种新的商业模式。有了互联网，电子商务成了最现代、最流行、最便捷的购物方式，成了顾客与厂商组织之间的沟通渠道、销售渠道和支付渠道，成了成本最低、速度最为快捷的商业模式。应当看到，通过互联网和信息技术实现的连接将显著降低信息传递成本、信息沟通成本和交易成本，导致厂商组织间边界被削弱，甚至被彻底打破，产业间及产业内厂商组织的核心资源或能力的隔离机制消失殆尽（Casadesus-Masanell & Ricart，2010）①。

事实上，连接是移动互联网的本质特征。2014 年，全球移动互联网大会（GMIC）曾经提出了一个观点：未来，人、服务、设备的一切都会智能化（intellectualization），并通过移动互联网彼此连接在一起。那些真正具备连接能力的互联网厂商将具备最大价值，叫作“连接型”公司（connected company）。在中国互联网商业实践中，百度连接人和信息，腾讯连接人和人，阿里巴巴连接人和商品。未来连接人和服务的 O2O（online to offline）、连接人和设备的智能硬件，都将成为商业实践的超级风口（super draught）。

在商业实践中，连接应当与“场景”（scene）结合起来，并且能够让这种连接在有需要时随时被激活。也就是说，人与人、人与物，人与一切、供给和需求等的连接，是与“场景”对接的，是以人为中心的、解决人的需求痛点的全新连接，这种连接往往是跨界的连接。例如，任何两个陌生的厂商组织，通过强商务拓展（business development，BD）就能彼此形成互补的品牌链，找到接触点，一起发生化学反应，这就是跨界连接（crossover connection）。品牌的跨界，背后伴随的是用户群的流动。原来互不相干、井水不犯河水的两群人，通过品牌的跨界，完全打破界限，形成了新的用户群。

应当看到，移动互联网时代带来的是人类连接方式的改变：

（1）移动互联网时代将是自由连接的时代，即从组织协作转向自由协作的时代。

（2）移动互联网时代将是丰富连接的时代，即从产品化商业模式转向体验化商业模式。

（3）移动互联网时代将是聚合连接的时代，即从中心化传播转向碎片化传播。正是这种连接方式的巨大改变，使移动互联网时代又成为动荡剧烈的时代，环境的剧烈动荡是企业和个人不得不面对的重要问题。

---

① Casadesus-Masanell，R. & Ricart，J. E.（2010）From strategy to business models and onto tactics. Long Range Planning，43（2）：195－215.

可以这样说，移动互联网已经从根本上改变了人与人、组织与组织之间的连接方式，这些变化包括降低连接成本、提升连接效率、拓展连接规模、丰富连接内容，等等。厂商组织边界也因此而日趋模糊，厂商组织不再是相对开放的封闭系统，而是相对封闭的开放系统。厂商组织的创新实践也因此而发生重大变化，在工业经济时代，战略联盟是厂商组织间合作创新的主要形式之一，但在今天，连接方式的改变推动了厂商组织的商业模式创新，厂商组织更加注重的是开放式创新、创新平台生态系统。厂商组织创新的伙伴规模、创新的范围和创新的边界，都出现了前所未有的变化（Zott & Amit，2010）①。

① Zott，C. & Amit，R.（2010）Business model design：An activity system perspective. Long Range Planning，43（2）：216－226.

二、移动互联网的出现使商业图景更加“云化”

英籍奥地利哲学家卡尔·波普尔（Popper，1965）[①] 1965 年 4 月 21 日在美国华盛顿大学的一次长篇学术演讲：“关于云与钟：对理性问题与人类自由的探讨。”波普尔在演讲中提出了“云与钟”（cloud and clock）的隐喻（metaphor）。波普尔认为，世界上有两种基本模式：一种是钟（clock），一种是云（cloud）。“钟”意味着内外界线清晰，由不同的零部件构成，有精细的分工，可以画出蓝图，也可以不断地优化，不断地复制；“云”意味着模糊、混沌和不确定性，它无界限、无边界，没有一模一样，没有分工，没法复制，每朵云都有自己存在的价值。波普尔认为，“云”象征着没有秩序的、不规则的、难以预测的事物，而“钟”则象征着秩序井然、规则的且可预测的事物。现代科学的发展将使得世界上的一切现象得以解释：“所有的云都是钟——甚至最阴沉的云也是钟。”

严格地说，“钟”的隐喻来自于牛顿范式（Newton paradigm），它把宇宙看成一台巨大的机器，就像一口巨大的宇宙钟。一位牛顿的崇拜者这样说道：“自从知道宇宙就像一口宇宙钟，我就更敬佩它了。尽管大自然令人敬畏，但它却建立在这样朴素的基础上，这实在让人惊奇。”（Matson，1964）[②] “钟”强调稳定、有序、均匀和平衡，过程具有可逆性（reversibility）。

“钟”是在“自然法则”（natural law）指定的、可确定的理性轨道上运转的。这是一幅完全确定论形式（deterministic form）的厂商组织的经营图景：没有给各种偶然性（happenstance）留有任何余地，厂商组织及其经营的未来完全由它的过去所决定。法国哲学家和数学家皮埃尔－西蒙·德·拉普拉斯（Laplace，1795）[③] 在 18 世纪末期给这种确定论以生动的描述。他认为，可以“相同的分析表达式去理解宇宙系统的过去状态和未来状态。把同一方法应用于某些其他的认识对象，它已能将观

---

① 参见：卡尔·波普尔.（2012）《客观知识：一个进化论的研究》，第六章，上海：上海三联书店。英文本见：Karl Popper.（1972）Objective knowledge：An evolutionary approach. London：Clarendon Press.

② Matson，F. W.（1964）The broken image：Man，science and society. New York：George Braziller，29.

③ de Laplace，P. －S.（1951）A philosophical essay on probabilities（Sources in the History of Mathematics and Physical Science，Vol. 13）Dover：Dover Publications ING，80.

察到的现象归结为一般规律，并且预见到在给定条件下应当产生的结果。”

随着互联网的发展和平台型企业的大量涌现，“钟”的隐喻所罗列出来的那些关键性成功因素，在今天的厂商组织及其经营管理的商业实践中，已经变得越来越靠不住了。在移动互联网时代，非理性、不确定性广泛存在厂商组织的商业实践中，无论你身处世界的何时何地，都会明显地感受到。牛顿范式的理性、确定性的描述和确凿无误的东西已经变得没有任何意义了，移动互联网时代的商业图景、厂商组织的经营和市场经济秩序变得令人难以捉摸。

在我们看来，“云模式”（cloud model）更值得玩味。“云”意味着无界限、无边界，因而没有内外之分。

“云”意味着模糊（blur）。模糊的核心是一种力量：是从时间、空间和群体中演化出来的联结性（connectivity）、速度（speed）和无形（intangibles），或许这三个因素就是移动互联网的结构性维度。根据美国经济学家斯坦·戴维斯和克里斯托弗·梅耶（Davis & Meyer，1997）① 的理论，“这三样东西模糊了我们的规则，重新定义了我们的商业活动和生活。他们摧毁了使当今产业界发展缓慢的各自分散的解决方案，这些方案包括了大批量生产、分段制定价格和标准化工作等。联结性、速度和无形，这三种力量塑造了新经济的行为。”

在我们看来，在移动互联网下的商业图景的核心概念是“云化”（in cloud）或模糊。

移动互联网经济的第一个方面是“期望的模糊”，它包括两个核心因素：提供和交换（provision and exchange）。这两点都曾经被抛弃过。在工业经济的产品导向时代，厂商组织提供产品去销售，通过交换获得金钱，顾客也随之销声匿迹。在移动互联网的服务导向时代，生产和服务之间、生产者与消费者之间经常是你中有我、我中有你，不能彼此区分开来，买卖双方结成一种持续发展的相互交换关系（mutual exchange），推动其发展的不仅是金钱，而且是信息和情感。

移动互联网经济的第二个方面是“实施的模糊”。企业不断地改变，以适应需求的变化，而且这种改变必须是在整个理论思想和竞争战略实施上的。不同的基本原则造就了不同的组织架构。斯坦·戴维斯和克里斯托弗·梅耶（Davis & Meyer，1997）② 写道：“商业上的模糊造就了新经济模型，在这里，经济回报是大幅增加而非减少；你希望是由市场而不是战略决定价格制定、市场交易，并管理你所提供的产品或服务。”

---

① Davis，S. & Meyer，C.（1997）Blur：The speed of change in the connected economy. Oxford：Capston.

② Davis，S. & Meyer，C.（1997）Blur：The speed of change in the connected economy. Oxford：Capston.

移动互联网经济的第三个方面是资源和现在兴起的日益成为关键性资源的智力资本。那些所谓的有形资产正在变得无形，无形资产正成为你独有的资产。

在移动互联网经济中，"联结性"（connectivity）这个概念正在飞快地变为现实。明白联结性就像是我们都经历过的孩童时期的意外发现，但我们都还来不及考虑由此可能带来的所有可怕后果，它就一下子展现在我们的面前。

在移动互联网经济中，小的事物通过无数办法联系起来，并创建了"复杂适应系统"（complex adaptive system）。即刻，无数的这种联系加速了经济的发展，并且更重要的是，改变了经济的运作方式。问题在于，这种联系是如此众多和复杂的，以至于能够产生磨擦，并最终使事物莫名其妙地停顿下来。对厂商组织和企业家来说，这种随机事件是困扰人的，现实世界在这方面可没有什么保障。

"联结性"这个概念是否预示着今天的移动互联网经济就是无数个小的事物通过无数办法联系起来，无数的这种联系加速了经济的发展，并改变了经济的运作方式的"联结经济"（connected economy）呢？

"云"意味着随机性和不固定性（random and instability），一切坚固的模式都将烟消云散。美国管理学家汤姆·彼德斯（Peters，2003）① 认为，标志如今这个时代的关键词是诸如"混沌"（chaos）、"疯狂"（crazy）及"湍流"（turbulence）这样的概念。这个时代对商界精英们提出了更高的要求，那就是要不断学习、不断探索、不断试验。

"云"意味着去中心化的结构（structure of decentralization），所谓的去中心化是互联网发展过程中形成的社会化关系形态和内容产生形态，相对于传统的"中心化"而言，它是新型网络内容生产过程。相对于早期的互联网（Web 1.0）时代，今天的移动互联网（Web 2.0）内容不再是由专业网站或特定人群所产生，而是由全体网民共同参与、权利平等的共同创造的结果，这种内容称为用户生成内容（users generated content）或用户创建内容（users created content）。任何人都可以在网络上表达自己的观点，或创造原创的用户生成内容，共同生产信息。去中心化意味着没有中心，也可以说每个参与者自己就是中心。随着更多简单易用的去中心化网络服务的出现，Web2.0 的特点越发明显。例如，推特（Twitter）、脸书（Facebook）、微博（Weibo）、腾讯的微信（Tencent WeChat）等，更加适合普通网民服务的诞生，使得为移动互联网生产或贡献内容更加简便、更加多元化，从而提升了网民参与贡献的积极性、降低了用户生成内容的门槛。最终使得每一个网民均成了一个微小且独立的信息提供商，使得互联网更加扁平、用户生成内容更加多元化。正如美国经济学

① Peters，T. J.（2003）Re - imagine：Business excellence in a disruptive age. London：Dorling Kindersley.

家本克勒（Benkler，2006）① 所描述的那样，互联网时代的厂商组织正朝着具有相关开放制度逻辑的、更加分布式和网络化的结构形式发展，这与历史上传统的钱德勒（Chandler，1977）② 以内部为中心的分层组织结构形式（hierarchical organizational structure）形成了对比。

“云”意味着混沌（chaos），但它并不排斥有序，也就是说是一种“混序”（chaord）状态。VISA 国际（VISA international）的创始人迪伊·哈克（Hock，1999）③ 分别借用“混沌”（chaos）和“有序”（order）的第一个音节，造出了“混序”（chaord）一词。“混序”一词同时具有“混沌”和“有序”的双重特征，但任何一个特征都不能压倒另一方，它是介于二者之间的状态。在“云”的内核，仍然存在着精细化的“钟”的内容与结构。如果我们把互联网看成是一个组织，它就是一个“混沌有序的组织”（chaordic organization）。所谓的“混序组织”是一种像人体或生物圈一样，可以自我组织、自我管理、自我发展的组织（Savage，1990）④。

混序组织的特征表现在：

（1）任何自我组织、自我管理、有适应能力、非线性、复杂的有机体、组织、社群或系统，无论物理、生物或社会行为，均能和谐地结合混沌与有序两种特性。

（2）一个个体，其行为所展现的模式与概率，无法由其构成的部分推断或解释。

（3）任何混沌排序都是一个复合体。

（4）混序组织是以演化与自然为基本组织原则的个体（Hock，1999）⑤。

“云”具有极强的不确定性（uncertainty），没有一模一样的东西，也没有一模一样的商业模式。互联网的世界是平的，厂商组织无法构筑“护城河”和“城墙”，也无法形成区域市场，无法对其他厂商进行人为的区隔，因而一个商业模式往往只能存活一个厂商组织，形成“赢家通吃”（winner-take-all）的市场格局。形成“赢家通吃”的原因就是信息产品具有“锁定”效应（lock-in effect）的特点。由于信息处理与传播网络日新月异，那些占据高位的平台厂商组织握有的筹码日益增长，战略选择的弹性越来越大，留给其他厂商组织的利益空间相对的也就越来越小。“赢家通吃”已经渗透到经济社会里其他众多层面上。这就是为什么腾讯模仿阿里巴巴失败

---

① Benkler，Y.（2006）The wealth of networks：How social production transforms markets and freedom. New Haven：Yale University Press.

② Chandler，A. D.（1977）The visible hand：The managerial revolution in American business. Cambridge，Massachusetts：Belknap Press.

③ Hock，D.（1999）Birth of the chaordic age. San Francisco，California：Berrett-Koehler，November，26.

④ Savage，C.（1990）5th generation management：Integrating enterprises through human networking. New York：Digital Press，188－189.

⑤ Hock，D.（1999）Birth of the chaordic age. San Francisco，California：Berrett-Koehler，November，26.

的原因，反过来，阿里巴巴模仿微信做社交，也不被人看好。

应当看到，工业经济时代那些罗列出来的关键成功因素，在今天已经变得越来越靠不住。在移动互联网经济中，不确定性在商业实践中是广泛存在的，无论人们是身处硅谷、东京、慕尼黑、达拉斯，还是深圳和杭州，都是如此。那种关于确定性的描述，已经成为安慰亡人的没有任何意义的悼言，确凿无误的东西只能成为无意义的空想。整治和秩序（如果真的存在），变得如此令人难以捉摸。

失去了确定性做强有力的支持，大多数传统经济学理论和战略理论大厦坍塌了。不确定性就像是一块未经开垦的处女地，对于初次踏入不确定性商业世界的人会困惑它的混沌、思想的深邃、不同一般的隐喻。它明确表示出不能通过短时间地分析，找出解决厂商组织发展问题的灵丹妙药。随着进一步地探索，这种旅程将会越发艰难，留给探索者的将是更多的疑问，而不是解决之道（Davis & Meyer，1997）①。汤姆·彼德斯（Peters，2003）② 认为："唯一确定的东西是不确定性！我们即将面对一个比我们已经经历的疯狂时代更疯狂的时代，但关键在于，能够迅速采取行动、迅速改变方向的人们将胜过他人。事实上，企业的新陈代谢正在引人注目地发生变化。"

可以这样说，不确定性就是移动互联网时代的基本特色。

汤姆·彼德斯（Peters，2003）③ 已经意识到：我们处在一个非理性的混沌时代，厂商经营世界里没有现成的蓝图和路线图。厂商经营世界里"全是重大的试验，是还在进行中的工作，是一个变化着的盛宴，一个与时俱进的进化故事。"在互联网时代，厂商经营的第一条原则是"天知道"（god alone knows）。在这样一个最终的结果只有天知道的世界里，无所作为岂不是"最佳办法"？恰恰不是。因为如果管理者无所作为，那么管理者就是已经断定了最终的结果（即失败），把 50% 的概率谎称为 100% 。所以随"天知道"而来的，是第二条原则"大胆闯"（screw around vigorously）（Peters，2001）④。"大胆闯"就是要求厂商组织大胆地追求商业模式的变革与创新。互联网时代呈非连续性、突发性增长的知识决定了互联网经济条件下的组织变革与创新的下一步只能是"天知道"，决定了厂商组织唯一符合时宜的行动方式就是"大胆闯"。

---

① Davis，S. & Meyer，C.（1997）Blur：The speed of change in the connected economy. Oxford：Capston.

② Peters，T. J.（2003）Re-imagine：Business excellence in a disruptive age. London：Dorling Kindersley.

③ Peters，T. J.（2003）Re-imagine：Business excellence in a disruptive age. London：Dorling Kindersley.

④ Peters，T. J.（2001）Tom Peters's true confessions. On the 20th Anniversary of In "Search of Excellence". Fast Company，（53）：78 – 81.

三、 从产品和服务经营到平台经营

在传统的工业经济时代，厂商组织有两种主要经营对象：经营产品和经营服务。今天，平台经营模式正在成为经济生活中的主流模式，由此带来了独特的挑战和机遇。平台经营模式的意义在于平台经营的市场潜力、结构和管理方式与传统的产品和服务经营模式完全不同。

就市场潜在差异而论，产品经营模式和平台经营模式之间的一个关键区别是平台是多边的，而产品经营模式很少这样。平台经营模式大大扩展了平台的市场潜力，平台为平台所有者、应用程序开发人员和互补品提供商提供了规模经济和范围经济的潜力，其经营规模和范围远远超过产品和服务经营模式。通过最终用户的广泛定制，他们既能进入大众市场，又能进入那些市场的长尾，他们甚至能占领比大规模生产的产品更大的市场份额。最后，平台经营模式提供了锁定客户的独特方式，并有可能将产品一次性总付销售模式转变为类似服务的收入流。

就结构差异而论，平台经营模式在结构上与产品和服务平台经营模式的不同，在于平台经营模式是一个更大的平台生态系统，平台生态系统的网络更大、更多样化、更具流动性，平台生态系统可能比用于产品和服务的供应链更复杂（Williamson and De Meyer，2012）①。例如，开发 iOS 和 Android 平台的应用程序就不少于 50 万个应用程序开发商。平台经营模式需要同时吸引至少两组具有不同需求和动机的不同参与者，例如，最终用户和应用程序开发人员。同时，平台经营模式与产品或服务不同，大多数创新的风险和成本都由同时也是创新产生地的局外人承担。

就管理风格差异而论，平台生态系统参与者的多样性是平台经营模式的最大力量，也是其最大的挑战。专业化要求平台生态系统中的每个参与者都需要狭隘而深入地关注他们自己的独特能力，以及利用其他人的能力。这就要求平台所有者在赋予应用程序开发人员自由创新的自主性和不影响整个生态系统的输出集成之间保持微妙的平衡。平台相对于产品和服务的组织结构方式的差异意味着在如何管理产品和服务方面的几个假设不再成立：平台对参与者没有所有权的控制；平台没有行政

---

① Williamson, P. & De Meyer, A. (2012) Ecosystem advantage: How to successfully harness the power of partners. California Management Review, 55 (1): 24-46.

权限对参与者进行命令式控制；平台所有者不可能具备所有专业知识对参与者进行指导。取而代之的是，平台要协调参与平台生态系统合作伙伴之间的关系，而非对员工和承包商的指挥、控制和授权进行协调。

应当看到，厂商组织从产品和服务经营到平台经营模式的转变，是有着深刻的原因：

第一，生态系统竞争正在取代产品竞争。这需要厂商组织从商业生态系统的角度来思考，并管理他们自己的公司和其合作伙伴利益之间微妙的平衡。传统厂商组织之间的产品竞争正在向平台竞争过渡（product competition is migrating to platform competition）。今天，市场竞争已经不是厂商组织与厂商组织的竞争，也不是产品与产品的竞争，而是转向平台与平台的竞争，或者说是平台生态系统与平台生态系统的竞争。这意味着，拥有一个优秀的独立产品并不意味着市场成功，因为一个拥有更强大平台生态系统的劣质产品可能因为与其他产品兼容和网络效应的因素成为市场追捧的对象。

在平台经营模式的环境中，平台产品的成功与平台的生态系统合作伙伴的交付能力密不可分。平台的拥有者和补充者相互依赖，共同命运。创新不是由单个公司产生的，而是整个生态系统参与者共同努力的结果（Dougherty and Dunne，2011）①。平台生态系统不是一个零和游戏（zero-sum game）：它不需要考虑如何在平台所有者和无数合作伙伴之间更有利地分割经济馅饼，而是需要考虑如何扩展馅饼。

第二，厂商组织界限越来越模糊（organizational boundaries are blurring）。今天，在平台所有者的边界和生态系统合作伙伴的组织边界之间划一条界线越来越困难，传统的厂商组织边界概念在平台市场中进一步扩展，并变得越来越具有渗透性。虽然传统的科层协调机制、指挥和控制结构仍然在传统的一体化组织中发挥作用，但这种科层协调控制机制却不能扩展数千个相互依赖的生态系统合作伙伴，平台所有者拥有合法的指挥控制权力来支配平台生态系统，平台需要的是有效协调平台生态系统参与者的需求，而协调生态系统的关键是构建一个好的界面规则和微妙的、更复杂的平台治理，而非扼杀生态系统合作伙伴的自主创新。

第三，构建独特的平台架构（platform architecture）。平台生态系统的协调是通过平台架构来实现的，这是传统经营战略中完全没有的新事物。例如，苹果的"iPhone + iOS + Apple App Store"的平台架构。可以这样说，平台架构为许多平台厂商组织的工作的协调和集成提供最基本的蓝图，平台架构是平台生态系统的 DNA，

① Dougherty，D. & Dunne，D.（2011）Organizing ecologies of complex innovation. Organizational Science，22（5）：1214－1223.

为平台构建了一个基本上不变的进化轨道。应当注意的是，平台架构不只是一个技术决策，而是一个具有不可逆转的战略后果的决策，无论是短期的还是长期的。因此，平台架构必须在平台市场的战略核心中占有一席之地。

第四，平台的进化轨迹和平台差异化，取决于平台架构和平台治理的异同性。在今天的市场竞争中，比竞争对手更强大的平台是生态系统进化更快的平台。平台的进化轨迹和平台差异化有两个决定性因素：平台架构和平台治理。平台架构是参与者选择的结果、参与者何时及如何促进协调，最终决定了平台生态系统长期经营的结果；治理只意味着谁做出决定，以及在平台所有者和参与者之间如何进行分配。

四、“互联网＋”与跨界经营

今天的互联网不仅是厂商组织可资利用的“资源”，更重要的是，它已成为厂商组织“能力”的衍生，并催生出了“互联网＋”理念。

应当注意，“互联网＋”与“＋互联网”完全不同。传统的“＋互联网”模式实际上只要求实体厂商与 IT 厂商组成松散的交易关系，甚至完全采用外包的形式。“互联网＋”本质上要求厂商组织以互联网的思维、理念及价值创造逻辑主导，要求传统产业中的厂商组织依据互联网经济的具体特征对原有资源基础和厂商组织能力及他们利用方式的再思考，从而培育新的厂商组织能力，并进化已有能力，创造出新技术、新产品和新商业模式。

“互联网＋”使厂商组织利用互联网技术和流量优势，将互联网技术直接面向终端消费者，以完全不同的方式解决传统产业中的顾客关系管理（CRM）问题，通过完全不同于以往的服务模式，为以往市场中的用户创造新价值，从而使市场需求发生跃迁。具体地说：“互联网＋”注重顾客体验的提升，消费者不再是厂商组织所创造价值的“被动接受者”。

在工业经济时代，厂商组织被认为是顾客价值的主要创造者，厂商组织通过一连串价值活动的组合，单方面创造产品与服务的价值给顾客，顾客是厂商组织所创造价值的“接受者”。

然而，互联网使得传统价值创造方式发生了重大改变，互联网的“脱媒”作用是对“渠道为王”的反击，使厂商组织一下跳过了所有的中间环节，厂商组织和消费者双方可以直接进行互动，如 O2O 模式使消费者能够略去渠道商，就自身偏好、产品功能等情况与制造厂商互动，本质上属于“顾客参与”下的营销方式，顾客成为价值创造的一环。小米创始人雷军一再强调小米成功的秘密在于“兜售参与感”，其核心就在于要把小米主导的品牌变成顾客主导的品牌，是用户主导的口碑品牌，绝不是厂商主导的广告品牌。

应当看到，为了使互联网为实体厂商组织带来新能力并进化已有的能力，“互联网＋”在实践中要求实体经济中的厂商组织与互联网厂商及 IT 厂商建立紧密的联盟关系，来进行 IT 技术渗透，并改变传统产业的价值创造方式。这就是人们常说的互联网平台和 IT 技术对实体厂商组织的“赋能”（enabling）概念。因此，“互联网＋”

是一种“跨界经营”现象。许多新创厂商在缺乏关键资源和能力的条件下，往往利用商业模式创新实现“互联网+”跨界经营和跨界竞争，改变甚至重塑行业竞争格局。这里，“互联网+”已经成为一种颠覆性商业模式，推动了新创厂商的成长。

所谓的“跨界经营”（crossover business）指的是两个不同经营领域的合作或经营协同。在更多的时候，它代表了一种新锐时尚的生活态度和审美方式。严格地说，“跨界经营”是跨越两个不同领域、不同行业、不同文化、不同意识形态等范畴，而产生的一个新产品、新服务、新行业、新领域、新商业模式、新市场风格等。跨界经营对于一个品牌最大的益处，是让原本毫不相干，甚至矛盾、对立的元素，相互渗透、相互融汇，从而产生新的亮点，说得更加直白点，就是有更多的机会让消费者心甘情愿地掏出钱包。

“互联网+”模式，实质上是实体产业价值链环节解构和与互联网价值链“跨链”重组的共生现象（symbiosis），是两条原本独立价值链条的若干个价值创造环节所进行的深度融合，从而创造出新产品、新服务、新技术或新的商业模式。“互联网+”强调厂商组织借助互联网价值链中的价值创造要素，重新排列和整合自身价值创造过程，并由整合所带来的新技术、新产品和新商业模式，在原产业中创造出全新的价值创造方式，对原有产业及市场基础进行熊彼特所说的“创造性破坏”（creative destruction），从而增强厂商组织的竞争力。

爱彼迎（Airbnb）没有建造过一栋酒店，却在短短六年内拥有的酒店房间数量就超越了洲际酒店集团（Intercontinental Hotels Group，IHG）和希尔顿全球（Hilton Worldwide）等全球顶级酒店集团，爱彼迎（Airbnb）成了酒店业的跨界者。

今天，跨界营销（crossover marketing）已经成为厂商组织经营的热点课题。随着市场竞争的日益加剧，行业与行业的相互渗透、相互融汇，已经很难对一个厂商组织或者一个品牌清楚地界定它的“属性”，而跨界营销对于一个品牌最大的益处是让原本毫不相干的元素相互渗透、相互融汇，使营销在更多原本不相关的渠道里资源共享，合力开拓1+1>2的市场，收益倍增。经典之作有世界顶级时装品牌乔治·阿玛尼（Giorgio Armani）与三星（Samsung）合作推出限量款手机，上市即脱销。所以，跨界经营的潜力很大。

从跨界经营中得到更多的噱头而提高产品的生存能力，固然是一个重要的原因，但在更深层的意义上，则是把原本的竞争对手转化为合作伙伴，用最简单同时几乎是零成本享受竞争对手或者其他品牌的知名度和市场。对一个厂商组织来说，品牌的知名度和忠实用户数量是生存的基础，而这两个属性都经过时间的沉淀，以及曾经的巨额投入、赌博性质的抉择换取的，无法通过简单的金钱堆砌而达成。

“互联网+”跨界经营依托实体经济和互联网虚拟价值链，将这两条价值链中关键环节整合形成新的价值创造方式，通过在原产业中引入新技术、新产品和新商业模式，而使得先前的产品市场需求减少，造成原有价值创造方式的退化和破坏。从内部使经济结构革命化而创造新结构，从而实现对原有产业基础的“创造性破坏”。事实上，“互联网 +”跨界经营可能导致现有市场基础和产业基础两方面的跃迁，甚至导致产业中的不连续创新（discontinuous innovation）。

事实上，“互联网 +”跨界经营是跨界者用一种开放式创新提供了厂商组织创新商业模式的机会，当然也可能因为产业别的不同而存在差异。例如，网络零售业霸主亚马逊（Amazon）及美国金融服务公司、美国网上证券交易商亿创理财（E * Trade），虽然并未直接投资流通渠道，但却能进入零售业与财务服务业，并在这些产业创新成功。英特尔公司（Intel）尽管只做 CPU，但还是能够塑造并引导整个计算机产业的发展与竞争。

“互联网 +”跨界经营使厂商组织能以更为精准的价值主张（value proposition）满足顾客个性化需求。“互联网 +”跨界经营能够使传统分销渠道趋于瓦解，将原本规模化、集中化的中间环节的服务，被直接到达的、交互性的互联网界面互动所替代，使企业更加积极地发现和寻找顾客潜在需求。

事实上，“脱媒”（disintermediation）一般是指在进行交易时跳过所有中间人，而直接在供需双方间进行。互联网信息技术的发展促进了“脱媒”的发展，因为当厂商组织直接向用户销售产品与服务的方式在技术上成为可能时，厂商组织将可以完全跳过批发商和零售商直接将产品与服务送到客户手中。这样导致的成本降低将使得制造商和消费者同时获利。实际上，脱媒在消除一些传统工作的同时，创造出更多的职业。而且，在脱媒的过程中往往会创造出来许多各类新的不同形式的媒介。由于信息技术革新导致的中间商成本的降低，会使得更多的人成为中间商，而不是相反。以移动互联网为例，由于移动互联网使得交易成本大幅降低，许多原本由于成本问题而无法开展的零星的、特殊的交易，现在都逐渐成为可能。因此，更多的（而不是更少）类似平台型企业这样的中介应运而生。按照长尾理论（the long tail）①，互联网的脱媒作用将改变工业经济时代厂商组织仅关注“大而化一”的主流

① 根据维基百科（Wikipedia），长尾（The long tail）这一概念是由《连线杂志》（Wired Magazine）主编克里斯·安德森（Chris Anderson）在 2004 年 10 月的《长尾理论：为什么商业的未来是小众市场》（The long tail：Why the future of business is selling less of more）一文中最早提出，用来描述诸如亚马逊（Amazon）和流媒体奈飞（Netflix）之类网站的商业和经济模式。“长尾”实际上是统计学中幂律（Power Laws）和帕累托分布（Pareto distributions）特征的一个口语化表达。过去人们只能关注重要的人或重要的事，如果用正态分布曲线（Normal distributions）来描绘这些人或事，人们只能关注曲线的“头部”，而将处于曲线“尾部”、需要更多的精力和成本才能关注的大多数人或事忽略。例如，在销售产品时，厂商组织关注的是少数几个所谓“VIP”客户，“无暇”顾及在人数上居于大多数的普通消费者。而在移动互联网时代，由于关注的成本大大降低，人们有可能以很低的成本关注正态分布曲线的“尾部”，关注“尾部”产生的总体效益甚至会超过“头部”。例如，某著名网站是世界上最大的网络广告商，它没有一个大客户，收入完全来自被其他广告商忽略的中小企业。

市场，而不能顾及甚至难以发现数量众多的狭窄市场的局面。克里斯·安德森（Anderson，2006）①认为，网络时代是关注“长尾”，发挥“长尾”效益的时代。安德森强调，只要存储和流通的渠道足够大，需求不旺或销量不佳的产品共同占据的市场份额，就可以和那些数量不多的热卖品所占据的市场份额相匹敌，甚至更大。

“脱媒”作用使制造点对点与顾客互动，使厂商组织能够对顾客需求精细划分并识别“长尾”需求：

（1）互联网使厂商组织能够凭借网友在网络中的足迹、点击、浏览、留言等行为实时获得消费者需求信息。采用“互联网 +”跨界经营的厂商组织凭借这些信息能够及时了解消费者的需求、偏好、消费模式的细微变化。

（2）当消费者的价值导向、生活方式、产品偏好、消费模式等借助互联网数据化，且具备相当规模后，厂商组织以这些更为精致的标准来细分消费者就具有了现实可行性，而不再拘泥于工业经济时代诸如年龄、收入、地理区位等人口统计特征为依据的粗线条市场细分方法。借助大数据技术，“长尾”需求能够被厂商组织清晰定义和识别，厂商组织可操作的细分市场变得更为狭窄而聚焦，甚至每位顾客都可能成为一个细分市场。今天，互联网及新一代 IT 技术使厂商组织正向“微市场细分化”（micro segments）迈进（Goyal et al.，2012）②。例如，医疗产业基于 DNA 大数据的个性化医疗已经成为商业模式变革的大趋势。

“互联网 +”使厂商组织利用互联网的信息传递优势，并把大数据等技术应用于厂商组织的生产过程及厂商组织间互动中，厂商组织间联系数字化、企业信息透明化，改变供应商关系模式和交易结构，从而使价值生产模式发生跃迁。具体体现为：

（1）“互联网 +”跨界经营能够以数据资源创造价值，并允许对他人数据资源的再利用而获利。在互联网产业链之外，一些传统企业在经营过程中天然的产生和拥有庞大的数据资源，这些数据资源在满足企业本身需求之外，成为一种“冗余”（slack），传统的电信运营商、银行的顾客信息、飞机及精密仪器制造业都是典型案例。这种传统产业中天然拥有“大数据”的行业，借助互联网将自身所拥有数据与特定合作伙伴共享，通过“冗余资源”（slack resource）利用而创新。这颠覆了厂商组织的价值创造逻辑，甚至使厂商组织业务性质发生了根本性变化。

（2）“互联网 +”使厂商组织在互联网上构建技术平台和数据平台，从而支撑自身主要产品功能的完善与进化，借助互联网形成以自身产品为核心的生态系统。例如，“苹果”公司不仅专注于 iPhone 硬件技术和 iOS 系统的研发，并在产业内跨界应

① Anderson，C.（2006）The long tail：Why the future of business is selling less of more. New York：Hyperion.

② Goyal，M. Hancock，M. Q. and Hatami，H.（2012）Selling into micromarkets. Harvard Business Review，91（7/8）：78 – 86.

用软件行业建立“App Store”，鼓励大量第三方企业服务苹果公司，构建了支持 iPhone 功能改进的平台生态系统。App Store 模式创造出全新的价值创造方式，并引起各大操作系统提供商和手机制造商纷纷效仿（Zandbergen，2009）①。

（3）“互联网 +”导致厂商组织的流程再造。厂商组织凭借互联网发明解决问题的新方法，提高某一业务流程的效率和效果。例如，在民用航空领域，一家总部位于美国康涅狄格州的航空业技术公司 PASSUR Aerospace 基于互联网和大数据技术所发明名为 RightETA 的航班到达时间估计服务，彻底改变了企业的业务流程，每年可为机场创造几百万美元的价值。

（4）“互联网 +”能够改变厂商组织间的竞争关系。例如，谷歌（Google）与奥迪（Audi）、通用汽车（GM）、现代汽车（Hyundai）等多家汽车品牌制造商及芯片生产商辉达（NVIDIA）成立“开放汽车联盟”（Open Automotive Alliance，OAA），凭借安卓（Android）系统而具备“互联网 +”特性，为传统制造业寻找新的价值增长，并使原本竞争的汽车品牌相互合作。

（5）以互联网技术作为基础，改变产业链条结构，重塑竞争优势。这是一种程度最深的“互联网 +”跨界模式，新创造的业务流程将取代传统的业务流程，使传统企业的业务经营模式的主要环节和交易流程被数据交换所取代。例如，滴滴打车通过一个简单的 APP，将乘客和出租车司机直接对接，短短几个月时间，便捕获上亿用户的心，让原先具有中心化传播特征的“电话招车平台”消亡。“大规模定制”生产方式的真正实现就是依托于强大的 IT 基础设施，通过关键环节的“数据化”实现流程再造，彻底颠覆了大规模劳动分工下的批量生产方式。

① Zandbergen，P. A.（2009）Accuracy of iPhone locations：A comparison of assisted GPS，WiFi and cellular positioning. Transactions in GIS，13（SI）：5 – 26.

五、 移动互联网改变了价值创造的基本逻辑

工业经济时代是经营者主权的时代，产品价值创造的模式是消费者洞察和细分——产品或服务细分化/市场细分化（product segmentation/market segmentation）、品牌定位——广告代言、制作、传播——招商——渠道与分销——消费终端。因此，在工业经济时代，厂商组织要实现价值创造，就必须以自己独特的组织资源和能力为核心作为主导逻辑，不断地营造自己的品牌和规模，并用品牌和规模来形成自己独特的隔离机制。因此，厂商组织与其他厂商进行竞争隔离机制的构建需要技术领先、市场先行优势、市场准入牌照等，这需要厂商有时间、资本、技术和市场能力等，才能够形成隔离机制。同时，还必须依赖媒介——广告媒介（advertising media）和渠道媒介（channel media），需要时间和金钱来开出一条道。由此，我们可以发现，对市场空间的占有是厂商组织价值创造的重要手段和途径。

在工业经济时代，厂商组织价值创造的基本逻辑是：

（1）通过“组织化”（organization）协作产生效能，而决定人与人、人与物、人与信息之间通过什么关系连接，如何协作，最重要的是对协作的指挥。因而，企业家是指挥协作的人，是创造协作样式的人，他们是财富的主要获得者。

（2）通过“产品化”（productivization）规模产生效能，“产品化”就是物化，把人类丰富的情感、物质需求变成单一的物，并拼命地大规模复制。产品化的逻辑是假设消费者全部是理性的，他们需要的东西越来越好，价格越来越便宜。

（3）通过“中心化”（centralization）传播产生效能。在工业经济时代，由于获得和传播信息的成本高昂，盛行的是资本之间的游戏。

PC 互联网时代，价值创造的模式是为了获得平台入口与流量。由此，我们可以说，PC 互联网时代的价值创造模式，仍然是厂商组织对市场空间的占有，只不过变成了对虚拟空间的占有，在本质上仍然属于圈地性质，把产品经营变成了业务经营，是厂商为价值星系核心的 B2C 模式，是一种攻城略地的雄性占领思维。可以说，PC 互联网是流量模式。

索尼公司前董事长兼首席执行官出井伸之（Idei Nobuyuki）在解释索尼衰落的根本原因时，说了一段发人深省的话：“新一代基于互联网 DNA 企业的核心竞争力在于利用新模式和新技术更加贴近消费者，深刻理解消费者的需求，高效地分析信息

并做出预判。所有传统的产品型公司都只能沦为这种新型的‘用户平台级公司’的附庸，其衰落不是管理所能够扭转的。互联网的魅力就是‘来自低端的力量’（the power of low end）。”

可以这样说，在移动互联网时代，基业长青只是一个妄念。因为移动互联网时代根本没有厂商组织可以依据的地形，以阻止他人进入的行业门槛与进入障碍（entry barriers）。环境在急剧变化，因而移动互联网时代不会再有长久的商业势能，厂商组织只有自己造浪，造浪就是为了知名度，为了他人来连接自己，因为利益来自其他资源，特别是跨界资源。厂商组织只能像造浪机一样，不停地造浪。不造浪就没有资源，就没有势能，跨界协作就很难实现。从这个意义上说，用户主导、数据驱动才是 C2B 的核心。

六、 移动互联网时代的厂商组织正在产生革命性变革

从第二次产业革命以来的一百年，厂商组织发展史背后隐藏着的产业逻辑是“标准化”“规模化”和流水线（standardization，scaling and assembly line）。在工业经济时代，规模（size）、角色清晰（role clarity）、专业化（specialization）和控制（control）是厂商组织成功的关键因素（key successful factors）。厂商组织外部边界越大，越能够获得规模经济的好处；厂商组织为了实现效率的最大化，劳动分工越精细，专业化程度越高；工作任务的专门化使员工个人角色和自主权在厂商组织中定位越明确；厂商组织内部控制的责权边界（垂直边界）十分确定；同时，厂商组织中职能部门的权限边界（水平边界）也十分明确。

今天，随着移动互联网和社交网络的发展，传统工业经济时代似乎正离我们远去。移动互联网时代厂商组织的商务活动超出了现代管理学所设定的组织边界和范围。随着厂商组织竞争环境的日益动态化，跨界（crossover）、速度（speed）、柔性化（flexibility）、整合（integration）和创新（innovation），已经成为导致移动互联网时代厂商组织成功的关键因素。厂商组织要快速地回应顾客多样化的要求，就必须改变厂商组织边界和范围，这推动了厂商组织的学习和员工个体的不断学习，厂商组织应更多地关注跨界流程，而非专门化的环节。未来经济与社会组织不再是凝固僵化的“矩阵式”（matrix）组织形态，而是呈现出在移动互联网社群支持下个性张扬的“网状网”（mesh network）形态。

应当看到，“规模”（scale）一词在移动互联网时代仍然具有意义，但厂商组织规模的概念却正在发生实实在在的变化。汤姆·彼德斯（Peters，1988）[①] 认为：“旧的关于组织规模的概念必须废弃。‘新的巨大’可以是确实非常巨大，也可以是‘网络巨大’。以市场力量作为衡量规模的标准，指的是厂商组织的外延家族，即处于流动和半永久状态的伙伴们所具有的能力，而不是指自己拥有和直接控制的事物。”

所谓的厂商组织，在互联网时代是模糊的，正在被平台生态系统（platform ecosystem）所替代。当今的厂商组织与消费者需要在平台生态系统中共同发展、进化，只有通过共同的进化，整个平台生态系统才会变得更加强壮。所谓的平台生态系统

---

① Peters，T. J.（1988）Thriving on chaos：Handbook for management revolutions. New York：Alfred P. Knopf.

是平台领导、模块化厂商、互补品提供商与消费者共同构成的商业生态系统，它常常要跨越传统的产业边界，平台生态系统的参与者在与其环境相互作用中共同创造价值和获取价值。

与传统商业生态系统不同的是，平台生态系统不再是厂商组织间的商业生态系统，而是厂商与消费者共同构建的以平台为依托的价值创造系统和商业社群生态系统。商业社群生态系统的根本价值，是实现社群中不同层次消费者的价值主张与价值满足。应当看到，在商业社群生态系统的构建过程中，消费者因为好的产品/内容/服务而聚合，并通过社群而实现沉淀。因此，消费者聚合与消费者沉淀是同一过程的两个方面，没有消费者聚合就没有消费者沉淀，而消费者沉淀又带来更大规模的消费者聚合。因为用户深度参与式的互动，构成了社群的价值界面，共同价值主张和兴趣成为价值协同的基础，因而使用户得以留存，最后形成了深度联结的用户群，才有了定制化的 C2B 模式，最终变现了流量价值，成为 Business2. 0。

在移动互联网时代，厂商组织的概念已经扩大到包含组织外部的商业伙伴——包括供货商、互补品提供商和顾客等相关利益者，资源的流动已经从资本转移到人才和信息上。从厂商组织内部来看，信息扩散速度的加快，工作紧张程度的加剧、协作关系的日益密切使厂商组织的经营活动突破了传统组织的活动界限，厂商组织内部活动的过程往往是世界性的；从厂商组织的外部边界上看，厂商组织与环境的界限越来越模糊，厂商组织的核心生产活动具有虚拟性的特点。移动互联网打破了厂商组织中时间序列和空间组合绝对化、静止化的传统观念，使时间和空间的观念变得相对化，厂商组织可以将经营对象定格于一个全新的时空范围——网络空间域和网络时间态。大批的不能与时俱进的厂商组织将死亡，他们的传统优势将成为厂商组织经营转型的负资产。

工业经济时代价值创造的基本逻辑逐步衰落，会使未来的厂商组织解体进一步加速，厂商组织要想在移动互联网时代进步，需要进行“强制拆迁、异地重建”。或许厂商组织的基本形态没有变化，但构成厂商组织的基因完全不同了，并非仅仅是管理团队换一个思路、换一个打法就能够成功实现经营转型的。在我们看来，移动互联网意味着革命，意味着改朝换代，意味着自由，意味着改变，意味着创造，意味着死亡与新生，意味着若干行业的萎缩，意味着岗位消失，意味着前所未有的创业机遇。正如 58 同城总裁兼 CEO 姚劲波所总结的那样：移动互联网经济是以个人为中心，去组织化，瓦解传统商业形态的经济。

在未来，工作与家庭之间的场地界限和时间区隔将变得越来越模糊。个人同时为几家公司工作，或原子化公司（一人公司）将出现，或者说人即公司，都有极大的可能性。正如《罗辑思维》所说的组织和个人都可能是处在 U 盘化生存状态：“自带信息（含资源）、不带系统、随时插拔、自由协作。”大体上就是这个意思，也就是自由人的自由联合与自由协作。因此，一些小的平台和具有专业技能的人为核心的商业文明和生态文明，将在社会经济生活中占据重要位置。小而美（small and beautiful）能够在移动互联网中实现，创意创业梦需要依托平台生态系统来实现。

应当看到，移动互联网时代的厂商组织正在积极地构建商业生态系统（business ecosystem），实施拥抱和支持外部实体的商业战略（business strategies），这些战略举措深刻地改变厂商组织经营业务和与周围世界互动的方式。通过战略性地参与和促进外部实体之间的互动，优步（Uber）、滴滴打车改变了我们的交通理念，爱彼迎（Airbnb）改变了我们预订旅行住宿的方式，豆瓣网允许粉丝向其他粉丝出售多余的电影票和演出票，小米鼓励最热心的粉丝提出设计新产品的创意，百度（Baidu）、维基百科（Wikipedia）成为我们百科全书知识的主要来源。平台、开放与用户创新和生态系统是厂商组织实现与外部个人、组织和社区互动，并使其能够通过互动创造有价值的战略核心（Altman，and Tushman，2017）①。这些战略包括平台战略、开放创新战略、用户创新战略、众包（crowdsourcing）战略、集体智能（collective intelligence）战略等。尽管这些因素在某些方面有所不同，但所有这些都涉及厂商组织与外部个人或团体进行互动活动并从中受益的外部组织。通常，这些交互活动涉及厂商组织扩大销售收入（可能是免费的），以改进产品或服务。

① Altman，E.，and M. Tushman.（2017）Platforms，open/user innovation，and ecosystems：A strategic leadership perspective. Harvard Business School Division of Research，Working Paper 17－076.

第二章

平台与平台型企业

在移动互联网时代，平台或“互联网平台”已经成为社会经济生活中最重要的概念。从某种意义上说，平台与互联网的结合，为今天的社会经济生活建立起一种新的秩序，产生了革命性的冲击，它不仅影响线上的电子信息技术架构的发展，也给线下的各种传统业务等带来了震撼性的冲击。我们认为，平台经营模式对传统的产业组织形式和商业模式的冲击及影响无疑是巨大的，是商业模式和产业组织形式的一次伟大创新。

美国托马斯·纳尔逊出版公司前首席执行官、现任董事会主席迈克尔·哈耶特（Hyatt，2012）① 在《平台：自媒体时代用影响力赢取惊人财富》（Platform：Get noticed in a noisy world）一书中指出，想要在当今的市场中获得成功，必须拥有两个战略资产：让人欲罢不能的产品和有效平台。

现在厂商组织的商业思维必须具备平台思维，即开放、共享、共赢的思维。《连线》杂志的创始主编凯文·凯利（Kelly，1994）② 的《失控：机器、社会系统和经济世界的新生物学》（Out of control：The new biology of machines，social systems，and the economic world）这本书在互联网圈内很流行，讲述的外部失控，意味着要把公司打造成开放平台；内部失控，就是要通过群体进化推动公司进化，在公司内部打造事业群机制。

在移动互联网时代平台模式，最有可能成就产业巨头。全球市值最高的100家企业里，有60多家企业的主要收入来自平台商业模式，包括苹果（Apple）、谷歌（Google）的母公司字母表（Alphabet）、微软（Microsoft）、亚马逊（Amazon）、脸书（Facebook）、奈飞（Netflix）、阿里巴巴（Alibaba）、腾讯（Tencent）、百度（Baidu）等。平台盈利模式多为“羊毛出在狗身上”，而非传统商业经营的“一手交钱，一手交货”模式。

今天，平台或与平台一词相关联的诸如产品平台、平台型企业、产业平台和平台战略已经成为人们关注的热点概念。

---

① Hyatt，M.（2012）Platform：Get noticed in a noisy world. London：Oasis Audio.

② Kelly，K.（1994）Out of control：The new biology of machines，social systems，and the economic world. New York：Addison Wesley.

一、 平台的含义

从本意上讲，平台（platform）一词是指通常高于附近区域的平面，或供休憩、眺望等用的露天台榭，或楼房的阳台。唐代大诗人李白《梁园吟》："天长水阔厌远涉，访古始及平台间。平台为客忧思多，对酒遂作《梁园歌》。"唐代诗人杜甫《重过何氏》诗之三："落日平台上，春风啜茗时。"宋代大文学家欧阳修《河南府司录张君墓志铭》："其平台清池，上下荒墟。"他们所说的平台，就是平台一词的原意。

在现代社会生活中，平台一词具有多重含义：

（1）平台是供人们舒展才能的舞台。

（2）平台是为操作方便而设置的工作台。

（3）平台是指计算机硬件或软件的操作环境。

（4）平台是指进行某项工作所需要的环境、条件或机制等的总称，如高新技术产业创新平台等。

（5）平台是通常高于附近区域的平面，如楼房的阳台、景观观赏平台、屋顶平台、晾晒平台等。

在西方文化中，平台一词来自古希腊集市的概念。古希腊时代的平台，是指临近码头站台的一些指定场地，商贩可在其中进行商品交易。英文 platform 一词具有站台、月台、讲台、舞台和平台的含义。平台一词在管理学研究中既是隐喻又是建构（Thomas et al.，2014）①。平台用于描述单个产品、产品系列、产业供应链、市场、产业甚至产业星系层面的管理现象（Gawer，2009）②。

在移动互联网经济生活中，数字化和互联网催生了一种既是交易场所，又是共享数据库的新型平台。一些管理学家声称，平台很快将成为管理者和公司的"现实"（fact of life）（Hagiu & Yoffie，2009；③ Iyer & Davenport，2008）④ 和"任何产品都可以

① Thomas，L. D. W. Autio，E. & Gann，D. M.（2014）Architectural leverage：Putting platforms in context. The Academy of Management Perspectives，28（2）：198－219.

② Gawer，A.（2009）Platform，markets and innovation. Cheltenham：Edward Elgar.

③ Hagiu，A. & Yoffie，D. B.（2009）What's your Google strategy? Harvard Business Review，87（4）：74－81.

④ Iyer，B. & Davenport，T. H.（2008）Reverse engineering Google's innovation machine. Harvard Business Review，86（4）：58－68.

成为平台”（any product can become a platform）（Sviokla & Paoni，2005）[①]。这里，平台一词往往指的是计算机硬件或软件的操作环境，是由一组固定的和一些互补的元素所构成的（Tushman，1998）[②]，常常也泛指从事某项工作、娱乐、社交或交易所需要的环境或条件，开发者可以使用界面（interface）并运用构成要素在平台参与者之间进行信息交流或交易（Greenstein，1998）[③]。

从市场中介视角看，平台提供了一个支持市场架构的基础设施，由一组共享的经济规则定义所构成，如协议、权利和交易定价条款（Bakos & Katsamakas，2008；[④] Eisenmann，2008；[⑤] Eisenmann et al. 2006）[⑥]，或者作为匹配使用系统资源进行交易的买方和供应商系统（as systems for matching buyers and suppliers who transact with each other using system resources）（Hagiu and Wright 2015）[⑦]。平台是可以为不相关的参与者提供互补服务和产品的基础（Gawer，2009）[⑧]，平台代表了一种特别有效的协作架构，旨在利用系统创新的潜力（Maula et al.，2006；[⑨] Teece，1996）[⑩]。

需要注意的是，有关平台的经济学文献受到产品系列和市场中介两方面研究的影响，反映出平台是这些影响的组合：其一，平台是一个组件包（a bundle of components）（Bresnahan & Greenstein，1999）[⑪]，一个由单独开发的技术组成的系统（Cusumano & Gawer，2002）[⑫]，或者是一个不断发展的技术系统中的子系统（Gawer &

① Sviokla，J. & Paoni，A.（2005）Every product's a platform. Harvard Business Review，83（10）：17－18.

② Tushman，M. and Murmann，P.（1998）Dominant designs，innovation types and organizational outcomes. Research in Organizational Behavior，32（2）：212－231.

③ Shane Greenstein.（1998）Industrial economics and strategy：Conputing platform. IEEE Micro，18（5/6）：43－53.

④ Bakos，Y. & Katsamakas，E.（2008）Design and ownership of two-sided networks：Implications for internet platforms. Journal of Management Information Systems，25（2）：171－202.

⑤ Eisenmann，T. R.（2008）Managing proprietary and shared platforms. California Management Review，50（4）：31－53.

⑥ Eisenmann，T. R. Parker，G. and Van Alstyne，M. W.（2006）Strategies for two-sided markets. Harvard Business Review，85（10）：92－101.

⑦ Hagiu，A.，& Wright，J.（2015）Multi-sided platforms. International Journal of Industrial Organization，43（11）：162－174.

⑧ Gawer，A.（2009）Platform，markets and innovation. Cheltenham：Edward Elgar.

⑨ Maula，M. V. Keil，T. & Salmenkaita，J. P.（2006）Open innovation in systemic innovation contexts. In Chesbrough，H. Vanhaverbeke，W. & West，J.（Eds.）Open innovation：Researching a new paradigm. Oxford University Press，241－257.

⑩ Teece，D. J.（1996）Firm organization，industrial structure，and technological innovation. Journal of Economic Behavior & Organization，31（2）：193－224.

⑪ Bresnahan，T. F. & Greenstein，S.（1999）Technological competition and the structure of the computer industry. Journal of Industrial Economics，47（1）：1－40.

⑫ Gawer，A. & Cusumano，M. A.（2002）Platform leadership：How Intel，Microsoft，and Cisco drive industry innovation. Boston，Massachusetts：Harvard Business School Press.

Henderson, 2007)[①]。产品系列理论强调架构设计、界面和模块化，深受哈佛大学商学院鲍德温与克拉克两位教授（Baldwin & Clark, 2000)[②] 的影响，在理论逻辑上也呼应了资源基础观，强调厂商对关键资源的控制，以获得卓越的性能。其二，与市场中介视角类似，强调平台有助于协调买卖双方的努力（Bresnahan & Greenstein, 1999)[③]，并充当价值交换的枢纽（the hub of value exchange）（Economides & Katsamakas, 2006)[④]。因此，产品系列和市场中介两种逻辑通过平台的作用结合在一起，通过厂商组织的模块化互补性资产、服务和技术（Hagiu & Yoffie, 2009)[⑤]，为更广泛的业务网络提供协调结构（Cusumano & Gawer, 2002;[⑥] Gawer & Cusumano, 2008)[⑦]。今天，强调市场支配和权力的理论逻辑（theoretical logic of market domination and power）的这股潮流，已经成为平台研究的主流。

从某种意义上说，平台是非常特殊的企业制度形式（Thomas, Autio & Gann, 2014;[⑧] Thomas & Autio, 2014;[⑨] Sharapov et al. 2013)[⑩]：平台是促进相互依存的经济参与者之间交易和交流的场所。平台可以采取不同的组织形式，从物理形态的平台（用户生成内容平台、电商平台）到虚拟技术平台（Gawer, 2009)[⑪]。

多边平台（multi-sided platform）将多个用户组聚集在一起，而一边用户的价值取决于另一边用户价值的大小（Hagiu, 2014)[⑫]。"多边平台"一词通常用于描述协

---

① Gawer, A., and R. Henderson. (2007) Platform owner entry and innovation in complementary markets: Evidence from Intel. Journal of Economics & Management Strategy, 16 (1): 1-34.

② Baldwin, C. Y. & Clark, K. B. (2000) Design rules: The power of modularity. Vol. 1. Cambridge, Massachusetts: MIT Press.

③ Bresnahan, T. F. & Greenstein, S. (1999) Technological competition and the structure of the computer industry. Journal of Industrial Economics, 47 (1): 1-40.

④ Economides, N., & Katsamakas, E. (2006) Two-sided competition of proprietary vs. open source technology platforms and the implications for the software industry. Management Science, 52 (7): 1057-1071.

⑤ Hagiu, A. & Yoffie, D. B. (2009) What's your Google strategy? Harvard Business Review, 87 (4): 74-81.

⑥ Gawer, A. & Cusumano, M. A. (2002) Platform leadership: How Intel, Microsoft, and Cisco drive industry innovation. Boston, Massachusetts: Harvard Business School Press.

⑦ Gawer, A., & Cusumano, M. A. (2008) How companies become platform leaders. MIT Sloan Management Review, 49 (2): 28.

⑧ Thomas, L. D. W. Autio, E. & Gann, D. M. (2014) Architectural leverage: Putting platforms in context. The Academy of Management Perspectives, 28 (2): 198-219.

⑨ Thomas, L. D. & Autio, E. (2014) The processes of ecosystem emergence. In Working Paper, Imperial College Business School, University of London, July.

⑩ Sharapov, D. Thomas, L. D. & Autio, E. (2013) Building ecosystem momentum: The case of AppCampus. In 35th DRUID Celebration Conference.

⑪ Gawer, A. (2009) Platform, markets and innovation. Cheltenham: Edward Elgar.

⑫ Hagiu, A. (2014) Strategic decisions for multi-sided platforms. MIT Sloan Management Review, 55 (2): 71.

调两个或多个代理组之间交互的产品、服务、系统或组织（Evans et al.，2006；[①] Rochet & Tirole 2003）[②]，通过协调用户组之间的交互作用，平台产生并获得了网络效应。当一个产品的可取性或功能性取决于其可获得的互补产品的数量时，就会产生网络效应（Katz & Shapiro，1985）[③]。

网络外部性意味着一项技术的实用性随着其用户基数的增加而增加（Katz & Shapiro，1985）[④]。通常，如果平台的价值取决于同一用户组中的用户数量，则网络外部性是直接的。当一个平台对一组用户的价值取决于另一组用户的参与（例如，游戏机用户和游戏开发商之间的间接网络效应）时，会出现间接网络效应（Evans & Schmalensee，2010；[⑤] Gawer and Cusumano，2008；[⑥] Roson，2005）[⑦]。因此，平台应该具有一定的用户厚度（thickness）（Roth，2008）[⑧]，以发挥平台的良好功能，以便吸引足够多的参与者使用平台和相互交流。贡献者/参与者的临界数量是确保足够程度的间接网络效应所必需的。为了适应越来越多的参与者，平台必须是可扩展的、可伸缩性的，以防止平台在用户厚度增加时出现拥塞而导致的市场失灵。平台需要不断发展才能适应新的市场条件、新的环境或新的技术条件（Cusumano，2010）[⑨]。

这种市场中介平台最显著的特点是：它自身并不创造价值，它是为价值创造提供最基础的运行条件、基础设施或环境，因而可以将平台视为是一种增殖平台（proliferating platform）。例如，我们使用的各种操作系统，无论是个人电脑的 Windows 操作系统，还是智能手机安装的谷歌安卓操作系统或苹果的 iOS 操作系统，这些操作系统提供最基本的服务、运行条件和运行环境，可以运行他人开发的应用程序。这种

---

① Evans，D. S. Hagiu，A. & Schmalensee，R.（2006）Invisible engines：How software platforms drive innovation and transform industries. Cambridge，Massachusetts：MIT Press.

② Rochet，J. & J Tirole.（2003）Platform competition in two-sided markets. Journal of the European Economic Association，1（4）：990 – 1029.

③ Katz，M. L. & Shapiro，C.（1985）Network externalities，competition and compatibility. American Economic Review，75（3）：424 – 40.

④ Katz，M. L. & Shapiro，C.（1985）Network externalities，competition and compatibility. American Economic Review，75（3）：424 – 40.

⑤ Evans，D. S. & Schmalensee，R.（2010）Failure to launch：Critical mass in platform businesses. Review of Network Economics，9（4）：1 – 26.

⑥ Gawer，A. & Cusumano M. A.（2008）How companies become platform leaders. MIT Sloan Management Review，49（2）：28 – 35.

⑦ Roson，R.（2005）Two-sided markets：A tentative survey. Review of Networks Economics，4（2）：142 – 160.

⑧ Roth，A. E.（2008）What have we learned from market design？. The Economic Journal，118（527）：285 – 310.

⑨ Cusumano，M. A.（2010）Staying power：Six enduring principles for managing strategy and innovation in an uncertain world. London：Oxford University Press.

平台我们一般将其称为平台产品。另一种平台是亚马逊（Amazon）、易趣（eBay）、阿里巴巴（Alibaba）等类型的电子商务网站，他们为卖家与买家搭起桥梁，这种平台实质上就是撮合卖家与买家的媒人、牵线搭桥的人或中介人（matchmakers）。近几年非常流行的两本英文著作：《中介人：多边平台的新经济学》（Matchmakers：The New Economics of Multisided Platforms）① 和《平台革命：网络市场如何改变经济以及如何为你工作》（Platform Revolution：How Networked Markets Are Transforming the Economy and How to Make Them Work for You）② 讨论的就是这种互联网平台。这种平台我们一般将其称为平台型企业或平台公司。这类“网上交易平台”，就是将过去的线下交易方式，通过第三方的交易平台在互联网上进行交易的一种方式。用户要通过交易平台找到自己所需要的产品，从而进行交易，网上交易平台所提供的产品或服务是包罗万象的。当然，平台型企业也包括了社交网络平台：他们将消费者、自媒体、广告商及软件开发人员等汇聚在一起，实现价值共享。

第一个类似的交易平台是 1980 年前后诞生的美国航空运输业的机票网上订票系统。到 1993 年万维网的出现，网上交易平台得到了进一步发展，互联网全面商业化。

在互联网时代，人们往往把平台看成一种现实或虚拟交易空间或场所，该空间可以导致或促成双方或多方用户之间的交易，收取恰当的费用而获得收益。严格地说，平台是指通过促成双边或多边进行交易，并从中获取收益的第三方接入系统（Eisenmann et al. 2006）③。平台的参与者，涉及买方、卖方和第三方（平台方）。因此，人们往往把平台看成是一个相对于可触可感的现实世界和物理空间的虚拟空间。这个空间有两个基本特征：一是浩瀚的信息流集合，构成了一个个特定的界面；二是有无限多的 C 端（customer side）和 B 端（business side）参与到平台的活动中，平台的边界无限广阔。

从产业组织经济学（industrial organization economics，IOE）意义上看，平台是连接两个或更多特定群体，为他们提供互动机制，满足所有群体的需求，并从中收取中介服务费的经济组织。从这个意义上看，平台是以双边或多边网络外部性为特征的经济组织。这种双边网络外部性并不取决于相同用户群体的消费状况，而是取决于相异但又相容、处于市场另一方的用户群体的消费状况，即市场中一方用户的消

---

① Evans，D. S. & Schmalensee，R.（2016）Matchmakers：the new Economics of multisided platforms. Boston，Massachusetts：Harvard Business Review Press.

② Parker，G. G. Van Alstyne，M. W. and Choudary，S. P.（2016）Platform revolution：How networked markets are transforming the economy and how to make them work for you. New York：W. W. Norton & Company，Inc.

③ Eisenmann，T. R. Parker，G. & Van Alstyne，M. W.（2006）Strategies for two-sided markets. Harvard Business Review，85（10）：92－101.

费决策会影响市场中另一方用户的消费决策。换言之，在决定采用平台的过程中，平台上对应的另外一方平台的网络规模就是一种质量参数。用户的消费决策取决于双方（或多方）在一个平台上互动，这种互动受到特定的网络外部性的影响，突出表现在：平台上卖方越多，对买方的吸引力越大，同样卖方在考虑是否使用这个平台的时候，平台上买方越多，对卖方的吸引力也越大。

事实上，平台已经存在很多年了。传统的商场、市场就是一个平台，它将消费者和商家连接起来；报纸也是一个平台，它连接订阅者和广告商。平台经营这种商业战略已经存在了很长一段时间，甚至一些经济学家将乡村做市商（village matchmaker）看成是一个原始平台（Caillaud & Jullien，2003；[①] Evans，2003）[②]。但 21 世纪有所改变的是，信息技术（IT）大大减少对实体基础设施和实物资产的需求。一方面，信息技术在很大程度上降低了平台建设和扩展的难度和成本，基本消除了参与者间的摩擦，使网络效应得到强化；另一方面，信息技术也提升了捕获、分析及交换大量可增加平台价值的数据能力。平台型企业的例子就在我们身边，从优步（Uber）到阿里巴巴再到爱彼迎（Airbnb），他们跨界式地增长迅猛，突然间就颠覆了许多行业。

可以这样说，数字技术不断增长的能力正在推动平台的快速增长。数字经济依靠平台及其生态系统、开放式创新和用户创新，这些已经成为世界上许多最赚钱厂商组织的发展动力。信息收集和交换、无摩擦价值交换（frictionless value exchange）和网络效应（Afuah，2013；[③] Katz & Shapiro，1994）[④]，是这些平台经营模式的关键组成部分。平台经营模式可以大幅降低信息存储、处理和通信成本，减少信息限制，持续地推动平台业务的增长（Altman et al.，2015；[⑤] Brynjolfsson & McAfee，2014）[⑥]。

在现实经济生活中，平台是广泛存在的，他们在现代经济系统中具有非常重要

---

① Caillaud, B. and Jullien, B. (2003) Chicken & egg: Competition among intermediation service providers. RAND Journal of Economics, 34 (2): 309 - 328.

② Evans, Y. D. S. (2003) Antitrust economics of multi-sided platforms. Yale Journal of Regulation, 20 (4): 325 - 381.

③ Afuah, A. (2013) Are network effects really all about size? The role of structure and conduct. Strategic Management Journal, 34 (3): 257 - 273.

④ Katz, M. L. & Shapiro, C. (1994) Systems competition and network effects. The Journal of Economic Perspectives, 8 (2): 93 - 115.

⑤ Altman, E. J. Nagle, F. & Tushman, M. L. (2015) Innovating without information constraints: Organizations, communities, and innovation when information costs approach zero. In C. Shalley & M. Hitt & J. Zhou (Eds.), Oxford handbook of creativity, innovation, and entrepreneurship: Multilevel linkages. Oxford, UK: Oxford University Press.

⑥ Brynjolfsson, E. & McAfee, A. (2014) The second machine age: Work, progress, and prosperity in a time of brilliant technologies (First edition. ed.): W. W. Norton & Company.

的作用，而且这样的重要作用会越来越大（Roson，2004）①，已经成为引领新经济时代的最重要经济体。今天的平台型企业已经成为我们社会经济生活中不可或缺的基础性构建和新型企业组织形式。平台对厂商组织经营及成长最大的影响在于，它触发了厂商组织的战略变革和商业模式的创新，并最终改变了厂商组织的成长方式。

可以这样说，有关平台经济、平台组织形式或平台战略的一般理论已经初现端倪，其中平台经济学家罗歇和梯罗尔（Rochet and Tirole，2003）②、马克·阿姆斯特朗（Armstrong，2004）③和凯劳德和于连（Caillaud and Jullien，2003）④等对平台经济学（platform economics）的研究做出了开创性贡献。自这些开创性的论文发表以来，组织经济学研究领域对平台的研究兴趣急剧上升。但总的来说，国外对平台经济学的理论研究尚处于起步阶段，国内研究更是近乎于空白。

事实上，对企业经营中人们常提到的“平台”一词，还需要联系到产品平台、平台型企业、平台战略、产业平台等概念来加深理解。

---

① Roson，R.（2004）Platform competition in two-sided markets：The case payment networks. Review Economics，5（1）：72－102.

② Rochet，J. & J Tirole.（2003）Platform competition in two-sided markets. Journal of the European Economic Association，1（4）：990－1029.

③ Armstrong，M.（2004）Competition in two-sided markets. Mimeo，Nuffield College，Oxford University.

④ Caillaud，B. and Jullien，B.（2003）Chicken & egg：Competition among intermediation service providers. RAND Journal of Economics，34（2）：309－328.

二、 产品平台

产品平台（product platforms）（Jiao et al.，2007；[①] Simpson，2004）[②]，或称为平台型产品（platform product）、服务平台（service platforms），它不是局限于某个领域的专属名词，而是一个较为广义的概念。它可以是应用软件，也可以是硬件，或是其他软件与硬件相结合的系统。一般认为，产品平台是产品系列中心的稳定公共资产（Thomas et al.，2014）[③]，产品系列的概念在工程和产品开发中已得到很好的确立，平台是任何定义的组成部分。

按照商务词典（Business Dictionary）的解释，产品平台是一种器具或设备（如 Palm's Palm Pilot 和 Sony's Walkman），其基本设计和某些组件用于产品系列的多个产品中（The platform product is appliance or equipment（如 Palm's Palm Pilot 和 Sony's Walkman）whose basic design and some components are used in several products of a product family.）。

早期研究产品平台的经济学文献展现了不同类型产品平台的定义和应用，包括无形产品、软件系统和信息产品（Meyer & Lehnerd，1997；[④] Meyer & Seliger，1998；[⑤] Sundgren，1999；[⑥] Wheelwright & Clark，1992）[⑦]。美国经济学家惠赖特和克拉克（Wheelwright & Clark，1992）[⑧] 认为，产品平台应专注核心客户群的需求，旨

① Jiao，J. Simpson，T. W. & Siddique，Z.（2007）Product family design and platform-based product development：a state-of-the-art review. Journal of Intelligent Manufacturing，18（1）：5－29.

② Simpson，T. W.（2004）Product platform design and customization：Status and promise. AI EDAM，18（1）：3－20.

③ Thomas，L. D. W. Autio，E. & Gann，D. M.（2014）Architectural leverage：Putting platforms in context. The Academy of Management Perspectives，28（2）：198－219.

④ Meyer，M. H. & Lehnerd，A.（1997）The power of product platforms. New York：The Free Press.

⑤ Meyer，M. H. & Robert S.（1998）Product platforms in software development. Sloan Management Review，40（1）：61－74.

⑥ Sundgren，N.（1999）Introducing interface management in new product family development. Journal of Product Innovation Management，54（16）：40－51.

⑦ Wheelwright，S. C. and Clark，K. B.（1992）Revolutionizing product development：Quantum leaps in speed，efficiency，and quality. New York：The Free Press.

⑧ Wheelwright，S. C. and Clark，K. B.（1992）Revolutionizing product development：Quantum leaps in speed，efficiency，and quality. New York：The Free Press.

在通过添加、替换和删除功能（through the addition, substitution, and removal of features），轻松修改为市场利基的衍生品（derivatives）。这个定义虽然没有明确说明如何进行修改来创造价值，但说明了产品平台的概念已经应用于不同类型产品的修改，产品平台可以为用户创造价值、提供服务。

从理论上讲，产品平台的经济学文献建立在创新和产品开发研究的基础上，呼应了基于资源的优势创造逻辑（resource-based logic of advantage creation）。有关产品开发（Ulrich & Eppinger, 1994）①、产品创新（Utterback & O'Neill, 1994）②、架构创新（architectural innovation）（Henderson & Clark, 1990）③、模块化（modularity）（Baldwin & Clark, 1997;④ 2000）⑤ 和大规模定制（mass customization）（Pine & Davis, 1999）⑥ 等的研究，对这一趋势的发展产生了显著影响。

产品平台的类型包括：一是可扩展的产品平台（scalable product platform），它具有"拉伸"（stretch）组件，因此产品变体具有相同的功能，但具有不同的容量，例如在航空航天领域（Simpson et al. 2001）⑦。二是代际产品平台（generational product platform），它基于产品平台生命周期、产品设计生命周期和产品变型生命周期之间的区别，将产品生命周期视为快速下一代开发的基础（Wortmann & Alblas, 2009）⑧。三是模块化产品平台（modular product platform），这是产品平台中最主要的类型，其中产品系列中的变体是通过交换模块创建的（Meyer & Utterback, 1993）⑨。

一般来说，产品平台被定义为一个共同的次级系统（subsystem）或者通过共享的产品结构来发布一系列单个产品的系统（Meyer & Lehnerd, 1997）⑩。迈耶和莱纳

---

① Ulrich, K., & Eppinger, S. D. (1994) Product design and development. Boston, Massachusetts: Irwin.

② Utterback, J. M. & O'Neill, R. R. (1994) Mastering the dynamics of innovation: How companies can seize opportunities in the face of technological change. Boston, Massachusetts: Harvard Business School Press.

③ Henderson, R. M., & Clark, K. B. (1990) Architectural innovation: The reconfiguration of existing product technologies and the failure of established firms. Administrative Science Quarterly, 35 (1): 9-30.

④ Baldwin, C. Y. & Clark, K. B. (1997) Managing in an age of modularity. Harvard Business Review, 75 (5): 84-93.

⑤ Baldwin, C. Y. & Clark, K. B. (2000) Design rules: The power of modularity. Vol. 1. Cambridge, Massachusetts: MIT Press.

⑥ Pine, B. J., & Davis, S. (1999) Mass customization: The new frontier in business competition. Boston, Massachusetts: Harvard Business School Press.

⑦ Simpson, T. W. Maier, J. R. A. & Mistree, F. (2001) Product platform design: method and Application. Research In Engineering Design, 13 (1): 59-74.

⑧ Wortmann, H. & Alblas, A. (2009) Product platform life cycles: a multiple case study. International Journal of Technology Management, 48 (2): 188-201.

⑨ Meyer, M. H. & Utterback, J. M. (1993) The product family and the dynamics of core capability. MIT Sloan Management Review, 34 (SI): 29-47.

⑩ Meyer, M. H. & Lehnerd, A. (1997) The power of product platforms. New York: The Free Press.

德（Meyer & Lehnerd，1997）[①] 指出，产品平台的主要概念来自于建立一组共享的组件、子系统或是界面作为产品开发的基础架构。辛普森（Simpson，2004）[②] 认为，产品平台是支持有效开发产品变体以解决不同市场利基的产品系列（product family）。产品平台的灵活性支持大规模定制和运营效率，因此，同时追求规模经济和范围经济。哈佛大学商学院教授托马斯·艾森曼等人（Eisenmann et al.，2006）[③] 认为，产品平台是由一个稳定的核心组件和一系列互补组件及接口（界面）构成的，开发者可以利用这些接口（界面）来开发互补组件，使平台围绕着某一产品的初始功能边界开放，将更多的功能纳入产品中，围绕产品核心功能进行体系化扩展，使产品用户需求不断升级，成为更多功能的模块化集成载体。

有关产品平台的后续研究开始应用这些定义，并使其适用于不同类型的服务（Heskett & Sasser，1997；[④] Meyer & DeTore，1999）[⑤]。但这些定义多从狭义的技术角度出发，产品平台可以定义为产品系列的共同技术元素的集合，例如底层核心技术（McGrath，1995）[⑥]。然而，大多数定义都从架构的角度出发（Meyer & DeTore，2001；[⑦] Muffatto & Roveda，2002）[⑧]，包括诸如公共结构（Meyer，1999）[⑨]、中央产品设计（Tatikonda，1999）[⑩] 和组件之间的界面（interfaces between components）（Halman et al. 2003）[⑪] 等功能。这些观点强调了通过模块化、连接性和界面标准来表达的产品技术架构如何实现平台优势。

在我们看来，应当从商业视角来理解产品平台的定义。从商业视角看，产品平

---

① Meyer，M. H. & Lehnerd，A.（1997）The power of product platforms. New York：The Free Press.

② Simpson，T. W.（2004）Product platform design and customization：Status and promise. Artificial Intelligence for Engineering Design，Analysis and Manufacturing，18（1）：3 – 20.

③ Eisenmann，T. R. Parker，G. & Van Alstyne，M. W.（2006）Strategies for two-sided markets. Harvard Business Review，85（10）：92 – 101.

④ Heskett，J. L. Sasser，E. W. & Schlesinger，L. A.（1997）The service profit chain. New York：The Free Press.

⑤ Meyer，M. H. & DeTore，A.（1999）Product development for services. Academy of Management Executive，13（3）：64 – 76.

⑥ McGrath，M. E.（1995）Product Strategy for High Technology Companies. Homewood，IL：Irwin.

⑦ Meyer，M. H. & DeTore，A.（2001）Perspective：creating a platform-based Approach for developing new services. Journal of Product Innovation Management，18（3）：188 – 204.

⑧ Muffatto，M. & Roveda，M.（2002）Product architecture and platforms：a conceptual framework. International Journal of Technology Management，24（1）：1 – 16.

⑨ Meyer，M. H.（1999）The strategic integration of markets and competencies. International Journal of Technology Management，17（6）：677.

⑩ Tatikonda，M. V.（1999）An empirical study of platform and derivative product development projects. Journal of Product Innovation Management，16（1）：3 – 26.

⑪ Halman，J. Hofer，A. & Vuuren，W.（2003）Platform-driven development of product families：Linking theory with practice. Journal of Product Innovation Management，20（2）：149 – 162.

台概念已扩展到品牌（broad）（Sawhney，1998）①、区域运营（regional operations）（Ghemawat，2005）②、客户（customers）（Sawhney，1998）③ 和流程（process）（Jiao et al.，2007b；④ Meyer et al. 1997）⑤ 等方面。

产品平台最常见和最有影响力的定义是罗伯逊和乌尔里希（Robertson & Ulrich，1998：20）⑥，他们将产品平台定义为“一组产品共享的资产集合”（the collection of assets shared by a set of products）。这些资产集合包括组件、流程、知识、人员及其关系。

我们认为，产品平台是指不直接参加核心价值创造，但是它为用户进行价值创造提供了一个必不可少的平台，能够让 B 端（business side）的厂商和 C 端（customer side）的用户聚集在一起，并主要由 B 端给 C 端提供相应服务的产品。简单地说，产品平台是自己不进行价值创造，而是为产品平台使用者提供一个平台，让其他人去进行价值创造的产品。最典型的产品平台如微软的 Windows 操作系统。从技术架构视角看，产品平台是一组产品或服务的技术架构，以及提供该产品或服务的底层功能的结构，作为一个平台，个人或组织都可以利用这个平台来增强其操作灵活性和效率，进行价值创造。产品平台隐含的理论逻辑是资源基础观（Resource-Base View，RBV）和动态能力观（Dynamic Capability View，DCV）。也就是说，产品平台一方面是有价值的、稀有的和难以复制的资源运行体（Barney，1991）⑦；另一方面它可以促进个人或厂商组织快速灵活地重组的其他资源（Winter，2003）⑧。

我们发现，产品平台或平台型产品的显著特点是必须具有黏性（viscosity）。所谓的黏性是指平台生态系统参与者之间或厂商组织与消费者之间信息沟通的广度和

---

① Sawhney，M. S.（1998）Leveraged high-variety strategies：From portfolio thinking to platform thinking. Journal of the Academy of Marketing Science，26（1）：54－61.

② Ghemawat，P.（2005）Regional strategies for global leadership. Harvard Business Review，83（9/10）：98－108.

③ Sawhney，M. S.（1998）Leveraged high-variety strategies：From portfolio thinking to platform thinking. Journal of the Academy of Marketing Science，26（1）：54－61.

④ Jiao，J. Zhang，L. & Pokharel，S.（2007）Process platform planning for variety coordination from design to production in mass customization manufacturing. IEEE Transactions on Engineering Management，54：112－129.

⑤ Meyer，M. H. Tertzakian，P. & Utterback，J. M.（1997）Metrics for managing research and development in the context of the product family. Management Science，43（1）：88－111.

⑥ Robertson，D. & Ulrich，K.（1998）Planning for product platforms. MIT Sloan Management Review，39（4）：19－32.

⑦ Barney，J. B.（1991）Firm resources and sustained competitive advantage. Journal of Management，17（1）：99－120.

⑧ Winter，S. G.（2003）Understanding dynamic capabilities. Strategic Management Journal，24（10）：991－995.

深度。这种黏性并不是在网络经济中的所有产品中都存在，它只是在所谓的产品平台中才存在。网络经济中的产品平台类似传统经济中的中间产品，这些中间产品是指类似操作系统、应用软件和各种高级语言之类的产品平台。这类产品平台的显著特点是他们都并不是消费者的最终需求，他们只为最终需求的满足构建一个“平台”。如在电脑上安装一个语音软件后，消费者就可以在网上和语音聊天室的伙伴聊天。这里，这个软件就是产品平台。产品平台很容易被主流化——最先出来的产品平台最容易成为标准——在这个标准上又会衍生出许多相关产品平台——这些相关产品平台又反过来巩固这个标准。应当这样说，互联网（Internet）的出现为产品黏性作用的发挥创造了有力的手段。许多著名的厂商组织都通过互联网来实现与顾客的信息沟通，顾客可以进行网上产品选样、产品设计和定货，厂商与消费者之间信息沟通的广度和深度是工业经济时代所不能比拟的。厂商组织通过构建所谓的需求链（demand chain），由传统的预测驱动来组织生产，转向需求驱动或顾客订单驱动来组织生产，生产和送货都面向实时订单，形成了按订单生产（build-to-order，BTO）和按订单送货（delivery-to-order，DTO）。

产品平台的另一个显著特点是产品平台具有开放应用程序编程接口（Application Program Interface，API）的特征①。应用程序编程接口又称为应用接口，是一组定义、程序及协议的集合，通过应用程序编程接口实现计算机软件之间的相互通信。应用程序编程接口的一个主要功能是提供通用功能集。应用程序编程接口同时也是一种中间件，为各种不同平台提供数据共享。程序设计的实践中，编程接口的设计首先要使软件系统的职责得到合理划分。良好的接口设计可以降低系统各部分的相互依赖，提高组成单元的内聚性，降低组成单元间的耦合程度，从而提高系统的可维护性和可扩展性。

我们知道，产品平台的操作系统（OS，operating system）是用户与计算机硬件系统之间的接口，用户通过操作系统的帮助，可以快速、有效和安全、可靠地操纵计算机系统中的各类资源，以处理自己的程序。为使用户能方便地使用操作系统，操作系统又向用户提供了如下两类接口：

（1）用户接口：操作系统专门为用户提供了“用户与操作系统的接口”，通常称为用户接口。该接口支持用户与操作系统之间进行交互，即由用户向操作系统请求提供特定的服务，而系统则把服务的结果返回给用户。

---

① API（Application Program Interface）是一种应用程序标准接口，借由标准化的数据交换接口，可以让不同的系统串接起来。应用程序标准接口是一些预先定义的函数，或指软件系统不同组成部分衔接的约定。目的是提供应用程序与开发人员基于某软件或硬件得以访问一组应用程序的能力，而又无须访问原代码，或理解内部工作机制的细节。

(2) 程序接口：操作系统向编程人员提供了“程序与操作系统的接口”，简称程序接口，又称应用程序编程接口（API）。该接口是为程序员在编程时使用的，系统和应用程序通过这个接口，可在执行中访问系统中的资源和取得操作系统的服务，它也是程序能取得操作系统服务的唯一途径。大多数操作系统的应用程序编程接口是由一组系统调用（system call）组成，每一个系统调用都是一个能完成特定功能的子程序。

今天，基于互联网的应用正变得越来越普及，在这个过程中，有更多的站点将自身的资源开放给开发者来调用。对外提供的应用程序编程接口调用使得平台之间的内容关联性更强，同时这些开放的平台也为用户、应用程序开发者和中小平台带来了更大的价值。

如果程序开放应用程序编程接口就是开放接口，以让其他人（用户）的程序能够调用产品平台的程序数据。就像电脑、手机等有一些 USB 接口，也可以说是开放了接口，有了这些接口别人就可以用它来实现插 U 盘、插移动硬盘、充电等之类的功能。“互联网 +”的思维，在于把互联网当工具使用的思维，转换成把企业自己当工具，被互联网生态使用的思维。如何被他人使用？其中的关键，便在于开放应用程序编程接口。

应用程序编程接口早期只是供给厂商组织内部使用，但在互联网的世界中，如果开放给厂商组织以外的第三方使用，便能开发出更多的应用程序软件，可以达到利他与利己的目的。例如，早期微软公司开放操作系统的应用程序编程接口，让许多伙伴软件公司能够替微软写应用程序软件，让应用程序系统与操作系统能够串接起来。以微软公司的视窗操作系统为例，通过 Windows95、Windows97、Windows98、Windows2000、XP 等版本的升级，微软公司一步步将厂商与用户引入不断升级的价值网络里，并将其“锁定”（lock-in）在这些技术标准的平台上。当然，网络参与者并非无利可图，反而是网络的受益者。因为这个平台比过去的渠道宽多了，为网络参与者之间的资源交流、知识转化与价值创造提供了更为广阔的空间和更加自由的环境，而不需要经过特定的狭窄通道。又如，手机的操作系统，苹果的 iOS 和谷歌的安卓（Android），也可以称作产品平台。凡是可以供第三方开发者开发 APP 供用户使用，即可以称为产品平台。又如，微信公众账号，商户可以通过公众账号给用户推送消息或其他服务。我们用的家用电脑（PC），也可以称为产品平台。

现实生活中，常见的产品平台有手机的操作系统，如苹果的 iOS 和谷歌的安卓（Android）；桌面操作系统（OS），如 Unix、Mac、Windows 等；个人数字助理（PDA），如 Palm、Psion、Newton 等；游戏操作台（Game Console），如 Wii、Xbox、Playstation 等。

一般来说，如果厂商组织专注产品平台的研发与经营的战略，可以称为产品平台战略，早期的微软公司专注 Windows 的研发与经营，就是著名的产品平台战略的代表。

进入云计算时代，产品平台已经从早期的开放式操作系统转变为云计算的服务器平台或者开发环境，产品平台开始向平台型产业或产业平台转化。云计算时代的商业模式主要有三种：平台公司通过网络进行应用程序提供的服务称为 SaaS（Software-as-a-Service，软件即服务）；平台公司通过相应的服务器平台或者开发环境作为服务进行提供，就成了 PaaS（Platform-as-a-Service，平台即服务）；平台公司通过提供场外服务器，存储和网络硬件，供用户租用，这种模式称为 IaaS（Infrastructure-as-a-Service，基础设施即服务）。由外部产业平台提供软件、服务或基础设施，对厂商组织用户来说，可以节省维护成本和办公场地，用户可以在任何时候利用这些硬件来运行其应用。最早推出这种商业模式的厂商是面向个人的电子商务站点（electronic commerce site，EC）的互联网巨头公司亚马逊（Amazon），它把自己公司运营用的构筑起来的云计算系统平台进行对外出租，用户可以自由选择操作系统和中间软件，以这样的方式提供硬件及软件平台作为服务，供其他厂商使用。从 2006 年开始［Amazon EC］［Amazon S3］开始作为云计算服务平台推向市场。

三、 平台型企业

如果一个厂商组织专注经营一个运营性平台，搭建一个从事某项工作、娱乐、社交、支付或交易所需要的业务运营平台，这样的运营性平台往往称为平台型厂商、平台型企业、平台组织或平台公司，有些经济学家将其称为双边市场平台（Rochet & Tirole，2006）①。

事实上，最早提出平台型企业概念的是意大利博洛尼亚大学的管理学教授西波拉，他（Ciborra，1996）② 在美国《组织科学》杂志上发表了一篇论文《平台组织：重组策略、结构与惊喜》（The platform organization：Recombining strategies，structures，and surprises），以意大利从事固定及移动电话通讯服务和互联网服务业务的 Olivetti 公司为例，正式提出“平台组织”（platform organization）的概念，将其定义为“能在新兴的商业机会和挑战中构建灵活的资源、惯例和结构组合的一种组织结构”。

法国经济学家罗歇和梯罗尔（Rochet and Tirole，2002）③ 在早期的一篇论文中提到了多边市场，他研究了信用卡提供商市场的无附加费和交换费，该文发展出第一个描述双边市场现象的计量经济学模型。这篇开创性的论文很快得到了凯劳德和于连（Caillaud and Jullien，2003）④、罗歇和梯罗尔（Rochet and Tirole，2003）⑤ 及安德森和考特（Anderson & Coate，2005）⑥ 等人的补充，他们共同研究了多边市场平台型企业的竞争情况。

---

① Rochet，J. C. & Tirole，J.（2006） Two-sided markets：A progress report. Rand Journal of Economics，37（3）：645－667.

② Ciborra，C. U.（1996） The platform organization：Recombining strategies，structures，and surprises. Organization Science，7 （2）：103－118.

③ Rochet，J. C. & Tirole，J.（2002） Cooperation among competitors：Some economics of payment card associations. Rand Journal of Economics，33 （4）：549－570.

④ Caillaud，B. and Jullien，B.（2003） Chicken & egg：Competition among intermediation service providers. RAND Journal of Economics，34 （2）：309－328.

⑤ Rochet，J. & J Tirole.（2003） Platform competition in two-sided markets. Journal of the European Economic Association，1 （4）：990－1029.

⑥ Anderson，S. P. & Coate，S.（2005） Market provision of broadcasting：A welfare analysis. Review of Economic Studies，72 （4）：947－972.

英国萨里大学（Surrey University）数字经济中心联合主任安娜贝尔·高尔教授（Gawer，2009）① 从平台生态系统视角出发，将平台定义为一系列以商业生态系统（business ecosystem）为基础的模块化企业组成的，可以提供互补性的产品、技术或者服务。平台型企业是一个或多个企业或组织基于经济上的供求关系，以价值创造为目标所形成的一种不断进化、不断变异的组织。高尔（Gawer，2014）② 认为，平台参与者包括平台领导（platform leadership）、互补品提供商（complementors）、终端用户（end-users）等，他们是与平台型企业产生直接互动关系的行为主体。她将平台型企业按产业组织形式的标准，划分为企业内部平台、供应链平台和产业平台三种类型。

哈佛大学商学院教授托马斯·艾森曼等人（Eisenmann et al.，2006）③ 把平台看成是一个具体的架构（architecture），是一个产品/服务/方便广大用户交流的基础架构的设计。平台是产品系列中共同使用的组件（platforms as the components used in common across a product family）（Boudreau，2010）④。其核心部分是由构成产品架构的元件与界面所组成的体系（Mukhopadhyay et al.，2015）⑤。而平台型企业是以交叉网络效应为特征，用一定的价格策略向产品或服务的买卖双方提供服务，促成双边或多边交易并从中获取收益或报酬的第三方经济主体（the third economic entity）。

我们认为，平台型企业是指具有高度组织结构柔性和战略弹性的、能够通过促成双边或多边进行交易，并从中获取收益的第三方界面系统（the third interface system）或经济主体（economic entity）（Eisenmann et al.，2006）⑥，平台功能可以由第三方扩展，并受网络效应的影响（Eisenmann et al.，2011；⑦ Evans et al.，2006；⑧

① A. Gawer. Platform，markets and innovation. Cheltenham：Edward Elgar，2009.

② A. Gawer.（2014）Bridging deffering perspectives on technological platforms：Toward an integrative framework. Research Policy，43（7）：1239－1249.

③ Eisenmann，T. R. Parker，G. and Van Alstyne，M. W.（2006）Strategies for two-sided markets. Harvard Business Review，85（10）：92－101.

④ Boudreau，K.（2010）Open platform strategies and innovation：Granting access versus devolving control. Management Science，56（10）：1849－1872.

⑤ Mukhopadhyay，S，Reuver，M. D，& Bouwman，H.（2015）Effectiveness of control mechanisms in mobile platform ecosystem. Telematics & Informatics，33（3）：848－859.

⑥ Eisenmann，T. R. Parker，G. and Van Alstyne，M. W.（2006）Strategies for two-sided markets. Harvard Business Review，85（10）：92－101.

⑦ Eisenmann，T，Parker，G，& Van Alstyne，M.（2011）Platform envelopment. Strategic Management Journal，32（12）：1270－1285.

⑧ Evans，D. S. Hagiu，A. & Schmalensee，R.（2006）Invisible engines：How software platforms drive innovation and transform industries. Cambridge，Massachusetts：MIT Press.

Parker and Van Alstyne，2000；[1][2] 2005）[3]。这个第三方界面系统或经济主体链接核心价值的创造者和用户两端，它自身并不直接参与核心价值的创造，但它为用户进行核心价值创造提供了一个必不可少的可触可感的现实世界和物理空间的虚拟空间。

这个概念说明：

（1）平台型企业或平台组织是平台生态系统（platform ecosystem）的一个组成部分，往往称为第三方（平台方），平台生态系统除平台型企业这个参与者之外，还包括买方、卖方等。所谓的第三方，是指参与产品或服务交易的买卖双方之外的第三方，这个第三方并不直接参与交易，但它为参与交易的买卖双方提供必不可少的设施和条件。这个第三方并不拥有商品和服务的所有权，但他们促进了这些商品和服务的交易（Hagiu & Yoffie，2009）[4]，他们通过促进买卖双方之间的交易来缓解市场瓶颈（Hagiu，2006）[5]，平台型企业作为匹配使用系统资源进行交易的买方和供应商系统（as systems for matching buyers and suppliers who transact with each other using system resources）（Hagiu and Wright 2015）[6]，并通过搜寻与匹配机制提高市场效率，如提高交易量、资源配置效率和改善供求关系等，为买卖双方创造价值。平台型企业是市场中介者，充当多边市场之间的交换，并且通过其产品或服务架构利用一个或多个市场，以便平台所有者可以从通过市场中介创造的附加价值中获利。因此，人们往往把第三方界面系统或经济主体看成是平台领导（platform leadership）或平台组织本身，买方就是终端用户（end-users）、顾客（consumer）和消费者（customer），卖方就是各种微商（small business）、互补品提供商（complementors）或模块化企业（module business）。需要注意的是，平台型企业是平台的领导公司，一般也可以称为平台领导或平台所有者，有时也称为平台生态系统的基石公司（keystone firm）（Ian-

---

① Parker，G. &Van Alstyne，M.（2000） Information complements，substitutes，and strategic product design. In proceedings of the twenty first international conference on information systems （Association for Information Systems，Atlanta），13 – 15.

② Parker，G. & Van Alstyne，M.（2000） Internetwork externalities and free information goods. In proceedings of Second ACM conference Electronic Commerce （Association for Computing Machinery，New York），107 – 116.

③ Parker，G. & Van Alstyne，M.（2005） Two-sided network effects：A theory of information product design. Management Science，51 （10）：1494 – 1504.

④ Hagiu，A. & Yoffie，D. B.（2009） What's your Google strategy? Harvard Business Review，87 （4）：74 – 81.

⑤ Hagiu，A.（2006） Pricing and commitment by two-sided platforms. Rand Journal of Economics，37 （3）：720 – 737.

⑥ Hagiu，A. & Wright，J.（2015） Multi-sided platforms. International Journal of Industrial Organization，43 （11）：162 – 174.

siti and Levien，2004）① 或经济催化剂（economic catalyst）（Evans & Schmalense，2007）②。

应当注意的是，虽然许多学者描述平台构成与结构（Cennamo & Santalo，2013；③ Parker & Van Alstyne，2005；④ Rochet & Tirole，2003）⑤，但关于平台的业务定义和关于什么应该被视为一个多边平台（multi-sided platform，MSP）的争论仍在继续。我们认为，可以采用哈古和莱特（Hagiu and Wright，2015）⑥ 的定义，即多边平台（MSP）能够支持两个或多个不同的边之间的直接交互，并且每一个边都与平台相关联，如图 2－1 所示。

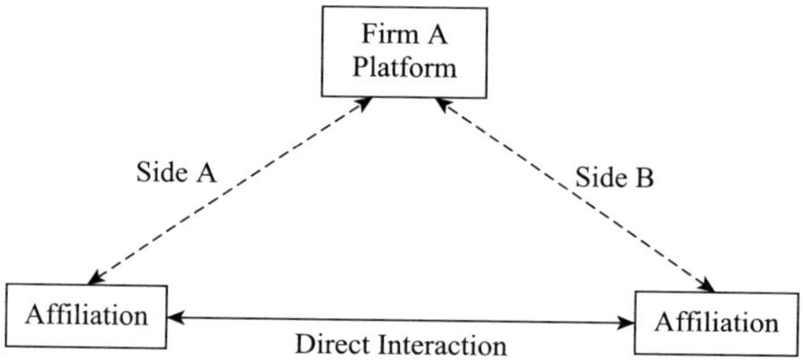

图 2－1　平台结构

资料来源：Hagiu，A. & Wright，J.（2015）Multi-sided platforms. International Journal of Industrial Organization，43（1）：162－174.

图 2－1 中，虚线部分表示从属关系，实线部分表示直接互动关系。

平台作为一个精心编排的组织（central orchestrating organization），支持平台两边之间的事务。该图描绘了一个双边平台或网络，但可以很容易地扩展以表示越来越普遍的多边平台结构（multi-sided platform structures），其中有两个以上的参与者与平台交互（Thomas et al.，2014）⑦。

---

① Iansiti，M. & Levien，R.（2004）The keystone advantage：What the new dynamics of business ecosystems mean for strategy，innovation and sustainability. Boston，Massachusetts：Harvard Business School Press.

② Evans，D. S. & Schmalensee，R.（2007）Catalyst code：The strategies behind the world's most dynamic companies. Boston，Massachusetts：Harvard Business Review Press.

③ Cennamo，C. & Santalo，J.（2013）Platform competition：Strategic trade-offs in platform markets. Strategic Management Journal，34（11）：1331－1350.

④ Parker，G. & Van Alstyne，M. W.（2005）Two-sided network effects：A theory of information product design. Management Science，51（10）：1494－1504.

⑤ Rochet，J. & Tirole，J.（2003）Platform competition in two-sided markets. Journal of the European Economic Association，1（4）：990－1029.

⑥ Hagiu，A. & Wright，J.（2015）Multi-sided platforms. International Journal of Industrial Organization，43（1）：162－174.

⑦ Thomas，L. D. W. Autio，E. & Gann，D. M.（2014）Architectural leverage：Putting platforms in context. The Academy of Management Perspectives，28（2）：198－219.

（2）平台生态系统参与者的互动活动是围绕着平台型企业和各方之间在其边界之外进行的互动，由此带来了与开放性、参与性、相互依赖性和合作竞争相关的机遇和挑战。平台是构建互补产品和服务的基础构建板块（platforms are building blocks serving as a foundation for constructing complementary products and services）（Gawer and Cusumano，2002；[①] 2008；[②] Gawer and Henderson 2007）[③]，平台为用户进行核心价值创造提供了一个相对可触可感的现实世界和物理空间的虚拟空间。这个空间有如此浩瀚的信息流集合和无限多的 C 端与 B 端参与平台的活动说明平台型企业在与外部厂商组织进行互动，并从中获取价值的现象。

需要说明的是，与从事供应商网络、供应链管理、复杂战略联盟、合资企业、并购（M&A）等的组织不同，平台型企业往往具有高度的交易性和合同约束性，通常旨在解决特定的业务问题，这些战略集成包括组织构建和管理大型互补性社区，提供产品和服务，以增强平台中焦点厂商组织（focus firm）的产品和服务（Altman et al.，2015；[④] Dahlander & Frederiksen，2012）[⑤]。为了管理和激励这些外部参与者，平台必须有促进健康参与者互动的规则——界面规则（interface rules）。也就是说，平台型企业需要界面规则来解决市场失灵的问题。

主要从事公司战略、平台、业务生态系统框架和流程设计的哈佛商学院威廉·怀特（William L. White）、工商管理讲座教授卡丽斯·鲍德温（Carliss Baldwin）曾经给平台一个最简单、直接的比喻："平台就像一张桌子，上面可以拼装各种东西。"

（3）从实质上看，平台型企业仍然具有产品平台的特点，即它不直接参与核心价值的创造，但它为用户进行核心价值创造提供了一个必不可少的平台，链接核心价值的创造者和用户两端。而传统的渠道型企业（pipelines）则是要参与最终用户核心价值的创造（Van Alstyne，et al.，2016）[⑥]。

---

① Gawer A，& Cusumano M. A.（2002）Platform leadership：How Intel，Microsoft，and Cisco drive industry innovation. Boston，MA：Harvard Business Publishing.

② Gawer，A. & Cusumano M. A.（2008）How companies become platform leaders. MIT Sloan Management Review，49（2）：28－35.

③ Gawer，A，& Henderson，R.（2007）Platform owner entry and innovation in complementary markets：Evidence from Intel. Journal of Economics and Strategy Management，16（1）：1－34.

④ Altman，E. J. Nagle，F. & Tushman，M. L.（2015）Innovating without information constraints：Organizations，communities，and innovation when information costs Approach zero. In C. Shalley & M. Hitt & J. Zhou（Eds.），Oxford Handbook of Creativity，Innovation，and Entrepreneurship：Multilevel Linkages. Oxford，UK：Oxford University Press.

⑤ Dahlander，L. & Frederiksen，L.（2012）The core and cosmopolitans：A relational view of innovation in user communities. Organization Science，23（4）：988－1007.

⑥ Van Alstyne，M. W. Parker，G. and Choudary，S. P.（2016）Pipelines，platforms，and the new rules of strategy. Harvard Business Review，94（4）：54－68.

应当说明的是，平台型企业作为一个中介人（matchmakers）链接核心价值的创造者和用户两端，一般情况下它不直接参与核心价值的创造，这类只承担中介人角色的平台型企业往往称为“纯平台”（pure-platform）或“纯粹的玩家”（pure-plays），如淘宝、优步（Uber）和爱彼迎（Airbnb），这些平台型企业完全依赖平台配对机制（platform matchmaking mechanism）来进行价值获取（Evans & Schmalensee，2016）①。但也有一些平台型企业，他们在继续经营更传统的业务的同时，也引入一个或多个基于平台的业务，如亚马逊网上市场（Amazon Marketplace）、京东电商平台以典型的分销商模式（typical reseller model）销售商品，同时允许其他厂商组织或微商通过其市场产品进行销售（Hagiu & Wright，2015）②。它既是链接核心价值的创造者和用户两端的中介人，又有直接参与核心价值创造的自营项目，这类平台型企业以市场中介人角色为主、以自营项目为辅，因而我们仍然将其视为平台型企业所具有的不直接参与核心价值的创造的特点。

应当注意的是，云计算、大数据和人工智能推动了平台搜寻匹配算法机制（platform search matching algorithms）的发展。在传统的市场交易结构中，如何有效地处理用户订单搜寻与供给的匹配，存在着信息处理成本过高的问题。平台型企业由于拥有海量历史交易数据和用户数据，因而具有实时分析、趋势分析和预测等方面的能力，可以从海量历史交易数据和用户数据中寻找相应的相关性、因果性等规律，能够对未来进行较为精准的预测。云计算、大数据和人工智能的广泛运用和知识配置构建的搜寻匹配算法机制，使平台能够实现直接和广泛的信息传播，有效地处理用户订单搜寻与供给的匹配；实时分单处理短期契约产生的海量交易数据，使短期契约产生的订单搜寻与匹配的交易信息处理成本得到极大的降低。平台利用移动互联网实现了厂商与消费者的连接，云计算实现了数据的云化，计算、存储和网络资源层面的基础需求和灵活性需求已经不再是问题，而 PaaS 技术（即平台即服务，Platform as a Service）的逐步成熟，更将应用开发、大数据分析等过程，通过微服务和微应用的方式实现了平台与 B 端厂商的有效整合，极大地提高了应用开发和数据分析的效率和完整性，使大数据和人工智能能够进行消费的时间与空间维度的场景构建，和大规模实时分单的毫秒级海量数据处理。人工智能技术在图像和语音识别等固定场景已经超越了人的能力范围，并逐步发展到可以实现对未来很多未知的判决和预测。算法机制运用模式识别、应用场景分类、关联分析、模糊聚类分析、神经网络分析技术和机器学习等数据挖掘技术，

---

① Evans, D. S. & Schmalensee, R. (2016) Matchmakers: The new economics of multisided platforms. Boston, Massachusetts: Harvard Business Review Press.

② Hagiu, A. & Wright, J. (2015) Marketplace or reseller? Management Science, 61 (1): 184 - 203.

有利于进行消费者的行为识别，为平台向厂商和消费者实现数据的定向推送提供了可能。

（4）平台型企业具有需求端范围经济（scope economy from demand side）的特征。在传统产业中，当厂商组织投入资金购买资源，将其转化为增值，将零部件和子系统组装成完整的产品。当厂商组织出售产出时，交易双边的交流遵循的是价值链线性路径。在平台经营条件下，参与各方之间的交互活动遵循三角形关系（triangular relationship）（Eisenmann et al.，2009）[①]，参与交易的各方首先与平台建立关联关系，然后使用平台资源进行连接或交易。例如，在淘宝上，网购者和微商之间的交易，需要使用平台进行相互匹配、执行搜索、签订合同协议、转账支付、购买保险和管理声誉，以促进未来的交易。平台型企业与平台产品具有相同的特点，就是各方之间的交互活动在这些三角市场（triangular market）上进行的，而非线性市场中的运作。这两者都意味着共享技术、可重新配置的元素和固定成本，可以分散在多种产品类型上，因而具有范围经济的特点。需求端范围经济与网络效应（network effects）直接相关，即随着新用户不断地加入并使用平台时，现有用户的价值将提高（Eisenmann et al. 2006；[②] 2011）[③]。同时，需求端范围经济将影响消费者使用平台的意愿、平台的使用率和平台价值（Shapiro & Varian，1999）[④]。由于需求端范围经济的存在，网络效应与来自于高固定成本率和低边际成本的供给端范围经济（scope economy from supply side）有极大的不同。网络效应也存在于双边市场中，市场中一方用户数量的增加将影响另一方用户的购买决策，并显著提升平台对微商、互补品提供商或模块化企业的吸引力。反过来，更多的独特资源、互补品提供商的加入更能够提升平台对用户的吸引力（Parker and Van Alstyne，2005）[⑤]。

（5）平台型企业是一个快速配置资源和组合资源的、具有高度组织结构柔性的架构，它能够为资源提供方和资源需求方提供互动机会，降低信息不对称性和受众搜索有用信息所需的成本，促进价值共创、价值共享、价值实现、价值获取和价值

---

① Eisenmann，T. G. Parker，and M. Van Alstyne.（2009）Opening platforms：How，when and why? In Platforms，markets，and innovations，ed. A. Gawer. Cheltenham：Edward Elgar.

② Eisenmann，T. R. Parker，G. and Van Alstyne，M. W.（2006）Strategies for two-sided markets. Harvard Business Review，85（10）：92 - 101.

③ Eisenmann，T. R. Parker，G. and Van Alstyne，M. W.（2011）Platform envelopment. Strategic Management Journal，32（12）：1270 - 1285.

④ Shapiro，C. & Varian，H. R.（1999）Information rules：A strategic guide to the network economy. Boston，MA：Harvard Business School Press.

⑤ Parker，G. and Van Alstyne，M. W.（2005）Two-sided network effects：A theory of information product design. Management Science，51（10）：1494 - 1504.

分配。

（6）平台型企业具有高度战略弹性（strategic flexibility）。事实上，在不确定的环境下，资源获取与资源组合的未来充满许多不确定性。平台型企业必须保持战略弹性，在风险较低的情况下平行追求数种战略方案，以经营一组“实质选择权”（real option）的方式，直到不确定性已解决大半之后，才做出应对的战略选择与资源承诺，确认组织资源的投入①。平台型企业的一组战略选择行为，包括实施平台开发行为的选择、平台的资源配置、资源组合与资源承诺行为的选择、经营范围与用户的选择、与互补厂商关系的选择和平台组织结构的选择等。

实质选择权可以分为递增选择权（incremental option）和弹性选择权（flexibility option）两种。递增选择权是指为厂商所提供的“获得有利可图的逐渐增加投资的机会”所进行的选择。例如，面对不确定性的环境，厂商组织往往先进行小额试探性投资，当不确定性消除、前景较为明朗且市场呈现出增长潜力时，厂商组织可以利用先发优势进行全面投资；弹性选择权是指为厂商多阶段投资或有多个资源提供商之后，根据不同情景选择不同战略行为的灵活性选择权。例如，淘宝、天猫、京东等电商平台对平台规模或微商的选择、苹果对其应用程序商店（Apple App Store）提供的 APP 应用程序数量规模和性能与质量要求的选择，等等。

库苏马诺和高尔（Cusumano & Gawer，2002）② 认为，平台型企业或“平台领导”（platform leadership）的战略选择包括：产业范围、产品技术、与互补品提供商（complementors）或模块化企业（module business）的关系和平台型企业的内部组织。我们认为，前三种战略选择行为决定了平台生态系统的结构与构成，后一种战略选择行为决定了平台型企业的内部组织结构或营运结构。

综上所述，平台型企业的特征可以概括为具有外部性（externality）、战略弹性（strategic flexibility）、多宿主性或多归属性（multi-homing）③、长尾（the long tail）、价格杠杆效应（leverage effect on price-making）、协同创新效应（collaborative innova-

---

① Raynor，M. E.（2008）The strategy paradox：Why committing to success leads to failure. New York：Currency，2008.

② Cusumano，M. A. & Gawer，A.（2002）Platform leadership：How Intel，Microsoft，and Cisco drive industry innovation. Boston，Massachusetts：The Free Press.

③ homing 是英文 home（家）的动名词，一般翻译为宿主性，或称为归属性，如果一个消费者仅仅只在同类型平台中的一个平台注册成为用户，这种情况称为单宿主性（single-homing），意为这个注册用户仅仅只有一个家。如果一个消费者在同类型平台中的多个平台注册成为用户，则称为多宿主性（multi-homing）。

tion effect）等特征（Cusumano & Gawer，2001；[①] Cusumano，2011）[②]。

有的学者将平台型企业称为“平台领导”（platform leadership），“平台管理者”（platform manager）或“平台倡导者”（platform sponsor）[③]。平台管理者的用法类似于平台领导，它强调的是平台型企业精心编排和管理一个应用程序开发者和互补者的生态系统（Evans et al. 2006；[④] Teece，2007）[⑤]。平台领导突出平台型企业围绕平台生态系统创新驱动的角色功能（Cusumano and Gawer，2001）[⑥]。平台领导的成功绝非偶然，在全球市值最高的100家企业里，有60多家企业都是平台领导。哈佛大学商学院教授艾森曼（Eisenmann，2008）[⑦] 对平台技术架构的“倡导者”（sponsor）和平台应用程序“提供商”（provider）进行了重要区分。艾森曼认为，平台倡导者具有控制技术的权利并设计平台界面规则。应用程序提供商则有直接的客户关系。例如，微软（Microsoft）和谷歌（Google）发起各自的Windows和安卓（Android）平台架构（platform architecture），而惠普（HP）、华为（Huawei）和三星（Galaxy）则提供客户体验该平台所需的硬件。

我们认为，平台型企业可以从两个视角来看：从厂商战略和经营视角看，平台领导是该平台的核心厂商（focus firm）、平台资源的整合者和协调者（integrator and coordinator）。平台领导意指这种厂商组织除了具备一般平台的属性之外，其特殊性在于其具有平台生态系统的领导地位及功能（Brusoni & Prencipe，2009；[⑧] Cennamo

---

① Cusumano，M. A. & Gawer，A.（2001）Driving high-tech innovation：The four levers of platform leadership. Massachusetts Institute of Technology，Center for ebusiness@ MIT Working Paper，142.

② Cusumano，M. A.（2011）Technology strategy and management：Platform wars come to social media. Communications ACM（Association for Computing Machinery），54（4）：31－34.

③ Sponsor，英文原意是赞助、发起、倡议、倡导、发起人、赞助商、倡导者等意思。对于平台型企业，有多种叫法。例如，Cusumano and Gawer（2001）将其称为“平台领导”（platform leadership）或“平台管理者”（platform manager）；Iansiti & Levien（2004）将其称为“枢纽厂商”（hub firm）或“基石组织”（keystone organization）；Gulati et al.（2012）将其称为“架构师”（architect）；Williamson & De Meyer（2012）将其称为“牵头公司”（lead firm）；Teece（2014）将其称为“生态系统队长”（ecosystem captain）的枢纽（hub）。这些学者都强调这类公司承担了生态系统管理者的角色，是生态系统稳定的提供者。Dhanaraj and Parkhe（2006）认为，枢纽厂商管理着生态系统知识流动性、创新可分配性和网络稳定性。

④ Evans，D. S. Hagiu，A. & Schmalensee，R.（2006）Invisible engines：How software platforms drive innovation and transform industries. Cambridge，Mass.：MIT Press.

⑤ Teece，D. J.（2007）Explicating dynamic capabilities：the nature and microfoundations of（sustainable）enterprise performance. Strategic Management Journal，28（13）：1319－1350.

⑥ Cusumano，M. A. & A. Gawer.（2001）Driving high-tech innovation：The four levers of platform leadership. Massachusetts Institute of Technology，Center for ebusiness@ MIT Working Paper，142.

⑦ Eisenmann，T.（2008）Managing proprietary and shared platforms. California Management Review，50（4）：31－53.

⑧ Brusoni，S. & Prencipe，A.（2009）Design rules for platform leaders. In A. Gawer（Ed.），Platforms，Markets And Innovation：306－321. Cheltenham，UK：Edward Elgar.

& Santalo, 2013;[①] Cusumano & Gawer, 2002;[②] Eisenmann et al. 2009;[③] Eisenmann et al. 2011;[④] Gawer & Cusumano, 2008)[⑤]。平台领导是在平台生态群落中拥有领导能力的特定厂商组织，其领导行为是驱动着该平台生态群落围绕着特定平台技术而展开行业层次的创新驱动（industrial level innovation driven）（Cusumano & Gawer, 2001）[⑥]。但从技术视角看，平台倡导者一般是平台架构的构筑师（architect of platform architecture），是该项平台技术的倡议者和赞助商。赞助（sponsor）之意是指他们往往要向其他互补者和模块化厂商开放应用程序编程接口（API）和原代码（source code），帮助和支持这些厂商开发兼容性应用软件，以扩大平台生态系统的阵容。平台倡导者必须擅长创造平台技术、信息与知识，构建平台生态系统来实现供给端和需求端的资源配置，通过价值商店（value shop）为顾客提供完整系统的顾客解决方案。平台领导或平台倡导者不仅组织多方交易主体参与交易，还提供了一种充分开放的平台技术，使外围企业或个人能够提供配套或辅助产品或服务（Cusumano, 2011）[⑦]。例如，现在网购的电商平台，如淘宝、京东，这些网购平台就可以称为“平台领导型企业”，它存在的价值就是能够为其他企业或其他人提供一个交易平台。

英国诺丁汉大学商学院（中国浙江宁波）（Nottingham University Business School China）战略学助理教授崔秉澈博士等人（Choi & Phan, 2012）[⑧]认为，平台领导承担着三个角色：技术解决及商业模式创新者；内外组织活动的协调者；整个商业系统的培育者。与此同时，平台领导有三个重要的要素：规模、技术与核心业务。平台领导的规模可以实现范围经济，可以扩展市场份额，进一步显现网络外部性，但

---

① Cennamo, C. & Santalo, J. (2013) Platform competition: Strategic trade-offs in platform markets. Strategic Management Journal, 34 (11): 1331 - 1350.

② Gawer, A. & Cusumano, M. A. (2002) Platform leadership: How Intel, Microsoft, and Cisco drive industry innovation. Boston, MA: Harvard Business School Press.

③ Eisenmann, T. Parker, G. & Van Alstyne, M. (2009) Opening platforms: How, when and why? In Platforms, markets, and innovations, ed. A. Gawer. Cheltenham: Edward Elgar.

④ Eisenmann, T. R. Parker, G. & Van Alstyne, M. W. (2011) Platform envelopment. Strategic Management Journal, 32 (12): 1270 - 1285.

⑤ Gawer, A. & Cusumano, M. A. (2008) How companies become platform leaders. MIT Sloan Management Review, 49 (2): 28.

⑥ Cusumano, M. A. & A. Gawer. (2001) Driving high-tech innovation: The four levers of platform leadership. Massachusetts Institute of Technology, Center for ebusiness@ MIT Working Paper, 142.

⑦ Cusumano, M. A. (2011) Technology strategy and management: Platform wars come to social media. Communications ACM (Association for Computing Machinery), 54 (4): 31 - 34.

⑧ Choi B. C, Phan K. (2012) Platform leadership in business ecosystem: Literature-based study on resource dependence theory (RDT) . 2012 Proceedings of PICMET '12: Technology Management for Emerging Technologies, Portland International Center, 29 July-2 Aug. 2012.

规模并不能成为平台领导的充要条件（Gawer & Cusumano, 2008）[①]。正因为如此，成为平台领导的企业或组织不一定就是谷歌（Google）、英特尔（Intel）等互联网高科技公司，也可以是亚马逊（Amazon）、脸书（Facebook）、淘宝这样的商业型公司或组织联盟；技术是成为平台领导的重要要素，可以使其成为网络体系的核心（Zhu & Iansiti, 2011）[②]。除此之外，要想成为平台领导，必须拥有整个平台生态体系的核心业务。

目前，中国平台型企业的实践应用包括内外部两种类型：一种像阿里巴巴集团的淘宝平台，上面连接了数百万家外部企业与个人卖家，以及数以亿计的注册买家；另一种像韩都衣舍公司（HSTYLE）[③] 的物流、用户服务、信息技术（IT）、市场推广等平台，上面连接了300多个小微商，这些小微商大部分是韩都衣舍公司内部成员所构成的，每年为韩都衣舍公司推出3万多款服装新品。

国外平台型企业的应用主要有三种类型：第一种，像谷歌（Google）、苹果（Apple）、甲骨文（Oracle）、Salesforce等软件类的营运平台，上面连接了数十万家应用程序开发商与数以亿计的注册买家；第二种，像亚马逊（Amazon）、奈飞（Netflix）、脸书（Facebook）等消费类或社交类的营运平台，上面连接了数百万家外部企业与个人卖家，以及数以亿计的注册用户；第三种，传统产业转型的沃尔玛（Wal-Mart）、宜家（IKEA）、耐克（Nike）、全球农业机械制造商约翰·迪尔（John Deere）和通用电气（GE）等渠道型企业巨头发展出来的营运平台。

在现实社会经济生活中，淘宝、天猫就是一个平台，它自己不卖东西，而是让买家和卖家在这里交易，它提供帮助、服务和监管的作用。很多人可能觉得淘宝、天猫的设计逻辑并不复杂，但其实我们看到的只是产品的一小部分，即面向买家C端（customer side）的部分。面向卖家B端（business side）的部分则要复杂得多，当然还有面向开发者D端（developer side）的（例如淘宝开放平台）。CBD都生长在淘宝平台上，都是平台的一部分。

---

① Gawer, A. & Cusumano, M. A.（2008）How companies become platform leaders", MIT Sloan Management Review, 49（2）: 28-35.

② Zhu, F. & Iansiti M.（2011）Entry into platform-based markets. Strategic Management Journal, 32（1）: 17.

③ 韩都衣舍（HSTYLE）品牌在2008年创立，目前有超过200万的会员。2011年3月，由淘宝网上的个人网店“韩都衣舍”（HSTYLE）转变为企业，注册成立山东韩都衣舍服饰有限公司，注册资本1000万元。韩都衣舍（HSTYLE）公司充分利用互联网优势，独创了B2B2C的互联网渠道品牌模式，是山东省电子商务的代表企业。目前，韩都衣舍（HSTYLE）是淘宝网服饰类综合实力排名第一的品牌，在京东商城、当当网、麦考林、凡客诚品等国内各大平台都有销售。通过内部孵化、合资合作及代运营等，韩都衣舍品牌集群达50个，包含女装品牌HSTYLE、男装品牌AMH、童装品牌米妮·哈鲁、妈妈装品牌迪葵纳、文艺女装品牌素缕、美国户外品牌Discovery等知名互联网品牌，包括韩风系、欧美系、东方系等主流风格，覆盖女装、男装、童装、户外等全品类。2016年7月获批新三板上市，成为互联网服饰品牌第一股，股票代码838711。

伊万斯（Evans，2003）① 从需求的角度把平台型企业分为三种类型：即做市商（market maker）、受众制造者（audience makers）和需求协调者（demand coordinators）。做市商的作用是为了提高交易概率；受众制造者的作用是为了吸引潜在用户；需求协调者的作用是为了满足买卖双方的需求。马克·阿姆斯特朗（Armstrong，2004）② 根据平台用户的宿主将平台分为三类：垄断型平台、用户单宿主平台（user single-homing platform）、用户多宿主平台（user multi-homing platform），也称为"竞争性瓶颈"（competitive bottleneck）平台。第一类是指市场上有且只有一个平台，第二类是用户都使用一个平台，第三类是用户与平台之间是不固定多对多的关系。

当然，平台盈利的前提是平台生态系统达到一定规模，因此在平台构建前需要进行细致的需求研究，尽可能收集潜在用户的信息，找到行业痛点。平台盈利模式一般有两种：一种为跨界网络效应所引起的两股强大需求，在他们中间彼此带来满足前设立关键收费关卡（增值服务）；另一种通过数据收集分析，创造多层级的价值。

需要注意的是，平台型企业所处的市场通常是双/多边市场（two/multi-sided markets）。按照维基百科（Wikipedia）给出的定义：双/多边市场也被称为双/多边网络（two/multi-sided networks），即在市场上存在着两个或两个以上互相提供网络收益的独立用户群体的经济网络。研究表明，很多重要的产业都是基于双边市场的平台运行的。如配对市场的就业中介、婚姻中介等；支付市场的借记卡和信用卡等；搜索引擎市场的谷歌（Google）、雅虎（Yahoo）、百度（Baidu）等；网上交易市场的淘宝、京东等。

法国经济学家罗歇和梯罗尔（Rochet and Tirole，2003）③ 对双边/多边市场（two/multi-sided market）首先给出了经济学的定义：双边（一般也称多边）市场是一个或几个允许最终用户交易的平台，通过适当地从各方收取费用使双边（或多边）保留在平台上。双边（或多边）市场表明，两组参与者需要通过中间层或平台进行交易，而且一组参与者加入平台的收益取决于加入该平台另一组参与者的数量（Armstrong，2004）④，这样的市场称作双边（或多边）市场。双边（或多边）市场涉及两种类型截然不同的用户，每一类用户通过共有平台与另一类用户相互作用而

---

① Evans，Y. D. S.（2003）Antitrust economics of multi-sided platforms. Yale Journal of Regulation，20（4）：325－381.

② Armstrong，M.（2004）Competition in two-sided markets. mimeo，Nuffield College，Oxford University.

③ Rochet，J. & Tirole，J.（2003）Platform competition in two-sided markets. Journal of the European Economic Association，1（4）：990－1029.

④ Armstrong，M.（2004）Competition in two-sided markets. Mimeo，Nuffield College，Oxford University.

获得价值（Wright，2004）[①]。我们认为，所谓的双边（或多边）市场是指该市场存在一个或几个平台运营商，他们同时向具有截然不同诉求的终端用户提供具有锁定特性的产品或服务，这些产品或服务对一部分用户的购买决策会影响另一部分用户的决策。

一般来说，平台型企业所处的双/多边市场具有以下特性，这些特性对平台战略的制定有至关重要的影响：

（1）存在两组参与者之间的网络外部性，即市场间的网络外部性或双边网络外部性。自美国经济学家卡茨和夏皮罗（Katz & Shapiro，1985）[②] 开始，有大量的文献研究市场内的网络外部性问题（network externalities）[③]。但在某些情况下，如媒体产业，网络外部性发生在两个市场之间，在某一特定市场上生产的产品效用随着对另一市场所生产产品的需求数量而变化，反之亦然，这就称作双边网络外部性（two-sided network externalities）。

（2）采用多产品定价方式。中间层或平台必须为它提供的两种产品或服务同时进行定价。

双边市场在现实世界中存在较为广泛。许多传统产业如媒体、中介业、信用卡和支付系统都是典型的双边市场。随着信息通讯技术的迅速发展与广泛应用，又出现了多种新型的双边市场形式，如B2B、B2C电子交易市场、门户网站等，这就为平台型企业的发展提供了大量的机会和商业模式创新的空间。

应当指出的是，平台型企业所构建的平台是一个开放平台。基于互联网的应用正变得越来越普及，有更多的平台型企业将自身的资源开放给开发者来调用。对外提供应用程序编程接口（API）使得平台型企业之间的内容关联性更强，同时这些开放的平台也为用户、开发者和中小型平台带来了更大的价值。

开放是目前平台的发展趋势，现在越来越多的产品平台和平台型企业走向开放。目前的平台型企业不能靠限制用户离开来留住用户，开放的平台架构反而增强了用

---

① Wright，J.（2004）One-sided logic in two-sided markets. Review of Network Economics，3（1）：42－63.

② Katz，M. L. & Shapiro，C.（1985）Network externalities，competition and compatibility. American Economic Review，75（3）：424－40.

③ 网络外部性的概念最早是由杰弗里·罗尔夫斯（Jeffrey Rohlfs，1974）提出的，他指出网络外部性是需求方规模经济的源泉。当一种产品对消费者的价值随着其他使用者数量增加而增加时，就说明这种产品具有网络外部性（Jeffrey Rohlfs. A theory of interdependent demand for a communications service. The Bell Journal of Economics and Management Science，1974，5（1）：16－37.）。卡茨和夏皮罗（Katz & Shapiro，1985）在1985年对网络外部性进行了较为正式的定义：随着使用同一产品或服务的用户数量变化，每个用户从消费此产品或服务中所获得的效用的变化。网络外部性广泛存在于电信、航空等领域，是传统经济学中的外部性在网络系统中的表现。但需要注意的是，他们研究的是市场内的网络外部性问题，而非双边网络外部性问题。

户的黏性。在 Web 2.0 的浪潮到来之前，开放的应用程序编程接口甚至源代码主要体现在桌面应用上，而现在越来越多的 Web 应用面向开发者开放应用程序编程接口。因此，具备分享、标准、去中心化、开放、模块化的 Web 2.0 平台型企业，在为使用者带来价值的同时，更希望通过开放应用程序编程接口来让平台型企业提供的服务拥有更大的用户群和服务访问数量。

平台型企业在推出基于开放应用程序编程接口标准的产品和服务后，无须花费力气做大量的市场推广，只要提供的服务或应用出色、容易使用，其他平台型企业就会主动将开放应用程序编程接口提供的服务整合到自己的应用之中。同时，这种整合应用程序编程接口带来的服务应用，也会激发更多富有创意的应用产生。为了对外提供统一的应用程序编程接口，平台型企业需要对开发者开放资源调用应用程序编程接口提供开放统一的应用程序编程接口环境，来帮助使用者访问站点的功能和资源。

当然，开放应用程序编程接口的平台型企业为第三方应用程序开发者提供良好的社区支持，也是很有意义的，这有助于吸引更多的技术人员参与到开放的应用程序开发平台中，并开发出更有趣的第三方应用。例如，视频云技术提供商 CC 视频开放应用程序编程接口，用户可以在自己的网站后台轻松完成视频的上传、视频播放控制操作，并可批量获取视频及平台信息。

应当指出，今天大量的以价值链为价值创造基本架构的渠道型企业（pipelines），正在向平台型企业转变，逐渐成为一个个为用户进行核心价值创造提供了必不可少的、链接核心价值的创造者和用户两端的平台型厂商组织。这不仅涉及厂商组织价值创造方式和商业模式的变革，也推动了厂商组织的经营理念和管理方式的巨大变化。美国管理学家范·阿尔斯汀等人（Van Alstyne et al.，2016）① 认为，从渠道型企业转向平台型企业涉及以下三大重要转变：

（1）从控制资源转向精心管理资源。关于厂商组织的资源，资源基础观（VRB）解释厂商间竞争的观点认为，工业经济时代渠道型企业通过控制珍贵的稀缺资产（理想情况是独一无二的资产）获得市场竞争优势。渠道型企业的优势包括厂房、设备、矿山和房地产这样的有形资产，以及诸如专利、专有技术（know-how）等知识产权的无形资产，这些资源是内生性的资源，是其他厂商无法获得的。对平台型企业而言，难以复制的资产是消费者社群及其成员拥有和贡献的全社会冗余资源（slack resource），例如爱彼迎（Airbnb）的房间、优步（Uber）的汽车、想法或信

---

① Van Alstyne，M. W. Parker，G. & Choudary，S. P.（2016）Pipelines，platforms，and the new rules of strategy. Harvard Business Review，94（4）：54－68.

息。换句话说，连接生产者和消费者的网络是首要资产。

（2）从内部优化转向外部互动。渠道型企业通过优化整条产品活动链——从材料采购到销售和服务的价值链，管理内部劳动力和资源，从而创造价值。平台型企业创造价值的方式是，促进外部生产者和消费者间的互动。正是出于这种外部倾向，平台型企业往往能削减生产的可变成本。重点从价值链过程转向平台型企业与平台参与者的互动，而生态系统治理成为一项基本管理技能。

（3）从关注用户的价值到关注生态系统的价值。渠道型企业设法将产品和服务的个体用户的终身价值最大化，个体用户实际上处在价值链线性过程的最尾端。相比之下，平台型企业设法在一个循环、迭代、由反馈驱动的过程中，将不断扩展的生态系统的整体价值最大化，有时还需要补贴一类消费者来吸引另一类消费者。

这三大重要转变表明，在平台型企业的世界中，竞争更为复杂、激烈。战略管理名家迈克尔·波特（Porter，1980）① 描述的战略分析的五大竞争力模型（strategic analysis of five forces model）——新进入者的威胁、替代产品和服务的威胁、用户的讨价还价能力、供应商的议价能力及在位厂商的竞争实力，依旧有效。但在平台型企业的世界中，这些竞争力表现不同，而新因素也开始起作用。要将各种因素处理好，高层管理者必须留意平台上的互动、参与者的进入情况及新的绩效指标。

---

① Porter，M. E.（1980）Competitive strategy：Techniques for analyzing industries and competitors. New York：Free Press.

四、 产业平台

产业平台（industrial platform），在我国也称为产业互联网平台（industrial internet platform）或产业生态系统（industrial ecosystem）。事实上，今天有关产业平台的理论研究在我国学术界属于凤毛麟角，相对美国厂商所具有的强烈 to B 思维来说，我国厂商组织高度重视 to C 平台，而 to B 意识并不强。在学术研究中没有明确提出产业平台的理论框架，但产业平台的出现，却是当今一个最热门的社会经济现象。美国互联网平台的发达，主要是“软件”平台的发达，而非消费平台的发达。用美国网景通信公司（Netscape）创始人马克·安德森（Marc Andreessen）的话说，美国经济是“软件正在吞噬一切”（software is eating the world），这实质上是指美国经济正在向产业互联网和物联网方向发展。

从本质上看，产业平台仍然具有平台经济的典型特征，即他们不直接参与价值创造，但他们可以为所有的产业进行价值创造提供一个必不可少的平台。例如，电子支付平台、搜索引擎、排名推荐引擎、通讯平台、操作系统平台、云计算平台等，就是这种具有工具性特征的平台。他们之所以称为产业平台，就是这些平台存在的价值，能够为所有产业的价值创造提供一个工具性平台。

所谓的产业平台是由一个或数个厂商组织开发出的产品平台、服务平台或技术平台，能够为其他厂商组织创建业务系统和数据系统，提供公共性服务、定制化服务和技术基础设施，为厂商组织用户进行价值创造提供更多的增值服务。因此，产业平台是所有产业进行价值创造的基石，它可以使众多相关、相同或不同产业的厂商组织在其之上定义自己的业务系统及行业应用场景，研发个性化工具、技术和服务，营造特定的产业生态系统（specific industrial ecosystem）。

从产业技术角度看，产业平台不是某项单一的技术，而是以数据作为基础资料，综合运用互联网、移动互联网、物联网、大数据、云计算、人工智能等下一代信息技术来促进传统产业转型升级，同时带动新兴产业发展。利用信息技术，传统产业的物理产品将嵌入越来越多的数字功能。这促进了硬件产品向软件化、服务化的方向发展，使得用户和企业都可以持续保持连接和交互，按使用购买服务的方式将其广泛普及。在数据和算法机制的支持下，人工和机器的分工合作将达到更高层面的协同水平，即人与机器工作的无缝衔接。大量的流程性工作都将由机器承担，而人将更多地负责对机器的管理维护和从事更需要创造力的决策工作。

从产业架构角度看，产业平台是将信息流、知识流、资金流和物流融合一体成为综合的中间服务商，然后产业平台服务商通过中间环节效率提升赚取差价或者收取服务费的方式盈利，而更大的市场空间，来自中间环节对货物和资金的掌控而衍生出来的很多金融和大数据的服务。从这个意义上看，产业平台的最大价值是构建中间环节一体化服务体系。产业平台与消费平台最大的不同在于服务主体的转变，由此使得应用目的、场景和形式等发生变化。但同时产业平台又依托消费平台，产业平台把消费者的经验和需求高效地传递到产业侧，以便实现消费平台与产业平台的协同发展。

从需求角度看，产业平台的出现是厂商组织托管服务的专业化、系统化和规模化的需要，它可以有效地降低厂商组织运营成本，帮助厂商组织打造标准化的企业托管服务体系，使厂商组织可以快速通过品牌价值和规模化来提升市场集中度。产业平台的市场不再是传统产业的单一市场，而是为满足需求跨产业的要素融合市场。在智能化的供需配置机制支持下，能够快速洞察不同用户群同类需求的特点及趋势，从而指导厂商组织调整内部生产运营提供匹配的供给，甚至借助产业平台跨产业获取生产要素来更好地满足需求。如果产业平台的服务商能够整合供应商来满足厂商组织各方面的需要，产业平台将延伸出更多的价值。

从产业平台的收益获取机制看，产业平台所具有的交易经济特征和市场中介人的搜索匹配机制是通过网络效应驱动的（Cusumano，2010）[①]，网络效应存在产业平台的所有方面（Venkatraman & Lee，2004）[②]。产业平台大大缩短了供给和需求的距离，而要实现供需快速精准地匹配，需要打造更为弹性的组织：网络化——各厂商组织间借助信息化工具，实现实时直连和沟通；扁平化——构建“前台—中台—后台”模式，前台小团队灵活机动对接市场，中台建立综合技术和资源支持平台降本增效，后台重点打造数据能力提升管理决策水平；自适应——厂商组织并非固化不变，而是根据市场变化自主调整。

与市场中介平台一样，产业平台或产业生态系统还利用其作为连接市场所有产业的价值枢纽地位（hub position）来获取经济租金（Gawer & Cusumano，2008）[③]。从这个意义上说，产业平台利用其在产业架构中的枢纽地位，从交易和搜索经济中

---

① Cusumano, M. A. (2010) The evolution of platform thinking. Communications of the ACM, 53 (1): 32.

② Venkatraman, N. & Lee, C. H. (2004) Preferential linkage and network evolution: A conceptual model and empirical test in the U. S. video game sector. Academy of Management Journal, 47 (6): 876 - 892.

③ Gawer, A. & Cusumano, M. A. (2008) How companies become platform leaders. MIT Sloan Management Review, 49 (2): 28.

获益（Jacobides et al.，2006）①。有些学者认为，价值枢纽（value hub）不一定是产业生态系统中最大或资源最丰富的成员，而是使用“智能动力”（smart power）（Williamson & De Meyer，2012）② 和“耦合模式”（patterns of coupling）（Brusoni & Prencipe，2013）③，或者是基于知识、产业地位或对关键资源或技术的控制的“非正式权威”（informal authority）（Gulati et al. 2012）④ 和“机构工作”（institutional work）（Gawer and Phillips，2013）⑤。

今天，随着云计算和大数据的应用，公有云与私有云正在成为所有的产业进行价值创造的工具性平台；大数据为所有产业提供其所需要的数据情报，也成了一个工具性平台。可以预见的未来，大数据与智能计算的结合将进一步为社会经济生活带来革命性的变革。例如，过去六年中，美国云应用市场（cloud marketplace）增长十倍，2015 年整体收入达到 566 亿美元，其中私有云 290 亿美元，公有云 270 亿美元。今天，数据已经成为厂商组织获得竞争优势的新基础，云计算则通过推动业务创新，正日益成为厂商组织实现增长的引擎。在 2016 年，美国厂商组织新增的业务中，超过 25% 是通过订阅云平台或应用服务的方式实现部署的。按照目前市场的粗略统计，IaaS 平台服务和 SaaS 应用服务市场规模的比例大概保持在 4∶6。

案例研究：云计算先驱 Salesforce 的商业模式框架

Salesforce 成立于 1999 年 3 月，是一家企业客户关系管理（Customer Relationship Management，CRM）软件服务提供商，总部设于美国旧金山，是可提供根据客户需求应用的客户关系管理平台。由前甲骨文（Oracle）副总裁、美籍俄罗斯人马克·贝尼奥夫（Marc Benioff）投入 600 万美元种子股进行播种创立的。

Salesforce 一经成立，立即开始产品开发。1999 年 4 月初，Salesforce 的企业客户关系管理（CRM）软件的第一个产品原型 Salesforce Automation 已经形成。

在有了产品原型后，马克·贝尼奥夫积极与新闻媒体接触。1999 年 7 月，

① Jacobides，M. G. Knudsen，T. & Augier，M.（2006）Benefiting from innovation：Value creation，value Appropriation and the role of industry architectures. Research Policy，35（8）：1200－1221.

② Williamson P，& De Meyer A.（2012）Ecosystem advantage：How to successfully harness the power of partners. California Management Review，55（1）：24－46.

③ Brusoni，S. & Prencipe，A.（2013）The organization of innovation in ecosystems：Problem framing，problem solving，and patterns of coupling. Advances in Strategic Management，30（2）：167－194.

④ Gulati R，Puranam P，Tushman M.（2012）Meta - organization design：Rethinking design in interorganizational and community contexts. Strategic Management Journal，33（6）：571－586.

⑤ Gawer，A. & Phillips，N.（2013）Institutional work as logics shift：the case of Intel's transformation to platform leader. Organization Studies，34（8）：1035－1071.

华尔街日报（WSJ）发表了一篇题为《被取消的程序：软件正在成为一种在线服务，动摇了一个行业》的文章，报道了软件即服务（Software-as-a-Service）商业模式的出现，并将Salesforce作为这一新趋势的厂商代表加以介绍（WSJ，1999）①。文章刊出后，公众的强烈兴趣导致这项在线云服务成为免费试用项目。到1999年11月，随着越来越多的客户注册，Salesforce开始向每个用户收取每月50美元的费用，其中一个早期客户开始付费。

1999年12月，《华尔街日报》的另一篇文章强调了Salesforce的技术，并鼓励各种规模的公司注册免费试用（WSJ，1999）②。随着客户数量的增加，Salesforce正式启动了一项扩展软件功能的试点计划，并邀请胡佛新兴公司（Hoover Emerging Company）和米勒·海曼销售咨询公司（Miller Heiman Group，Inc）等合作伙伴向用户推销Salesforce的产品和在线云服务模式。这些可以看成是Salesforce在商业模式中整合其他生态系统参与者努力的最初迹象。

Salesforce的商业模式从一开始进入市场，就是以一个戏剧性的差异性框架（difference framing）面貌出现的，称为Salesforce框架（Salesforce Framing）：Salesforce允许客户与独立软件供应商定制并整合其产品，同时建立他们各自所需的应用软件。对用户而言，则可以避免购买硬件、开发软件等前期投资，以及复杂的后台管理问题。因Salesforce的宣传口号“软件的终结”（end of software），故在业内常被称作“软件终结者”（software terminator）。

Salesforce不同于PeopleSoft、Oracle、SAP或Siebel等传统软件行业在位企业（incumbent firm）的产品和服务，与传统的企业软件销售技术（公司催促销售人员高频次拜访客户）相比，Salesforce使用了电话销售团队进行市场推广，电话号码为1-800-no-software。电话销售团队向用户推广使用Salesforce的SaaS（Software-as-a-Service，即软件即服务），用户注册后的一段时间内免费试用，用户可以将Salesforce的“无软件框架”（No-software framing）嵌入到企业管理架构和实践中，用户也不用购买软件使用许可证，只需按月支付50美元的云服务费。应当说Salesforce的商业模式，是对传统厂商组织商业模式的抗衡和反叛。新闻媒体报道称这是Salesforce和传统软件行业在位企业之间的大卫与歌利亚的战斗（battle of David-and-Goliath）③。这些强大的商业模式框架很快被媒体所接受和放

① WSJ.（1999）Canceled programs：Software is becoming an online service，shaking up an industry. Wall Street Journal，22/07/1999.

② WSJ.（1999）Salesforce. com takes the lead in the latest software revolution. Wall Street Journal，02/12/1999.

③ 据《圣经》记载，歌利亚作为传说中最著名的巨人之一，这位腓力士将军拥有无穷的力量，所有人看到他都要退避三舍。不过，当时还是小孩子的大卫却用投石机打中了歌利亚的脑袋，并割下他的首级。最终，大卫统一了以色列，成为著名的大卫王。在西方传统中，大卫战胜歌利亚也隐喻着正义对抗邪恶的胜利。

大，公众对 Salesforce 和新兴 SaaS 生态系统都有强烈的兴趣。

在 Salesforce 的商业模式创新之前，PeopleSoft、Oracle、SAP 或 Siebel 是提供企业客户关系管理（CRM）软件产品的强势在位企业，其商业模式是向每个用户销售永久性的软件使用许可证（software use licence），并收取用户的每年维护和支持费用，这些费用可能高达软件资本成本（capital cost）的 20%。除了许可成本（licence cost）外，企业客户关系管理（CRM）软件还需要购买专用服务器硬件和企业数据库（如由 Oracle、IBM 或 Microsoft 提供），该数据库部署在客户的现场。这就需要由供应商或第三方顾问提供定制、安装和培训服务。

随着 2000 年 2 月 Salesforce 的产品和云服务模式的正式发布，Salesforce 推出了新商业模式的内容，包括托管在 Internet（“云”）上的中央服务器上的管理客户数据，而不是向客户销售部署在现场的软件，从而消除了硬件和软件许可的初始成本。Salesforce 还引入了新的商业模式结构，使客户或合作伙伴能够创建自己的定制应用程序，可在任何具有互联网接入的设备上使用，为客户量身定制的高度戏剧化 Salesforce 商业模式框架（Salesforce Framing），得到了进一步加强。

2000 年 2 月 2 日，Salesforce 在其新闻稿中再次声称，它将“彻底改变通过互联网交付企业级应用程序的方式”。营销活动的标题是“软件的终结”（End of software），其前提是对传统软件业发动一场战争。因此，Salesforce Framing 受到了激进的新闻媒体和客户日益增长兴趣的推动，这与名人公司的奖学金和市场人气的构建原理是一致的：“一家公司从事不符合常规行为的程度越大，在一定程度上获得利益相关者的支持，该公司在媒体中成为主角的可能性就越大。”（Rindova et al.，2006：60）①美国网络媒体 CNET 在 2000 年 2 月 22 日新闻报道中戏剧性地叙述道：“在产品发布会之后，Salesforce 新闻发布变得更加激进，声称 Salesforce 将使软件过时。”2000 年 5 月 16 日，Salesforce 在其新闻稿中重点介绍了该公司的宗旨“企业软件即在线服务”（Firm software as a line-service），并强调公司获得的荣誉：包括 2000 年演示大会上的“值得关注的公司”（Company to Watch）、Upside 杂志②的热点 100 公司（Hot 100）和企业展望上的“投资者的选择”（Investor's Choice）。

---

① Rindova，V. P. Pollock，T. G. & Hayward，M. L. A.（2006）Celebrity firms：The social construction of market popularity. Academy of Management Review，31（1）：50 – 71.

② Upside 杂志是美国的商业类月刊，1989 年由硅谷风险投资人 Richard Karlgaard 和 Anthony Perkins 发起成立，Upside 是硅谷 20 世纪 90 年代的最佳见证和记录者，以不媚俗的独立批判精神而著称。每年 11 月，Upside 都会推出备受全球 IT 精英关注的“IT 业 100 位精英”大排名，即热点 100 公司（Hot 100）。因互联网萧条，该杂志于 2002 年 10 月停刊。

2000年6月的演示大会是以一系列“市场领导者”（Market Leader）的新闻发布会为高潮，庆祝公司发展了20000名企业级客户的成就：Salesforce极力欢呼雀跃地说自己是“市场领导者”。

随着客户现在对IT投资和成本更加关注，Salesforce商业模式框架的应用范围进一步扩大，Salesforce不断地通过与客户有联系的经销商来寻找新客户或合作伙伴。Salesforce扩展了新的生态系统，通过招聘销售咨询公司来提供互补品的交付，并与其他技术公司集成，专门从事数据集成、多渠道客户服务和电子邮件潜在客户开发。Salesforce在企业级云服务市场上瞄准客户的火力全开，在位企业Siebel开始逐步失去市场优势和销售收入。Salesforce商业模式框架还强调直接竞争，将Salesforce产品价值与在位企业的产品价值进行对比，Salesforce强调客户在传统在位企业面前是如何失败的，客户应该有动力与商业模式创新者一起抓住机会。随着商业模式的改进，Salesforce商业模式框架从戏剧化的反叛和战争类比，转变为对产品质量更不具对抗性地关注和提升。在美国管理学家闰多瓦等人（Rindova et al.，2006：63）[①] 看来，Salesforce在走向市场领导的道路上增强了行为一致性。

2004年，Salesforce在纽约证券交易所（NYSE）申请上市，这是Salesforce发展史上的一个重要事件，它影响了商业模式的框架设计。媒体和投资者对首次公开发行（IPO）进行了严格地审查，因为这是软件即服务新商业模式的试金石。由于新的商业模式是基于互联网驱动的订阅收入（subscription revenue driven by internet），它缺乏合法性。因为当时没有上市公司使用订阅收入模式，也不被理解为新生态系统的基础。当美国证券交易委员会（SEC）因收入确认问题对IPO申请提出质疑时，新闻媒体对软件即服务这种新商业模式的兴趣随之大增。美国证券交易委员会（SEC）随后采用了Salesforce率先采用的收入确认流程作为标准，为新的商业模式提供了社会政治合法性。

Salesforce意识到IPO带来的挑战，以及需要更加传统化，它承诺（再次）重新塑造自己成为市场领导者。它不再明确地将自己定位为劣势，而是努力巩固自己作为新SaaS市场类别无可置疑的领导者地位。首次公开募股的招股说明书风格迥异、语言简练，将Salesforce描绘成“以市场份额为基础的领先提供商”（leading provider based on market share）。Salesforce之所以选择在纽约证交所（NYSE）上市，而非在高科技纳斯达克（NASDAQ）上市（Siebel和其他在位企

① Rindova，V. P. Pollock，T. G. & Hayward，M. L. A.（2006） Celebrity firms：The social construction of market popularity. Academy of Management Review，31（1）：50－71.

业在纳斯达克上市），是经过深思熟虑的，以表明 Salesforce 有志成为行业龙头的传统。IPO 前和 IPO 特定的新闻稿强调了客户的质量和数量，特别是对全球第五大软件公司、标准普尔 500 公司（S&P 500）SunGard 的认购决定表示欢迎。这被视为大公司对 Salesforce 的成熟度和采用率的认同，大公司也可以通过行业协会向新来者提供合法性和行业地位（Baum & Oliver，1991；[①] Dacin et al.，2007；[②] Stuart et al.，1999）[③]。

2004 年 6 月，Salesforce 在纽约证券交易所成功上市，股票代号 CRM，募集资金 1.1 亿美元。2004 年的公司销售收入 1.75 亿美元，拥有 13，900 家企业级客户，注册用户达到 227，000 名。2012 年销售收入达到 22.6 亿美元，在《福布斯》全球最具创新力企业排行榜单上，Salesforce 名列首位，且连续四年稳居宝座。2018 年 10 月，《财富》未来公司 50 强排行榜发布，Salesforce 排名第 10 名。在 2019 年福布斯全球数字经济 100 强榜单上，Salesforce 排名第 51 名。2019 年 10 月，Interbrand 发布的全球品牌百强榜单排名 70 名。2019 年 10 月 23 日，《财富》未来公司 50 强排行榜发布，Salesforce 排名第 9 名。

现在，中国的产业平台也开始发力，力图改变中国厂商组织不重视 to B 的状况。例如，腾讯公司屡屡被市场和业界讥讽缺乏 to B 基因，2019 年，腾讯公司构建的两家产业平台——微盟集团和中国有赞进入资本市场，他们是深耕微信生态的社交电商 SaaS 产品提供商。对腾讯公司来说，产业平台的出现标志着腾讯正在调整组织架构和发展新型平台，这对腾讯有着非同寻常的意义，这些投资帮助外界理解腾讯已经在产业平台对厂商组织服务领域的发力。其中，微盟集团是智能商业服务提供商，专业为中小企业提供微商城、智慧零售、餐饮 O2O、微盟小程序等一体化解决方案，以更开放的服务生态为用户提供产品和服务，构建线上线下融合、开放互通的智能商业服务生态体系，帮助更多的中小企业向智能商业转型升级；有赞业务体系可以分为 SaaS、增值服务和 PaaS 三大板块，其中 SaaS 是有赞核心业务，包括有赞微商城和零售解决方案两部分。在这之中，又以有赞微商城为核心，后者帮助传统电商和自媒体等商家在微信等平台经营电商业务。在整个产业平台生态系统中，腾讯和 SaaS 提供商基因完全不同。腾讯提供基础设施平台，主要做链接、基础工具和生态

① Baum，J. A. C. & Oliver，C.（1991）Institutional linkages and organizational mortality. Administrative Science Quarterly，36（2）：187－218.

② Dacin，M. T. Oliver，C. & Roy，J. P.（2007）The legitimacy of strategic alliances：An institutional perspective. Strategic Management Journal，28（2）：169－187.

③ Stuart，T. E. Hoang，H. & Hybels，R. C.（1999）Interorganizational endorsements and the performance of entrepreneurial ventures. Administrative Science Quarterly，44（2）：315－349.

三件事情，变现方式是广告、搜索、支付和云服务。

与电子商务平台、门户网站、社交平台、用户生成内容型平台、求职平台、媒体平台、购物平台、娱乐平台、城市经营平台等“互联网 + 业务”的平台不同，产业平台并不参与任何具体的价值创造过程，他们仅仅是一个工具性产业平台，其基本架构是“互联网 + 软件 + 服务 + 基础设施”，即 Internet + SaaS + PaaS + IaaS，未来的发展方面还要增加 DaaS（Data-as-a-Service，数据即服务）。

我们认为，这种产业平台具有“杠杆效应”（leverage effect）。所谓的“杠杆效应”指的是某一产业平台施加与自身规模不成比例的影响力所获得的市场效果。也就是说，产业平台是一个对市场上所有产业产生影响的过程，其影响远远大于所需的投入。在战略管理的背景下，杠杆效应是价值创造和竞争优势的直接驱动力，因为杠杆效应提供了一种机制，在其他条件相同的情况下，从相同的投入水平实现更大的产出。这种竞争优势可以反映在系统性地降低成本或增加收入，或在市场上具有赢家通吃的优势。在平台环境中，杠杆效应是通过开发可重组的共享资产、设计和标准来实现的，从而促进共享给定平台的厂商组织内部和厂商组织之间地协调和治理（Thomas et al. , 2014）①。产业平台以其节省成本开支的优势吸引大批中小型企业的使用，中小型企业不必像自建设备那样去购买、安装、操作或运营维护，总的来说方便、快捷、省钱。产业平台可以为所有产业的用户提供根据自己的业务及行业应用场景，以及内部的业务系统进行一些定制化服务，与其公司的监控系统、财务管理、资产管理系统等进行对接，方便用户自定义网络，可以为用户提供更多的增值服务。

外包服务（outsourcing）本质是通过优化资源配置，集中高效地处理企业非核心业务，降低成本、提升效率。产业平台与移动互联网的结合，使移动互联网出现了产业平台移动化的趋势，加速了所有行业从外包服务到软件即服务（SaaS）的演变。这一过程表明，外包公司逐步将线下业务线上化，实现业务体系的整合，使平台化属性所带来的增值服务实现价值最大化。产业平台移动化将互联网 C 端渗透率提升到极致，B 端互联网需求即将爆发。

总的发展趋势是从外包服务（outsourcing）到软件即服务（SaaS）。目前，美国 to C 与 to B 市场比例为 6 : 4，而中国只有 20 : 1，庞大的 to C 市场必然会带来 to B 行业的爆发。应当看到，国内云计算发展中 SaaS 业务相对落后，按照国外经验来看，亚马逊公司旗下云计算服务平台 AWS 在 2005 年正式发布弹性云 EC2 正式拉开云计

---

① Thomas, L. D. W. Autio, E. & Gann, D. M. (2014) Architectural leverage: Putting platforms in context. The Academy of Management Perspectives, 28 (2): 198 - 219.

算序幕，在基础 IaaS 业务有支持的情况下 SaaS 业务进入快速发展期。从目前国内实际观察的结果看，SaaS 的发展还处于严重滞后的状态，我国最大私有云——阿里云（Aliyun）现在服务于制造、金融、政务、交通、医疗、电信、能源等众多领域的领军企业，其中包括中国联通、铁路 12306 平台、中石化、中石油、飞利浦、华大基因等大型企业用户，以及微博、知乎等明星互联网平台公司。在天猫双 11 全球狂欢节、铁路 12306 春运购票等极富挑战的应用场景中，阿里云均保持着较为良好的运行纪录。阿里云在逐步成熟的基础 IaaS 业务支持的情况下，正在使 SaaS 的应用获得发展良机。

应当看到，国内厂商组织尤其是中小型企业的信息化程度较低，对比较先进的 SaaS 业务付费意愿并不太强。财务、人力资源是目前国内中小型企业相对比较刚性的需求，而后勤外包的需求还没有激发出来。由于传统企业管理软件在国内市场的渗透率本身就不高，SaaS 要完全取代传统的企业外包服务，在国内市场冲出重围，可能需要更贴近行业应用场景。从规模上看，国内 SaaS 企业收入过亿的企业还比较少。例如，作为北京北森云计算股份有限公司旗下北森云计算平台定位为中大型企业服务的人力资源管理 SaaS 服务商，产品包括一体化人才管理、人才测评系统、招聘管理系统、绩效管理系统等，2016 年收入规模已经超过 2 亿元，维持 60% 以上的持续增长，而国内大部分的 CRM 平台和 ERP 平台的 SaaS 供应商收入规模都还在千万级别。从调研情况来看，厂商组织对 CRM、HR 和 ERP 及财务软件的接受程度越来越高，针对细分领域涉及中小型厂商组织一体化 IT 需求的 SaaS 厂商发展速度较快。但由于厂商组织选择管理软件的决策流程是自上而下的方式，其决定了管理层观点不发生变化，厂商组织 SaaS 软件的需求很难大规模爆发，在目前这个阶段，单纯的企业外包服务更容易符合厂商组织的当前需求。

五、 本章小结

应当注意的是，无论是产品平台、平台型企业，还是产业平台，他们所追求的都是网络经济中的收益递增，而这些都或多或少的与产品黏性有关。

我们认为，网络经济中的成功平台或平台生态系统必须具有可视性、速度和黏性（visibility，velocity and viscosity，简称 3V）的特点。黏性是指平台生态系统参与者之间或厂商组织与消费者之间信息沟通的广度和深度，或者说他们之间的相互依赖性。可视性指用户需求、互补品和生产计划、能力、存货、成本和价格等信息的同步和共享能力；速度指供应链上的互补品提供商或平台生态系统参与者对变化的响应能力（Ogilvie，2002）①。正是这些特性的存在，才使消费者很难再转而使用其他的相似产品。

从组织理论视角看，产品平台、平台型企业和产业平台极易形成美国经济学家布莱恩·阿瑟（Arthur，1996）② 所说的技术生态系统（technological ecosystem）。由于数字化产品平台的拷贝性成本极低，使得这个行业既易形成垄断性行业，又容易被新进入者打破垄断。因为平台型企业和产业平台的进入成本，大部分并非都是沉没成本，所以并不一定会造成完全垄断。现实情况是，网络经济在这一层次可能会形成类似相同产品的价格竞争——伯特兰德竞争（Bertrand compete）③，在位平台厂商想在市场中长期获得垄断利润是不现实的：新的平台厂商试图以低价（甚至免费）出售它的产品，一旦打开销路，新的产品会主流化，旧的产品会立即萎缩。旧的平台厂商意识到这一威胁，只能选择大幅度降价来应战。

---

① Ogilvie，D.（2002）The 4 essential ingredients to successful supply chain management. Supply Chain Solutions. Co.

② Arthur，W. B.（1996）Increasing returns and the new world of business. Harvard Business Review，74（7/8）：101 - 109.

③ 伯特兰德竞争模型（Bertrand model）是法国经济学家约瑟夫·伯特兰德（Joseph Bertrand）于 1883 年提出的一个寡头市场模型。在该模型中，厂商组织的决策变量是价格而不是产量，其余条件与古诺模型（Cournot model）相同。

第三章

平台生态系统

随着全球竞争的日益激烈，越来越多的厂商组织已经意识到，通过构建一个健康的生态系统，可以增强核心竞争力，持续地为厂商组织创造出新的价值。在过去十年中，商业环境使用“生态系统”（ecosystem）这个学术术语的数量呈指数级增长，在学术和实践应用的战略讨论中变得普遍。在全球顶级战略期刊的标题或摘要中搜索关键词“生态系统”表明，过去五年中，其频率增加了七倍（Jacobides，et al.，2018）①。2014 年，在全球迄今最大 IPO——阿里巴巴（Alibaba）募集资金 250 亿美元的招股说明书中，“生态系统”一词出现的频次不少于 160 次。这表明，在今天的经济生活中，“生态系统”一词不仅成了互联网科技公司的热词，也进入了从金融服务到传统制造业等，更成为成熟行业的热门词汇（Deloitte，2015）②。2019 年 11 月 21 日—22 日，在奥地利首都维也纳召开的第十一届彼得·德鲁克全球论坛（Global Peter Drucker Forum，GPDF）的主题就是“生态系统的力量”（the power of ecosystems），从这一主题可以看出“商业生态系统”和“厂商战略生态化”对企业未来战略转型的重要性。本届论坛的热点议题主要包括网络与平台、生态领导力、重塑组织、重塑自我等。这些议题都非常具有前瞻性，是今天厂商组织在物联网时代战略转型所关注的核心问题。

在社会经济生活中，商业环境的生态系统包括商业、技术和服务创新生态系统。本章认为，价值创造的轨迹已从战略联盟的焦点厂商（focus firm）转向平台生态系统。今天，不论是在美国还是在中国，以数据驱动的商业生态系统正在撼动传统产业的发展模式，数字生态系统（digital ecosystem）正在重塑全球的经济发展模式，因而研究平台生态系统及其竞争优势具有重要的理论意义和现实价值。

---

① Jacobides，M. G. Cennamo，C. & Gawer，A.（2018）Towards a theory of ecosystems. Strategic Management Journal，39（8）：2255－2276.

② Deloitte.（2015）Business ecosystems come of age. 15 April. At http://dupress. deloitte. com/dup-usen/focus/business-trends/2015/business-ecosystems-come-of-age-business-trends. html .

一、 商业生态系统的概念与研究视角

从组织理论视角看，商业生态系统（business ecosystem）属于中观层次（meso-level）的组织构建。自美国著名权变组织理论学家詹姆斯·汤普森（Thompson，1967）[①] 在其名著《行动中的组织》一书中提出长程连接技术（long-linked technologies）、密集技术（intensive technologies）、中介技术（mediating technologies）的分类和相互依赖性理论以来，中观层次的组织构建一直是组织理论研究的热点课题，如价值星系（value constellations）（Normann & Ramirez，1993）[②]、价值网（value nets）（Brandenburger & Nalebuff，1996）[③]、价值网络（value networks）（Stabell & Fjeldstad，1998）[④]、战略网络（strategic networks）（Gulati et al.，2000）[⑤]，以及元组织（meta-organizations）（Gulati et al. 2012）[⑥]，等等。今天，作为生态系统结构的"商业生态系统"（business ecosystem）或"生态系统"（ecosystem）这种新型的中观层次的组织构建，在组织理论和战略管理研究中越来越多地受到组织理论家和战略家的高度关注（Adner & Kapoor，2010；[⑦] Ansarin et al. 2016；[⑧] Dattée et al. 2017；[⑨] Kapoor & Lee，

---

① Thompson，J. D.（1967）Organizations in action：Social science bases of administrative theory. New York：McGraw-Hill Book Company，1967.

② Normann，R. & Ramirez，R.（1993）From value chain to value constellation：Designing interactive strategy. Harvard Business Review，71（4）：65－77.

③ Brandenburger，A. M. & Nalebuff，B.（1996）Coopetition：A revolutionary mindset that combines competition and cooperation in the marketplace. New York：Currency/Doubleday.

④ Stabell，C. B. & Fjeldstad，Ø. D.（1998）Configuring value for competitive advantage：On chains，shops，and networks. Strategic Management Journal，19（5）：413－437.

⑤ Gulati，R. Nohria，N. & Zaheer，A.（2000）Strategic networks. Strategic Management Journal，21（3）：203－215.

⑥ Gulati，R. Puranam，P. & Tushman，M. L.（2012）Meta-organization design：Rethinking design in interorganizational and community contexts. Strategic Management Journal，33（6）：571－586.

⑦ Adner，R. & Kapoor，R.（2010）Value creation in innovation ecosystems：How the structure of technological interdependence affects firm performance in new technology generations. Strategic Management Journal，31（3）：306－333.

⑧ Ansari，S. S. Garud，R. & Kumaraswamy，A.（2016）The disruptor's dilemma：TiVo and the U. S. television ecosystem. Strategic Management Journal，37（9）：1829－1853.

⑨ Dattée，B. Alexy，O. & Autio，E.（2017）Maneuvering in poor visibility：How firms play the ecosystem game when uncertainty is high. Academy of Management Journal，61（2）：466－498.

2013；[1] Pierce，2009；[2] Teece，2007；[3] Toh & Miller，2017）[4]。

价值创造是厂商经营的永恒主题。厂商组织与其经营情境之间的互补性和相互依赖性，正是中观层次组织构建面临的核心问题，也是厂商进行价值创造和价值获取的关键所在。今天，在战略管理领域，人们越来越认识价值创造的轨迹已从战略联盟中的焦点企业（focus firm）转向商业生态系统（Iansti & Levien，2004；[5] Teece，2007；[6] Baldwin，2012；[7] Adner et al.，2013）[8]。人们越来越多地关注厂商组织和经营活动之间的互补性和相互依赖性，伴随着商业生态系统出现的一系列诸如商业模式、平台、竞合、多边市场、平台包络、平台架构、需求端、供给端、价值网络等与生态系统相关的概念，这极大地提高了人们对新的价值创造和价值获取模式的关注。从某种意义上说，商业生态系统从新的视角提供了一种新的思考价值创造与获取、价值共创、协同专业化和厂商组织间协同进化的方法（Adner，2012；[9] Ceccagnoli et al.，2012；[10] Dattée et al.，2017；[11] Lusch & Nambisan，2015；[12] Toh & Miller，2017）[13]。

严格地说，“生态系统”（ecosystem）一词来自生态学，“生态系统”这个概念

---

① Kapoor，R. & Lee，J. M.（2013）Coordinating and competing in ecosystems：How organizational forms shape new technology investments. Strategic Management Journal，34（3）：274 – 296.

② Pierce，L.（2009）Big losses in ecosystem niches：How core firm decisions drive complementary product shakeouts. Strategic Management Journal，30（3）：323 – 347.

③ Teece，D. J.（2007）Explicating dynamic capabilities：The nature and microfoundations of（sustainable）enterprise performance. Strategic Management Journal，28（13）：1319 – 1350.

④ Toh，P. K. & Miller，C. D.（2017）Pawn to save a chariot，or drawbridge into the fort? Firms' disclosure during standard setting and complementary technologies within ecosystems. Strategic Management Journal，38（11）：2213 – 2236.

⑤ Iansiti，M. and Levien，R.（2004）Strategy as ecology. Harvard Business Review，82（2）：68 – 78.

⑥ Teece，D. J.（2007）Explicating dynamic capabilities：The nature and microfoundations of（sustainable）enterprise performance. Strategic Management Journal，28（13）：1319 – 1350.

⑦ Baldwin，C. Y.（2012）Organization design for business ecosystems. Journal of Organization Design，1（1）：20 – 23.

⑧ Adner R，Oxley J，& Silverman B，eds.（2013）Introduction：Collaboration and competition in business ecosystems. In Adner R，Oxley J，& Silverman B，eds. Collaboration and Competition in Business Ecosystems. Advances in Strategic Management，Vol. 30. Bingley，UK：Emerald Group Publishing Ltd. pp. ix – xvii.

⑨ Adner，R.（2012）The wide lens：A new strategy for innovation. New York：Portfolio Penguin.

⑩ Ceccagnoli，M. Forman，C. Huang，P. & Wu，D. J.（2012）Co-creation of value in a platform ecosystem：The case of enterprise software. MIS Quarterly，36（1）：263 – 290.

⑪ Dattée，B. Alexy，O. & Autio，E.（2017）Maneuvering in poor visibility：How firms play the ecosystem game when uncertainty is high. Academy of Management Journal，61（2）：466 – 498.

⑫ Lusch，R. F. & Nambisan，S.（2015）Service innovation：A service-dominant logic perspective. MIS Quarterly，39（1）：155 – 175.

⑬ Toh，P. K. & Miller，C. D.（2017）Pawn to save a chariot，or drawbridge into the fort? Firms' disclosure during standard setting and complementary technologies within ecosystems. Strategic Management Journal，38（11）：2213 – 2236.

暗指生物学和生态学学科（Chapin et al. 2004；[①] Folke et al. 2002；[②] Holling，1973）[③]。生态系统的核心思想是指系统具有快速恢复的能力、自适应能力，或弹性（resilience），即生态系统具有保持自身惯性（own inertia）的能力，同时又能适应外部冲击（adapt to exogenous shocks），具有内在进化的生成能力（with an innate generative ability to evolve endogenously）。而生成能力（generative ability）是指一个独立系统在没有系统发起人任何输入的情况下创建、生成新输出、结构或行为的能力（Avital and Te'eni，2009；[④] Tilson et al. 2010）[⑤]。

美国社会学家阿莫斯·霍利（Amos Hawley）在《人类生态学》（Human ecology）一书中将"生态系统"一词引入社会科学，他将生态系统称为"群体中相互依赖的安排，通过这种安排，作为一个整体运作，从而维持一种可行的环境关系"（arrangement of mutual dependencies in a population by which the whole operates as a unit and thereby maintains a viable environmental relationship）（Hawley 1986：p. 26）[⑥]。

在厂商战略领域，美国管理咨询师詹姆斯·摩尔（Moore，1993）[⑦] 首次提出了"商业生态系统"（business ecosystem）这个术语。摩尔认为，商业生态系统这个概念意味着厂商组织不应被视为单一行业的成员，而应被视为由不同行业的厂商组织组成的商业生态系统（business ecosystem）的成员，如同生物生态系统一样，商业生态系统会随着时间地推移而演变，并对其成员在合作、竞争、创新等方面产生影响。摩尔强调，在商业生态系统中，成功的厂商组织可以创建一个"平台"（服务、工具或技术领域等），允许技术在整个生态系统中流动，允许其他生态系统成员使用该平台来实现其商业目标，平台生态系统战略包含组成参与者之间的结构和相互作用（Iansiti & Levien，2004；[⑧] Moore，

---

① Chapin，F. S. Peterson，G. & Berkes，F.（2004）Resilience and vulnerability of northern regions to social and environmental change. Journal of Human Environment，33（6）：344－349.

② Folke，C. Carpenter，S. Elmqvist，T. Gunderson，L. Holling C. S. & Walker，B.（2002）Resilience and sustainable development：Building adaptive capacity in a world of transformations. Journal of Human Environment，31（5）：437－440.

③ Holling，C. S.（1973）Resilience and stability of ecological systems. Annual Review of Ecology and Systematics，4：1－23.

④ Avital.，M. & Te'eni，D.（2009）From generative fit to generative capacity：Exploring an emerging dimension of information systems design and task performance. Information Systems Journal，19（4）：345－367.

⑤ Tilson，D. Lyytinen，K. & Sørensen，C.（2010）Digital infrastructures：The missing IS research agenda. Information Systems Research，21（4）：748－759.

⑥ Hawley，A. H.（1986）Human ecology：A theoretical essay. London：University of Chicago Press.

⑦ Moore，J. F.（1993）Predators and prey：a new ecology of competition. Harvard Business Review，71（3）：75－86.

⑧ Iansiti，M. and Levien，R.（2004）Strategy as ecology. Harvard Business Review，82（2）：68－78.

1993)[1]。

应当看到，早期的商业生态系统模型（例如，Iansiti & Levien，2004；[2] Intel，2004；[3] Moore，1993；[4] SAP，2006）[5] 采用了相互依存的物种在生产性和可持续发展中共存的生物学类比，以概念化的新技术在未来世界中进行价值创造。在战略管理与组织理论研究中，"生态系统"通常指的是一组相互依赖和相互作用的厂商组织（Jacobides et al.，2018）[6]。这项工作以合作博弈论（cooperative game theory）（Brandenburger & Stuart，1996）[7] 和模块互补性（modular complementarities）（Milgrom & Roberts，1990）[8] 的战略应用为基础，强调了需要共同努力的厂商组织和活动社群之间协调的重要性，关注价值创造与价值获取，扩大互补性资产的范围（Teece，1986）[9]，包括生态系统与独立互补者的战略互动（Brandenburger and Nalebuff，1996）[10]。

从某种意义上说，商业生态系统这个概念的出现为厂商组织提供了新的视角，创造了独特的厂商组织形态和商业运营模式（business operation model）（Adner，2006；[11] Singer，2006；[12] Horn，2005）[13]。在商业战略背景下，商业生态系统可以被视为包含平台和开放战略、商业生态系统的用户创新战略的伞式结构（umbrella structure），平台领导

---

① Moore，J. F.（1993）Predators and prey：a new ecology of competition. Harvard Business Review，71（3）：75－86.

② Iansiti，M. and Levien，R.（2004）Strategy as Ecology. Harvard Business Review，82（2）：68－78.

③ Intel Corporation.（2004）Intel sees unified platform and ecosystem as key to enabling the digital home. New York：Press release，February 17.

④ Moore，J. F.（1993）Predators and prey：a new ecology of competition. Harvard Business Review，71（3）：75－86.

⑤ SAP Corporation.（2006）SAP ecosystem unites to bring innovation to chemicals industry. London：Press release，8 May.

⑥ Jacobides，M. G. Cennamo，C. & Gawer，A.（2018）Towards a theory of ecosystems. Strategic Management Journal，39（8）：2255－2276.

⑦ Brandenburger，A. M. & Stuart，H. W.（1996）Value－based business strategy. Journal of Economics & Management Strategy，5（1）：5－24.

⑧ Milgrom，P. & Roberts，J.（1990）The economics of modern manufacturing：Technology，strategy，and organization. The American Economic Review，80（3）：511－528.

⑨ Teece，D. J.（1986）Profiting from technological innovation：Implications for integration，collaboration，licensing and public policy. Research Policy，15（6）：285－305.

⑩ Brandenburger，A. M. & Nalebuff，B. J.（1996）Co-opetition：A revolution mindset that combines competition and cooperation；the game theory strategy that's changing the game of business. New York：Currency.

⑪ Adner，R.（2006）Match your innovation strategy to your innovation ecosystem. Harvard Business Review，84（4）：98.

⑫ Singer，J. G.（2006）Framing brand management for marketing ecosystems. Journal of Business Strategy，2006，27（5）：50－57.

⑬ Horn，P. M.（2005）The changing nature of innovation. Research-Technology Management，48（6）：28－31.

（platform leader）或平台倡导者（platform sponsor）管理平台和开放战略、用户创新战略创建和管理生态系统（Altman & Tushman，2017）①。商业生态系统已经成为企业可以探索和/或开发机会的空间形式，可以利用集体智慧（Nambisan & Sawhney，2007；② Prandelli et al.，2008）③ 来培育商业生态系统创新，扩展价值主张，并尝试新的商业模式。开放创新的商业生态系统展示了一种灵活和可扩展的合作架构，目的是在可能迅速发展的市场空间中推出新产品和/或服务（Burger-Helmchen et al.，2011）④。这种以互联网为中心的创新方法，正在成为开放式创新的主导组织模式（Schroll & Mild，2011；⑤ 2012；⑥ Sedera et al.，2016；⑦ Athanasopoulou et al.，2016）⑧。

在詹姆斯·摩尔提出商业生态系统之后，学者们提出了技术生态系统（technological systems）的概念，用以描述技术与组织的关系，进而提出了与技术生态系统类似的平台创新（platform innovations）的概念，强调将技术作为一个进化系统来进行分析。学者们还进一步提出了服务生态系统（service ecosystem）概念，所谓的服务生态系统是指"通过共享制度逻辑和通过服务交换的共同价值，创建相互关联、相对独立和自我调节的资源整合系统"（Create interconnected，relatively independent and self-regulated resource integration systems）（Vargo & Akaka，2012）⑨。市场营销专家卢什和南比桑（Lusch and Nambisan，2015）⑩ 指出，服务生态系统需要在参与者之间

---

① Altman，E. &Tushman，M.（2017）Platforms，open/user innovation，and ecosystems：A strategic leadership perspective. Harvard Business School Division of Research，Working Paper 17－076.

② Nambisan，S. and Sawhney，M.（2007）The global brain：Your road map for innovating faster and smarter in a networked world. Pearson Education India.

③ Prandelli，E. Sawhney，M. and Verona，G.（2008）Collaborating with customers to Innovate：Conceiving and Marketing Products in the Networking Age. Edward Elgar Publishing，Inc.

④ Burger-Helmchen，T. Hussler，C. and Pénin，J.（2011）General presentation. Rethinking boundaries for innovation：exploring the shapes and stakes of the open innovation phenomenon. Journal of Innovation Economics，（1）：3－10.

⑤ Schroll，A. & Mild，A.（2011）Open innovation modes and the role of internal R&D：An empirical study on open innovation adoption in Europe. European Journal of Innovation Management，14（4）：475－495.

⑥ Schroll，A. & Mild，A.（2012）A critical review of empirical research on open innovation adoption. Journal für Betriebswirtschaft，62（2）：85－118.

⑦ Sedera，D. Lokuge，S. Grover，V. Sarker，S. & Sarker，S.（2016）Innovating with enterprise systems and digital platforms：A contingent resource-based theory view. Information & Management，53（3）：366－379.

⑧ Athanasopoulou，A. Bowman，H. Nikayin，F. & de Reuver，M.（2016）The disruptive impact of digitalization on the automotive ecosystem：a research agenda on business models，platforms and consumer issues. 29th Bled eConference Digital Economy June19－22，Bled，Slovenia.

⑨ Vargo，S. L. & Akaka，M. A.（2012）Value co-creation and service systems（re）formation：A service ecosystems view. Service Science，4（3）：20.

⑩ Lusch，R. F. & Nambisan，S.（2015）Service innovation：A service-dominant logic perspective. MIS Quarterly，39（1）：155－175.

开发和维护“共享的世界观”（shared worldview），并实施“参与式架构”（participatory architecture）或服务平台（service platform）进行协调。学者们强调，为了生存与发展，厂商组织需要改变自己，解决管理服务生态系统中不同角色之间的冲突。平台生态系统的生存和繁荣需要一个平台所有者精心安排他们的进化。

应当指出的是，虽然许多关于生态系统的定义已经被提出，这些定义强调了生态系统的不同方面，但这些定义并不总是完全兼容的（not always fully compatible）（Kapoor，2018）①。美国管理学家罗恩·阿德纳（Adner，2017）② 将生态系统分成“作为从属关系的生态系统”（ecosystem-as-affiliation）和“作为结构的生态系统”（ecosystem-as-structure）两种研究视角。

“作为从属关系的生态系统”视角认为，生态系统是从属关系（affiliation），应当以行为者的活动为中心，以相互依存为基础，这个视角把生态系统看作是由他们的网络和平台联系所定义的相关参与者的社群（community）。

詹姆斯·摩尔就是“作为从属关系的生态系统”的典型代表，摩尔将商业生态系统定义为：一个由相互作用的组织和个人——商业世界的有机体的基础支持的经济共同体。这个经济共同体生产对顾客有价值的商品和服务，顾客本身就是生态系统的成员。成员有机体还包括供应商、主要生产商、竞争对手和其他利益相关者。随着时间地推移，他们共同发展自己的能力和角色，并倾向与一个或多个中央公司所设定的方向一致。那些担任领导角色的公司可能会随着时间地推移而改变，但生态系统领导者的功能受到社会的重视，因为它能使成员们朝着共同的愿景迈进，以调整他们的投资，并找到相互支持的角色（Moore，1996：26）③。

美国管理学家伊安西蒂和列文（Iansiti and Levien，2004：8）④ 将商业网络定义为围绕一个关键物种组织的生态系统，“以大量相互依赖、相互有效、相互生存的松散关联参与者为特征”。这种将生态系统看成是“作为从属关系的生态系统”定义，以及诸如将生态系统看成是从属关系组织网络的定义，在近几年的许多研究中得到

① Kapoor，R.（2018）Ecosystems：Broadening the locus of value creation. Journal of Organization Design，7（1）：1－16.

② Adner，R.（2017）Ecosystem as structure：An actionable construct for strategy. Journal of Management，43（1）：39－58.

③ Moore，J. F.（1996）The death of competition：Leadership and strategy in the age of business ecosystems. New York：HarperCollins.

④ Iansiti，M. & Levien，R.（2004）The keystone advantage：What the new dynamics of business ecosystems mean for strategy，innovation，and sustainability. Boston，Massachusetts：Harvard Business School Press.

了反映（例如，Autio & Thomas 2014；[①] Jacobides et al. 2015；[②] Rong & Shi，2014）[③]。

美国管理学家罗恩·阿德纳（Adner，2017）[④] 认为，将生态系统看成是一个从属关系组织的网络，这个网络强调传统工业边界的打破，相互依存性的上升，以及生产性生态系统中共生关系的潜力。这个定义侧重访问和开放性问题，强调合作伙伴数量、网络密度和参与者在较大网络中的中心地位等措施。美国管理学家道格拉斯·汉纳和凯瑟琳·艾森哈特（Hannah & Eisenhardt，2018）[⑤] 将生态系统定义为生产离散产品或服务的公司集合，这些公司共同构成一个一致性的解决方案。

作为从属关系的生态系统战略，往往侧重于增加与一个焦点参与者（focus participant）或平台连接的参与者数量，强调增加焦点参与者或平台的中心地位和预期的力量。通过增加其生态系统中参与者的数量和强度，焦点参与者有助于增强其议价能力（Brandenburger & Nalebuff，1996；[⑥] Jacobides et al. 2006）[⑦]，通过直接和间接网络外部性增加生态系统的价值（Parker et al.，2016）[⑧]，并增加伙伴之间偶然出现的互动可能性，这可能导致新的互动和组合，进而增加生态系统的整体价值创造。在商业环境中，医疗生态系统、微软生态系统、硅谷生态系统或创业生态系统的分析，很容易归入这一类。

我们认为，作为从属关系的生态系统为我们提供了一个吸引人的隐喻和一个有助于描述宏观组织层面上的互动，这个定义所提供的战略指导意义集中在一般意义上的生态系统治理和社群的增强，强调有限地洞察价值创造的细节。但这个定义的缺点在于，通常难以从诸如网络、平台、多边市场等其他相互依赖性的视角来阐明生态系统的特征和战略指导意义。

“作为结构的生态系统”视角认为，应当将生态系统视为由价值主张所定义活动

---

① Autio，E. & Thomas，L.（2014）Innovation ecosystems. in The Oxford handbook of innovation management. Oxford，UK：Oxford University Press，204－288.

② Jacobides，M. G. Cennamo，C. & Gawer，A.（2015）Platforms，ecosystems，architectures：Rethinking the aggregate? Working paper.

③ Rong，K. & Shi，Y.（2014）Business ecosystems：Constructs，configurations，and the nurturing process. London：Palgrave Macmillan.

④ Adner，R.（2017）Ecosystem as structure：An actionable construct for strategy. Journal of Management，43（1）：39－58.

⑤ Hannah，D. P. & Eisenhardt，K. M.（2018）How firms navigate cooperation and competition in nascent ecosystems. Strategic Management Journal，39（12）：3163－3192.

⑥ Brandenburger，A. M. & Nalebuff，B.（1996）Coopetition：A revolutionary mindset that combines competition and cooperation in the marketplace. New York：Currency/Doubleday.

⑦ Jacobides，M. G. Knudsen，T. & Augier，M.（2006）Benefiting from innovation：Value creation，value Appropriation and the role of industry architectures. Research Policy，35（8）：1200－1221.

⑧ Parker，G. G. Van Alstyne，M. W. & Choudary，S. P.（2016）Platform revolution. New York：Norton and Co.

的结构配置，生态系统取决于构成价值主张基础的相互依存活动的结构。

罗恩·阿德纳（Adner，2017）① 认为，将生态系统看成是生态系统结构，是为相互依存的价值创造提供了一种补充方法，它从一个焦点价值主张（focal value proposition）开始，并试图确定需要互动的一组参与者，以实现这一主张（Adner，2000；② 2006；③ 2012；④ Adner & Feiler，2016；⑤ Adner & Kapoor，2010；⑥ 2016a；⑦ 2016b）⑧。生态系统是由需要相互作用以实现一个焦点价值主张的多边伙伴集合的协调结构来定义的（The ecosystem is defined by the alignment structure of the multilateral set of partners that need to interact in order for a focal value proposition to materialize.）（Adner，2017）⑨。

可以这样说，罗恩·阿德纳（Adner，2017）⑩ 提出了生态系统研究如何与既有观点相联系的视角，从现象学方面为生态系统研究与其他研究流之间的重点差异提供了有用的指导。

美国拉萨尔大学拉蒙学院（LaSalle Universitat Ramon Llull）卢韦林·托马斯教授和英国帝国理工学院（Imperial College Business School）埃尔科·奥蒂奥教授（Thomas & Autio，2018）⑪ 将罗恩·阿德纳（Adner，2017）的"作为从属关系的生态系统"（ecosystem-as-affiliation）称为"社群流"（community streams），而把"作为结构的生态系统"（ecosystem-as-structure）称为"结构流"（structural streams）。他们认为，社群流对生态系统中的用户起着更加积极的作用，用户不仅是由供应商拟定的价值产品的被动

① Adner，R.（2017）Ecosystem as structure：An actionable construct for strategy. Journal of Management，43（1）：39－58.

② Adner，R.（2000）Innovation beyond ideas：Expectations in managing technology. In T. Dickson（Ed.），Mastering strategy：The complete MBA companion in strategy. London：Financial Times/Prentice Hall.

③ Adner，R.（2006）Match your innovation strategy to your innovation ecosystem. Harvard Business Review，84（4）：98－107.

④ Adner，R.（2012）The wide lens：A new strategy for innovation. New York：Portfolio Penguin.

⑤ Adner，R. & Feiler，D.（2016）Innovation interdependence and investment choices：An experimental Approach to decision making in ecosystems. Working paper.

⑥ Adner，R. & Kapoor，R.（2010）Value creation in innovation ecosystems：How the structure of technological interdependence affects firm performance in new technology generations. Strategic Management Journal，31（3）：306－333.

⑦ Adner，R. & Kapoor，R.（2016a）Innovation ecosystems and the pace of substitution：Re-examining technology S-curves. Strategic Management Journal，37（4）：625－648.

⑧ Adner，R. & Kapoor，R.（2016b）Right tech，wrong time. Harvard Business Review，94（11）：60－67.

⑨ Adner，R.（2017）Ecosystem as structure：An actionable construct for strategy. Journal of Management，43（1）：39－58.

⑩ Adner，R.（2017）Ecosystem as structure：An actionable construct for strategy. Journal of Management，43（1）：39－58.

⑪ Llewellyn D W Thomas & Erkko Autio. Ecosystem value potential：An organizational field perspective. Article in Academy of Management Annual Meeting Proceedings，April 2018. DOI：10.5465/AMBPP.2018.17112abstract.

接受者，而且还是通过生成性输入作为价值的积极合作创造者——或者来自大的、不协调的受众自发的、不可预知的创新输入（Zittrain，2006）①。从理论上看，这种社群流比结构流更不发达（Adner，2017）②。与社群流相反，结构流视角建立在传统的微观经济学之上，将生态系统视为分支式价值链结构（branch structure of value chain）。尽管结构流的微观经济学遗产比“社群流”更充分地发展，但它强调了供给端价值创造和用户在生态系统结构中的被动作用。因此，生态系统价值主张极易成为平台领导或供应商控制的蓝图，因而在结构流中忽视了生态系统在价值创造中的泛化作用。

英国伦敦商学院（London Business School）教授迈克尔·雅可比德斯等人（Jacobides, et al. , 2018）③ 进一步对现有的研究进行综合，以阐明生态系统的出现和演变动态背后的关键机制。他们将生态系统的研究分成三大流派：以厂商组织及其环境为中心的“商业生态系统流”（business ecosystem stream）；以特定创新或新价值主张，以及支持创新或新价值主张的参与者群为中心的“创新生态系统流”（innovation ecosystem stream）；考虑参与者如何围绕平台组织的“平台生态系统流”（platform ecosystem stream）。

“商业生态系统流”关注的是单个厂商组织或新生企业，认为商业生态系统是“影响厂商组织、企业客户和供应的组织、机构和个人的社群”（Teece，2007：1325）④。这实质上说明了商业生态系统是一个由相互作用的行为者组成的经济社群，所有行为者都通过其活动相互影响，同时考虑超越单一行业界限的所有相关行为者。该研究流对新生企业的研究倾向于将生态系统视为特定地点的企业、实体和个人集群；将新生企业视为分析的兴趣单元；并侧重新生企业的创建和相关的经营问题，包括知识/创新溢出、增长、资源获取，以及市场发展等（例如，McGregor & Madsen，2013；⑤ Pitelis，2012；⑥ Zahra & Nambisan，2011；⑦ Zacharakis et al. ,

---

① Zittrain, J. L.（2006）The generative internet. Harvard Law Review, 119（5）：1974－2040.

② Adner, R.（2017）Ecosystem as structure：An actionable construct for strategy. Journal of Management, 43（1）：39－58.

③ Jacobides, M. G. Cennamo, C. & Gawer, A.（2018）Towards a theory of ecosystems. Strategic Management Journal, 39（8）：2255－2276.

④ Teece, D. J.（2007）Explicating dynamic capabilities：The nature and microfoundations of（sustainable）enterprise performance. Strategic Management Journal, 28（13）：1319－1350.

⑤ MacGregor, N, & Madsen, T. L.（2013）Recovery following disruption to an ecosystem：The effects of the internet bust on community evolution. Journal of Leadership & Organizational Studies, 2013, 20（4）：465－478.

⑥ Pitelis, C. N.（2012）Clusters, entrepreneurial ecosystem co-creation, and Appropriability：A conceptual framework. Industrial & Corporate Change, 21（6）：1359－1388.

⑦ Zahra, S. A. & Nambisan, S.（2011）Entrepreneurship in global innovation ecosystem. Academy of Marketing Science Review, 4（1）：4－17.

2003)[①]。该研究流的实证研究主要考察了互联网、高科技和信息、通信技术领域的初创企业。

"创新生态系统流"研究侧重重点创新和支持创新的一组组成部分（上游）和互补部分（下游），并将生态系统视为"厂商通过协作安排将其个人产品组合成一个连贯的、面向客户的解决方案"（the collaborative arrangements through which firms combine their individual offerings into a coherent, customer-facing solution）（Adner, 2006: 98)[②]。该研究流重点了解相互依赖的参与者如何互动，以创造和商业化有利于最终客户的创新，其必然结果是，如果生态系统内的协调不足，创新将失败（例如，Adner & Kapoor, 2010;[③] Adner, 2012;[④] Kapoor & Lee, 2013)[⑤]。在该研究流看来，生态系统概念旨在捕捉核心产品，及其组成部分和互补产品/服务（"互补"）之间的联系，这些产品/服务共同为客户增加价值。生态系统围绕"虚拟网络"（virtual network）（Iyer et al., 2006)[⑥] 或"集团相关行为者的复杂实体"（complex entities of group-related actors）（Brusoni & Prencipe, 2013)[⑦] 来建构，生态系统提供集中和互补的创新。

"平台生态系统流"的研究集中在一类特定的技术平台，以及平台倡导者和他们的互补者之间的相互依赖性方面。在这种观点下，生态系统包括平台倡导者和所有使平台对消费者更有价值的互补品提供商（Ceccagnoli et al., 2012: 263;[⑧] Gawer & Cusumano, 2008: 28)[⑨]。平台生态系统采用"枢纽和辐条"（hub and spoke）的组织形式，一系列外围互补品提供商通过共享或开源技术和/或技术标准（对于与 IT 相关的平台，可以是应用程序编程接口或软件开发工具包）连接到中央平台。

---

① Zacharakis, A. L. Shepherd, D. A. & Coombs, J. E. (2003) The development of venture-capital-backed Internet companies: An ecosystem perspective. Journal of Business Venturing, 18 (2): 217-231.

② Adner, R. (2006) Match your innovation strategy to your innovation ecosystem. Harvard Business Review, 84 (4): 98.

③ Adner, R. & Kapoor, R. (2010) Value creation in innovation ecosystems: How the structure of technological interdependence affects firm performance in new technology generations. Strategic Management Journal, 31 (3): 306-333.

④ Adner, R. (2012) The wide lens: A new strategy for innovation. New York: Portfolio Penguin.

⑤ Kapoor, R. & Lee, J. M. (2013) Coordinating and competing in ecosystems: How organizational forms shape new technology investments. Strategic Management Journal, 34 (3): 274-296.

⑥ Iyer B, Lee CH, Venkatraman N. (2006) Managing in a small world ecosystem: some lessons from the software sector. California Management Review, 48 (3): 28-47.

⑦ Brusoni, S. & Prencipe, A. (2013) The organization of innovation in ecosystems: Problem framing, problem solving, and patterns of coupling. Advances in Strategic Management, 30 (2): 167-194.

⑧ Ceccagnoli, M, Forman, C, Huang, P, Wu, D. J. (2012) Co-creation of value in a platform ecosystem: the case of enterprise software. MIS Quarterly, 36 (1): 263-290.

⑨ Gawer, A. & Cusumano M. A. (2008) How companies become platform leaders. MIT Sloan Management Review, 49 (2): 28-35.

二、 平台生态系统的概念和特点

今天，大多数商业生态系统都是围绕一个或多个平台构建的，因而厂商组织必须依靠从平台生态系统的创新中来创造价值和获取价值（Iansiti and Levien，2004；① Adner and Kapoor，2010；② Baldwin，2012；③ Adner et al. 2013；④ Kelly，2015；⑤ Kapoor，& Agarwal，2017）⑥。研究这一现象的学者倾向关注平台生态系统的价值创造和价值获取的机制（value creation and value capture）（例如，Cusumano et al.，1992；Boudreau，2010；⑦ Gawer and Henderson，2007；⑧ McIntyre and Subramaniam，2009；⑨ Eisenmann et al.，2011；⑩ Zhu and Iansiti，2012）⑪。

美国管理学家托马斯等人（Thomas，2014）⑫ 认为，平台生态系统的最初研究从

① Iansiti，M. and Levien，R.（2004）Strategy as Ecology. Harvard Business Review，82（2）：68－78.

② Adner，R. and Kapoor，R.（2010）Value creation in innovation ecosystems：How the structure of technological interdependence affects firm performance in new technology generations. Strategic Management Journal，31（1）：306－333.

③ Baldwin，C. Y.（2012）Organization design for business ecosystems. Journal of Organization Design，1（1）：20－23.

④ Adner R，Oxley J，Silverman B，eds.（2013）Introduction：Collaboration and competition in business ecosystems. In Adner R，Oxley J，Silverman B，eds. Collaboration and Competition in Business Ecosystems. Advances in Strategic Management，Vol. 30. Bingley，UK：Emerald Group Publishing Ltd. pp. ix－xvii.

⑤ Kelly，E.（2015）Introduction：Business ecosystems come of age. In Business Ecosystems Come of Age，Deloitte University Press，pp. 3－15.

⑥ Kapoor，R. & Agarwal，S.（2017）Sustaining superior performance in business ecosystems：Evidence from Application software developers in the iOS and Android smartphone ecosystems. Organization Science，28（3）：531－551.

⑦ Boudreau，K.（2010）Open platform strategies and innovation：Granting access vs. devolving control. Management Science，56（10）：1849－1872.

⑧ Gawer，A. & Henderson，R.（2007）Platform owner entry and innovation in complementary markets：Evidence from Intel. Journal of Economics and Management Strategy，16（1）：1－34.

⑨ McIntyre，D. P. & Subramaniam，M.（2009）Strategy in network industries：A review and research agenda. Journal of Management，35（6）：1494－1517.

⑩ Eisenmann T，Parker，G. & Van Alstyne，M.（2011）Platform envelopment. Strategic Management Journal，32（12）：1270－1285.

⑪ Zhu，F. & Iansiti，M.（2012）Entry into platform-based markets. Strategic Management Journal，33（1）：88－106.

⑫ Thomas，L. D. W. Autio，E.，& Gann，D. M.（2014）Architectural leverage：Putting platforms in context. The Academy of Management Perspectives，28（2）：198－219.

产品平台中获得灵感，后来又从市场中介视角中获得灵感，有关研究产品平台和市场中介平台的论文都承认或预测了平台生态系统。例如，在产品平台中，迈耶和塞林格（Meyer & Selinger，1998）[①] 预测了平台生态系统现象，而在市场中介平台研究中，相当多的学者（Economides & Katsamakis，2006；[②] Eisenmann，2008；[③] Hagiu & Yoffie，2009）[④] 的研究都涉及平台生态系统的各个方面。这些研究表明，平台生态系统通常比产品平台或多边市场更为复杂，因为它融合了产品平台和多边市场的概念，如模块化和市场便利化等概念。

作为商业生态系统的典型代表平台生态系统（platform ecosystem），许多学者将其称为基于平台的生态系统（platform-based ecosystems）（Isckia & Lescop，2013；[⑤] Isckia，2011；[⑥] 2009；[⑦] Isckia，and Lescop，2013；[⑧] Lescop & Lescop，2013，[⑨] 2016；[⑩] Isckia & Lescop，2015）[⑪]。所谓的基于平台的生态系统是指"基于平台的群组，建立在平台领导和参与者、互补者之间的互利合作互动基础上，参与者和互补者向平台领导移动和靠拢。由平台领导作为市场创造者对其参与者和互补者实施控

---

① Meyer，M. H. & Robert Seliger.（1998）Product platforms in software development. Sloan Management Review，40（1）：61－74.

② Economides，N.，& Katsamakas，E.（2006）Two-sided competition of proprietary vs. open source technology platforms and the implications for the software industry. Management Science，52（7）：1057－1071.

③ Eisenmann，T. R.（2008）Managing proprietary and shared platforms. California Management Review，50（4）：31－53.

④ Hagiu，A.，& Yoffie，D. B.（2009）What's your Google strategy? Harvard Business Review，87（4）：74－81.

⑤ Isckia，T. and Lescop，D.（2013）Platform-based Ecosystems：Leveraging Network Centric Innovation，In：Ben Letaïfa，S. Gratacap，A. and Isckia，T.（Eds）Understanding Business Ecosystems：How Firms Succeed in the New World of Convergence，De Boeck.

⑥ Isckia，T.（2011）Ecosystèmes d'affaires，stratégies de plateforme et innovation ouverte：Vers une Approche intégrée de la dynamique d'innovation. Management & Avenir，（6）：157－176.

⑦ Isckia，T.（2009）Amazon's evolving ecosystem：A cyber-bookstore and Application Service Provider. Canadian Journal of Administrative Sciences，26（4）：332－343.

⑧ Isckia，T. and Lescop，D.（2013）Platform-based ecosystems：Leveraging network centric innovation，In：Ben Letaïfa，S. Gratacap，A. and Isckia，T.（Eds）Understanding Business Ecosystems：How Firms Succeed in the New World of Convergence，Paris：De Boeck.

⑨ Lescop，D. and Lescop，E.（2013）Platform ecosystem and firm/market equivalency：The case of Apple iPhone. In：De Boeck，（ed.）Understanding Business Ecosystems，How Firms Succeed in the New World of Convergence，2013.

⑩ Lescop，D. and Lescop，E.（2016）The Apple twist. DigiWorld Economic Journal（previously：Communications and Strategies）：（102）：13－36.

⑪ Isckia，T. & Lescop，D.（2015）Strategizing in platform-based ecosystems：Leveraging core processes for continuous innovation. Communications & Strategies，（99）：91.

制和协调，并利用互补性和相互依赖性进行互动”（Lescop & Lescop，2013）[①]。这个定义说明平台领导提供了整个平台架构（platform architecture），即技术系统和相关的治理机制（包括控制机制）、协调机制和界面规则（Isckia & Lescop，2013；[②] De Vogeleer & Lescop，2011）[③]。需要注意的是，参与者、互补者和市场体系并不是一致的，而是平台领导构筑了市场体系和平台架构，为其他参与成员提供资源、知识、知识对象、边界资源和其他工件、互操作性和界面规则（Isckia & Lescop，2009）[④]。

平台生态系统重点解释了平台所有者（platform owner）、平台领导（platform leader）或平台倡导者（platform sponsor）如何创建一个平台，吸引用户和互补者，以及实现市场主导地位。在平台生态系统中，平台所有者放弃了对产品系统组件和模块的所有权和控制权，促进独立互补品的整合，平台生态系统融合了市场中介平台的理论要素，如直接和间接的网络外部性和市场力量，以实现买卖双方的协调。因此，平台生态系统表现出对互补性资产和构成平台组件的所有权和控制权的多样性（Cusumano & Gawer，2002；[⑤] Gawer & Henderson，2007）[⑥]。生态系统参与者利用可通过平台生态系统的互补性资产来提高自己的绩效（Iansiti & Levien，2004；[⑦] Li，2009）[⑧]。以这种方式，平台生态系统结合了市场中介视角和产品平台视角的基本逻辑，唤起了人们从理论和实践两方面挑战传统的产业组织结构和管理逻辑，如主导设计、组件和模块标准、分布式所有权和控制，等等。近年来，作为商业生态系统子集（Koenig，2013）[⑨] 的平台生态系统在商业模式创新方面，已成为一种“经常性

---

① Lescop，D. and Lescop，E.（2013）Platform ecosystem and firm/market equivalency：The case of Apple iPhone. In：De Boeck，（ed.）Understanding Business Ecosystems，How Firms Succeed in the New World of Convergence，2013.

② Isckia，T. and Lescop，D.（2013）Platform-based Ecosystems：Leveraging Network Centric Innovation，In：Ben Letaïfa，S. Gratacap，A. and Isckia，T.（Eds）Understanding Business Ecosystems：How Firms Succeed in the New World of Convergence，De Boeck.

③ De Vogeleer，E. et Lescop，D.（2011）Plateformes，coordination et incitations. Management & Avenir，（46）：200－218.

④ Isckia，T. and Lescop，D.（2009）Open innovation within business ecosystems：A tale from Amazon. com. Communications & Strategies，（74）：37.

⑤ Gawer，A. & Cusumano，M. A.（2002）Platform leadership：How Intel，Microsoft，and Cisco drive industry innovation. Boston，Massachusetts：Harvard Business School Press.

⑥ Gawer，A.，and R. Henderson.（2007）Platform owner entry and innovation in complementary markets：Evidence from Intel. Journal of Economics & Management Strategy，16（1）：1－34.

⑦ Iansiti，M.，and Levien，R.（2004）Strategy as ecology. Harvard Business Review，82（3）：69－78.

⑧ Li，Y－R.（2009）The technological roadmap of Cisco's business ecosystem. Technovation，29（5）：379－386.

⑨ Koenig，G.（2013）Business ecosystems revisited，in Ben Letaifa，L. Gratacap，A.，Isckia，T.（Eds）Understanding Business Ecosystems：How firm Succeed in the New World of Convergence，Paris：De Boeck：69－83.

的行为模式”（recurrent pattern of behaviour），广泛使用基于平台的创新（platform-based innovation）的管理原则（Scholten & Scholten，2012）①。

在平台生态系统中，平台是开放式创新活动的助推器，能够实现更有效的创新成果（Tan et al.，2015；② Kazan et al.，2016；③ Isckia & Lescop，2015）④。平台生态系统通过平台流动的资源和知识的可能组合，使其竞争能力成倍增加，创新步伐不断加快。从这个角度来看，平台生态系统是开放创新的催化剂和放大器。平台生态系统的参与者提供互补服务和产品（Gawer，2009）⑤，当互补品提供商进入这个系统时，平台生态系统更具创新性，因为商业思维、知识和资源可以更容易地相互转化。随着新创意的出现，可能的创意重组数量呈指数级增长，这就解释了平台生态系统为什么具有强大的创新能力。这种积极的网络效应推动了平台的积极反馈循环——吸引最优秀、最聪明的玩家蜂拥而至。平台生态系统代表了一种特别有效的协作架构（collaborative architecture），旨在利用系统创新的潜力（Maula et al.，2006；⑥ Teece，1996）⑦。各种参与者或互补者所从事的活动在平台生态系统上实施了一套设计规则和治理机制，旨在吸引独立参与者参与分布式、协作性和累积性创新（Tiwana et al 2010）⑧。

学术研究表明，平台生态系统最早出现在美国苹果公司。1996 年，苹果公司的股价迅速下跌，市值缩水，投资分析师都认为苹果公司进入组织衰退阶段，并不看好苹果公司的未来。当苹果公司高管们争相寻找业务生命线时，他们做出了一个关键性的选择，将公司的生存和发展押在一个新的平台生态系统上：一个可以提供 MP3 播放器、闪存、数字音乐版权和 iTunes 商店等组件在互联网平台上集合，并通过这个平台来协调整个生态系统的运作，制定平台界面规则（interface rules）来规范

---

① Scholten，S. & Scholten，U.（2012）Platform-based innovation management：Directing external innovational efforts in platform ecosystems. Journal of the Knowledge Economy，3（2）：164－184.

② Tan，B. Pan，S. L. Lu，X. & Huang，L.（2015）The role of IS capabilities in the development of multi-sided platforms：The digital ecosystem strategy of Alibaba. com. Journal of the Association for Information Systems，16（4）：248.

③ Kazan，E. Tan，C. W. & Lim，E. T.（2016）The logic of digital platform disruption. In The 37th International Conference on Information Systems. ICIS 2016.

④ Isckia，T. & Lescop，D.（2015）Strategizing in platform-based ecosystems：Leveraging core processes for continuous innovation. Communications & Strategies，（99）：91.

⑤ Gawer，A.（2009）Platform，markets and innovation. Cheltenham：Edward Elgar，2009.

⑥ Maula，M. V. Keil，T. & Salmenkaita，J. P.（2006）Open innovation in systemic innovation contexts. In Chesbrough，H. Vanhaverbeke，W. & West，J.（Eds.）Open innovation：Researching a new paradigm. London：Oxford University Press，241－257.

⑦ Teece，D. J.（1996）Firm organization，industrial structure，and technological innovation. Journal of Economic Behavior & Organization，31（2）：193－224.

⑧ Tiwana，A. Konsynski，B. & Bush，A. A.（2010）Research commentary-platform evolution：Coevolution of platform architecture，governance，and environmental dynamics. Information Systems Research，21（4）：675－687.

平台参与者的互补品提供商的运作，使互补品提供商可以利用该平台向用户提供互补产品。苹果公司与互补品提供商一起无缝地向兴高采烈的音乐发烧友和顾客提供了高质量的音乐体验，发烧友和顾客为数字音乐付费解决了 iTunes 商店瓶颈，引发了整个 iPod 生态系统的大规模增长，从而拯救了苹果公司（Yoffie and Rossano，2012）①。这种平台生态系统使苹果能够与通用音乐等互补产品合作创造价值，同时也使苹果能够在市场竞争中获得相当大的价值份额。在 iPhone 问世前的关键几年，这种平台生态系统使苹果得以生存和发展。

苹果构建平台生态系统的案例充分表明，苹果之前产品与创造性工作一致，平台生态系统对重新定义产品和塑造公司成功是至关重要的（Adner，2017；② Jacobides et al. 2016）③。苹果的平台战略是一种特定类型的生态系统战略，苹果作为平台战略领导者（strategic leadership）促进了平台参与者之间的交互活动；苹果的开放式战略和用户创新战略也是一种生态系统类型，包含了创新者之间的互动，其中许多都处于组织边界之外（例如，在众包和创新竞赛中）（Altman & Tushman，2017）④。

大量的案例研究表明，厂商组织必须依靠从商业生态系统创新中创造价值（Iansiti and Levien，2004；⑤ Adner and Kapoor，2010；⑥ Kelly，2015）⑦，平台生态系统对商业模式创新、平台战略产生和发展起到积极的作用（Attour and Della Peruta，2013；⑧ De Vogeleer and Lescop，2011；⑨ Isckia，2011；⑩ 2009；⑪ Isckia and

① Yoffie，D. B. & Rossano，P.（2012）Apple Inc. in 2012. Harvard Business School，Case 712 – 490.

② Adner R.（2017）Ecosystems as structure：An actionable construct for strategy. Journal of Management，43（1）：39 – 58.

③ Jacobides MG，Cennamo C，Gawer A.（2016）Paradigm shift or label profusion? A critical examination of ecosystems in strategy research. Working paper. November 10，2016.

④ Altman，E.，and M. Tushman.（2017）Platforms，open/user innovation，and ecosystems：A strategic leadership perspective. Harvard Business School Division of Research，Working Paper 17 – 076.

⑤ Iansiti，M. and Levien，R.（2004）Strategy as Ecology. Harvard Business Review，82（2）：68 – 78.

⑥ Adner，R. & Kapoor，R. 2010. Value creation in innovation ecosystems：How the structure of technological interdependence affects firm performance in new technology generations. Strategic management Journal，31（3）：306 – 333.

⑦ Kelly，E.（2015）Introduction：business ecosystems come of age. In Business Ecosystems Come of Age，Deloitte University Press，pp. 3 – 15.

⑧ Attour，A. and Della Peruta，M.（2013）Le rôle des connaissances architecturales dans l' élaboration de la plateforme technologique d' un écosystème en émergence：le cas des plateformes NFC（No. 2013 – 15）GREDEG CNRS，University of Nice-Sophia Antipolis.

⑨ De Vogeleer，E. et Lescop，D.（2011）Plateformes，coordination et incitations. Management & Avenir，（46）：200 – 218.

⑩ Isckia，T.（2011）Ecosystèmes d'affaires，stratégies de plateforme et innovation ouverte：Vers une Approche intégrée de la dynamique d'innovation. Management & Avenir，（6）：157 – 176.

⑪ Isckia，T.（2009）Amazon's evolving ecosystem：A cyber-bookstore and application service provider. Canadian Journal of Administrative Sciences，26（4）：332 – 343.

Lescop, 2009;[①] Isckia and Lescop, 2013;[②] Loilier and Malherbe, 2013;[③] Isckia & Lescop, 2015;[④] Lescop & Lescop, 2016)[⑤]。

我们认为，平台生态系统是平台各方参与者为了实现自己的价值主张，是平台领导、模块化厂商、互补品提供商与消费者共同构成的，以实现一个或一组焦点要约（focal offer）为目标所构建的一个商业生态系统。这一定义突出以下几点：

（1）这一定义强调平台领导价值主张的实现，需要将一系列合作伙伴的价值主张结合起来（Adner, 2006;[⑥] 2012)[⑦]。这意味着平台生态系统将决策和分析的焦点，已经从厂商组织的边界转移到价值主张的边界。实现平台生态系统战略的一个关键点，是必须考虑焦点要约（focal offer）各参与方差异化的价值主张，即要约不仅要吸引最终消费者，还要吸引所需的合作伙伴。竞争战略和生态系统战略之间的一个关键区别在于，明确考虑那些偏离最终消费者关键路径的行为者：参与（需要包括哪些人）、结构（谁移交给谁）和治理（谁制定规则）（Adner, Oxley, & Silverman, 2014)[⑧]。可以这样说，强调价值主张的平台生态系统治理体系定义了谁做什么、谁控制什么，以及每个参与者将如何受益（Dattée et al., 2017;[⑨] Nambisan & Sawhney, 2011;[⑩] Tiwana et al., 2010)[⑪]，包括平衡灵活性和多样性的需要与完整性和标准化

---

① Isckia, T. & Lescop, D. (2009) Open innovation within business ecosystems: A tale from Amazon. com. Communications & Strategies, (74): 37.

② Isckia, T. and Lescop, D. (2013) Platform-based Ecosystems: Leveraging Network Centric Innovation, In: Ben Letaïfa, S. Gratacap, A. and Isckia, T. (Eds) Understanding Business Ecosystems: How Firms Succeed in the New World of Convergence, De Boeck.

③ Loilier, T. & Malherbe, M. (2013) Experimentation and the development of ecosystemic competencies in the field of contactless mobile services. in Ben Letaïfa, L. Gratacap, A. and Isckia, T. (Eds) Understanding Business Ecosystems: How Firms Succeed in the New World of Convergence. Paris: De Boeck.

④ Isckia, T. & Lescop, D. (2015) Strategizing in platform-based ecosystems: Leveraging core processes for continuous innovation. Communications & Strategies, (99): 91.

⑤ Lescop, D. and Lescop, E. (2016) The Apple twist. DigiWorld Economic Journal (previously: Communications and Strategies): (102): 13 – 36.

⑥ Adner, R. (2006) Match your innovation strategy to your innovation ecosystem. Harvard Business Review, 84 (4): 98.

⑦ Adner, R. (2012) The wide lens: A new strategy for innovation. New York: Portfolio.

⑧ Adner R. Oxley, J. E. & Silverman, B. S. (2014) Introduction: Collaboration and competition in business ecosystems. In Adner R. Oxley, J. E. & Silverman, B. S. (eds) Collaboration and Competition in Business Ecosystems. Emerald Group Publishing Limited, pp. ix – xvii.

⑨ Dattée, B. Alexy, O. & Autio, E. (2017) Maneuvering in poor visibility: How firms play the ecosystem game when uncertainty is high. Academy of Management Journal, 61 (2): 466 – 498.

⑩ Nambisan, S. & Sawhney, M. (2011) Orchestration processes in network-centric innovation: Evidence from the field. Academy of Management Perspectives, 25 (3): 40 – 57.

⑪ Tiwana, A. Konsynski, B. & Bush, A. A. (2010) Research commentary—platform evolution: Coevolution of platform architecture, governance, and environmental dynamics. Information Systems Research, 21 (4): 675 – 687.

的需要之间的紧张关系（Wareham et al.，2014）[①]。

这些价值主张包括：平台领导的价值主张（the value proposition for platform leadership）、互补品厂商或应用程序开发人员的价值主张（the value proposition for App developers or complementors）和最终用户的价值主张（the value proposition for end-users）。

从平台领导的价值主张视角看，平台生态系统可以使平台领导以自己无法实现的产业规模来进行创新。他们可以通过大规模地分配创新活动来实现这一目标，否则这些创新活动将不得不在不同的外部群体中进行，这些外部群体具有强大的市场激励、驱动力和在狭窄领域及细分市场中更深入的专业知识。这同时允许平台领导做更多他最擅长的事情，并将其重点放在他认为是核心能力的事情上。这样做可以捕获其核心市场未充分开发的长尾需求（the under exploited long-tail demands），将开发新创新的成本和风险转移给应用程序开发人员和互补品厂商，并增加平台生态系统在不断变化的市场环境中维持竞争性的可能性。

从互补品厂商或应用程序开发人员的价值主张视角看，平台生态系统可以使互补品厂商或应用程序开发人员能够使用平台架构和基础设施能力作为自己工作的基础。因此，他们的前期投资仅限于他们的应用不与其他应用共享的功能，而不是复制他们的应用与其他应用共享的功能。这使得瞄准那些本来很难证明瞄准是合理的长尾市场在经济上是可行的，并且通过背靠平台（by piggybacking on the platform），给予他们平台网络的规模优势，而不必付出获得规模优势的成本。平台还提供现有天棚用户（marquee users）的访问权，使这些天棚用户可以更容易地找到互补品厂商或应用程序开发人员的工作，并更高效地与他们进行交易。因此，他们降低了互补品厂商或应用程序开发人员与其潜在客户之间的搜索成本、匹配成本和交易成本。

从最终用户的价值主张视角看，最终用户的价值主张是，他们可以通过混合和匹配（mixing-and-matching）不同的应用程序池来增强平台的实用性，从而更独特地个性化定制平台的场景和应用案例，以满足他们的特殊需求。这类似产品或服务的大规模定制与一个客户的客户细分。最终用户还受益于围绕其在平台生态系统上的投资加快的创新步伐，随着时间地推移，价值不断增加，网络效应也符合竞争性平台市场中平台领导和应用程序开发人员的最佳利益（Tiwana，2013）[②]。

（2）平台生态系统是以一个或一组焦点要约（focal offer）为目标所构建的一个商业生态系统。平台生态系统依赖两个或多个由市场或行业痛点、用户需求的存在

---

① Wareham，J. Fox，P. B. & Cano Giner，J. L.（2014）Technology ecosystem governance. Organization Science，25（4）：1195－1215.

② Tiwana，A（2013）Platform ecosystems：Aligning architecture，governance，and strategy. Murgan Kaufman Publishers.

而产生的中介或协调的需求（Lescop & Lescop，2013）[①]。平台所有者（领导者）将扮演中介或协调角色，并通过平台创建代理之间的链接和关系，平台生态系统可以被视为知识库、资源库和交互工具（Isckia & Lescop，2009）[②]。平台生态系统的商业模式、盈利能力和生存依赖对这些联系或关系的智能和战略性开发（Iansiti & Levien，2004）[③]。因此，平台提供的服务可以是一种产品或服务，设计时可以使用或不使用基于平台的技术架构。

这里的焦点要约，突出的是用户价值主张（user value proposition）或用户的需求痛点（user pain point），而平台生态系统反映了焦点要约中供给侧和需求侧之间的明确联系，这种联系反映平台生态系统中最重要的属性：互补性（complementarities）和相互依赖性（interdependencies）。互补性代表了焦点要约在价值创造潜力方面的经济关系，相互依赖性代表了焦点要约中的结构性关系，即焦点要约与价值创造和价值获取之间的联系方式。因此，平台生态系统包含了对焦点要约的用户价值主张做出贡献的一组参与者（an ecosystem encompasses a set of actors that contribute to the focal offer's user value proposition），这些参与者是来自多个行业的不同类型的行为者，这些行为者有助于焦点要约的价值创造。需要注意的是，人们往往把参与焦点要约的价值创造的行为者称为焦点行为者（focal actor），焦点要约的实现是通过焦点行为者与价值主张物化所依赖的其他行为者之间的互动。因此，“焦点”决定视角的选择，而不是以科层权力或传统的网络中心性衡量标准。

（3）这一定义关注平台各方参与者价值主张的性质及其对生态系统结构和战略的影响。平台生态系统的边界，既与焦点要约想要实现的目标和价值主张的性质密切相关，也与参与者相互依存的结构密切相关。这种结构可以称为“协调结构”（alignment structure）或“对齐结构”。

迈克尔·雅可比德斯等人（Jacobides，et al.，2018）[④] 发现，平台生态系统的一个重要但被忽视的特点是，它有助于协调具有重大自主权的相关组织。从文献和经验来看，在几乎所有平台生态系统的经验案例中，平台生态系统都是由模块化架构

---

① Lescop，D. and Lescop，E.（2013）Platform ecosystem and firm/market equivalency：The case of Apple iPhone. In：De Boeck，（ed.）Understanding Business Ecosystems，How Firms Succeed in the New World of Convergence. Paris：de Boeck.

② Isckia，T. and Lescop，D.（2009）Open innovation within business ecosystems：A tale from Amazon. com. Communications & Strategies，（74）：37.

③ Iansiti，M. and Levien，R.（2004）Strategy as Ecology. Harvard Business Review，82（2）：68－78.

④ Jacobides，M. G. Cennamo，C. & Gawer，A.（2018）Towards a theory of ecosystems. Strategic Management Journal，39（8）：2255－2276.

(Baldwin and Clark, 2000)① 实现的，其中平台生态系统的不同部分代表由“薄交叉点”（thin crossing points）分隔的组织（Baldwin, 2008)②，即生产过程的离散部分。技术模块化允许系统中相互依赖的组件由不同的生产商生产，所需的协调有限。虽然总体架构设计参数可以由枢纽设置，但平台生态系统参与厂商在如何设计、定价和操作各自模块方面具有很大程度的自主权，只要他们以商定和预定义的方式与其他模块互连。在大多数平台生态系统中，即使有一套明确的界面规则，互补品厂商都可以设定价格并自由决定产品的内容。例如，iOS 操作系统的应用程序开发商。在拼多多平台，微商可以设定他们想要的可用性，并选择他们提供的互补品质量。当然，这会影响用户的评价，从而影响市场需求，但价格是可以变化的。所有这些独立但相互依赖的结构都需要一些模块化。尽管总是会出现新的协调问题，但平台生态系统提供了如何解决这些问题的过程和规则，并通过参与者共同制定的界面规则、标准和编码接口鼓励协调。模块化的存在也是允许平台倡导者至少放弃某种程度的显式协调条件。因此，模块化为平台生态系统的出现创造了条件。这表明平台生态系统很可能是厂商组织间协调问题的独特解决方案，不同于战略联盟、供应链或基于市场的互动。因此，模块化允许独立但相互依赖的厂商组织通过平台生态系统进行协调。然而，尽管模块化对于平台生态系统的运行是必要的，但显然还不够。正如鲍德温（Baldwin, 2008)③、美国经济学家朗格卢瓦（Langlois, 2003)④ 和雅可比德斯和温特（Jacobides & Winter, 2005)⑤ 所说，模块化和随后摩擦交易成本的降低，更有可能导致市场的出现。要使平台生态系统发挥作用，还必须有一个在市场上无法处理的重大协调需要，但也不需要中央行动者的法定和权威结构。

协调或对齐是平台生态系统参与者之间关于结构位置和流动的相互协调或对齐程度。不同的行为者可能有不同的最终状态和最终目标。平台生态系统参与者与互补者之间的合作程度，取决平台生态系统嵌入的外部环境、生态系统参与者之间的

---

① Baldwin, C. Y. & Clark, K. B. (2000) Design rules: The power of modularity. Vol. 1. Cambridge, Massachusetts: MIT Press.

② Baldwin, C. Y. (2008) Where do transactions come from? Modularity, transactions, and the boundaries of firms. Industrial and Corporate Change, 17 (1): 155 – 195.

③ Baldwin, C. Y. (2008) Where do transactions come from? Modularity, transactions, and the boundaries of firms. Industrial and Corporate Change, 17 (1): 155 – 195.

④ Langlois, R. N. (2003) The vanishing hand: the changing dynamics of industrial capitalism. Industrial and Corporate Change, 12 (2): 351 – 385.

⑤ Jacobides, M. G. & Winter, S. (2005) The co-evolution of capabilities and transaction costs: Explaining the institutional structure of production. Strategic Management Journal, 26 (5): 395 – 413.

竞争性互动，以及单个厂商组织的战略选择（Kapoor，2014）① 所形成的协调或对齐程度。

注意：参与并不等于协调，一个成功的生态系统是所有参与者都对自己的位置感到满意的生态系统，即至少暂时达到帕累托均衡（Pareto equilibrium）。因此，协调（alignment），不仅是指兼容的激励和动机，还同时提出了行为者对活动配置协调的解释问题（Adner，2017）②。

（4）在平台生态系统中，能否成功地实现价值创造和价值获取，取决平台领导、模块化厂商、互补品提供商与消费者等利益相关者之间互补性和相互依赖性。这种互补性和相互依赖性是需要由一个或一组焦点要约来规定的，并需要有一个指导各方执行要约的界面规则（interface rules）。

各方执行要约的界面规则的组织体是平台领导或平台倡导者提供的一个平台，界面规则是平台领导或平台倡导者为平台生态系统参与者（包括平台领导、互补品厂商、模块化厂商和平台产品用户）制定的，平台生态系统向用户提供互补产品，界面规则协调平台生态系统的运作。

（5）平台生态系统本质上是多边的（multi-lateral）。这不仅意味着平台生态系统有平台领导、模块化厂商、互补品提供商与消费者等多个伙伴，还意味着一组关系不能分解为双边交互的聚集。在平台生态系统中，厂商组织间关系从二元关系转向多边联盟关系（from dyads to coalitions）；从定义明确的买方和定义明确的供应商（a well-defined buyer and a well-defined supplier）之间的双边治理关系转向多边协调关系（multilateral coordination）。在多边协调关系中，平台生态系统中合作伙伴的定位本身就是一个谈判的主题；各方关系已经从科层等级关系转移为相互依赖和诱导合作关系（mutual dependence and induced cooperation）。

（6）平台生态系统是一种集体性的生态系统。根据美国凯斯西储大学（Case Western Reserve University）杨金耀教授等人（Yoo et al.，2005）③ 的观点，平台生态系统促进了一种集体性的生态系统，它产生了新的思想和概念，这些思想和概念可能会体现在新的人造物（new artifacts）中。焦点要约的无限可生成性是由这些具有非常特殊性的物质流、资金流、信息流和促进其创建的协作架构（即平台）实现的。

① Kapoor，R.（2014）Collaborating with complementors：what do firms do? In Adner R. Oxley，J. E. & Silverman，B. S.（eds）Collaboration and competition in business ecosystems. Emerald Group Publishing Limited，pp. 3－25.

② Adner R.（2017）Ecosystems as structure：An actionable construct for strategy. Journal of Management，43（1）：39－58.

③ Yoo，Y. Lyytinen，K. & Yang，H.（2005）The role of standards in innovation and diffusion of broadband mobile services：The case of South Korea. The Journal of Strategic Information Systems，14（3）：323－353.

生成性意味着某些物质流、资金流和信息流可以以一种混乱或意外的方式组合成新的物质流、资金流和信息流，以提供与最初设计完全不同的服务（Yoo et al. 2010）[①]。生成性是解释新产品或服务扩散的一个基本特征（Boland et al.，2007）[②]。根据杨金耀教授等人（Yoo et al.，2010）[③] 的说法，模块化的目标是控制或包含复杂性和灵活性，而生成性的目标是引入或创建多样性。

平台生态系统视角关注平台公司战略和平台生态系统参与者的经营绩效，重点解释平台公司为什么要构建一个平台来吸引用户和互补者，并形成平台生态系统，以及确立和实现市场主导地位（Cusumano et al. 1992；Boudreau，2010；[④] Gawer and Henderson，2007；[⑤] McIntyre and Subramaniam，2009；[⑥] Eisenmann et al. 2011；[⑦] Zhu and Iansiti，2012）[⑧]。例如，美国苹果公司的 iPhone 平台生态系统是当今世界上规模最大、价值最高的平台生态系统之一，iPhone 平台生态系统堪称平台运营的典范。2016 年，应用程序商店（App store）收入超过了 100 亿美元。任何人都可以编写应用程序，但这些应用程序需通过苹果公司的严格测试，且 25% 的销售总额归苹果公司所有。成千上万的应用程序开发人员通过频繁地发布新的应用程序，来参与这个平台生态系统的价值创造。作为平台生态系统互补性资产的应用程序，其商业化成功的标准是它被收入列为前 500 名的可能性来衡量的（例如，Kapoor and Agarwal.，2017；[⑨] Davis et al. 2014）[⑩]。排名前 500 名的应用程序是应用程序成功商业化的一个

---

① Yoo，Y. Lyytinen，K. Thummadi，V. & Weiss，A.（2010）Unbounded innovation with digitalization：A case of digital camera. Conference Paper In Annual Meeting of the Academy of Management，January 2010.

② Boland Jr，R. J. Lyytinen，K. & Yoo，Y.（2007）Wakes of innovation in project networks：The case of digital 3-D representations in architecture，engineering，and construction. Organization Science，18（4）：631－647.

③ Yoo，Y. Lyytinen，K. Thummadi，V. & Weiss，A.（2010）Unbounded innovation with digitalization：A case of digital camera. Conference Paper In Annual Meeting of the Academy of Management，January 2010.

④ Boudreau，K.（2010）Open platform strategies and innovation：Granting access vs. devolving control.［J］. Management Science，56（10）：1849－1872.

⑤ Gawer A，Henderson R（2007）Platform owner entry and innovation in complementary markets：Evidence from Intel. Journal of Economics and Management Strategy，16（1）：1－34.

⑥ McIntyre，D. and Subramaniam，M.（2009）Strategy in network industries：A review and research agenda. Journal of Management，35（6）1494－1517.

⑦ Eisenmann T，Parker G，Van Alstyne M（2011）Platform envelopment. Strategic Management Journal，32（12）：1270－1285.

⑧ Zhu F，Iansiti M（2012）Entry into platform-based markets. Strategic Management Journal，33（1）：88－106.

⑨ Kapoor，R. & Agarwal.，S.（2017）Sustaining superior performance in business ecosystems：Evidence from Application software developers in the iOS and Android smartphone ecosystems. Organization Science，28（3）：531－551.

⑩ Davis，J. P. Yin，P. & Chhabra，Y.（2014）Experimentation strategies and entrepreneurial innovation：Parallel and sequential innovation in the iPhone App ecosystem. in Academy of Management Annual Meeting Proceedings，（1）：15348－15348.

重要指标，因为进入该列表的应用程序约占 iPhone 生态系统应用程序总收入的 95%（SensorTower，2016）①。商业模式创新的行业观察家和分析师也密切关注这一列表，以此作为成功应用程序的参考。

我们认为，平台生态系统本身既是一种新型的企业组织形式，也是一种商业模式和创新体系，同时还是一种新型的企业制度，它的出现是市场经济演进的必然。它之所以出现和存在，是因为在不完全市场（imperfect market）条件下的要素提供者（平台 B 端，即产品或互补品提供者）和产品或服务购买者（平台 C 端，即消费者或用户）可以通过加入平台生态系统，获取比市场上其他要素提供者和产品或服务购买者更高的收益，或者说是获得了“超额收益”。从这个角度看，交易成本的节约在某种程度上是可以穷尽的，而平台市场参与主体所获取的经济租金（rent of enterprise）在某种程度上却是没有上限的，经济租金会因交易成本的节约和要素资源价值地不断提升而被持续地创造出来。所谓的“经济租金”是指平台生态系统参与主体所创造的总收益在支付了所有成员的参与约束条件（participation constraint）后的厂商剩余和消费者剩余的总和（the sum of producer and consumer surplus）。

因此，市场竞争是一种以寻求和获取经济租金的自然现象，这是平台型企业制度的精髓。在不完全市场条件下，平台生态系统的单个市场交易主体（例如，微商或应用程序提供商）是一个异质性资源（heterogeneous resource）的结合体，这种异质性可以使平台生态系统各个交易主体的要素价值被激发出来，并使平台生态系统整体价值获得一种“市场风险溢价”（market risk premium）。在我们看来，平台生态系统各个交易主体的资源是异质的和不可转移的，并通过平台生态系统有效地进行资源配置、开发和保护，这是单个市场交易主体取得最佳绩效的必由之路。交易主体内的资源有多种，这些资源必须是稀缺的、不能被完全模仿的、是其他资源所不能替代的。

我们认为，当前有关平台生态系统的学术研究还没有形成一个完整的主流理论，学术界一致公认的主要理论前提是行为者之间同时存在互补性（complementarities）和相互依赖性（interdependencies）。参与者之间的互补性，源于他们各自执行的功能有助于创建或增强用户的价值主张；参与者之间的相互依赖性，源于他们的产品在系统级架构中是相互关联的。应当看到，平台生态系统在价值创造潜力方面的经济关系与结构性关系始终是处于动态变化中，即互补性和相互依赖性与创造价值之间的联系方式，是处于不断演进过程中，一个要约的变化可能影响其他要约对价值创造的贡献。

---

① SensorTower 是国际知名的移动应用数据分析公司，主要经营移动应用数据分析，它每季发布移动应用数据分析报告。

三、 平台生态系统的要素

英国萨里大学（Surrey University）数字经济中心联合主任安娜贝尔·高尔（Gawer, 2014）[①] 认为，已有研究平台的两种不同的方法：一是侧重通过网络效应或多方面市场创造价值的平台组织本身，即对协调平台生态系统的单一参与者——平台领导或平台倡导者的研究（例如，Katz and Shapiro, 1985；[②] Schilling, 2002；[③] Eisenmann et al. 2006；[④] Rochet and Tirole, 2003；[⑤] Armstrong, 2004）[⑥]；二是侧重平台作为促进平台生态系统内互补者创新的技术架构（technical architecture）（Gawer and Cusumano, 2002；[⑦] Baldwin and Woodard, 2009；[⑧] Boudreau, 2010）[⑨]。

对于平台生态系统，不同的学者站在不同的视角有不同的看法。美国管理学家马歇尔·范·阿尔斯丁等人（Van Alstyne, et al., 2016）[⑩] 认为，平台的生态系统基本结构包含四类成员：平台拥有者控制知识产权和治理，平台提供者连接平台和用户，平台生产者创造产品，而平台消费者使用这些产品。例如，阿里巴巴是平台所有者，淘宝和天猫是平台提供者，微商是平台生产者，而网上购买者是平台消费者。

有的学者将平台生态系统分为四个部分，即需求端用户（demand-side）、供给端

---

① Gawer, A. (2014) Bridging differing perspectives on technological platforms: Toward an integrative framework. Research Policy, 43 (7): 1239 - 1249.

② Katz, M. L. & Shapiro, C. (1985) Network externalities, competition and compatibility. The American Economic Review, 75 (3): 424 - 440.

③ Schilling, M. A. (2002) Technology success and failure in winner-take-all markets: The impact of learning orientation, timing and network externalities. Academy of Management Journal, 45 (2): 387 - 398.

④ Eisenmann, T. G. Parker, M. & Van Alstyne. (2006) Strategies for two-sided markets. Harvard Business Review, 85 (10): 92 - 101.

⑤ Rochet, J. & J Tirole. (2003) Platform competition in two-sided markets. Journal of the European Economic Association, 1 (4): 990 - 1029.

⑥ Armstrong, M. (2004) Competition in two-sided markets. Mimeo, Nuffield College, Oxford University.

⑦ Gawer A, Cusumano MA (2002) Platform leadership: How Intel, Microsoft, and Cisco drive industry innovation. Boston, MA: Harvard Business School Press.

⑧ Baldwin, C. Y. and Woodard, C. J. (2009) The Architecture of Platforms: A Unified View. In Gawer, A. Ed. Platforms, Markets and Innovation. chapter 19, London: Edward.

⑨ Boudreau, K. (2010) Open platform strategies and innovation: Granting access vs. devolving control. Management Science, 56 (10): 1849 - 1872.

⑩ Van Alstyne, M. W. Parker, G. G. & Choudary, S. P. (2016) Pipelines, platforms, and the new rules of strategy. Harvard Business Review, 94 (4): 54 - 63.

用户（supply-side）、平台提供者（即平台型企业，platform provider）和平台支撑者（platform sponsor）（李凌，2013）①。事实上，在中国的互联网产业环境中，平台生态系统还有一个重要的端口：政府端（即G端，government-side），这是因为大量的数据来自政府端，政府端就是最大的数据端（data-side）。

从本质上看，平台经营模式是外包给数千个外部合作伙伴的创新，这些创新以前是在厂商组织内部完成的，但在平台经营模式下，这些合作伙伴承担创新的所有成本和风险，然后与平台所有者分享收益。这种平台经营模式抛弃了成千上万家小公司独立经营产品的商业智慧，将他们的创新与他们在市场上取得成功的渴望混合在一起，构成了一个个平台生态系统，让市场来决定市场竞争的赢家和输家。这种专业知识与市场约束力的有效结合，可以有效地促进创新，其速度超过传统商业模式的数量级。有学者指出，从1990年到2004年，成为平台的产品在创新方面获得了500%的增长，其中大部分来自外部开发人员（Boudreau，2010）②。因此，平台的成功不仅取决平台所有者，还取决众多生态系统合作伙伴应用程序的交付能力和互补品的特性（Adner，2012；p. 1）③。

平台生态系统由两个主要元素组成：平台和应用程序提供者或互补品提供者。事实上，经济生活中存在着两种主要的平台生态系统：一是由软件平台所构成的软件生态系统（platform-based software ecosystems），如苹果的iOS和谷歌的安卓操作系统、华为应用市场等；二是由交易、网络服务等业务平台所构成的平台生态系统，如淘宝、京东、亚马逊、滴滴、美团、豆瓣、微信和脸书等。

软件平台是基于软件的产品或服务，作为外部各方可以建立互补的产品或服务的基础。因此，软件平台是一个可扩展的基于软件的平台生态系统，它提供与之相互操作的“应用程序”所共享的核心功能，以及他们相互操作的接口（Baldwin and Woodard，2009；④ Tiwana et al. 2010）⑤。在软件平台生态系统中，软件在平台中注入了独特的、不可模仿的、但不易理解的特性，它比其他由交易、社交网络服务等业务平台生态系统创造了更为复杂的市场机遇和挑战。应用程序是平台的互补产品，

---

① 李凌．“平台经济”视野下的业态创新与企业发展，《国际市场》2013，（4）：11－15.

② Boudreau，K.（2010）Open platform strategies and innovation：Granting access vs. devolving control. Management Science，56（10）：1849－1872.

③ Adner，R.（2012）The wide lens：A new strategy for innovation. New York：Portfolio.

④ Baldwin，C. Y. and Woodard，C. J.（2009）The architecture of platforms：A unified view. In Gawer，A. Ed. Platforms，Markets and Innovation. chapter 19，London：Edward.

⑤ Tiwana A，Konsynski B.（2010）Complementarities between organizational IT architecture and governance structure. Information System Research，21（2）：288－304.

当有各种各样应用程序的互补产品可用时，平台在功能上更为理想。以苹果创纪录的 iOS 平台为例，该平台包括 iPhone、iPod 和 iPad。它对 3.65 亿用户的价值主要来自于 140 多万个互补性的应用程序，而苹果对此几乎没有所有权。与传统的软件开发不同，平台的设计目的是利用不同开发人员社群的专业知识，利用其独创性、创新的饥饿感、新的技能，以及平台所有者可能不具备或不了解用户的需求痛点。这种由平台所有者，或平台领导和平台倡导者加上不同的小型系统组成的平台生态系统的出现，正在将创新的轨迹从单个厂商组织转移到一个庞大的外部软件应用程序开发者的网络。其目标是快速开发新功能，并培养平台原始设计师或平台倡导者无法预见的创新能力。应当这样说，美国互联网企业高度重视平台 B 端的发展，因而美国的软件平台生态系统远远领先于世界各国。

交易、社交网络服务等业务平台所构成的平台生态系统，一般称为消费平台或业务平台，它是由平台领导基于硬件、软件和界面形成的平台架构和互补品厂商的产品或服务所构成。在这种业务平台上，当一种产品增加了另一种产品的吸引力时，两种产品是互补的；如用户的长评、他人的点赞与其他用户的实际购买，饼干和牛奶，或者笔记本电脑和网络浏览器。当豆瓣网、抖音等的流媒体内容广泛可用时，用户的长评、短评和点赞所形成的交互更受其他潜在用户的欢迎；当支持淘宝、京东平台的云网络存在和平台销售各类商品时，微商或互补厂商提供的互补品更具有价值。这种平台生态系统竞争力量来自平台领导对交易、社交网络服务等业务的独特专业知识和对市场需求痛点的理解、市场营销能力和互补品厂商产品或服务的独特性，这些专业知识和互补品是由市场激励驱动的，其规模无法在任何单个厂商组织内复制。因此，交易、社交网络服务等业务平台由支持平台架构的核心技术、应用程序、平台界面，以及可以利用的共享基础设施组成。用户利用应用程序通过一组接口访问平台，通过平台的内容界面、工具界面等与平台进行通信、对话、交互、交易和互操作。事实上，我国互联网企业非常重视平台消费端——C 端开发利用，因而我国的消费互联网平台一点也不逊于欧美各国，并在移动支付、网络征信、电子商务等多个领域领先欧美各国。

从基于软件的平台生态系统（software-based platform ecosystem）看，平台和与之互操作的应用程序的集合代表了平台生态系统。因此，平台生态系统满足定义复杂系统的标准，其中一个系统由许多交互子系统组成（Simon，1962）[①]。平台生态系统的这些核心要素，如表 3－1 所示。

---

① Simon H.（1962）The architecture of complexity：Hierarchic systems. Proceedings of the American Philosophical Society，106（6）：467－482.

表 3-1 平台生态系统的核心要素（core components of a platform ecosystem）

要素	定义	举例
平台	一个基于软件的系统，提供核心功能的应用程序的互操作与共享的可扩展的代码库，并通过他们互操作实现接口	iOS，Android，Dropbox，Twitter，AWS Firefox，Chrome
APP	一个附加的软件子系统或服务连接到平台来添加功能，也被称为一个模块、扩展、插件，或附属	Apps，Apps Extensions
生态系统	平台和特定 APP 的集合	
界面	描述平台和 APP 如何互动和交换信息的规范	API 协议
架构	一个概念性的蓝图，描述了生态系统划分为一个相对稳定的平台和应用程序，鼓励不同的互补，并结合再设计规则	

资料来源：Tiwana A.（2013）Platform ecosystems：Aligning architecture，governance，and strategy. Murgan Kaufman Publishers.

事实上，平台生态系统在结构和进化路径上表现出高度的异质性，他们通常表现在相对独立，但又相互关联的两个方面：商业发展或技术商业化和创新或技术发展，即生态系统业务开发端（business development side of the ecosystem，BDE）和创新生态系统（innovation ecosystem，IE）两个方面（Adner and Kapoor，2010；① Tee and Gawer，2009；② Isckia，et al. 2017）③。

生态系统业务开发端包含平台中介的产品提供者（即 B 端）和消费者（即 C 端），它直接连接最终消费者；生态系统业务开发端的典型参与者是互补者，如淘宝上的微商、苹果应用程序商店的应用程序开发人员，他们通过平台提供自己的产品和服务。生态系统业务开发端是物质流、资金流和信息流的切入点，是整个系统的商业化部分。生态系统业务开发端的功能依赖平台架构，平台架构为生态系统业务开发端参与者（B 端）提供了与平台消费者或其他用户组（C 端）互动的工具和功能。平台领导、互补者和消费者在平台上相互作用，产生间接的网络效应：消费者

① Adner，R. & Kapoor，R.（2010）Value creation in innovation ecosystems：how the structure of technological interdependence affects firm performance in new technology generations. Strategic Management Journal，31（3）：306-333.

② Tee，R. and A. Gawer.（2009）Industry architecture as a determinant of successful platform strategies：A case study of the i-mode mobile Internet service. European Management Review，6（2）：217-232.

③ Isckia，T. Lescop，D. Elena Lescop，E. & De Reuver，M.（2017）Platform-based ecosystems：Leveraging the two faces of business ecosystems. at the EURAM（European Academy of Management）2017 Conference in Glasgow，Scotland.

越多，互补者越多，平台交互作用越强；互补者越多，消费者越多，平台交互作用和网络效应更强。

创新生态系统部分包含用户组，这些用户组积极使用平台技术功能来开发互补功能，创新生态系统可以通过集体或开放式创新战略来实施（Chesbrough，2003）①。在创新生态系统中，平台所有者向参与者开放平台接口和源代码，以及部分知识、资源和技能，这种平台所有者向参与者开放平台的策略一般成为“平台赋能策略”（platform enabling strategy），其目的是使平台参与者能够更好地利用平台来进行集体或开放式创新。

我们认为，创新生态系统是以工程设计（Simon，1962）② 的原理，将平台描述为模块化系统（Baldwin and Clark，2000；③ Schilling，2000；④ Baldwin and Woodard，2009；⑤ Gawer，2007；⑥ 2009；⑦ 2014）⑧，通过将复杂系统分解成离散的组件，通过标准化交互接口，促进创新（Simon，1962；⑨ Langlois，2002；⑩ Gawer，2014）⑪。实际操作中，平台领导应积极推动并参与开发互补产品，推动整个创新生态系统成为一个技术和业务的孵化器。创新生态系统的主要目标是改善客户体验、知识共享和试验新的价值主张。从这个角度看，创新生态系统可以被视为生态系统业务开发端的前端，创新生态系统开发的创新、想法或概念的市场之路，是通过这个平台架构挖掘出来的

① Chesbrough，H.（2003）Open innovation：The new imperative for creating and profiting from technology. Boston：Harvard Business School Press.

② Simon H.（1962）The architecture of complexity：Hierarchic systems. Proceedings of the American Philosophical Society，106（6）：467 – 482.

③ Baldwin，C. Y. & Clark，K. B.（2000）Design rules：The power of modularity. Vol. 1. Cambridge，MA：MIT Press.

④ Schilling，M. A.（2002）Technology success and failure in winner-take-all markets：The impact of learning orientation，timing and network externalities. Academy of Management Journal，45（2）：387 – 398.

⑤ Baldwin，C. Y. and Woodard，C. J.（2009）The Architecture of Platforms：A Unified View. In Gawer，A. Ed. Platforms，Markets and Innovation. chapter 19，London：Edward.

⑥ Gawer，A，& Henderson，R.（2007）Platform owner entry and innovation in complementary markets：Evidence from Intel. Journal of Economics and Management Strategy，16（1）：1 – 34.

⑦ A. Gawer. Platform，markets and innovation. Cheltenham：Edward Elgar，2009.

⑧ A. Gawer.（2014）Bridging deffering perspectives on technological platforms：Toward an integrative framework. Research Policy，43（7）：1239 – 1249.

⑨ Simon H.（1962）The architecture of complexity：Hierarchic systems. Proceedings of the American Philosophical Society，106（6）：467 – 482.

⑩ Langlois，R. N.（2002）Modularity in technology and organization. Journal of Economic Behavior & Organization，49（1）：19 – 37.

⑪ A. Gawer.（2014）Bridging deffering perspectives on technological platforms：Toward an integrative framework. Research Policy，43（7）：1239 – 1249.

(Isckia, et al., 2017)[①]。

在现实经济生活中，创新的新产品或服务除非大规模商业化，否则不会产生市场价值，这种商业化需要新技术开发人员与用户需求紧密结合（Teece，1992）[②]。商业上成功的创新需要将科学技术、工程、创业和管理技能与对消费者需求的深入了解联系起来。这些耦合和反馈机制必须快速有效地运行，以确保创新的商业成功（Kline & Rosenberg，1986）[③]。平台生态系统通过实施良好的市场条件来促进这些互动：这些市场条件包括但不限于担保交易、对 B 端提供的产品和服务进行监控、必要时的质量认证、使互补者更容易进入该平台。间接网络效应的产生从外部看是吸引新的参与者，从内部看是通过增强参与者的忠诚度，从而提高平台的净价值使平台所有者获利。

罗恩·阿德纳（Adner，2017）[④] 认为，作为结构的生态系统方法，描述了为实现价值主张所需的活动和行为的结构。其结构要素包括：

（1）活动，它确定了厂商组织为了实现价值主张的离散行动。

（2）参与者，即从事活动的实体。一个行为者可以进行多个活动；相反，多个行为者可以进行同一个活动。

（3）位置，它确定了在生态系统参与者之间的活动流中的位置，并描述谁向谁联系。

（4）链接，确定了跨行为者的传输。这些转移的内容可以是不同的材料、信息、影响、资金，这就是我们通常所说的物质流、信息流、知识流和资金流。关键是，这些链接不需要与焦点行为者有任何直接的联系。

作为结构的生态系统视角专注活动和作为从属关系的生态系统视角专注关系，这两种视角反映在对平台生态系统要素的处理上有所不同：对从属关系的生态系统来说，位置是从链接中派生的，从而导致平台、代理、中心和分支等特性；对作为结构的生态系统来说，链接是从协调要求中派生的，从而决定了参与者和活动在整体价值蓝图中的位置。这两种视角遵循战略构建的方向也截然相反：作为从属关系

---

① Isckia, T. Lescop, D. Elena Lescop, E. & De Reuver, M. (2017) Platform - based ecosystems: Leveraging the two faces of business ecosystems. at the European Academy of Management Conference in Glasgow, Scotland. 2017.

② Teece, D. J. (1992) Competition, cooperation, and innovation: Organizational arrangements for regimes of rapid technological progress. Journal of Economic Behavior & Organization, 18 (1): 1 - 25.

③ Kline, S. J. & Rosenberg, N. (1986) An overview of innovation. In Kline, S. J. & Rosenberg, N. (eds), The positive sum strategy: Harnessing technology for economic growth, Washington DC, USA: National Academy Press, 275 - 305.

④ Adner, R. (2017) Ecosystem as structure: An actionable construct for strategy. Journal of Management, 43 (1): 39 - 58.

的生态系统视角始于行为者，通常由生态系统与一个焦点行为者的关系来定义，考虑他们之间的联系，并以生态系统能够产生的可能价值主张和增强为结束；与此相反，作为结构的生态系统视角始于价值主张，考虑其物化所需的活动，并与需要对齐的行为者结束，如表 3 – 2 所示。

表 3 – 2　作为结构的生态系统要素

生态系统结构要素	作为结构的生态系统视角（ecosystem-as-structure perspective）	作为从属关系的生态系统视角（ecosystem-as-affiliation perspective）
活动	为创造价值主张而采取的离散行动	不适用
行为者	开展活动的实体	与协调人有关的实体
位置	跨系统活动流中的指定位置	源自与其他行为者的链接
链接	跨职位转移，可能包括也可能不包括协调人	协调人与其他行为者之间的联系

资料来源：Adner，R.（2017）Ecosystem as structure：An actionable construct for strategy. Journal of Management，43（1）：39 – 58.

四、 本章小结

从某种意义上说，对商业生态系统研究的兴起，反映了学术研究人员和管理实践者对厂商组织和活动相互依赖的日益关注。

商业生态系统是厂商组织经济活动的不同组织形式和战略形态，是通过特定类型的互补性和相互依赖性联系在一起的。事实上，不同的商业生态系统结构和他们所引起的行为之间具有极大的不同。在现实经济生活中，不同类型的互补性和相互依赖性之间的结构形式和行为方式，动态地创造出具有特定战略明显不同的商业生态系统。

建立一个平台生态系统并不总是厂商组织的最佳策略。只有当松散耦合的生态系统（loosely coupled ecosystem）的效率超过传统组织的效率时，生态系统才具有竞争优势。平台生态系统的策划者、互补者和消费者是三个不同群体，他们必须共同构建一个比传统商业模式更有吸引力的平台生态系统。对于平台生态系统策划者或管理员来说，价值主张是围绕其核心业务比竞争对手更快、更便宜地创新，发掘潜在未开发的细分市场，并更深入地关注其核心竞争力；对互补者来说，价值主张是一个可扩展的基础，是在为他们自己工作，使他们能够更好地专注自己的专业知识，并形成一个巨大的扩展市场；对消费者来说，价值主张得益于更快地创新、增加的定制和更低的搜索和交易成本（Tiwana，2013）①。

海尔集团董事局主席张瑞敏 2019 年 11 月 22 日在奥地利首都维也纳召开的第十一届彼得·德鲁克全球论坛（Global Peter Drucker Forum，GPDF）的主题发言中指出，未来企业必须向生态系统转型，否则无法继续生存。未来的竞争将从产品竞争走向场景竞争，对生态企业而言，最有价值的是场景生态。将来不再会有完美的产品，只有追求完美迭代的场景体验。

毫无疑问，对商业生态系统的研究阐述了厂商组织面临的一些重要的竞争、协作和组织挑战。其早期研究主要集中在商业生态系统的战略管理和创新体系上，现在的研究主要集中在构建各个平台生态系统上，而价值创造和价值获取逐渐成为推

① Tiwana，A（2013）Platform ecosystems：Aligning architecture，governance，and strategy. Murgan Kaufman Publishers.

动平台生态系统发展的主要动力（Dhanaraj & Parkhe，2006；[①] Iansiti & Levien，2004；[②] Moore，1993）[③]，甚至美国经济学家戴维·蒂斯（Teece，2016：1）[④] 建议在战略领域"生态系统的概念现在可以代替行业进行分析。"

平台领导所进行的协调过程，就是以互联网为中心的创新过程，这是一个厂商组织能够成为平台领导的基石（Nambisan & Sawhney，2007）[⑤]。平台所有者为了实现特定的创新和价值创造目标，在治理和管理平台生态系统的相互依赖性和互补性以对抗竞争对手的同时，必须设计一个灵活的系统与结构，以解决平台生态系统参与者之间的交互，这需要一整套与传统厂商组织治理和管理完全不同的机制和功能。这意味着，在整个平台生态系统的生命周期中，平台领导必须战略性地考虑其决策对平台生态系统的影响，以及其他参与者的战略行动所产生的反馈或反作用。因此，平台领导应该既是一个推动平台生态系统发展的协调者，也是一个将其他玩家的反应整合到自己决策过程中的战略大师。

---

① Dhanaraj C，& Parkhe A.（2006）Orchestrating innovation networks. Academy of Management Review，31（3）：659－669.

② Iansiti，M. and Levien，R.（2004）Strategy as Ecology. Harvard Business Review，82（2）：68－78.

③ Moore，J. F.（1993）Predators and prey：a new ecology of competition. Harvard Business Review，71（3）：75－86.

④ Teece，D. J.（2016）Business ecosystems. Augier M. & Teece，D. J. Editors，Entry in Palgrave Encyclopedia of Management. London：Palgrave Macmillan.

⑤ Nambisan，S. and Sawhney，M.（2007）The global brain：Your road map for innovating faster and smarter in a networked world. Pearson Education India.

第四章

平台生态系统架构

随着平台生态系统的发展，其复杂性的增加促使平台生态系统从一个中心网络，发展到一个平台中有平台的去中心化的结构（decentralized structure of platform of platforms）（Isckia，et al.，2017）①。平台生态系统的演化是以其平台架构与管理方式的相互作用为前提的。

构建平台生态系统架构的理论来源，是近年来非常流行的价值创造的价值界面（value interaction）视角，该理论视角强调价值是由厂商与消费者共同创造的，认为价值创造必须通过一个架构来连接厂商之间相互依赖的合作关系，以创造更多的供给端和需求端的资源，方能实现价值的共同创造，因为价值创造并非是单个厂商组织单向提供的（Lepak et al.，2007；② Pitelis，2009；③ Priem，2007）④。这种价值界面视角，关注的重点在于平台生态系统参与者之间的相互学习和发展能力，即如何与合作伙伴分享具有价值的资产和组合互补性战略资源。美国管理学家阿加瓦尔和卡普尔（Agarwal & Kapoor，2017）⑤ 将这种价值界面模式称为基于平台生态系统的创新（Innovation in platform-based ecosystem），它包括一个居于中央的平台型企业和一个围绕平台构建互补产品的厂商组织网络。

我们认为，平台生态系统和平台规模仅仅是构成平台生态系统价值创造的必要条件，而平台与互补性资产的结合，才是构成平台生态系统价值创造的充要条件。因此，要考察平台生态系统的生命力和竞争优势，必须研究平台生态系统的架构（platform ecosystem architecture）。平台生态系统架构力图回答：厂商组织应当如何通过平台生态系统架构来平衡价值创造与价值获取中的摩擦（frictions），并在价值创造

---

① Isckia，T. Lescop，D. Lescop，E. and De Reuver，M.（2017）Platform-based ecosystems：Leveraging the two faces of business ecosystems. at the European Academy of Management 2017 Conference in Glasgow，Scotland.

② Lepak，D. P. Smith，K. G. & Taylor，M. S.（2007）Value creation and value capture：A Multilevel perspective. Academy of Management Review，32（1）：180－194.

③ Pitelis，C. N.（2009）The co-evolution of organizational value capture，value creation and sustainable advantage. Organization Studies，30（10）：1115－1139.

④ Priem，R. L.（2007）A consumer perspective on value creation. Academy of Management Review，32（1）：219－235.

⑤ Agarwal S，& Kapoor，R.（2017）Two faces of value creation in business ecosystems：Leveraging complementarities and managing inter-dependencies. Working paper，Wharton School of the University of Pennsylvania，Philadelphia.

与价值获取上做到与其他平台生态系统有所不同（Pitelis & Teece，2010）[①]。

本章主要根据我们对平台型企业的调研和高层访谈，所确定的平台生态系统架构主要包括平台架构、平台供给端（B 端）和平台需求端（C 端），这三个方面共同构成了平台生态系统的架构。

① Pitelis，C. N. & Teece，D. J.（2010）Cross-border market co-creation，dynamic capabilities and the entrepreneurial theory of the multinational enterprise. Industrial and Corporate Change，19（4）：1247－1270.

一、 平台生态系统的复杂性

从某种意义上说，作为新型组织形式和价值创造主体的平台，其致命弱点是平台生态系统的复杂性。从某种意义上说，“复杂性组织”（complex organizations）这个词可以概括当今组织理论研究的所有主题（罗珉、周思伟，2011）①。美国组织理论学家理查德·达夫特（Daft，2015）② 认为，组织的复杂性最能够准确地描述组织的内部特征。平台生态系统的复杂性是影响平台生态系统架构设计的一个重要结构维度，因而备受平台管理学者们的青睐。

一般来说，平台生态系统是一个复杂的系统，这个复杂系统是由许多具有不可预测的交互作用的部分组成的（Simon，1962）③，它由若干个较小的子系统或模块所构成，这些子系统或模块的相互作用和相互依赖性难以描述和管理（de Weck et al.，2011：186）④。

平台生态系统的复杂性是其独特子系统数量的函数（functions）。这样的子系统越多，其复杂性程度就越高。在平台生态系统中，这些子系统是平台和与之交互的应用程序开发者和互补品提供商，而且随着时间地推移，这个复杂系统会变得更加复杂。

美国麻省理工学院德韦克教授等人（de Weck et al.，2011：185）⑤ 认为，平台生态系统的复杂性可以分为两类：结构复杂性和行为复杂性（structure complex and behavior complex）。平台生态系统因其各部分之间的相互联系难以描述，可以是结构复杂性的，也因其总体行为难以预测或控制，可以是行为复杂性的。这两类复杂性并非总是相关的，但通常情况下具有相关性：生态系统参与者行为复杂性往往导致

---

① 罗珉、周思伟 .（2011）论组织的复杂性 . 外国经济与管理，33（1）：26 - 33.

② Daft，R. L.（2015）Organization theory and design.（12 edition）. Cincinnati，Ohio：Southwestern College Publishing Company.

③ Simon，H.（1962）The architecture of complexity：Hierarchic systems. Proceedings of the American Philosophical Society，106（6）：467 - 482.

④ de Weck，O. Roos，D. & Magee，C.（2011）Engineering systems：Meeting human needs in a complex technological world. Cambridge，Massachusetts：MIT Press.

⑤ de Weck，O. Roos，D. & Magee，C.（2011）Engineering systems：Meeting human needs in a complex technological world. Cambridge，Massachusetts：MIT Press.

结构复杂性系统。美国佐治亚大学特里商学院（Terry College of Business，University of Georgia）教授安姆里特·蒂瓦纳（Tiwana，2013）① 认为，平台生态系统架构是解决结构复杂性的杠杆，而平台生态系统治理是解决行为复杂性的杠杆。

我们认为，从平台生态系统的结构形态看，平台生态系统的复杂性表现为平台生态系统内部活动及子系统或模块数量的多少，以及他们之间的相互关系，即多层次性和相互依赖性。具体地说，在平台生态系统条件下，复杂性是指平台生态系统各个子系统或模块的层数，如平台本身、平台供给端（B 端）和平台需求端（C 端），即纵向复杂性（vertical complexity）问题，以及平台生态系统横向的互补品提供商、应用程序开发者和消费者社群的数量，即横向复杂性（horizontal complexity）问题。由于各个子系统或模块的相对独立性与可分离性，子系统或模块数量越多，区位复杂性（spatial complexity）就越大。即使平台生态系统在空间上相互分离的子系统或模块的水平和垂直分化水平均保持不变，但随着相对独立与分散活动的发展，子系统或模块会越来越多，其区位复杂性也会不断提高（罗珉、周思伟，2011）②。

结构复杂性对平台生态系统的创新至关重要，因为它放大了美国管理学家罗恩·阿德纳（Adner，2012：49）③ 所说的共同创新风险（co-innovation risk）。阿德纳（Adner，2012：48）④ 举了一个简单例子，两个应用程序开发者和平台所有者必须为创建一个新颖的智能手机应用程序做出贡献。如果每个参与者都有 80% 的机会交付自己的贡献部分，那么成功实现该应用的可能性远远低于 80%。其中应用程序成功的可能性是可怜的 51.4%（80% ×80% ×80%）。这意味着，尽管这三个合作伙伴很有可能兑现他们的承诺，但他们共同努力的成功概率大约是 50% 对 50%。对于每个合作伙伴来说，虽然他们对项目的成功充满信心，但随着参与者数量的增加，共同创新风险也随之增加。也就是说，当一个应用程序开发者的工作依赖其他两个开发者工作的成功完成时，就存在共同创新风险。这种三方相互依赖的共同创新（the co-innovation of tripartite interdependence），其创新结果是由联合概率所决定的，而非独立概率所控制的。有用的分析方法就是比较联合概率和独立概率之间的差异。降低这一风险的有效方法是降低本例中三方贡献之间的相互依赖性。减少相互依赖性就是减少了他们之间的交互，从而降低了系统的结构复杂性。平台生态系统架构虽然不能完全消灭结构复杂性，但它是减少构成复杂系统的子系统之间依赖性的有

① Tiwana，A（2013）Platform ecosystems：Aligning architecture，governance，and strategy. Murgan Kaufman Publishers.

② 罗珉、周思伟.（2011）论组织的复杂性. 外国经济与管理，33（1）：26－33.

③ Adner，R.（2012）The wide lens：A new strategy for innovation. New York：Portfolio Penguin.

④ Adner，R.（2012）The wide lens：A new strategy for innovation. New York：Portfolio Penguin.

用方法，并可以使平台生态系统更易于管理。

安姆里特·蒂瓦纳（Tiwana，2013）① 认为，平台生态系统的复杂性表现在三个方面：

（1）平台的生态系统中独特的应用程序数量。

（2）这些应用程序与平台之间的连接密度。

（3）整个平台生态系统的进化速率。

这种复杂性会随着时间地推移而产生更多的复杂性，一个子系统的进化会影响其他子系统的变化。当平台连接到诸如应用程序和外部服务等其他系统时，由于相互依赖，他们可以共同表现出高度复杂的行为。一个平台对其他系统的依赖导致不灵活，因为一个子系统的微小变化可能会通过整个平台生态系统产生一个不可预知的涟漪效应（ripple effect）。平台生态系统越大，这种相互依赖性就越大（Evans et al.，2006：49）②。

平台生态系统的复杂性带来了两个随着时间推移而不断恶化地挑战：不可理解和僵局（incomprehensibility and deadlock）。第一，对平台架构师、应用程序开发者和互补品提供商来说，平台生态系统正变得越来越难以完全理解（Baldwin and Clark，2000：5；③ de Weck et al.，2011：27）④。平台生态系统极大地扩展人类的思维能力，以使身临其境的参与者难以把握其复杂性：平台架构师很快就无法理解他们发明的技术，应用程序开发者越来越无法理解应用程序必须运行的生态系统的复杂性，互补品提供商越来越无法理解他们交易对象的诉求与价值主张。第二，平台生态系统造成了一个僵局问题。因为一个应用程序或平台中的任何微小变化，都可能会在市场或消费者之中产生一系列不可预测的连锁反应，从而可能破坏整个平台生态系统的运行。管理如此复杂的系统会变得如此令人望而生畏，以至于任何一个平台生态系统参与者都无法改变他所负责的子系统，而解决日益复杂带来的挑战的方法，就是减少结构复杂性。

降低平台生态系统的结构复杂性，要求平台生态系统架构应该具备两个主要功

---

① Tiwana，A（2013）Platform ecosystems：Aligning architecture，governance，and strategy. Murgan Kaufman Publishers.

② Evans，D. S. Hagiu，A. & Schmalensee，R.（2006）Invisible engines：How software platforms drive innovation and transform industries. Cambridge，Massachusetts：MIT Press.

③ Baldwin C，Clark K.（2000）Design rules：The power of modularity. Cambridge，Massachusetts：MIT Press.

④ de Weck，O. Roos，D. & Magee，C.（2011）Engineering systems：Meeting human needs in a complex technological world. Cambridge，Massachusetts：MIT Press.

能：分区和系统集成（Tiwana，2013）①。

分区（partitioning）是指对平台生态系统的解耦（decoupling），使其中的每个子系统都相对独立于其他子系统。平台生态系统架构的主要功能是提供一个框架，将复杂的平台生态系统解耦为相对独立的子系统。实践中，人们降低平台生态系统的结构复杂性并使复杂系统具有可管理认知的有效方法，就是将复杂系统解耦为更小的平台和应用程序，而这些平台和应用程序可以协同工作以提供所需的功能，这项解耦工作我们称为分区。因此，一个复杂系统可以解耦为一组执行特定操作的黑箱（black box）。这种解耦可以无限地继续下去，以便把复杂的平台生态系统解耦成越来越小的子系统。当进一步地解耦不再有助于理解，或者不再增强平台生态系统贡献者之间的自主和自治时，这个解耦过程才会停止。当子系统中的一个元素不再有意义地被解耦时，就说它已经达到了原子级的解耦。因此，通过平台架构对子系统进行分区，可以允许在开发子系统的厂商组织之间进行创新分区。

需要说明的是，在平台生态系统架构中任何一组执行特定操作的应用程序，平台生态系统架构仅仅描述他们的行为和相互过程，并没有描述他们是如何工作的，因而人们将其称为黑箱（black box）。在平台生态系统中，几乎所有的黑箱都是由独立企业家开发出来的众多的应用程序，他们从平台倡导者手中接管了创新角色，并将这种创新扩展到平台倡导者和平台生态系统架构中。有效分区的平台生态系统架构，允许这些众多的外部组织提供更大生态系统的各个部分，同时确保各个部分一致地结合在一起。因此，软件平台生态系统架构可以实现一种分而治之的方法。这种方法把复杂的生态系统分区为可管理的组件——平台及其许多应用程序，这些组件可以独立开发，随后结合在一起，并形成模块化。

对平台倡导者来说，有效的分区会对平台生态系统周围可行的组织结构产生影响。有效的分区在很大程度上决定了互补性应用程序的开发是由平台倡导者完成，还是由分布式多组织生态系统（distributed multi-organization ecosystem）在平台生态系统内部完成。因此，平台生态系统架构塑造了可行的业务模型（Meyer & Selinger，1998）②，它既要求平台倡导者对外开放，又限制了无序竞争。平台生态系统架构允许局外人通过各种不同的方法并行地进行竞争，以解决相同的问题。因此，由平台生态系统架构创建的分区允许各种应用程序互补平台。平台面临的不确定性越大，用户的需求越有价值，这种多样性就越有价值；为满足最终用户的需求而进行的各

---

① Tiwana，A（2013）Platform ecosystems：Aligning architecture，governance，and strategy. Murgan Kaufman Publishers.

② Meyer，M. & Selinger，R.（1998）Product platforms in software development. Sloan Management Review，40（1）：61－74.

种各样的竞争性尝试，增加了某些尝试成功的概率。通过同时启用和约束平台生态系统中的单个参与者，平台生态系统架构会影响平台所有者和应用程序开发者的创新生成。因此，平台生态系统架构差异可能会影响应用程序创新的强度、质量和类型，这些都是平台生态系统活力的关键决定因素（Tiwana，2013）①。

实现系统集成（system integration）是平台生态系统架构的第二个功能。系统集成是指应用程序开发者和平台倡导者之间的开发活动协调。平台的系统集成能力是指平台倡导者将应用程序开发者的独特能力与平台的独特能力相结合的能力。尽管平台分区允许应用程序开发者在自身优势的基础上进行独立的开发工作，但这些应用程序最终必须与平台进行互操作（interoperate），以便向最终用户提供价值。这些混合应用程序，且能够与最终用户匹配，必须在平台生态系统的各个最终用户使用中一致地协作（Boudreau，2010）②。

系统集成的目标是要实现应用程序与平台无缝互操作（seamlessly interoperate），并以创造性方式增强自身功能，以使平台生态系统可以成为平台从其生态系统合作伙伴那里获得稳定的新功能流的强大机制。需要注意的是，系统集成需要花费一定的成本。也就是说，管理平台和应用程序之间的依赖关系需要花费成本。过高的系统集成成本很容易将平台生态系统的潜在优势抹去。应用程序开发者直接面临两种类型的系统集成成本：

（1）应用程序的成本与平台集成的成本。

（2）应用程序的成本与生态系统中其他潜在交互应用程序集成的成本（跨应用程序集成成本）。

第二种类型的系统集成成本可以通过平台生态系统的架构来降低，但第一种类型更具挑战性，原因有两个：首先，不同的应用程序可能以不同的速度发展再不断地进行版本升级（Baldwin & Clark，2000：297）③。这意味着与平台的应用程序集成是不稳定的，且不可预测。其次，平台本身的变化可能需要改变一些应用程序，以保持应用程序的完整性和实现应用程序与平台无缝互操作性。

我们认为，按照马克思的分工协作理论（Theory of division and collaboration），分区就是分工，系统集成就是协作。正如马克思和恩格斯（Marx & Engels，1845/

① Tiwana，A.（2013）Platform ecosystems：Aligning architecture，governance，and strategy. Murgan Kaufman Publishers.

② Boudreau，K.（2010）Open platform strategies and innovation：Granting access versus devolving control. Management Science，56（10）：1849－1872.

③ Baldwin，C. &Clark，K.（2000）Design rules：The power of modularity. Cambridge，Massachusetts：MIT Press.

1968)[1] 所指出的那样：分区与系统集成“虽然互相补充，但从某种意义上来说，也互相对立的分工”，应当把“分工理解为特殊的、别具一格的、标志着资本主义生产方式特征的形”。也就是说，分工与协作是演进的，平台生态系统的分区与系统集成是移动互联网时代的产物。“市场的大小和它的面貌所赋予各个不同时代的分工的面貌和性质，单从一个‘分’字，从观念、范畴中是很难推论出来的。”（Marx & Engels，1845/1968）[2]

① Marx，K. & Engels，F.（1845/1968）The German ideology. Part One. Moscow：Progress Publishers，1968.

② Marx，K. & Engels，F.（1845/1968）The German ideology. Part One. Moscow：Progress Publishers，1968.

二、 平台生态系统架构的特点

平台生态系统是一个由若干个交互的较小子系统或模块组成的。这些子系统或模块如何交互，取决平台生态系统的架构。平台生态系统架构一般是由两种子系统构成的：平台架构；平台架构供给端和平台架构需求端的参与者。平台架构就是平台本身，平台架构两端的参与者就是增强平台架构的互补性资产，更严格意义上说，就是增强平台架构的互补性应用程序的组合。平台生态系统架构不同于平台架构和应用程序，它比平台架构或应用程序更抽象、层次更高。平台生态系统的架构不是一个工作系统，而是对平台生态系统组成部分的抽象性描述，以及他们如何相互联系、他们做什么、他们如何相互作用。这一抽象性描述详细说明了平台生态系统的组成部分，这些组成部分的外部可观察属性及他们之间的关系（van Schewick，2012：21）①。

平台生态系统架构理想地将生态系统分区为两类子系统：

（1）一个高度可重复使用的核心平台，保持相对稳定。

（2）一组鼓励变化的互补性应用程序（Baldwin & Woodard，2009）②。

平台生态系统架构只对构成整个平台生态系统的、增强平台架构的互补性资产、互补性应用程序的组合有意义。平台生态系统架构是一个层次性的概念：平台本身有架构，一般称为平台架构；平台生态系统解耦出来的各个相互关联的子系统或模块也有架构，一般称为微架构（micro-architecture）（Baldwin & Clark，2000：413）③。平台生态系统架构可以被认为由两个层次组成：平台架构、应用程序的微架构。平台生态系统架构既能辨其细微，又能总揽全局：平台架构就像是通过望远镜观察平台生态系统，应用程序微架构就像是通过显微镜观察架构。

一般来说，平台具有的应用程序微架构能观察特定平台架构的特点，但同一平台中各个应用程序的微架构可能因应用程序而异。平台架构对平台生态系统中的所

---

① van Schewick，B.（2012）Internet architecture and innovation. Cambridge，Massachusetts：MIT Press.

② Baldwin，C. Y. & Woodard，C. J.（2009）The architecture of platforms：A unified view. In Gawer，A. Ed. Platforms，Markets and Innovation. chapter 19，London：Edward Elgar.

③ Baldwin，C. & Clark，K.（2000）Design rules：The power of modularity. Cambridge，Massachusetts：MIT Press.

有应用程序施加约束，应用程序微架构的许多属性与平台架构相关，但两个应用程序的微架构很少相同，即使是为同一平台开发的应用程序，也可能存在相当大的差异。应用程序的“微架构”将定义每个应用程序如何与平台交互、通信和互操作。即使平台倡导者试图将架构指导原则强加于应用程序开发者，单个应用程序开发者遵守这些指导原则的程度，也可能导致应用程序微架构的不同。

我们认为，平台生态系统架构是一种简化和精确描述生态系统各部分之间相互联系的工具，有可能降低平台生态系统的结构复杂性。它通过在平台生态系统中重新配置平台与互补品提供商、应用程序开发者之间的依赖结构来实现这一点。

平台生态系统架构是一种工具，用于平衡应用程序开发者、互补品提供商对自主性的需求，同时不影响将其工作集成到一个有凝聚力的平台生态系统中的能力。需要指出的是，平台生态系统架构的决策会影响两类成本：

（1）平台 B 端的应用程序开发者、互补品提供商与平台所有者开展业务所产生的“交易成本”。

（2）平台倡导者管理平台 B 端的应用程序开发者、互补品提供商与平台之间的依赖关系所产生的“协调成本”。

因为双方之间并没有产权关系，仅仅是一种长期的关系式合作关系，因而协调成本会比科层制条件下厂商组织的协调成本高。而精心设计的平台生态系统架构可以将这两类成本降到最低（Baldwin & Woodard，2009）①。

现实经济生活中，平台存在着众多的应用程序，以及开发这些应用程序的应用程序开发者、互补品和提供这些互补品的厂商，由此构成了平台多样性，它既是平台生态系统最大的潜在优势，同时也是平台生态系统最大的弱点。一方面，平台所有者或平台倡导者所进行的架构选择可能遏制应用程序开发者的自主性，扼杀其创新潜力。另一方面，相同的架构选择也可能无法将这种多样性转化为一个具有凝聚力的平台，从而导致不受约束的混乱。因此，平台生态系统必须管理协调和自主之间的微妙平衡（Iansiti and Levien，2004：75）②。

在实践中，较为知名的平台生态系统架构有苹果“iOS + App store”架构、谷歌的“Android + Google Play”架构、京东的“京东交易平台 + 自办物流”架构、阿里巴巴的“淘宝天猫交易平台 + 支付宝 + 菜鸟物流”架构、腾讯的“微信 + 公众账号 + 微信支付 + 腾讯理财通”架构等。

从这些平台生态系统架构中可以发现其基本特点如下：

---

① Baldwin, C. Y. and Woodard, C. J. (2009) The architecture of platforms: A unified view. In Gawer, A., Ed., Platforms, Markets and Innovation. chapter 19, London: Edward.

② Iansiti, M. and Levien, R. (2004) Strategy as Ecology. Harvard Business Review, 82 (2): 68 – 78.

（1）平台生态系统架构一般采用平台基础产品或服务加上嵌入式互补性资产和通用性互补性资产的结构。平台生态系统架构的主要功能是提供一个技术框架，将复杂的生态系统解耦（decoupling）分区为相对独立的子系统，并进行系统集成。例如，手机的操作系统——苹果的 iOS 系统和谷歌的 Android 系统可以称作平台基础产品，第三方开发者开发的供用户使用 APP 是一个子系统，可以称为互补性产品或互补性要素资源，使用 APP 的用户也是一个子系统。又如，淘宝天猫交易平台和京东交易平台可以称作平台基础产品，而支付宝、菜鸟物流系统和京东自办物流系统，可以称为互补性要素资源，他们为平台提供了一些独特的要素能力。再如，微信社交平台可以称作平台基础服务或产品，商户可以通过公众账号给用户推送消息或其他服务的第三方开发者的微信公众账号可以称为互补性产品，而微信零钱和腾讯理财通可以称为互补性要素资源。

应当指出的是，平台生态系统架构塑造了可行的商业模式（Meyer & Selinger，1998）①，这既为平台所有者开放，又限制了可能性。它还允许除了平台所有者之外的局外人通过各种不同的方法并行地进行竞争，以解决相同的连接与交易问题。因此，由平台生态系统架构创建的解耦结构（decoupling structure）是允许各种应用程序或互补产品的互补平台。平台面临的不确定性越大，用户的需求越有价值，应用程序或互补产品的多样性就越有价值；为满足最终用户的需求而进行的各种各样的竞争性尝试，增加了某些尝试成功的概率（Tiwana，2013）②。

（2）平台生态系统架构是一个潜在的技术架构（technical architecture），作为其他参与公司开发产品的基础，它的一个显著特点是平台生态系统架构具有开放应用程序编程接口（API）的特征。平台生态系统架构规定了如何将生态系统解耦为平台，以及与其互操作的应用程序、两种类型的子系统如何互操作，以提供平台生态系统的总体功能（Tiwana，2013）③。在平台生态系统架构中，如果开放给平台所有者以外的第三方使用，便能开发出更多的应用软件，可以达到利他与利己的目的。例如，早期微软开放操作系统的应用程序编程接口（API），让许多伙伴软件公司能够替微软写应用软件，将应用程序系统与操作系统能够串接起来。以微软公司的视窗操作系统为例，通过 Windows95、Windows97、Windows98、Windows2000、XP 等版本的升级，微软公司一步步将软件生产厂商与用户引入不断升级的平台价值网络中，

---

① Meyer，M. & Selinger，R.（1998）Product platforms in software development. Sloan Management Review，40（1）：61－74.

② Tiwana，A.（2013）Platform ecosystems：Aligning architecture，governance，and strategy. Murgan Kaufman Publishers.

③ Tiwana，A.（2013）Platform ecosystems：Aligning architecture，governance，and strategy. Murgan Kaufman Publishers.

并将其“锁定”（lock-in）在这些技术标准的平台上。当然，平台参与者并非无利可图，反而是平台价值网络的受益者。因为这个平台比过去的销售渠道更容易与用户沟通，为平台参与者之间的资源交流、知识转化与价值创造提供了更为广阔的空间和更加自由的环境，而不需要经过特定的狭窄通道。

（3）平台生态系统架构中的嵌入式互补性资产，是一种专业化互补性资产或共同专业化互补性资产，他们是一种独特的专有资产（proprietary assets），能够向平台提供特殊的能力要素。例如，电商平台中的支付子系统，就是嵌入平台中的一种独特的专有资产和能力要素。共享互补性资产需要跨越公司间的流程来实现无缝运作（seamless operation）。嵌入式互补性资产与平台的关系大多是“紧密耦合关系”（tightly coupling），他们与平台的关系是一种长期的契约式合作关系，有精心设计出的法律文件和经营协议作为书面依据，其经营范围、各方行为规则和合作条款都要按明确的界面规则（interface rules）来执行。

（4）在平台生态系统架构中，一般存在着大量的通用性互补性资产，这些通用性互补性资产绝大多数是加入平台生态系统的微商和应用程序开发者，他们向平台提供各类产品和应用程序，丰富了平台的产品阵容。例如，微商在平台上陈列的所有产品都可以称为通用性互补性资产。又如，苹果应用程序商店（App store）中的绝大多数应用软件都可以看成是通用性互补性资产，苹果应用程序商店中只有与苹果手机原配软件相同的应用软件才可以称得上是专业化互补性资产（specialized complementary assets）。通用性互补性资产与平台彼此之间的关系是解耦结构关系（decoupling structure），他们之间需要通过数据参数来交换输入、输出信息的数据耦合（data coupling），而非控制参数的控制耦合关系（control coupling）。由于限制了只通过参数表传递数据，按数据耦合开发的程序界面简单、安全可靠。因此，数据耦合是一种“松散耦合关系”（loose coupling），平台各模块之间的独立性比较强。

（5）平台生态系统架构具有聚集资源（aggregation of resources）和调度资源功能，是通用性互补性资产和专业化互补性资产的资源池。正是具有这些互补性资源或资产，才使平台领导能够采用以聚集资源来推动平台增长作为一种有效战略。通过平台生态系统架构进行资源聚集的形式多种多样：苹果的“App store”聚集了大量专业化、模块化的互补性资源，苹果“iOS + App store”的平台生态系统架构由此开创了资源聚集的一种新形式：增值服务组合（value-added service portfolio），从而推动平台增长。在平台型产业中，还普遍存在另一种资源聚集形式：“销售商赞助社群”（vendor-sponsored community）。诸如国际商用公司（IBM）、甲骨文（Oracle）之类的硬件公司和软件公司很早就认识到，他们所提供的产品和服务的价值取决于许多互补性产品和服务。今天的平台倡导者已经认识到，如果平台生态系统参与者提供的产品或服务能够与用户相互交换意见，共同创造价值，那么他们的产品或服务就变得更有价值。因此，平台倡导者通常是既赞助用户社区，又赞助如软件开发商群体的第三方组织。类似易趣（eBay）这类电子交易服务提供商和小米这类硬件提供商，都成功地利用了销售商赞助社区来聚集需求端的用户资源，从而帮助销售商精准地提供产品或服务，使用户从产品中获取更多的价值。

（6）在平台生态系统架构中，戴维·蒂斯（Teece，2018）① 考虑一组不同的互补性，其中包括一些传统研究不考虑的互补性，因而平台倡导者与互补厂商、消费者之间的互补关系是多重互补关系：一是英国经济学家、1972 年诺贝尔经济学奖获奖者约翰·希克斯（Hicks，1970）② 的生产性互补（Hicksian production complementarity），希克斯的互补品是生产要素，即当一个要素价格的下降导致生产要素使用量的增加时，降低一个要素成本的创新等于要素价格的下降；二是英国经济学家弗朗西斯·埃奇沃思（Edgeworth，1925）③ 和意大利经济学家维弗雷多·帕雷托的消费性互补（Edgeworth/Pareto consumer complementarity），埃奇沃思和帕雷托互补说明，X 和 Y 两个商品，如果同时消费他们的效用大于单独消费他们的效用，结果是对任一种商品的需求量，都会受到另一种商品需求量变化的影响。如果用数学语言来描述，埃奇沃思和帕雷托互补的含义就是，在一个多变量的支付函数中，一个变量对另一个变量的边际收益递增；三是美国经济学家杰克·赫什利弗（Hirshleifer，1971）④ 的（资产价格）互补性（Hirshleifer（asset price）complementarity），赫什利弗的互补品是资产价格，表示一个部门的创新会影响另一个部门的资产价格；四是美国经济学家戴维·蒂斯（Teece，1986；⑤ 2006）⑥ 的技术性互补（Teecian technological complementarity），蒂斯的互补品是技术，当一项创新的价值取决于改变一项或多项现有技术的性质和/或创造新的技术时，技术互补性就出现了，这种互补性与价格和数量无关；五是斯坦福大学经济学教授蒂莫西·布雷斯纳汉和特拉维夫大学经济学教授

---

① Teece，D. J.（2018）Profiting from innovation in the digital economy：Standards，complementary assets，and business modelsin the wireless world. Berkeley，California：Haas School of Business，University of California，Berkeley，Working Paper Series No. 16，2018.

② Hicks，J.（1970）Elasticity of substitution again：Substitutes and complements. Oxford Economic Papers，22（3）：289 – 296.

③ Edgeworth，F. Y.（1925）The pure theory of monopoly. in Papers Relating to Political Economy，Vol. I. London：Macmillan and Co. 111 – 142.

④ Hirshleifer，J.（1971）The private and social value of information and the reward to inventive activity. American Economic Review，61（4）：561 – 574.

⑤ Teece，D. J.（1986）Profiting from technological innovation：implications for integration，collaboration，licensing and public policy. Research Policy，15（6）：285 – 305.

⑥ Teece，D. J.（2006）Reflections on profiting from innovation. Research Policy，35（8）：1131 – 1146.

曼纽尔·特拉滕贝格（Bresnahan and Trajtenberg，1995）[①] 的创新性互补（Bresnahan and Trajtenberg Innovational Complementarity）。布雷斯纳汉和特拉滕贝格的创新性互补表明，通用技术的改进将增强下游部门的生产力。

因此，平台生态系统参与者之间的资源、社会资本、知识和信息的互补关系形成了平台共享的价值界面与超额租金。

应当指出，平台生态系统的架构决定了如何组织应用程序和互补品的提供（Baldwin and Clark，2000：30）[②]。平台生态系统的模块化架构允许大量应用程序开发者和互补品提供商参与，而单片架构则需要一个集成的组织来完成所有的开发工作。平台生态系统中的模块化是通过以下方式实现的：

（1）将平台与应用程序分离（即将其相互依赖性最小化）。

（2）编纂应用程序如何与平台交互的界面规则（Tiwana，2008；[③] Tiwana et al.，2010）[④]。

通过将平台和应用程序之间的依赖性减少到仅限于他们的界面，就需要遵守界面规则，以确保他们能够无缝地进行互操作。模块化实现了平台生态系统架构的两个核心功能：分区和系统集成。模块化架构通过减少平台和应用程序之间的设计依赖性来促进分区，并反过来减少其开发任务中的依赖性。一个应用程序中的更改独立于其他应用程序中的更改。用蒂瓦纳（Tiwana，2013）[⑤] 的话来说，模块化是对抗日益复杂的平台生态系统的解毒剂和疫苗（antidotes and vaccines）。

平台架构和应用程序的开发可以在不同的组织中独立和同步进行，而不需要花费太多的时间。美国经济学家奥利弗·威廉姆森（Williamson，2010）[⑥] 认为，平台和应用程序开发者之间的日常互动，模块化降低了平台倡导者和应用程序开发者之间的"交易成本"（Baldwin and Clark，2000：354）[⑦]。由于平台和应用程序开发者都要遵守界面规则，以确保他们能够无缝地进行互操作，这两者之间的依赖性减少到

---

① Bresnahan，T. & Trajtenberg，M.（1995）General purpose technologies：'engines of growth'? Journal of E-conometrics，65（1）：83－108.

② Baldwin C，Clark K.（2000）Design rules：The power of modularity. Cambridge，Massachusetts：MIT Press.

③ Tiwana，A.（2008）Does interfirm modularity complement ignorance? A field study of software outsourcing alliances. Strategic Management Journal，29（11）：1241－1252.

④ Tiwana，A. Konsynski，B. & Bush，A. A.（2010）Research commentary-platform evolution：Coevolution of platform architecture，governance，and environmental dynamics. Information Systems Research，21（4）：675－687.

⑤ Tiwana，A（2013）Platform ecosystems：Aligning architecture，governance，and strategy. Murgan Kaufman Publishers.

⑥ Williamson，O.（2010）Transaction cost economics：The natural progression. American Economic Review，100（3）：673－690.

⑦ Baldwin C，Clark K.（2000）Design rules：The power of modularity. Cambridge，Massachusetts：MIT Press.

仅限于他们连接他们自己的界面，因而模块化降低了平台倡导者和应用程序开发者之间的“协调成本”（coordination costs）（Gulati &Singh，1998）①。系统集成成本是应用程序开发者每次更改应用程序时可能面临的持续成本。通过大幅度减少更改的持续成本，模块化减少了他们快速创新的不利因素。

① Gulati，R. & Singh H.（1998）The architecture of cooperation：Managing coordination costs and appropriation concerns in strategic alliances. Administrative Science Quarterly，43（4）：781 – 814.

三、 平台架构

从理论上看，迄今还没有学者对平台架构进行严格的定义，但实践中每个平台型企业都具有各具特色的平台架构。一般来说，平台架构（platform architectures）可以看成是一种信息管理的网络服务架构（network service architectures）。平台架构包括核心平台及其界面。按照平台的定义，平台是可以为不相关的参与者提供互补服务和产品的基础（Gawer，2009）①，平台代表了一种特别有效的协作架构，旨在利用系统创新的潜力（Maula et al.，2006；② Teece，1996）③，通过一组界面可供应用程序使用平台的共享资产。平台架构明确表明应用程序的功能和如何使用平台的（Parnas，1972）④。平台界面是平台的直接扮演者，因此必须将其视为平台架构的一个组成部分。平台架构是平台倡导者所设想的应用程序的架构；应用程序微架构对平台架构属性的继承赋予了他们进化属性（Tiwana，2013）⑤。

美国哈佛大学商学院鲍德温教授等人（Baldwin & Woodard，2009）⑥ 最先从利用开发和重组模块化组件（modular components）的视角，将平台架构定义为一组稳定的组件，通过限制其他组件之间的链接来支持系统中的多样性和可进化性（variety and evolvability）。他们强调，任何平台的基本架构都包括一组稳定的低变化核心组件和一组高变化外围组件（Baldwin and Woodard，2009）⑦。从技术上讲，平台架构是

---

① Gawer，A.（2009）Platform，markets and innovation. Cheltenham：Edward Elgar.

② Maula，M. V. Keil，T. & Salmenkaita，J. P.（2006）Open innovation in systemic innovation contexts. In Chesbrough，H. Vanhaverbeke，W. & West，J.（Eds.）Open innovation：Researching a new paradigm. Oxford University Press，241－257.

③ Teece，D. J.（1996）Firm organization，industrial structure，and technological innovation. Journal of Economic Behavior & Organization，31（2）：193－224.

④ Parnas，D. L.（1972）On the criteria to be used in decomposing systems into modules. Communications of the ACM，15（12）：1053－1058.

⑤ Tiwana，A（2013）Platform ecosystems：Aligning architecture，governance，and strategy. Murgan Kaufman Publishers.

⑥ Baldwin，C. Y. & Woodard，C. J.（2009）The architecture of platforms：A unified view. In Gawer，A. Ed. Platforms，Markets and Innovation. chapter 19，London：Edward Elgar.

⑦ Baldwin，C. Y. and Woodard，C. J.（2009）The architecture of platforms：A unified view. In Gawer，A. Ed. Platforms，Markets and Innovation. chapter 19，London：Edward.

模块化的，即通过标准化界面连接的模块化系统构成（Baldwin & Woodard，2009）[①]，具有可扩展性和演进性。模块化确保了增量创新和互补品的流动（Brusoni & Fontana，2005）[②]。界面起着关键作用，因为他们定义了模块如何交互。界面能够连接各种各样的组件，从而连接贡献者。模块化作为贡献者的协调装置，模块化意味着互操作性，它保证了平台生态系统中所有改进、创新和知识的传播、共享和访问。贡献者可以访问共享资源（SDK、平台功能、软件库、数据库、计算能力、存储能力等），并创建新的互补品，从而在内部和外部增加平台的价值（Gawer and Cusumano，2002）[③]。

事实上，从平台定义上看，所有的平台都展示了架构特性，因为他们由一组低变化的元素组成，而这些元素被更多高变化的元素包围（Baldwin & Woodard，2009）[④]。英国管理学家托马斯等人（Thomas et al.，2014）[⑤]认为，平台架构是一个元素及其关系的系统（Baldwin & Clark，2000；[⑥] Baldwin & Woodard，2009；[⑦] Crawley et al.，2004）[⑧]，尽管有时依赖路径，但它在平台环境中代表了经过深思熟虑的设计决策的结果（Ciborra，1996；[⑨] Eisenmann，2008；[⑩] Gawer & Cusumano，2008；[⑪] Muffatto，1999）[⑫]。

---

① Baldwin，C. Y. & Woodard，C. J.（2009）The architecture of platforms：A unified view. In Gawer，A. Ed. Platforms，Markets and Innovation. chapter 19，London：Edward Elgar.

② Brusoni S. & Fontana R.（2005）Modularity as an entry strategy：The invasion of new niches in the LAN equipment industry，CESPRI Working Papers 171，Universita Bocconi，Milano，Italy.

③ Gawer，A. & Cusumano，M. A.（2002）Platform leadership：How Intel，Microsoft，and Cisco drive industry innovation. Boston，MA：Harvard Business School Press.

④ Baldwin，C. Y. & Woodard，C. J.（2009）The architecture of platforms：A unified view. In Gawer，A. Ed. Platforms，Markets and Innovation. chapter 19，London：Edward Elgar.

⑤ Thomas，L. D. W. Autio，E. & Gann，D. M.（2014）Architectural leverage：Putting platforms in context. The Academy of Management Perspectives，28（2）：198－219.

⑥ Baldwin，C. Y. & Clark，K. B.（2000）Design rules：The power of modularity. Vol. 1. Cambridge，Massachusetts：MIT Press.

⑦ Baldwin，C. Y. & Woodard，C. J.（2009）The architecture of platforms：A unified view. In Gawer，A. Ed. Platforms，Markets and Innovation. chapter 19，London：Edward Elgar.

⑧ Crawley，E.，de Weick，O.，Eppinger，S. D.，Magee，C.，Moses，J.，Seering，W.，Schindall，J.，Wallance，D.，& Whitney，D.（2004）The influence of architecture on engineering systems. Engineering Systems Monograph. The ESD Architecture Committee，MIT，March 29－31，2004.

⑨ Ciborra，C. U.（1996）The platform organization：Recombining strategies，structures，and surprises. Organization Science，7（2）：103－118.

⑩ Eisenmann，T. R.（2008）Managing proprietary and shared platforms. California Management Review，50（4）：31－53.

⑪ Gawer，A.，& Cusumano，M. A.（2008）How companies become platform leaders. MIT Sloan Management Review，49（2）：28.

⑫ Muffatto，M.（1999）Platform strategies in international new product development. International Journal of Operations & Production Management，19（5/6）：449－459.

我们认为，平台架构意味着对平台倡导者以外各方参与者具有不同程度的开放性。研究者已经充分证明平台开放在市场中介和平台生态环境中的重要性（Eisenmann et al.，2009；① Gawer & Cusumano，2002；② Gawer & Henderson，2007；③ West，2003）④。事实上，平台架构的开放性与模块化理论中的"可见性"（visibility）概念有关（Baldwin & Clark，2000）⑤，最好被视为类似哈佛大学商学院教授艾森曼等人（Eisenmann et al.，2009）⑥ 的"垂直策略"（vertical strategy），并考虑第三方供应商参与零部件和互补品的生产（Thomas et al.，2014）⑦。从这个意义上看，平台架构的开放性可以被解释为价值链聚合/解耦的层次（level of aggregation / decoupling of value chain），以及在产业架构的背景下，组件和互补服务的第三方供应商的参与（Jacobides et al.，2006）⑧。以这种方式，"架构开放性"与平台情境中现有的开放性概念保持一致，但研究者和实践者应当将注意力集中在开放性的架构元素上。

美国管理学家阿加瓦尔和卡普尔（Agarwal & Kapoor，2017）⑨ 描述了平台架构的模块化性质，强调其在促进创新方面的作用，阐明了平台的模块化组件在平台架构中的层次结构级别上的差异。他们认为，平台架构是一个层次化的系统（hierarchical system），可以分解为核心组件和可选组件（core and optional components）。平台架构中有一些组件代表平台的核心架构（core architecture of the platform），而参与生态系统的所有互补都利用了这些核心组件。换言之，互补者公司使用平台的核心组件开发他们的产品，其余部分是可选的组件，互补者公司可能（或不可能）利用他们。

---

① Eisenmann，T.，G. Parker，and M. Van Alstyne.（2009）Opening platforms：How，when and why? In Platforms，markets，and innovations，ed. A. Gawer. Cheltenham：Edward Elgar.

② Gawer，A. & Cusumano，M. A.（2002）Platform leadership：How Intel，Microsoft，and Cisco drive industry innovation. Boston，Massachusetts：Harvard Business School Press.

③ Gawer，A.，and R. Henderson.（2007）Platform owner entry and innovation in complementary markets：Evidence from Intel. Journal of Economics & Management Strategy，16（1）：1－34.

④ West，J.（2003）How open is open enough? Melding proprietary and open source platform strategies. Research Policy 32（7）：1259－1285.

⑤ Baldwin，C. Y. & Clark，K. B.（2000）Design rules：The power of modularity. Vol. 1. Cambridge，Massachusetts：MIT Press.

⑥ Eisenmann，T.，G. Parker，and M. Van Alstyne.（2009）Opening platforms：How，when and why? In Platforms，markets，and innovations，ed. A. Gawer. Cheltenham：Edward Elgar.

⑦ Thomas，L. D. W. Autio，E.，& Gann，D. M.（2014）Architectural leverage：Putting platforms in context. The Academy of Management Perspectives，28（2）：198－219.

⑧ Jacobides，M. G. Knudsen，T. & Augier，M.（2006）Benefiting from innovation：Value creation，value Appropriation and the role of industry architectures. Research Policy，35（8）：1200－1221.

⑨ Agarwal S，& Kapoor，R.（2017）Two faces of value creation in business ecosystems：Leveraging complementarities and managing inter-dependencies. Working paper，Wharton School of the University of Pennsylvania，Philadelphia.

美国佐治亚大学特里商学院（Terry College of Business，University of Georgia）教授安姆里特·蒂瓦纳等人（Tiwana et al.，2010）① 认为，平台被定义为生态系统的核心，是对外围组件的互补，平台和互补之间的交互通过公共界面（接口）来实现。管理平台及其互补之间交互的界面（接口）概念规范描述了平台架构。蒂瓦纳（Tiwana，2013）② 强调，平台需要“参与架构”（architecture of participation）来发展其生态系统（Baldwin & Clark，2006）③。外部应用程序开发者必须同时能够并有动力围绕它进行创新。没有动力的能力和没有能力的动力，一样毫无价值。创建能力是平台架构领域中最重要的能力，平台架构决定了应用程序开发者和平台所有者之间创新工作的可分割性，它也会影响其随后的重新融入。平台架构是平台生态系统的基础和蓝图，平台生态系统的演化是以其平台架构与管理方式的相互作用为前提的。

我们认为，所谓的平台架构是指有关平台运行的整体硬件/软件结构与组件的抽象描述，以及用于指导平台生态系统各个方面设计的总称。具体地说，它是一种信息管理的网络服务架构，是对将要构建的平台价值创造系统的构造、能力要素与商业模式创新，以及业务模式选择所进行的设计，是关于平台参与方能力、行为、结构、分工、交易与竞争结构的一种耦合系统（Jacobides et al.，2006）④。这种涉及核心和可选组件的平台架构具有多个层次结构，如硬件结构、软件结构、算法结构和移动支付结构，等等。例如，在视频游戏平台生态系统中，平台架构由中央处理器（CPU）、图形处理单元、内存控制器和视频解码器组成。这些是平台架构的核心组件，它可以使第三方开发人员开发的游戏能够在平台上播放。除了核心组件，游戏机还提供了一些可选组件（如运动检测器、摄像头和蓝牙），游戏开发者可以利用这些组件来增强游戏功能。游戏开发人员使用核心组件，也可以使用一些可选组件，为平台架构的用户开发不同的游戏（Agarwal & Kapoor，2017）⑤。

对平台生态系统和平台倡导者来说，平台架构是一个持久的、往往不可逆转的

---

① Tiwana，A. Konsynski，B. & Bush，A. A.（2010）Research commentary-platform evolution：Coevolution of platform architecture，governance，and environmental dynamics. Information Systems Research，21（4）：675 –687.

② Tiwana，A（2013）Platform ecosystems：Aligning architecture，governance，and strategy. Murgan Kaufman Publishers.

③ Baldwin，C. & Clark，K.（2006）The architecture of participation：does code architecture mitigate free riding in the open source development model? Management Science，52（7）：1116 –1127.

④ Jacobides，M. G. Knudsen，T. & Augier，M.（2006）Benefiting from innovation：Value creation，value Appropriation and the role of industry architectures. Research Policy，35（8）：1200 –1221.

⑤ Agarwal S，& Kapoor，R.（2017）Two faces of value creation in business ecosystems：Leveraging complementarities and managing inter-dependencies. Working paper，Wharton School of the University of Pennsylvania，Philadelphia.

战略选择，具有深刻的进化和战略意义的决策。良好的平台架构应当具备四个特性：简单性、弹性（resilient）、可维护性和可进化性。一方面，这些平台架构属性必须是相互平衡的和权衡的，不会显著地增加一个属性，而减少另一个属性。因此，任何平台架构都不可能同时拥有所有这些属性的最高级别。另一方面，某些情况下有些属性具有相关性：即增加一个属性可以帮助推动另一个属性向上升级。平台倡导者和平台架构师应该追求这些属性组合的"满意"水平，即令人满意和充分的架构属性组合。

平台架构是平台生态系统架构的核心部分，它决定了平台运用的主流技术、竞争能力、价值创造模式和平台的组织结构形式。平台架构和平台治理直接影响平台生态系统内可共同创造的价值（Tiwanaetal.，2010；[1] Staykova & Damsgaard 2015）[2]，平台架构是一个平台的基因（DNA），它预先安排了可行的组织逻辑，并不可逆转地烙印了平台架构的进化轨迹，平台的属性是由应用程序在其自身架构中继承的，这种技术性的决定会产生巨大的战略后果。平台架构决定了平台之间的封闭与开放、竞争与垄断情况，平台在市场结构的作用（平台的市场定位），交易结构和交易合约设计与交易成本的确定，平台竞争的主要策略与表现形式、平台发展、平台布局等方面所进行的全局性筹划或谋划。

事实上，平台架构的开放性与高尔与库苏马诺（Gawer and Cusumano，2013）[3]提出的"内部平台"（internal platform）和"外部平台"（external platform）的概念是一致的。典型的平台架构包括完全由厂商组织内部关系组成的架构，平台与互补者之间一对多（one-to-many）关系、多个平台与一个互补者之间的多对一（many-to-one）关系、多个平台与多个互补者之间的多对多（many-to-many）的关系，这种架构实质上反映了平台、供应商、竞争对手和互补者之间的关系配置。

事实上，在不确定的环境下，资源获取与资源组合在平台架构上充满着许多不确定性。各种应用程序和互补品的并行开发不仅意味着更快地开发，而且可能转化为竞争对手应用程序开发者和互补品提供商针对同一用户需求的多种可能解决方案之间的市场竞争。并行开发还降低了平台所有者不断监视和监视应用程序开发者的需求，通过适当的平台治理获得利益，这些开发人员可以通过自己来保证与平台目

---

① Tiwana，A. Konsynski，B. & Bush，A. A.（2010）Research commentary-platform evolution：Coevolution of platform architecture，governance，and environmental dynamics. Information Systems Research，21（4）：675－687.

② Staykova，K. S. & Damsgaard，J.（2015）A typology of multi-sided platforms：The core and the periphery. In 23rd European Conference on Information Systems（ECIS）2015.

③ Gawer，A.，& Cusumano，M. A.（2013）Industry platforms and ecosystem innovation. Journal of Product Innovation Management，3（3）：417－433.

标的一致性。平台领导必须保持战略弹性，在风险较低的情况下平行追求数种战略方案，以经营一组“实质选择权”（real options）的方式，直到不确定性已解决大半之后，才做出应对的战略选择与资源承诺，确认组织资源的投入（Raynor，2008）①。平台领导经营“实质选择权”的更深刻的好处在于平台的可演化性，模块化使日益增长的复杂性变得成立，并在设计中嵌入强大的“实质选择权”（Baldwin and Clark，2000：90；② Gamba and Fusari，2009）③。

平台架构实质上是一组战略选择行为的产物，其产生过程包括实施平台开发行为的选择、平台的资源配置、资源组合与资源承诺行为的选择、经营范围与用户的选择、与互补厂商关系的选择和平台组织结构的选择等（罗珉、杜华勇，2018）④。

需要指出的是，虽然平台生态系统可以使参与企业能够利用广泛的平台组件和其他互补品来增强其创新的价值，但这种相互关联的价值创造的平台架构，可能使平台生态系统参与各方在管理技术相互依赖性方面面临挑战（Agarwal & Kapoor，2017）⑤。正如艾森曼等人（Eisenmann et al.，2011）⑥ 所说，整个平台的生存取决产品的互补性，而这反过来又取决技术、功能和互操作性。平台的技术架构和商业模式之间的交互在双边市场的商业模式中更为复杂和更具动态性（例如，Wintel 案例参见 Casadesus-Masanell and Yoffie，2007；⑦ 双边平台的案例参见 Casadesus-Masanell and Zhu，2010）⑧。

---

① Raynor，M. E.（2008）The strategy paradox：Why committing to success leads to failure. New York：Currency.

② Baldwin C，Clark K.（2000）Design rules：The power of modularity. Cambridge，Massachusetts：MIT Press.

③ Gamba，A. & Fusari，N.（2009）Valuing modularity as a real option. Management Science，55（11）：1877－1896.

④ 罗珉、杜华勇（2018）平台领导的实质选择权.《中国工业经济》，（2）：82－99。

⑤ Agarwal S，& Kapoor，R.（2017）Two faces of value creation in business ecosystems：Leveraging complementarities and managing inter-dependencies. Working paper，Wharton School of the University of Pennsylvania，Philadelphia.

⑥ Eisenmann，T. G. Parker，M. & Van Alstyne.（2011）Platform envelopment. Strategic Management Journal. 32（12）：1270－1285.

⑦ Casadesus-Masanell，R. &Yoffie，D. B.（2007）Wintel：cooperation and conflict. Management Science，53（4）：584－598.

⑧ Casadesus-Masanell，R. &Zhu，F.（2010）Strategies to fight Ad-sponsored rivals. Management Science，56（9），1484－1499.

四、平台供给端（B 端）

平台供给端一般称为 B 端（business side）或平台互补者，主要由平台倡导者之外的应用程序开发者和互补品提供商构成。应用程序开发者提供的每个应用程序都有自己内部的微架构，互补品提供商提供的互补品都有自己的内部产品结构，这些内部微架构通过应用程序与平台的连接方式影响平台架构。

一般来说，应用程序的内部微架构，也称为网络架构（network architecture），可以分解为四个功能元素：

（1）表示逻辑（presentation logic）。应用程序的表示逻辑是几乎所有与最终用户的交互发生的地方。它是应用程序的一部分，处理接收来自最终用户的输入并向最终用户显示应用程序的输出。

（2）应用逻辑（applied logic）。是应用程序执行的核心工作，这对它来说是与众不同的。这包括应用程序的功能，使其对最终用户具有独特的价值。例如，视频会议应用程序的核心与应用程序逻辑，是两个客户端设备之间的视频流。

（3）数据访问逻辑（data access logic）。是访问和检索数据所需的处理。这通常等同于从数据存储中检索用户指定数据的数据库查询。数据访问的例子包括检索电子邮件的标签搜索、旅行预订应用程序使用的航班定价数据、检索媒体文件（如音乐文件）或从更大的图像数据库中检索特定图像。

（4）数据存储（data storage）。大多数应用程序都需要将数据存储在某个地方以便检索。处理应用程序、导航应用程序中的地图数据、注释应用程序中的 PDF、笔记应用程序中的图像、相机应用程序中的图片或电子邮件应用程序中的消息。

在实际经济生活中，这四个元素可以放在客户端或服务器端的合理安排中。客户端和服务器端不必是实际的计算机，而是可以连接到 Internet 的任何设备，例如智能手机、平板电脑、对象或设备。将这四个部分分布在网络上的常见安排导致五种不同类型的应用程序微架构：

（1）独立架构。即微架构的四个功能元素都在客户端，服务器端不存在任何内容。

（2）云架构。即微架构的四个功能元素都位于服务器端，客户端设备就变成一个“哑的”终端，只接受用户输入和显示输出。尽管一些表示逻辑或数据存储功能也可能驻留在客户端，但大多数功能都在服务器端，这就是所谓的“瘦客户端”架构。

（3）基于客户端架构。这种架构安排类似独立架构，只是数据存储功能放在服务器端。这些架构出现的关键驱动因素是客户端设备（如智能手机和平板电脑）处理能力的提高，以及无处不在的高速连接的出现。

（4）客户端－服务器端架构。这种架构安排将应用程序的四个功能元素在客户端和服务器端之间平均分配。当数据访问逻辑和数据存储驻留在服务器端时，表示应用程序逻辑驻留在客户端。

（5）对等架构。这种架构也称为点对点的微架构，在这种架构安排中，同一个设备充当客户端和服务器端，其中包含应用程序四个功能中的重要元素。由于每个设备同时充当客户端和服务器端，所以这些合并设备通常被称为小服务程序（servlet）。

这五个应用程序微架构适用于任何互联网应用程序。这些应用程序架构在平台设置中的独特之处在于，每个单独的功能元素可以在应用程序和平台之间灵活地分区。应用程序开发者可以完全依赖平台本身构建应用程序的每个部分，或者选择构建客户端的一部分和服务器端功能本身的一部分，其余部分则依赖平台（Tiwana，2013）①。当然，应用程序也可以使用 Web 服务应用程序编程接口（API）调用第三方 Web 服务来实现其某些功能。

现在，许多学者开始关注应用程序开发者和互补品提供商，因为应用程序开发者和互补品提供商对平台生态系统的价值创造至关重要（Kapoor，2013；② Agarwal & Kapoor，2017；③ Boudreau，2010；④ 2012；⑤ Altman 2016；⑥ Zhu and Liu，2018）⑦。虽然学者们已经开始对应用程序开发者和互补品提供商的策略和表现有所了解，但他

① Tiwana，A.（2013）Platform ecosystems：Aligning architecture，governance，and strategy. Murgan Kaufman Publishers.

② Kapoor，R.（2013）Collaborating with complementors：What do firms do. Advances in Strategic Management，30（1）：3－25.

③ Agarwal，S. & Kapoor，R.（2017）Two faces of value creation in business ecosystems：Leveraging complementarities and managing inter－dependencies. Working paper，Wharton School of the University of Pennsylvania，Philadelphia.

④ Boudreau，K.（2010）Open platform strategies and innovation：Granting access vs. devolving control. Management Science，56（10）：1849－1872.

⑤ Boudreau，K. J.（2012）Let a thousand flowers bloom? An early look at large numbers of software App developers and patterns of innovation. Organization Science，23（5）：1409－1427.

⑥ Altman，J. E.（2016）Dependency challenges，response strategies，and complementor maturity：Joining a multi－sided platform ecosystem，Working paper. University of Massachusetts，Lowell.

⑦ Zhu，F. & Liu，Q. H.（2018）Competing with complementors：An empirical look at Amazon. com. Strategic Management Journal，39（10）：2618－2642.

们在很大程度上对应用程序开发者和互补品提供商的创新与生态系统其他要素之间存在的技术互动，并没有更深入地研究（Agarwal and Kapoor，2017）①。例如，iPhone生态系统中的应用程序可以与iPhone的多个组件（如摄像头、GPS、计算器），以及生态系统中的其他应用程序（如百度、高德地图、微信、支付宝）交互，但他们之间存在着一种什么样的关系，学术研究并没有给出明确的答案。

现实经济生活中，许多制造应用程序开发者、互补品提供商和生产配件产品的公司为了进入大市场，最好的方法就是加入平台生态系统，依赖平台倡导者提供的界面规则、要求、技术组件等，从平台生态系统的创新获益。例如，当用户下载软件应用程序或添加附件时，计算机、智能手机或平板电脑变得更有价值。随着开放式界面产品的日益流行，产品变得越来越相互依赖，这样用户就可以购买附件或互补件，以充分发挥其购买的潜力（Brandenburger & Nalebuff，1996；② Adner & Kapoor，2010）③。通过互补品和配件产品加入平台生态系统实现商业模式创新，可以促进其核心产品（如智能手机）的购买者和互补产品（如智能手机配件）的生产者之间的互动。

随着越来越多的世界上最有价值和影响力的公司采用基于平台的商业模式（Gawer & Cusumano，2002）④，越来越多的学者对平台依赖他们的应用程序开发者和互补品提供商的影响感兴趣。研究平台生态系统的学者发现，尽管平台生态系统的治理可能会随着多家公司的加入而出现矛盾和产生紧张关系，增加治理的成本与难度（Wareham，Fox，& Giner，2014）⑤，但创建和成功管理一个强大的互补生态系统（complementary ecosystem）对平台倡导者极为有利（Adner，2012；⑥ Iansiti & Levien，2004）⑦。随着越来越多的互补者加入平台生态系统，平台倡导者控制参与条款（terms of engagement）的能力也随之增强，伴随而来的不对称性关系（asymmetric re-

---

① Agarwal S，& Kapoor，R.（2017）Two faces of value creation in business ecosystems：Leveraging complementarities and managing inter－dependencies. Working paper，Wharton School of the University of Pennsylvania，Philadelphia.

② Brandenburger，A. M. & Nalebuff，B.（1996）Coopetition：A revolutionary mindset that combines competition and cooperation in the marketplace. New York：Currency/Doubleday.

③ Adner，R. and Kapoor，R.（2010）Value creation in innovation ecosystems：How the structure of technological interdependence affects firm performance in new technology generations. Strategic Management Journal，31（1）：306－333.

④ Gawer，A. & Cusumano，M. A.（2002）Platform leadership：How Intel，Microsoft，and Cisco drive industry innovation. Boston，Massachusetts：Harvard Business School Press.

⑤ Wareham，J. Fox，P. B. & Cano Giner，J. L.（2014）Technology ecosystem governance. Organization Science，25（4）：1195－1215.

⑥ Adner，R.（2012）The wide lens：A new strategy for innovation. New York：Portfolio/Penguin.

⑦ Iansiti，M. and Levien，R.（2004）Strategy as Ecology. Harvard Business Review，82（2）：68－78.

lationship）也随之增强。

我们认为，不仅要关注互补者的创新及其在生态系统中的大量技术互动，更需要关注互补性资产或资源对平台生态系统价值创造所起到的独特作用。平台生态系统价值创造表现在两个方面：利用互补性和管理相互依赖性（leveraging complementarities and managing inter-dependencies）（Agarwal & Kapoor，2017）①。

需要指出的是，间接网络效应通常在平台成功中发挥作用，因为通用性互补性资产和专业化互补性资产的增加会给需求端的用户带来更多的价值（Rochet & Tirole，2003；② Eisenmann et al. 2006；③ Zhu & Iansiti，2012）④。例如，在智能手机和平板电脑生态系统中，可用的应用程序和附件越多，用户从智能手机或平板电脑获得的价值就越大。然而，这种间接网络效应并不一定有益于任何特定的互补者，因为网络效应鼓励竞争对手的市场进入意向和进入行为，从而导致任何单个互补者的权力减少，用户权力的增加。

严格地说，平台供给端是平台架构延伸出来的层次结构（level of hierarchy），它聚集了平台参与者大量的互补性资产，它是一个模块化的系统（modular system）。平台供给端的互补性资产不仅与平台架构及商业模式创新关系密切，而且潜在地影响平台的战略选择。平台倡导者如何识别、发展、利用、构建或连接互补性厂商的专用性与共同专业化互补资产，与平台架构进行有效地组合，这是一种重要的动态能力（Teece，2007）⑤。迈克尔·雅可比德斯等人（Jacobides et al.，2006）⑥ 认为，平台倡导者动态能力的调整应当从价值创造、可独享性（包括互补性与可移动性）、产业组织架构三个维度出发，来研究平台生态系统的互补性资产的共同专业化。罗塔尔梅尔（Rothaermel，2001）⑦ 研究现有平台型企业和新进入的互补者之间的合作，

---

① Agarwal S，& Kapoor，R.（2017）Two faces of value creation in business ecosystems：Leveraging complementarities and managing inter-dependencies. Working paper，Wharton School of the University of Pennsylvania，Philadelphia.

② Rochet，J. & J Tirole.（2003）Platform competition in two-sided markets. Journal of the European Economic Association，1（4）：990－1029.

③ Eisenmann，T. G. Parker，M. & Van Alstyne.（2006）Strategies for two-sided markets. Harvard Business Review，85（10）：92－101.

④ Zhu F，Iansiti M（2012）Entry into platform-based markets. Strategic Management Journal，33（1）：88－106.

⑤ Teece，D. J.（2007）Explicating dynamic capabilities：the nature and microfoundations of（sustainable）enterprise performance. Strategic Management Journal，28（13）：1319－1350.

⑥ Jacobides，M. G. Knudsen，T. & Augier，M.（2006）Benefiting from innovation：Value creation，value Appropriation and the role of industry architectures. Research Policy，35（8）：1200－1221.

⑦ Rothaermel，F. T.（2001）Incumbent's advantage through exploiting complementary assets via interfirm cooperation. Strategic Management Journal，22（6）：687－699.

发现将网络战略聚焦于挖掘互补性资产的平台型企业，其经营绩效优于聚焦于探索新技术的企业。阿加瓦尔和卡普尔（Agarwal & Kapoor，2017）[①] 使用连通性（connectedness）概念来研究互补者的创新、平台（即平台连通性，platform connectedness）和其他互补（即互补连通性，complement connectedness）之间的技术互动，探讨了创新的平台连通性及其互补连通性如何在生态系统中塑造其商业化成功。

平台供给端的互补性资产主要有两类：通用性互补性资产和专业化互补性资产。

通用性互补性资产的提供者绝大多数是加入平台生态系统的众多微商，他们为丰富平台产品阵容，向平台提供各类产品或服务，都可以称为通用性互补性资产。但是，微商如果对平台进行专用性投资，如微商对网上店铺进行装修，这类的沉没成本就转化成微商专业化互补性资产。从纯经济理论上分析，沉没成本不应当影响微商以后所做的战略决策，但在实际生活中，沉没成本极大地影响着微商的决策，急于想捞回成本的心理使平台倡导者动态能力的调整面临着极大的障碍。平台倡导者动态能力的调整既可能提高，也可能毁掉互补性资产的价值。平台倡导者动态能力的调整如果损害互补性资产的价值，则会提高沉没成本效应，从而减少平台倡导者采纳变革的可能性。

在现实经济生活中，专业化互补性资产一般是由平台倡导者投资形成的。例如，淘宝天猫平台的支付宝是一种专业化互补性资产，就是由平台母公司阿里巴巴投资形成的；腾讯微信的腾讯理财通也是一种专业化互补性资产，就是由腾讯投资形成的。但在很多情况下，一些专业化、模块化厂商更擅长提供专业化互补性资产。圆通、申通、中通及韵达（三通一达）等快递公司可以看成是电商平台的专业化互补性资产。例如，“三通一达”、天天快递与德邦快递等快递公司之间的相互竞争，无疑给淘宝天猫交易平台带来了很多好处。如寄快递的价格可能会变得更加便宜，但同样也给淘宝天猫的管理带来了更多的麻烦与不便。如在派件时淘宝天猫需要区分不同的快递公司；在取快递的时候也是很麻烦，有些地方消费者则要到相应营业点去取件，这使平台消费者十分不方便。因此，阿里巴巴专门投资组建了菜鸟物流，用来专门整合各个快递公司的物流快递，并通过建立一些菜鸟驿站的终端营业点来整合各个快递公司的物流快递，淘宝天猫的消费者只需到菜鸟驿站报上淘宝天猫的取件码，消费者就能取到不同快递公司的快递，极大地方便了消费者上网购物，增强了淘宝天猫交易平台的竞争优势。

对于平台倡导者之所以连接众多的通用性互补性资产和专业化互补性资产，是因

---

① Agarwal S, & Kapoor, R. (2017) Two faces of value creation in business ecosystems: Leveraging complementarities and managing inter-dependencies. Working paper, Wharton School of the University of Pennsylvania, Philadelphia.

为平台本身不能通过专利和专有技术（know-how）等价值专属性制度形成隔离机制，正如美国经济学家戴维·蒂斯（Teece，1986）①指出的那样，在弱价值专属性制度下，创新企业为获取创新收益必须发展专业化互补资产。这意味着为获取创新收益，互补性资产和强价值专属性制度两个条件必须满足其中一个。其隐含的意思是指，互补性资产和强价值专属性制度对创新商业化的促进作用可能是相互替代的。

需要指出的是，除了价值专属性制度因素外，平台经营合规性要求、平台管控能力、成本控制和运营能力、资源协同的能力等因素也在影响通用性互补性资产和专业化互补性资产的配置。例如，网约车市场在2018年发生的一系列安全事件，引发全社会的高度关注，政府对规范网约车行业有序健康发展提出了新要求，网约车线上平台模式现在就碰到了增长瓶颈，由此触发了网约车平台互补性资产的表现形式，从“线上平台”模式向“线下平台”模式的演变。具体体现在：互补性资产不再是司机自带自有车加盟滴滴等网约车平台，而是希望以网约车为生计的司机由于没有启动资金，需要通过融资租赁解决购车；平台倡导者投资形成的汽车租赁公司批量购置新车（专业化互补性资产），形成“线下平台”模式，聘用合规司机，平台的合规性、管控能力和运营效率更高；通过创新型融资租赁方案构建专业化互补性资产，平台拥有了对松散司机群体进行管控，使其成为对平台忠诚度较高的线下支点。

平台供给端的互补性资产催生网络效应的扩大，表明平台生态系统内部资源能力和外部网络效应都可以视为一种稀缺性资源。基于平台生态系统中的基础产品和互补性产品之间技术上的互补性，这种互补性导致在产品需求上的相互依赖性，即平台用户使用一种产品的价值取决该产品互补的产品的数量和质量，一种产品的互补性产品越多，那么该产品的市场需求也就越大，网络效应就越强，这是一种正反馈机制。

我们认为，互补性资产管理的本质特征是处理好平台与各模块化厂商之间的协作和合作问题（Stieglitz & Heine，2007）②。解决平台供给端互补性资产管理的协作和合作问题，关键是平台倡导者的战略引导、资产间互补性的创建、平台界面规则的建立和根据平台业务所进行的正式组织结构的构建。

---

① Teece，D. J.（1986）Profiting from technological innovation：implications for integration，collaboration，licensing and public policy. Research Policy，15（6）：285－305.

② Stieglitz N，& Heine，K.（2007）Innovations and the role of complementarities in a strategic theory of the firm. Strategic Management Journal，28（1）：1－15.

五、 平台需求端 （C 端）

今天，许多学者都将平台需求端的用户视为一种不可替代的资源。孙明春与谢冠希（Sun and Tse，2009）① 用资源基础观分析了平台竞争优势，认为加入平台的用户等价于平台型企业的资源，而基于间接网络外部性（indirect network externality）的正反馈机制类似企业资源的动态累积过程，从而具备竞争优势的隔离机制（Dierickx and Cool，1989）②。

在实践中，亚马逊（Amazon）之所以能在西方市场获得成功的一个关键因素，是其站内消费者与消费者之间相互沟通的影响力。在欧洲和美国，亚马逊会根据单个消费者的兴趣和动机提供各种可选产品，以帮助消费者选择最适合自己的产品。亚马逊平台界面中的一个重要组成部分是消费者的产品评价板块，该板块对消费者评价流程来说非常重要。亚马逊很少将钱花在“线上”推销活动上，但会密切关注消费者之间相互推荐的便利性。亚马逊并没有通过付费广告推销产品并获得收益，而是将推销活动转交给了消费者，极大地依赖现有客户的推荐，而不是大量投入广告吸引新客户。

我们认为，加入平台的用户如果仅仅是一次性的购买，并不是平台的资源。只有很强黏性的用户才能看成是互补性资源或通用性互补性资产。而消费者对平台产品和服务的好评、点赞（like button）③ 等，对其他消费者的购买意愿有非常强的影响。例如，中国网购消费者在网购过程中，消费者通常会参考其他消费者的评价，以买到最佳性价比、最适合自己的商品。为获得客户积极的产品评价，中国最大电子商务平台——淘宝在用户收货付款界面上专门设置了“评价”和“追加评价”。消费者在通常情况下都会对在淘宝上购买的产品和服务用点赞或好评来表达赞美之词，但真正碰到产品质量问题或是商家服务问题，他们也会客观公正地将遇到的问题放到“评价”或“追加评价”中。对消费者而言，用户评价已经成为他们选购商品和

---

① Sun，M. &Tse，E.（2009）The resource-based view of competitive advantage in two-sided markets. Journal of Management Studies，46（1）：45－64.

② Dierickx，I & Cool，K.（1989）Asset stock accumulation and the sustainability of competitive advantage. Management Science，35（12）：1504－1511.

③ 网络上流行的“Like”功能被翻译成流行的“赞”及“点赞”一词。“点赞”的走红，缘于这一功能地推出给网络社交带来方便，迎合了人们表达情感的愿望。

商家的一个重要依据。

在移动互联网时代，点赞这种心理认同表达方式，在一定程度上反映了消费者对平台产品和服务的态度或认知倾向。不过，点赞与好评并不能完全画等号。好评是消费者对平台产品和服务等做出明确的支持态度，好评作为态度的一种表达方式具有所谓的稳定性、指向性、引导性、评判性等，需要对平台产品和服务进行更多时间、更多分析后的内化才能表达出来，具有本质上的意义。相对好评，点赞作为一种回应方式，除了与心理认同有关外，是否点赞还受到许多因素的影响。例如，点赞一按即可，不费心思，操作简单，随便就能给个赞；熟悉的人彼此支持一下，借此沟通感情，来个赞；点赞之后可以收获赞，被点赞后表示感谢也给别人来个赞，等等。

需要指出的是，消费者的点赞，可能对其他消费者的购买意愿有较强的影响，但它缺少黏性，最多只能算是一种通用性互补性资产。而好评具有强烈的指向性和评判性，因而具有较强的黏性，在消费者经过一定时间地分析内化后，好评就可能转化为消费者独特的需求，可以帮助平台和模块化厂商分离出长尾消费社群（the long tail community），使消费社群成为平台生态系统的独特互补性资源。

就好评帮助平台生态系统参与厂商接近市场中长尾消费社群而论，其实质就是平台倡导者和模块化厂商引导消费者行为的被动接受，向消费者行为的主动参与的转变。即一定要让用户参与到产品创新与品牌传播的所有环节中去，树立“消费者即生产者”“消费者即产品创意者”的理念。鼓励消费者群体参与到产品创意、研发和设计环节中，希望产品能够体现自己的独特性。这充分说明，由于互联网技术、云计算、大数据和人工智能的广泛运用，可以较为容易地分离出需求的长尾末端，如果平台生态系统能够提供某种产品或服务满足这种需求，其平台的生存能力和盈利能力就越强。

长尾末端需求的存在，说明当今市场正在产生从为数较少的主流产品和市场向数量众多的狭窄市场转移的现象和趋势，即从需求曲线的头部向需求曲线的尾部转移：其基本原理是只要存储和流通的渠道足够大，需求不旺或销量不佳的产品所共同占据的市场份额，可以和那些少数热销产品所占据的市场份额相匹敌，甚至有过之而无不及。

互联网时代的社群逻辑要求平台生态系统要尽可能满足长尾末端的需求，这是平台生态系统能否在市场中成功的基点。正是由于来自粉丝对产品独特性的要求，而出现了社群粉丝自限产品规模的要求。因而，社群逻辑是规模经济逻辑的反动，是范围经济逻辑的扩展。反过来说，厂商如果不自限单个产品的范围和规模，就没有自己的核心粉丝社群，因而也要求厂商要形成多品种开发的能力，以满足不同粉丝社群的需求。

应当指出的是，消费者的好评、点赞等，是通过互动而提升了消费者社群的"认知价值"（cognitive value）；而认知价值具有"实用的价值、个人的价值、整体的价值"三种特性：

（1）实用的价值：指价值是一种使用价值（value-in-use），不同于交换的价值（value-by-exchange）（Kohtamäki & Rajala，2016）①。

（2）个人的价值：价值是具有交互主观（subjective）的特性，因而其使用价值会因人而异。

（3）整体的价值：指价值包括实体产品与服务的价值，例如经济价值，加上无形的情绪与感觉的价值，例如社会价值与心理价值等（Kohtamäki & Rajala，2016；② Ramaswamy & Gouillart，2010）③。因此，消费者社群通过彼此的互动形成共同的目标（shared goal），达成共同目标的历程中，个人的问题也因此被解决，不仅提升个人化的认知价值，整个社群的认知价值也一起提升且扩大，即通过消费者社群的努力，一起把饼做大（Bosse & Coughlan，2016；④ Bridoux & Stoelhorst，2016；⑤ Marcos-Cuevas et al.，2016）⑥。

---

① Kohtamäki，M. & Rajala，R.（2016）Theory and practice of value co-creation in B2B systems. Industrial Marketing Management，56（5）：93－103.

② Kohtamäki，M. & Rajala，R.（2016）Theory and practice of value co-creation in B2B systems. Industrial Marketing Management，56（5）：93－103.

③ Ramaswamy，V. and Gouillart，F.（2010）Building the co-creative enterprise. Harvard Business Review，88（9/10）：100－109.

④ Bosse，D. A. & Coughlan，R.（2016）Stakeholder relationship bonds. Journal of Management Studies，53（11）：7－17.

⑤ Bridoux，F. & Stoelhorst，J. W.（2016）Stakeholder relationships and social welfare：A behavioral theory of contributions to joint value creation. The Academy of Management Review，41（2）：229－251.

⑥ Marcos-Cuevas，J. Nätti，S.，Palo，T.，& Baumann，J.（2016）Value co-creation practices and capabilities：Sustained purposeful engagement across B2B systems. Industrial Marketing Management，56（3）：97－107.

六、 本章小结

我们认为，设计平台生态系统架构必须重点考察平台生态系统中相互依赖性和互补性的性质、方向性和强度等问题，要厘清平台本身与平台生态系统参与者的应用程序开发者、互补品提供商之间的关系，以及他们是如何影响平台生态系统架构的。构建平台生态系统架构、平台架构和应用程序微架构，有助于解释平台生态系统内部结构与其他平台生态系统之间不同的价值创造和价值获取动态。

构建平台生态系统架构是一项非常复杂的工作，因为其战略管理的范围远比普通厂商组织要广泛和复杂得多。平台倡导者必须在整个平台生态系统发展过程中以连贯和动态的方式，构建和塑造其平台架构、控制机制、价值创造机制和相关的知识管理流程，以培育集体或系统创新。在平台生态系统的架构决策的战略意义意味着，这些架构和机制的设计，使平台倡导者、应用程序开发者、互补品提供商能够对话地处理平台生态系统以前各种对立维度之间的紧张关系：控制/生成、开放/封闭、个体/集体。

按照查尔斯·达尔文（Charles Darwin）的进化生物学，在不断变化的环境中，多个物种争夺稀缺资源，能够生存下来的物种，不是最强的或最聪明的，而是最适应环境的。进化只是简单的适应过程，是适者生存的回报（Webster，1920）①。这种生物学上的类比是理解平台生态系统进化的有力隐喻，平台生态系统必须是可进化的。可进化性是平台生态系统快速适应其竞争环境中未预料到的变化的能力（Baldwin and Woodard，2009；② de Weck et al.，2011）③。进化性在很大程度上取决平台生态系统架构的选择（de Weck et al.，2011：141；④ Iansiti and Levien，2004）⑤。

与活生物体一样，平台具有适应和进化的潜力，以长期维持自身的存在与发展。

---

① Webster，H.（1920）Modern European History. Massachusetts：Boston，D. C. Heath & Co.

② Baldwin，C. Y. & Woodard，C. J.（2009）The architecture of platforms：A unified view. In Gawer，A. Ed. Platforms，Markets and Innovation. chapter 19，London：Edward Elgar.

③ de Weck，O. Roos，D. & Magee，C.（2011）Engineering systems：Meeting human needs in a complex technological world. Cambridge，Massachusetts：MIT Press.

④ de Weck，O. Roos，D. & Magee，C.（2011）Engineering systems：Meeting human needs in a complex technological world. Cambridge，Massachusetts：MIT Press.

⑤ Iansiti，M. and Levien，R.（2004）Strategy as Ecology. Harvard Business Review，82（2）：68 – 78.

平台倡导者唯一可以依赖的可持续优势来源是平台生态系统的进化速度，把平台作为一个生命实体来思考，意味着它的首要目标是生存。平台生态系统架构作为平台倡导者、应用程序开发者和互补品提供商之间构建的技术架构、资产配置结构与组织形式，本身就是一种共生关系的固化，或者说是一种隐性契约的外显化，以帮助平台生命实体达到更高的目标。作为对平台目标支持的回报，这种生态系统架构和共生关系才能长期存在。因而平台生态系统架构需要一种能容忍新思想、公平的心态，主要着眼于长寿而非盈利。

第五章

价值创造的理论逻辑

在市场经济条件下，任何产业都不可能仅仅依赖政府的长期投入来获得生存与发展，厂商组织只能在市场经济体系的基础架构下找到生存利基（niche）与价值创造（value creation）战略，才能让厂商组织永续发展并使产业发展产生正向循环（Bodily & Venkataraman，2004）①。

事实上，所有战略管理理论都必须回答这样一些"核心问题"（core questions）：为什么不同的厂商组织在"价值创造"上会不一样？（Why do firms differ in value creation?）（Zajac & Olsen，1993；② Pitelis & Teece，2009）③ 或者是厂商组织进行"价值创造"的逻辑是什么？可以这样说，这是战略管理学家和厂商组织高层领导人必须回答的问题，而对这个问题的回答实质上是回答厂商战略所依托的理论的主旨所在。

① Bodily，S. & Venkataraman，S.（2004）Not walls，windows：Capturing value in the digital age. Journal of Business Strategy，25（3）：15－25.

② Zajac，E. J. & Olsen，C. P.（1993）From transaction cost to transactional value analysis：Implications for the study of interorganizational strategies." Journal of Management Studies，30（1）：131－142.

③ Pitelis，C. N. & Teece，D. J.（2009）The（New）Nature and Essence of the Firm. European Management Review，6（1）：5－15.

一、 价值与价值创造的内涵

（一）价值概念的内涵

在价值创造过程中，人们往往会问“价值是什么”？这是一个不容回避的重要概念。

价值（value）既是一个哲学概念，也是一个经济学概念。从哲学视角看，价值是揭示外部客观世界对于满足人的需要的意义关系的范畴，是指具有特定属性的客体对于主体需要的意义。经济学意义的价值是指具体事物具有的一般规定、本质和性能。人和具体事物、主体和客体、事情和事情、运动和运动、物体和物体的相互作用、相互影响、相互联系、相互统一是价值的存在和表现形式。

在古希腊时代，人们往往用伦理法则（ethical principles）对生物资源进行个人和社会的评价，于是出现了伦理价值（ethical value）的概念，并与经济学意义的价值概念展开了激烈地争论。到公元 13 世纪时，价值概念成为一个可衡量的内涵（connotation），更多地赋予了经济学意义。到了公元 16 世纪中期，价值成为一个比值（odds），变成两数相比所得的值（specific value；ratio），成为一个可以衡量的单元（用货币单位来衡量）。

现代社会生活中所说的价值，一般是指经济学意义上的价值，称为经济价值（economic value）。绝大多数经济学家把经济价值描述为衡量商品或服务对经济代理人的利益的一种手段。它通常以货币单位计量。另有一些经济学家认为，经济价值代表代理人愿意并能够支付商品或服务的最大金额。

应当指出，经济价值不应与市场价值（market value）混淆，市场价值是消费者为商品或服务支付的最低金额。因此，经济价值往往大于市场价值。

尽管现代经济学家认为，经济价值是主观的（subjective），但卡尔·马克思（Marx，1867）等著名的古典经济学家认为经济价值是客观的（objective）。马克思认为，一种商品的价值是由用来制造商品的劳动价值（the value of labor）决定的，而不是个人愿意为商品或服务支付的金额。

我们认为，如果要完整地理解价值，需要注意以下几点：

· 经济价值是代理人（agency）为商品或服务支付的最大金额。

· 项目的经济价值随着类似或相关项目的价格或质量的变化而变化。

· 生产商利用经济价值为其产品定价，同时考虑有形和无形因素，如品牌名称。

按照英国经济学家克利夫·鲍曼和维罗妮卡·安布罗西尼（Bowman & Ambrosini，2000）[①] 的效用理论（utility theory），"价值"分为使用价值（use value）与交换价值（exchange value）。所谓的使用价值是指目标用户（target users），包括顾客、制造商（厂商）、生产者或消费者根据自己本身的需求所感知的新工作、任务、产品或服务的具体质量，例如新任务的执行速度或质量，或新产品或服务的美学或性能特征。所谓的交换价值是指当这个任务（项目）、商品、服务或产品发生交换时，在某个时间点实现的货币金额，或用户为焦点任务、工作、产品或服务的使用价值向卖方支付的金额。正如鲍曼和安布罗西尼（Bowman & Ambrosini，2000）所指出的那样，有关价值的判断是当事人主观的和个体的感知。

简单地说，交换价值即是价格（price）（Bowman & Ambrosini，2000；[②] Lepak，Smith & Taylor，2007）[③]。这两个价值的概念与"价值－价格－成本"理论架构（value-price-cost framework，VPC framework）颇为相似。VPC 理论架构中的 V 代表"使用价值"，也就是目标用户所认知的利益（perceived benefits），即目标用户的支付意愿（willingness to pay）。这就是说，V 是指目标用户愿意将他们所认知的利益转化为可支付的价格（Brandenburger & Stuart，1996；[④] Peteraf & Barney，2003），所以使用价值属于目标用户的主观判断。VPC 理论架构的 P 为价格，也是交换价值，C 则是卖方或厂商的生产成本、经济成本或机会成本。

鲍曼和安布罗西尼（Bowman & Ambrosini，2000）跳出了资源基础观（RBV）的厂商组织内部供应端思维，从需求端的顾客观念出发，对"价值"进行了区分，保留传统经济学所称交换价值或价格，而将使用价值连接到消费者或使用者的支付意愿（willingness to pay）或所认知到的利益（perceived benefits）上，也就是目标用户愿意将他们所认知的利益转化为可支付的价格（Brandenburger & Stuart，1996；[⑤]

---

① Bowman，C. & Ambrosini，V.（2000）Value creation versus value capture：Towards a coherent definition of value in strategy. British Journal of Management，11（1）：1－15.

② Bowman，C. & Ambrosini，V.（2000）Value creation versus value capture：Towards a coherent definition of value in strategy. British Journal of Management，11（1）：1－15.

③ Lepak，D. P. Smith，K. G. & Taylor，M. S.（2007）Value creation and value capture：A multilevel perspective. Academy of Management Review，32（1）：180－194.

④ Brandenburger，A. M. & Stuart，H. W.（1996）Value-based business strategy. Journal of Economics & Management Strategy，5（1）：5－24.

⑤ Brandenburger，A. M. & Stuart，H. W.（1996）Value-based business strategy. Journal of Economics & Management Strategy，5（1）：5－24.

Peteraf & Barney，2003)①。所以，使用价值属于顾客的主观判断。从这个意义上说，"价值"可以分为：顾客所认知的使用价值（perceived use value）与交换价值。前者是目标用户所认知的利益，即目标用户的支付意愿；后者即是价格，即目标用户实际支付的价格。当顾客或目标用户基于其所认知的使用价值付出价钱时，产品或服务的提供者（厂商）就实现了（realized）这一交换价值。

在现实经济生活中，经济价值可以表现为不同的形态：

（1）解构的经济价值（deconstructured economic value）

特定人群的偏好决定了一种商品或服务的经济价值，而代理人则根据他们的资源进行权衡。例如，如果一个代理人决定购买一袋苹果，那么经济价值就是代理人愿意为这些苹果支付的金额，记住这些钱也可以花在其他东西上。这个选择代表了一种权衡。经济价值也与任何给定市场对某一项目的价值直接相关。

（2）消费品经济价值（economic value for consumer good）

经济价值不是一个静态的数字。当类似项目的价格或质量发生变化时，经济价值就会发生变化。例如，如果牛奶价格上涨，人们可能会购买更少的牛奶和谷物。消费支出（consumer spending）的减少可能会导致生产商和零售商降低谷物的成本，以吸引消费者购买更多的谷物。因此，人们如何选择花费他们的收入和时间，决定了一种商品或服务的经济价值。

（3）市场经济价值（market economic value）

厂商组织利用对客户的经济价值（economic value to the customer，EVC）来确定其产品或服务的价格。客户的经济价值不是从精确的数学公式推导出来的，但它考虑了产品的有形和无形价值。有形价值基于产品的功能性，无形价值基于消费者对产品所有权的看法。例如，消费者将有形价值放在一双耐用的运动鞋（sneakers）上，这双运动鞋在运动活动中提供保护和支持。然而，运动鞋的品牌标签或与名人的关系可以为运动鞋增加无形的价值。

现实世界的案例：经济价值的实际应用的一个例子是权衡不同学科的大学学位的优点。人们普遍认为，大学文凭比高中文凭具有更多的经济价值，有些大学专业的学位比其他专业的学位具有更高的经济价值。例如，根据乔治敦大学（Georgetown）2015 年的一项研究，石油工程等 STEM（科学、技术、工程和数学（science，technology，engineering，and mathematics）专业的学生从其学位上可能比在幼儿教育、人类服务或艺术等领域的学生享有更大的经济价值。市场赋予某些技能比其他技能

---

① Peteraf，M. & Barney，J.（2003）Unraveling the resource-based tangle. Managerial and Decision Economics，24（1）：309－323.

更大的价值，导致这些技能具有更大的经济价值。

在厂商组织的经营中，价值这个概念是一个处于不断发展中的概念。

近代产业革命的兴起，出现了价值创造的概念。早期的价值创造概念是从财务成本的视角看，认为价值创造是指厂商组织生产、供应满足目标客户需要的产品或服务的一系列业务活动及其成本结构。在这一系列业务活动中，厂商组织能够根据顾客的需求和偏好创造出优异的顾客满意感和价值增值。厂商组织的业务活动表现在，投入原材料于生产工艺过程中，使其产生物理或化学变化，使投入的原材料实现价值增值，价值增值就是产品的使用价值的增加。影响价值创造的因素主要有：投资资本回报率、资本成本、增长率、可持续增长率。而这些因素是影响财务战略选择的主要因素。

英国新古典经济学家阿尔弗雷德·马歇尔（Marshall，1890）① 的价值创造理论认为，一个企业如果想要取得竞争优势，必须在创造价值方面比竞争对手做得更好。厂商组织创造的价值等于消费者的可察觉收益（B）减去投入的成本（C），是商品价值与生产该商品所牺牲价值的差额。可察觉收益（perceived benefit）是消费者对商品认可的价值，是对商品价值的一种评价。消费者在购买商品时，付出的货币价格（P）必须低于他的可察觉价值时才会觉得合算，这种合算程度被称作消费者剩余（consumer surplus），又称作消费者的净收益。消费者剩余等于消费者可察觉收益减去消费者付出的货币价格（B－P），或者是等于消费者的支付意愿减去消费者的实际支付量。消费者在购买产品时，必然会选择消费者剩余即 B－P 的最大值，厂商组织的成功竞争就需要给消费者带来尽可能大的消费者剩余。

早期的战略管理计划学派的学者安索夫（Ansoff，1965）②、安德鲁斯（Andrews，1971）③ 等认为，战略规划的起点就是界定组织的宗旨和使命（purpose and mission）。按照战略管理理论，“宗旨和使命”（purpose and mission）表明了厂商组织为什么而存在，即是厂商组织存在的“价值”是什么。换言之，厂商组织由于为其利益相关者（stakeholders）创造了“价值”，因而组织得以“存在”。

战略管理定位学派（Positioning school）（Porter，1985）④ 和资源基础观（RBV）

---

① Marshal，A.（1890/1920）Principles of economics. London：Macmillan and Co. 8th ed. 1920.

② Ansoff，H. I.（1965）Corporate strategy：An analytic approach to business policy for growth and expansion. New York：Penguin Books.

③ Andrews，K. R.（1971）The concept of corporate strategy. Homewood：Richard D Irwin.

④ Porter，M.（1985）Competitive advantage：Creating and sustaining superior performance. New York：Free Press.

(Barney, 1991;[1] Peteraf, 1993)[2] 陆续提出价值创造活动与有价值的资源等有关“价值”概念。布兰登伯格和斯图尔特(Brandenburger & Stuart, 1996)[3] 则提出以价值为基础的厂商战略(value-based business strategy)的概念和以价值基础为主轴的战略研究架构。

美国著名管理学家彼得·德鲁克(Drucker, 2000)认为，价值是由顾客界定的，顾客购买的不是产品，而是特定需要的满足感。

我们认为，随着不同人、不同时空、不同的经营场景或消费场景，对价值的认识会有不同的变化；价值不仅有许多种存在和表现形式，也有许多种不同来源，产品的实用性、质量、形象、便利性及售后服务等都可以创造顾客价值。就产品消费价值而言，有满足消费者特定需要的功能价值；消费者对商标的知觉、美感与忠诚等形成的情感价值；消费者随着产品的使用获得经验和知识累积机会，因而产生了学习价值。顾客消费最基本的是产品的功能价值，低价钱得到高质量产品获得的是心理、生理满足，诸如经济性、舒适性和方便性使消费者感到“物超所值”，在产品“功能价值”满足后消费者才会追求“学习价值”。所谓“学习价值”指的是经验和知识累积的机会，可分为顾客创造与厂商组织创造。所谓“情感价值”，是指一种美的感知，一种独特的风格和一种主题的印象。事实上，如果有学习价值，情感价值与功能价值自然产生。相对经营成本，顾客的消费价值层级越往学习层面提升，顾客价值与忠诚度就越高。只要不断地给顾客学习价值，则来自顾客创造的学习价值创新会源源不绝。

在移动互联网时代，有关“价值”真实定义(real meaning)受到了管理学家的高度重视(Grönroos & Voima, 2013;[4] Priem, 2007)[5]。其主要原因是人们在“价值”的定义中加入来自需求端的消费者或顾客观念，认为顾客并不在意产品或服务的实际功能、质量等内涵，顾客所关心的是通过产品或服务的使用，并实际体验(experienced)后所认知的效益，即所谓的使用价值(use value)。这就是移动互联网时代非常流行的顾客体验价值(customers' experienced value)。

---

① Barney, J. B. (1991) Firm resources and sustained competitive advantage. Journal of Management, 17 (1): 99–120.

② Peteraf, M. A. (1993) The cornerstones of competitive advantage: A resource-based view. Strategic Management Journal, 14 (3): 179–191.

③ Brandenburger, A. M. & Stuart, H. W. (1996) Value-based business strategy. Journal of Economics & Management Strategy, 5 (1): 5–24.

④ Grönroos, C. & Voima, P. (2013) Critical service logic: Making sense of value creation and co-creation. Journal of the Academy of Marketing Science, 41 (2): 133–150.

⑤ Priem, R. L. (2007) A consumer perspective on value creation. Academy of Management Review, 32 (1): 219–235.

（二）价值创造概念

价值创造是管理学和组织学文献中微观层次（个体、群体）和宏观层次（组织理论、战略管理）研究的核心概念。然而，对于什么是价值创造，以及如何实现价值创造，几乎没有共识。

近代产业革命的兴起，出现了价值创造的概念。然而，要完全理解这一重要概念之前还需要做多少工作。

对于“价值创造”这一概念，在组织理论家和管理学家之间很难找到一致的意见，主要涉及对三个问题的理解：一是价值创造是什么；二是价值创造的过程；三是允许价值创造者实现价值获取的机制。我们认为，组织理论家和管理学家对价值创造这一概念出现混乱有三个最重要原因：

（1）管理领域的多学科性质对价值创造这一概念存在显著差异。表现在对创造新价值的当事方、价值创造的目标、潜在的价值来源或创造者是谁，不同研究领域的学者有不同的看法。例如，战略管理、战略性人力资源管理（SHRM）、营销或创业方面的学者可能会强调为企业所有者创造价值（Porter，1985；[①] Sirmon et al.，2007）[②]、利益相关者创造价值（Post et al. 2002）[③]，或客户创造价值（Kang et al.，2007；[④] Priem，2007）[⑤]。相反，强调人力资源管理或组织行为学的研究人员可能会强调以个人员工、员工团体或团队，以及组织为目标的价值创造（March & Simon，1958）[⑥]。社会学或经济学科的学者可能关注社会（Lee et al.，2007）[⑦] 或国家竞争能力（Porter，1990）[⑧] 方面的价值创造。

另外，研究者的学科背景的不同也使他们关注不同的价值创造来源。例如，心

---

① Porter，M.（1985）Competitive advantage：Creating and sustaining superior performance. New York：Free Press.

② Sirmon，D. G. Hitt，M. A. & Ireland，R. D.（2007）Managing firm resources in dynamic environments to create value：Looking inside the black box. Academy of Management Review，32（1）：273 – 292.

③ Post，J. Preston，L. & Sachs，S.（2002）Redefining the corporation：Stakeholder management and organizational wealth. Stanford，CA：Stanford University Press.

④ Kang，S. C. Morris，S. S. & Snell S. A.（2007）Relational archetypes，organizational learning，and value creation：Extending the human resource architecture. Academy of Management Review，32（1）：236 – 256.

⑤ Priem R. L.（2007）A consumer perspective on value creation. Academy of Management Review，32（1）：219 – 235.

⑥ March，J. G. & Simon，H.（1958）Organizations. New York：Wiley.

⑦ Lee，S. H. Peng，M. W. & Barney，J. B.（2007）Bankruptcy law and entrepreneurship development：A real options perspective. Academy of Management Review，32（1）：257 – 272.

⑧ Porter，M.（1990）The competitive advantage of nations. New York：Free Press.

理学、组织行为学和许多人力资源学者都关注个人行为或群体行为对价值创造的影响。相比之下，组织理论家、战略管理研究者、战略性人力资源管理学者和企业家学者往往强调组织层面。此外，一些经济学家、组织理论家和社会学家也在研究行业或社会层面的分析。总的来说，在价值创造的目标和来源上存在着多元化，这给学者们带来了一系列挑战，包括为这个术语制定定义。

（2）对价值创造理解的第二个困难是，价值创造既是新价值创造的内容，也是价值创造的过程。在内容方面，关于价值/有价值的、价值是什么、价值在哪里，这些问题突出了理解价值创造的复杂性。价值创造同样频繁地被用来指基础的创造过程、价值是如何产生的，以及管理层在这个过程中的角色（如果有的话），这一事实加剧了这种混乱。

（3）最后，价值创造过程常常与价值获取或价值保持过程混淆。然而，我们认为，价值创造和价值获取应该被视为不同的过程，因为从长远来看，创造价值增量的来源可能或不可能被一个主体所获取或保留。相反，一个价值来源或一个主体所创造的价值可能被另一个主体所获取，这种情况人们往往称之为“价值滑动”（value slippage）。例如，某个组织创造的价值，可能是通过引进新产品或新工艺创造的，可能不会被他们完全获取，而是作为一个整体流进社会。

综上所述，学者们将价值创造和价值获取结合到价值创造讨论中的趋势，在某种程度上也导致了围绕价值创造这个术语的分歧和困惑。

我们认为，价值创造取决目标用户（或买方）主观实现的相对价值量，目标用户（或买方）是价值创造的焦点，无论是个人、组织还是社会，而且这种主观价值实现必须转化为用户的交换意愿。现实经济生活中，人们收到的价值一般表现为货币金额。这里，有两个重要的经济条件，可能是价值创造活动得以持续的必要条件：首先，交换的货币金额必须超过生产商创造相关价值的成本（金钱、时间、努力、欢乐等），至少在交换发生的单一时间点。其次，用户交换的货币量是（新的焦点任务、产品或服务）创建的新价值与目标用户最接近的备选方案（当前任务、产品或服务）之间的感知性能差异的函数。一般来说，如果没有这些过渡，用户和价值创造者都不会愿意长期重复从事这些活动。

对于价值的内涵及价值如何创造，学者仍然是莫衷一是，并没有明确的看法（Lepak et al.，2007）①。因此，列帕克等人（Lepak et al.，2007）② 回顾不同领域的

---

① Lepak，D. P. Smith，K. G. & Taylor，M. S.（2007）Value creation and value capture：A multilevel perspective. Academy of Management Review，32（1）：180－194.

② Lepak，D. P. Smith，K. G. & Taylor，M. S.（2007）Value creation and value capture：A multilevel perspective. Academy of Management Review，32（1）：180－194.

研究，进一步延伸价值创造的概念，认为使用价值是产品或服务符合消费者需求的特殊品质。例如，创新产品或服务所提供的功能、美感等；而交换价值则采用先前的看法，定义为交易发生时的销售总额（sales）。不过，列帕克等人（Lepak et al.，2007）① 提醒："产品销售产生的货币总额无法准确地反映出创新商品或服务的完整价值。"因此，价值创造的衡量应参考美国经济学家特蕾莎·阿马比尔（Amabile，1996）② 在创造力研究中进行创新产品价值评判与衡量标准。

我们建议，新的价值创造水平将取决于目标用户对所考虑的新任务、产品或服务的新颖性和适当性的主观评价。所考虑的任务、产品或服务的新颖性和适当性越大，潜在的使用价值和对用户的交换价值就越大。美国哈佛大学商学院贝克基金教授（Baker Foundation Professor at Harvard Business School）特蕾莎·阿马比尔（Amabile，1996）③ 利用新颖性和适当性的概念来解释创造性行为是如何被法官评估的。她指出，"如果一个产品或响应既是一个新颖性的，又是对手头任务的适当、有用、正确或有价值地响应，那么它将被认为是创造性的"（Amabile，1996：35）。由此说明使用价值和交换价值是如何依靠工作来确定的。

特蕾莎·阿马比尔（Amabile，1996）④ 强调价值创造的三个重要条件：第一，要认识到，为了评估新任务、产品或服务的新颖性，用户必须对焦点实体和在给定时间存在的替代方案拥有专门的知识，以便比较新颖性和适当性，从而获得价值。第二，如果不了解新任务或产品在特定情境中的含义，用户就无法评估其适当性。第三，对创造性任务或产品的新颖性和适当性的评价不能独立于其被引入的社会或文化背景。

在我们看来，这三个条件突出了价值创造过程的主观性和语境特定性（subjectivity and context specificity）。不同的目标或用户可能对新任务、产品或服务的新颖性和适当性得出不同的结论，这取决于他们的个人知识水平和嵌入的环境。需要注意的是，对新颖性和适当性进行主观和情境驱动的定义的一个重要后果是，不同的价值使用者之间对什么是有价值的存在着相互竞争的观点。这表明，价值创造的生产者或来源必须了解潜在用户的相关知识，以及对新颖性和适当性进行评估的背景。

---

① Lepak，D. P. Smith，K. G. & Taylor，M. S.（2007）Value creation and value capture：A multilevel perspective. Academy of Management Review，32（1）：180－194.

② Amabile，T. M.（1996）Creativity in context：Update to the social psychology of creativity. Boulder，CO：Westview Press.

③ Amabile，T. M.（1996）Creativity in context：Update to the social psychology of creativity. Boulder，CO：Westview Press.

④ Amabile，T. M.（1996）Creativity in context：Update to the social psychology of creativity. Boulder，CO：Westview Press.

我们认为，要完整地理解价值创造，必须从静态与（衍生出的）动态两个层面来看价值创造的观念。

静态层面的价值创造，主要在于从厂商组织供给端或需求端的价值创造方面来设计经营模式或商业模式，其中人们耳熟能详的诸如来自供给端的规模经济（economies of scale）或范围经济（economies of scope），或来自需求端的规模经济或范围经济等价值创造模式。美国著名企业经营史学家、哈佛大学商学院教授小艾尔弗雷德·钱德勒（Chandler，1990）① 认为，规模经济与范围经济是工业资本主义的原始动力，是工业社会两种典型的生产方式，他们一直是工业经济社会发展中的一对基本矛盾。就规模经济而言，英国古典经济学家亚当·斯密（Smith，1776）② 从劳动分工的视角，解释了英国制造扣针的工场由于加工工序细分所带来劳动效率的原因，认为劳动分工带来的规模经济决定了经济成效。无产阶级的经典作家卡尔·马克思（Marx，1867）在其名著《资本论》中引述了亚当·斯密关于制造扣针的工场由于加工工序细分所带来劳动效率的案例，得出劳动分工和协作是资本主义经济发展原始动力的结论。英国新古典经济学家阿尔弗雷德·马歇尔（Marshall，1890）③ 进一步地将劳动分工、专业化与规模经济关联起来。在马歇尔看来，规模经济带来的经济效益主要来自技术设备规模，即生产规模。范围经济与强调单一产品大规模生产与生产成本之间关系的规模经济明显不同。一般来讲，范围经济主要来源于“共用性劳动要素”（或共用性资产）的充分利用，使同一种劳动要素或同一种资产可以在多个产品的经营中共享，从而产生价值溢出（spillover）（Chandler，1990）④。

动态层面的价值创造，强调的是“创新”（innovation），并认为创新才是创造价值（value creation）的主要驱动因子（Ghoshal & Moran，1999；⑤ Amit & Zott，2001；⑥ Jacobides et al.，2006）⑦。美籍奥地利经济学家约瑟夫·熊彼特（Schumpet-

---

① Chandler，Jr，A. D.（1990）Scale and scope：The dynamics of industrial capitalism. Cambridge，MA：Belknap Press of Harvard University.

② Adam Smith（1776）An inquiry into the nature and causes of the wealth of nations. London：University of Chicago Press，1937.

③ Marshal，A.（1890/1920）Principles of economics. London：Macmillan and Co. 8th ed. 1920.

④ Chandler，Jr，A. D.（1990）Scale and scope：The dynamics of industrial capitalism. Cambridge，MA：Belknap Press of Harvard University.

⑤ Ghoshal.，S. & P. Moran.（1996）Bad for practice：A critique of transaction cost theory. Academy of Management Journal，21（1）：481 – 510.

⑥ Amit，R. & Zott，C.（2001）Value creation in e-business. Strategic Management Journal，22（4）：493 – 520.

⑦ Jacobides，M. G. Knudsen，T. & Augier，M.（2006）Benefiting from innovation：Value creation，value appropriation and the role of industry architectures. Research Policy，35（8）：1200 – 1221.

er，1939）① 认为，创新的内涵是在新的生产体系中引入“生产要素的重新组合”（new combination），以“建立一种新的生产函数”，这种生产要素的重新组合，动摇现有市场的均衡状态，以破旧立新地创造性破坏（creative destruction）方式，带动经济增长和价值创造。在熊彼特（Schumpeter，1939）看来，价值创造的形式可分为五种类型：开发新产品、革新生产方式、开拓新市场、取得新原料来源，以及创立新组织。随着人们对熊彼特价值创造形式地理解，今天的厂商组织把创新（innovation）、顾客关系（customer relations）、管理能力（management capabilities）、联盟（alliance）、商业生态系统（business ecosystem）或平台生态系统（platform ecosystem）、技术（technology）、品牌价值（brand value）、员工关系（employee relations）、环境与社区事务（enviromental & community issues）等作为价值创造主要驱动因子，并予以高度地重视。

① Schumpeter，J. A.（1939）Business cycles：A theoretical.，historical and statistical analysis of the capitalist process. Vols. 2，New York：McGraw Hill.

二、 价值创造的理论流派

事实上，任何产业都不可能仅仅依赖股东的长期投入来生存，只有厂商组织在股东所建设的基础架构下找出生存利基与价值创造（value creation）战略，才能让厂商组织永续发展，并使事业发展产生正向循环（Bodily & Venkataraman, 2004）①。

从厂商理论（The Firm Theory）的观点来看价值创造，战略管理学家必须回答一个问题：厂商战略和价值创造的基本逻辑是什么？对这一问题的回答，不同的战略管理学家有不同地论述，主要分为强调不同价值创造“活动”的理论，与强调不同价值创造的“结果”及其如何“分配”的理论两大类。

一般来说，强调不同的价值创造“活动”的理论，认为不同厂商的战略行为或“活动”的不同会造成厂商在“价值创造”上的不一样，对其进行理论解释的有两种理论逻辑：一是以美国哈佛大学商学院波特教授（Porter，1980；② 1985）③ 为代表的“竞争”逻辑（Competitive Logic）；二是近年来非常流行的厂商组织间的“合作”逻辑（Cooperation Logic）。

所谓的“竞争”逻辑，有美国哈佛大学产业组织学派（Industrial Organization）迈克尔·波特（Porter，1980，④ 1985）⑤ “价值链理论”（The Value Chain）、资源基础观（Resource-based View，RBV）（Barney，1991）⑥ 及动态竞争理论（Dynamic

① Bodily, S. & Venkataraman, S.（2004）Not walls, windows: Capturing value in the digital age. Journal of Business Strategy, 25（3）：15-25.

② Porter, M. E.（1980）Competitive strategy: Techniques for analyzing industries and competitors. New York: Free Press.

③ Porter, M.（1985）Competitive advantage: Creating and sustaining superior performance. New York: Free Press.

④ Porter, M. E.（1980）Competitive strategy: Techniques for analyzing industries and competitors. New York: Free Press.

⑤ Porter, M.（1985）Competitive advantage: Creating and sustaining superior performance. New York: Free Press.

⑥ Barney, J. B.（1991）Firm resources and sustained competitive advantage. Journal of Management, 17（1）：99-120.

Competition）（Chen，Smith & Grimm，1992）[①] 等主流理论的解释。"竞争"逻辑推崇的是英国十八世纪哲学家大卫·休谟（David Hume，1711—1776）的名言："高尚的竞争是一切卓越才能的源泉。"

按照产业组织理论（Industrial Organization）（Porter，1980）[②]、资源基础观（Resource Based View）（Barney，1991）[③] 及动态竞争理论（Competitive Dynamics）（Chen，Smith & Grimm，1992）[④] 的论点，所谓的竞争是指厂商组织个体力图在市场上胜过或压倒竞争对手的心理需要和行为活动过程。也就是说，厂商组织在相同（似）资源（包括要素、市场与经济租金等）的竞争角逐上，超越（outperform）竞争对手，以获取经济租金的行为过程。这是一种零和博弈（zero-sum game），属于非合作博弈，它是指参与博弈的各方，在严格竞争条件下，一方的收益必然意味着另一方的损失，博弈各方的收益和损失相加总和永远为"零"，双方不存在合作的可能。

波特（Porter，1985）[⑤] 认为，厂商组织必须通过一连串的价值活动产出商品与服务，建立厂商组织的竞争优势，以创造顾客价值和获取更大的经济租金。因此，波特提出了审视厂商组织的竞争优势并寻求改善企业素质的基本工具——价值链（the value chain）。波特将厂商组织的价值活动区分为"基本活动"与"支持活动"两部分，其中基本活动是指对最终商品有贡献的部分，如进货、制造、出货、物流、营销、售后服务等；支持活动则是间接性的辅助活动，对于厂商组织的价值创造有很大的帮助，如厂商组织的基本设施、人力资源管理、技术发展、采购活动等。在此基础上，波特提出了厂商组织获取竞争优势来源于其在价值链上定位的观点。

波特的厂商组织价值链具有如下特点：

（1）运用价值链分析厂商组织价值活动的基础是价值（value），而非成本（cost），因而价值的来源在于厂商组织外部，而非内部。因此，厂商组织对价值创造活动的着眼点应当放在厂商组织的外部——由上下游厂商组织共同构建的垂直整合

---

① Chen，M. J. Smith，K. G. & Grimm，C. M.（1992）Action characteristics as predictors of competitive responses. Management Science，38（3）：439－455.

② Porter，M. E.（1980）Competitive strategy：Techniques for analyzing industries and competitors. New York：Free Press.

③ Barney，J. B.（1991）Firm resources and sustained competitive advantage. Journal of Management，17（1）：99－120.

④ Chen，M. J. Smith，K. G. & Grimm，C. M.（1992）Action characteristics as predictors of competitive responses. Management Science，38（3）：439－455.

⑤ Porter，M.（1985）Competitive advantage：Creating and sustaining superior performance. New York：Free Press.

价值链（the vertical integration chain）① 上，价值创造的成果取决于厂商组织在价值链上的定位（positioning）。

（2）价值链主要由各种价值活动构成。价值活动分为两大类，即基本活动和辅助活动。

（3）上下游厂商组织价值创造活动的总和构成了价值链的总价值。

（4）厂商组织的价值链不是孤立存在的，上下游厂商组织的价值链对厂商组织自身的价值创造活动有很大的影响。

（5）在同一产业中，不同的厂商组织有不同的价值链，即不同的厂商组织合作的上下游厂商组织是不同的。

（6）对同一厂商组织而言，在不同的发展时期也存在不同的价值链，这说明价值链会伴随着厂商组织的成长而不断发生变化。

资源基础观（Resource-based View，RBV）把厂商组织看作是一系列有价值的（value）、稀有的（rareness）、不可模仿的（inimitable）与不可替代的（non-substitutable）核心资源的组合（core resource profile），而不是同质的追求（Wernerfelt，1984）②，这种资源是厂商组织进行价值创造的来源。资源基础观强调，厂商组织控制的独特资源是厂商赢得持续竞争优势的关键，而能力则是厂商组织最重要的资源（Barney，1991）③。因此，厂商组织需要发展出独特的竞争战略，以获取更大的李嘉图租金（Ricardian Rent），否则很可能就会被新进者取代而处于竞争劣势地位（Barney，Wright，& Ketchen，2001；④ Kelliher & Reinl，2009；⑤ Prahalad，1993；⑥

---

① 波特的价值链（the value chain）理论是对垂直整合的最佳理解与应用。垂直整合（vertical integration）是指将若干个在产品的价值创造过程中处于不同层次的业务整合在一起，构建出的一个完整的价值活动体系以产出商品与服务，最后到消费者手中的全过程。它一般的表现形式是：一个产品从原料到成品，最后到消费者手中经过许多阶段的全过程。垂直整合有两种类型：和生产过程的下一个工艺阶段进行整合称为向前整合（forward integration）或称为向前一体化战略（forward integration strategy），和生产过程的上一个工艺阶段进行整合称为向后整合（backward integration）或称为向后一体化战略（backward integration strategy）。厂商组织进行价值创造活动彼此之间的向前或向后取决于他们离最终消费者距离的远近。垂直整合意味着厂商组织的价值链与其供应商、经销商价值链之间的整合水平。如果一个厂商组织通过兼并收购等手段将其供应商或经销商的价值链整合进自己的价值链中，则被称之完全垂直整合（full vertical integration），或“钱德勒价值链”（Chandlerian value chain），或全产业链。

② Wernerfelt，B.（1984）Resource-based view of the firm. Strategic Management Journal，4（6）：171－180.

③ Barney，J. B.（1991）Firm resources and sustained competitive advantage. Journal of Management，17（1）：99－120.

④ Barney，J. B. Wright，M. & Ketchen，D. J，Jr.（2001）The resource－based view of the firm：Ten years after 1991. Journal of Management，27（6）：625－641.

⑤ Kelliher，F. & Reinl，L.（2009）A resource－based view of micro－firm management practice. Journal of Small Business and Enterprise Development，16（3）：521－532.

⑥ Prahalad，C. K.（1993）The role of core competence in the corporation. Research Technology Management，36（6）：40－47.

Wagner & Weitzel, 2007)[①]。

我们认为，资源基础观所强调的资源组合，实质上是一种创新组合（new combination）。美籍奥地利经济学家熊彼得（Schumpeter, 1939)[②] 将创新组合的形式分为五种类型，分别为开发新产品、革新生产方式、开拓新市场、取得新原料来源，以及创立新组织。熊彼得也是最早强调通过资源组合，创新产品开发活动重要性的经济学家之一（Trott, 2005)[③]。

我们认为，在价值创造过程中，资源组合不仅可以产生李嘉图租金（Ricardian Rent）和彭罗斯租金（Penrosian Rent），还可以产生基于资源组合创新的熊彼得租金（Schumpeterian Rent）。由于厂商必须面对市场中竞争对手随时推出新商品的潜在的和持续的挑战，因此需要不断地自我检验、探索和搜寻组织内部的资源禀赋（resource endowment）与富裕资源或冗余资源（slack resource）（Penrose, 1959;[④] Nohria &Gulati, 1996)[⑤] 重新组合既有资源，以开发创新产品来回应市场中竞争对手的行为（Dougherty, 1992; Normann, 2001）（Huck, Muller & Normann, 2001)[⑥]。因此，资源组合也是价值创造（value creation）的主要驱动因素（Moran & Ghoshal., 1999;[⑦] Amit & Zott, 2001;[⑧] Jacobides et al., 2006)[⑨]。如果一个产品能补充不同设计参数（design parameter），例如调整材质、物件配置及视觉色彩等（design（Baldwin & Clark, 2000)[⑩]，加以重新安排、开启更为宽广的设计空间（designspace）（Baldwin, Hienerth & von Hippel, 2006)[⑪]，以较为卓越的功能或更吸引人的美感使消费者愿意

---

① Wagner, H. T. & Weitzel, T. (2007) Towards an IT production function: Understanding routines as fundamental for IT value creation. Journal of Enterprise Information Management, 20 (4): 380 – 395.

② Schumpeter, J. A. (1939) Business cycles: A theoretical., historical and statistical analysis of the capitalist process. Vols. 2, New York: McGraw Hill.

③ Trott, P. (2005) Innovation management and new product development. Prentice Hall Internat.

④ Penrose, E. (1959) The theory of the growth of the firm. New York: John Wiley & Sons.

⑤ Nohria, N. & Gulati, R. (1996) Is slack good or bad for innovation? Academy of Management Journal, 39 (5): 1245 – 1264.

⑥ Huck, S. Muller, W. & Hans – Theo Normann, H. T. (2001) Stackelberg beats Cournot: On collusion and efficiency in experimental markets. Economic Journal, 111 (10): 749 – 766.

⑦ Ghoshal., S. & Moran, P. (1996) Bad for practice: A critique of transaction cost theory. Academy of Management Journal, 21 (1): 481 – 510.

⑧ Amit, R. & Zott, C. (2001) Value creation in e – business. Strategic Management Journal, 22 (6/7): 493 – 520.

⑨ Jacobides, M. G. Knudsen, T. & Augier, M. (2006) Benefiting from innovation: Value creation, value appropriation and the role of industry architectures. Research Policy, 35 (8): 1200 – 1221.

⑩ Baldwin, C. Y. & Clark, K. B. (2000) Design rules: The power of modularity. Vol. 1. Cambridge, Massachusetts: MIT Press.

⑪ Baldwin, C. Hienerth, C. & Von Hippel, E. (2006) How user innovations become commercial products: A theoretical investigation and case study. Research Policy, 35 (9): 1291 – 1313.

接纳比现有产品更为优异的新一代创新（Rindova &Petkova，2007）①，这就可以为厂商拥有更大的战略选择权。

动态竞争理论（Dynamic Competition）认为，所谓竞争就是指通过对相同（似）资源（包括要素、市场与经济租金等）的竞争角逐，超越（outperform）竞争对手，以实现价值获取的行为过程（Chen，Smith & Grimm，1992）②。该理论主要是针对竞争行为的研究，基本涉及了一对一竞争关系、一对多竞争关系、多对多竞争关系等多个视角，认为厂商组织之间的市场竞争具有极强的不确定性、动态性，传统的战略理论研究多是以相对稳定的经营环境为假设条件，并不适合今天厂商组织面临的快速变化、日趋动荡且复杂的竞争环境。面对这种复杂性环境，新竞争战略理论的一个共同发展趋势应当更加强调"动态化"。因此，战略理论应当对厂商组织在动态条件下的非完全理性竞争行为展开的研究，研究厂商组织如何在激烈的竞争环境中创造价值的问题（Kim，1994）③。理查德·达维尼（D'Aveni，1994）④ 认为，今天的厂商组织之间的竞争是一种"超竞争"（hypercompetition），厂商组织面临的是快速变化的、日趋动荡且复杂的竞争环境，产业中竞争正在迅速升级。美国管理学家艾森哈特和布朗（Eisenhardt & Brown，1998）⑤ 的边缘竞争战略理论认为，厂商组织正面临日新月异、高速变化和不可预测的经营环境，战略管理最重要的是对变革进行管理、对变革做出反应，领导变革，甚至是改变竞争的游戏规则。厂商组织应当采用处于紧密式和松散式之间的组织结构，这是支持边缘竞争战略获得成功的基础设施。应变能力、改造企业的能力是该战略能够成功的关键指标，厂商组织借此在无序和有序之间保持微妙的平衡状态。有关动态竞争理论主要有"超竞争论"（the hypercompetition theory）、边缘竞争战略（edge competitive strategy）、动态能力观（dynamic capability view，DCV）等。

所谓的"合作"逻辑，是指合则两利（Gulati & Wang，2003；⑥ Hansen et al.，

---

① Rindova V. P. & Petkova A. P.（2007）When is a new thing a good thing technological change product form design and perceptions of value for product innovations. Organization Science，18（2）：217－232.

② Chen，M. J. Smith，K. G. & Grimm，C. M.（1992）Action Characteristics as Predictors of Competitive Responses. Management Science，38（3）：439－455.

③ Kim，J. G.（1994）Dynamic competition in the automobile industry：A comparison of the U. S. and Japan. State University of New York at Stony Brook.

④ D'Aveni，R. A.（1994）Hypercompetition：Managing the dynamics of strategic maneuvering. New York：Free Press.

⑤ Eisenhardt，K. M. & Brown，S. L.（1998）Competing on the edge：Strategy as structured chaos. Long Range Planning，31（5）：786－789.

⑥ Gulati，R. & Wang，L. O.（2003）Size of the pie and share of the pie：Implications of network embeddedness and business relatedness for value creation and value appropriation in joint ventures. The Governance of Relations in Markets and Organizations Research in the Sociology of Organizations，20（2）：209－242.

2008）①，或借用博弈理论的说法，这是双赢（win-win）的变和博弈（variable-sum game）（Chatain，2011）②，它是指随着博弈参与者选择的策略不同，各方的得益总和也不同。参与者之间的利益既对立又统一，既竞争又合作，各自收益之和是一个变量（variables），因此不会出现经济租金的竞争角逐现象。

厂商组织间的"合作"逻辑的代表性理论主要是组织间关系理论（Interorganizational Relationships，IORs）。组织间关系理论的学者主张，建立在组织间竞争/合作逻辑上的价值创造活动，合作导向的价值创造与竞争导向的价值获取，以及特定组织间关系形式的价值创造与价值获取，如合资经营（joint venture）的价值创造与价值获取（Gulati & Wang，2003；③ Kumar，2008）④，以及战略联盟的价值创造与价值获取（Dyer，Singh & Kale，2008；⑤ Adegbesan & Higgins，2011）⑥，厂商组织可以通过外部网络资源的杠杆式运用（by leverage），以获取更大的关系租金（Dyer & Singh，1998）⑦。

组织间关系理论中强调"价值创造"的学者（Zajac & Olsen，1993；⑧ Dyer，1997；⑨ Ghoshal & Moran，1996；⑩ Madhok & Tallman，1998）⑪ 多以资源基础观（Resource-based View，RBV）、知识基础观（Knowledge-based View，KBV）、社会逻辑观

---

① Hansen，M. H. Hoskisson，R. E. & Barney，J. B.（2008）Competitive advantage in alliance governance：Resolving the opportunism minimization-gain maximization paradox." Managerial and Decision Economics，29（2/3）：191－208.

② Chatain，O.（2011）Value creation，competition，and performance in buyer-supplier relationships. Strategic Management Journal，32（1）：76－102.

③ Gulati，R. &Wang，L. O.（2003）Size of the pie and share of the pie：Implications of network embeddedness and business relatedness for value creation and value appropriation in joint ventures. The Governance of Relations in Markets and Organizations Research in the Sociology of Organizations，20（2）：209－242.

④ Kumar，M. V. S.（2008）Value creation in joint venture dyads. Advances in Mergers and Acquisitions，7（1）：29－50.

⑤ Dyer，J. H. H. Singh，and P. Kale.（2008）Splitting the pie：Rent distribution in alliances and networks. Managerial and Decision Economics，29（1）：137－148.

⑥ Adegbesan，J. A. & Higgins，M. J.（2011）The intra－alliance division of value created through collaboration." Strategic Management Journal，32（1）：187－211.

⑦ Dyer，J. H. & Singh，H.（1998）The relational view：Cooperative strategy and sources of interorganizational competitive advantage. Academy of Management Review，23（4）：660－679.

⑧ Zajac，E. J. and C. P. Olsen.（1993）From transaction cost to transactional value analysis：Implications for the study of interorganizational strategies. Journal of Management Studies，30（1）：131－45.

⑨ Dyer，J. H.（1997）Effective interfirm collaboration：How firms minimize transaction costs and maximize transaction value." Strategic Management Journal，18（7）：535－556.

⑩ Ghoshal.，S. & Moran，P.（1996）Bad for practice：A critique of the transaction cost theory. Academy of Management Review，21（1）：13－47.

⑪ Madhok，A. and S. B. Tallman.（1998）Resources，transactions and rents：Managing value through interfirm collaborative relationships. Organization Science，9（3）：326－339.

(Social Logic View, SLV) 等理论视角来探讨组织间价值创造和价值分配等问题。这些学者大多认为,"价值专属"或"价值占有"(value appropriation)的战略思维,太过强调联盟伙伴的机会主义行为对厂商与合作的影响,而忽略了厂商组织及管理者的其他行为特性,如学习与信任机制等(Ghoshal & Moran, 1996)①。也就是说,强调"价值创造"的学者认为组织间的合作关系是一种具有价值的特殊资源,正是这种特殊资源才使组织间"价值创造"成为可能,因为组织间合作关系可以提供厂商无法从市场交易,或无法立即与有效地由组织内部自行发展的资源(Madhok &Tallman, 1998)②。

应当指出的是,强调"价值创造"的学者并没有否定在合作过程中"机会主义"的存在,但强调厂商组织并不认为若有机会主义的存在就一定会拒绝与其合作,因为即使合作伙伴有机会主义的倾向,但并不代表合作伙伴一定会有投机行为。恰恰相反,应该视机会主义是一个不可避免的事实,且是一个可以管理的变量(Ghoshal & Moran, 1996)③。可以看出,强调"价值创造"为主要战略思维的学者认为,厂商组织应以组织间关系对交易双方所能创造的价值作为战略制定与执行的依据,而不应将合作伙伴的机会主义视为必定会实现的预言(Ghoshal & Moran, 1996)④,而投入太多时间与资源在监督与制定契约上。由此说明,价值专属危机的极小化并非价值创造极大化的充分条件。

我们认为,组织间关系既是价值创造的来源,但也可能是导致"价值专属"危机的来源。在既定的组织间关系下,"价值创造"是厂商组织建构组织间合作关系的主要目的,而"价值专属"的危机是厂商组织极其想要避免的。因此,厂商组织如何在组织间合作的过程中同时极大化价值创造,极小化价值专属危机,将是厂商组织通过组织间合作以创造竞争优势所必须同时思考的管理课题。

组织间关系理论的学者对资源基础观提出了严厉的批评,认为资源基础观忽视组织间关系这一重要的资源。他们认为,组织间关系是由组织节点之间的联结所生成的资源,是一种无形的关系资源。正是这种无形的"关系资源"和"网络资源",

---

① Ghoshal., S. & Moran, P. (1996) Bad for practice: A critique of the transaction cost theory. Academy of Management Review, 21 (1): 13-47.

② Madhok, A. and S. B. Tallman. (1998) Resources, transactions and rents: Managing value through interfirm collaborative relationships. Organization Science, 9 (3): 326-339.

③ Ghoshal., S. & Moran, P. (1996) Bad for practice: A critique of the transaction cost theory. Academy of Management Review, 21 (1): 13-47.

④ Ghoshal., S. & Moran, P. (1996) Bad for practice: A critique of the transaction cost theory. Academy of Management Review, 21 (1): 13-47.

产生了“组织间竞争优势”和“关系能力”，也揭示出资源基础观对资源认识的不足。

在我们看来，这种无形的关系资源反映的是一种社会认知资源、组织的外部资源和无形资源，恰恰没有纳入资源基础观的分析框架，但他们的确会影响厂商组织战略行为的选择和组织的经营业绩。厂商组织获得竞争优势的最根本原因是如何利用资源，特别是利用厂商组织间的网络资源，而非拥有资源。

我们认为，厂商的重要资源可以拓展厂商的边界，这些资源可能镶嵌于厂商组织间的资源与惯例之中，资源与厂商间的关系联结有非常密切的关系。在过去的二十年里，厂商战略联盟的数量剧增，组织间关系或厂商网络已成为日益重要的分析单位。网络经济学一般把厂商组织间关系这一重要的资源称为网络外部性，把它看成是阿尔弗雷德·马歇尔（Marshll，1890）外部经济性（external economy）在组织间关系网络中的表现。美国经济学家奥利弗·威廉姆森（Williamson，1985）[①] 认为，在合作过程中投入专用性资产，并以适当的共同学习、知识交换或更有效的治理机制，可以期望获得准租金（quasi-rent），而这种准租金就来源于关系专用性资产，它具有互补性的稀缺资源或能力，因而也是“关系租金”（relational rent）的来源（Dyer & Sigh，1998）[②]。

强调不同的价值创造的“结果”及其如何“分配”的理论，重点强调了如何共创经济大饼与如何分饼（size of the pie and share of the pie）。较著名的有租金或“经济馅饼”（rent or pie）的创造与竞争角逐学派的理论（Gulati & Wang，2003；[③] Dyer，Singh & Kale，2008）[④] 和有关组织间私人利益与共同利益（private benefit/common benefit）的区分理论（Lavie，2006；[⑤] Kumar，2008；[⑥] Chatain & Zemsky，2011；[⑦]

---

① Williamson，O. E.（1985）The economic institutions of capitalism. New York：Free Press.

② Dyer，J. H. and H. Singh.（1998）The relational view：Cooperative strategy and sources of interorganizational competitive advantage. Academy of Management Review，23（4）：660－679.

③ Gulati，R. &Wang，L. O.（2003）Size of the pie and share of the pie：Implications of network embeddedness and business relatedness for value creation and value appropriation in joint ventures. The Governance of Relations in Markets and Organizations Research in the Sociology of Organizations，20（2）：209－242.

④ Dyer，J. H. H. Singh，and P. Kale.（2008）Splitting the pie：Rent distribution in alliances and networks. Managerial and Decision Economics，29（1）：137－148.

⑤ Lavie，D.（2006）The competitive advantage of interconnected firms：an extension of the resource-based view. Academy of Management Review，31（3）：638－658.

⑥ Kumar，M. V. S.（2008）Value creation in joint venture dyads. Advances in Mergers and Acquisitions，7（1）：29－50.

⑦ Chatain，O. & Zemsky，P.（2011）Value creation and value capture with frictions. Strategic Management Journal，32（11）：1206－1231.

Chatain, 2011)①。

除了上述两大类价值创造的理论外，还有从其他视角解释价值创造的理论。例如，美国德克萨斯基督教大学（Texas Christian University）教授理查德·普雷姆（Priem, 2007)② 借用市场营销学的视角，从消费端进行价值创造的研究，认为厂商组织进行价值创造的成功标准应当是厂商能够给消费者带来尽可能大的消费者剩余或消费者体验利益。所谓的消费者体验（experience consumption）虽然不能像产品和服务一样可以单独出售，给消费者带来直接收益，但它能够满足消费者的情感需求，激发其对厂商提供的产品和服务的惠顾动机和冲动性购买，间接地帮助厂商组织进行价值创造和价值获取（Pine & Gilmare, 1998)③。普雷姆（Priem, 2007)④ 提出了8 种增加消费者体验利益的战略，以增加消费者利益。

我们认为，解释价值创造的理论事实上是一个多元、多维度和多层次的理论。美国管理学家戴维·列帕克等人（Lepak et al., 2007)⑤ 在《美国管理学会评论》(Academy of Management Review, AMR）中有关“价值创造”的专刊（Special Topic Forum）绪论中以多层次的观点来看待价值创造。他们认为，个人可通过开发被使用者认知为新的、适当的产品，组织可通过采用新方法、新程序，社会可通过奖励投资的方式来创造价值。列帕克等人（Lepak et al., 2007)⑥ 强调，必须分清价值创造（value creation）与价值获取（value capture）这两个概念。也就是说，我们首先应明确地区分价值的“目标”（target）与价值的“来源”（source）。所谓价值的“目标”，是指谁认知（perceived）与体认实现了（realized）价值获取；所谓价值的“来源”，是指谁以什么样的方式让价值产生（generate）或创造了附加价值。应当强调的是，上述“目标”与“来源”的概念所衍生的价值获取与价值创造，也各有其不同的机制与流程。例如，供货商通过原材料的生产与提供价值的“来源”（即“source”），而实现了制造商与

① Chatain, O. (2011) Value creation, competition, and performance in buyer-supplier relationships. Strategic Management Journal, 32 (1): 76 - 102.

② Priem, R. L. (2007) A consumer perspective on value creation. Academy of Management Review, 32 (1): 219 - 235.

③ Pine II, B. J. & Gilmore, J. H. (1998) Welcome to the emerging experience economy. Harvard Business Review, 76 (7/8): 97 - 105.

④ Priem, R. L. (2007) A consumer perspective on value creation. Academy of Management Review, 32 (1): 219 - 235.

⑤ Lepak, D. P. Smith, K. G. & Taylor, M. S. (2007) Value creation and value capture: A multilevel perspective. Academy of Management Review, 32 (1): 180 - 194.

⑥ Lepak, D. P. Smith, K. G. & Taylor, M. S. (2007) Value creation and value capture: A multilevel perspective. Academy of Management Review, 32 (1): 180 - 194.

消费者的价值体认（即“target”）。其中，供货商的价值创造机制主要是其所采取的活动（activities/actions）；制造商的价值实现机制，或消费者的价值实现机制，则可能包括竞争机制、谈判机制与隔离机制（isolating）（Brandenburger & Stuart，1996；[①] Lepak et al.，2007；[②]Pitelis，2009）[③]。

---

① Brandenburger，A. M. & Stuart，H. W.（1996）Value-based business strategy. Journal of Economics & Management Strategy，5（1）：5－24.

② Lepak，D. P. Smith，K. G. & Taylor，M. S.（2007）Value creation and value capture：A multilevel perspective. Academy of Management Review，32（1）：180－194.

③ Pitelis，C. N.（2009）The co-evolution of organizational value capture，value creation and sustainable advantage. Organization Studies，30（10）：1115－1139.

三、 价值创造的模式

在早期的战略管理文献中，厂商组织被认为是顾客价值的主要创造者，厂商组织通过一连串价值活动组合，单方面创造产品与服务的价值给顾客（Porter，1985）①。一般认为，价值创造与厂商组织一系列业务活动有关，即与产业价值链有密不可分的关系。因此，迈克尔·波特（Porter，1985）的价值链模式（Michael Porter's value chain model）②，就成了工业经济时代最经典的价值创造模式。

波特（Porter，1980）③ 在《竞争战略》（Competitive Strategy）一书中提出"价值链"（value chain）思想，它是通过管理供货商、评估消费者的需求，以及适当调整内部处理过程（设计、制造、销售及运送产品、售后服务）所执行的一连串活动与信息传递的流程。它不但要看整个经济程序，而且看到每一项活动对最终产品的加价的每一个步骤。他的五个基本活动是内勤支持、运作、外勤支持、营销和销售及服务，四项辅助活动则是企业基础功能（包括会计、财务及质量管理）、人力资源管理、科技发展及采购。

波特（Porter，1985）④ 在《竞争优势》（Competitive Advantage）一书中建立起完整的价值链管理理论。他认为，竞争优势是一种特质，表明厂商组织拥有比竞争对手更加独特的可持续性优势，可以分为成本优势、差异优势及聚焦优势。他将对厂商竞争优势地分析带入价值链中作为分析的基本工具，提出价值系统由供应商价值链、企业价值链、渠道价值链、买方价值链组成，企业价值链由业务单元价值链组成，价值链上的每一项价值活动都会对企业最终能够实现多大的价值造成影响。波特认为："每一个厂商组织都是在设计、生产、销售、发送和辅助其产品的过程中进行种种活动的集合体。所有这些活动可以用一个价值链来表明。"厂商组织的价值创造是通过一系列活动构成的。这些活动可分为基本活动和辅助活动两类，基本活

---

① Porter, M. (1985) Competitive advantage: Creating and sustaining superior performance. New York: Free Press.

② 有学者也把迈克尔·波特的价值链称为"钱德勒价值链"（Chandlerian value chain）。

③ Porter, M. E. (1980) Competitive strategy: Techniques for analyzing industries and competitors. New York: Free Press.

④ Porter, M. (1985) Competitive advantage: Creating and sustaining superior performance. New York: Free Press.

动包括内部后勤、生产作业、外部后勤、市场和销售、服务等；而辅助活动则包括采购、技术开发、人力资源管理和厂商组织基础设施等。这些互不相同但又相互关联的生产经营活动，构成了一个创造价值的动态过程，即价值链。

在波特价值链模式中，波特将厂商组织的价值活动区分为“基本活动”与“支持活动”两部分，其中基本活动是指对最终商品有贡献的部分，如进货、制造、出货、物流、营销、售后服务等；支持活动则是间接性地辅助活动，对于厂商组织的价值创造有很大的帮助，如厂商组织的基本设施、人力资源管理、技术发展、采购活动等。

需要注意的是，不同的厂商组织参与的价值活动中，并非每个环节都在创造价值，实际上只有某些特定的价值活动才真正创造价值，这些真正创造价值的经营活动，就是价值链上的“战略环节”。厂商组织要保持的竞争优势，实际上就是厂商在价值链某些特定的战略环节上的优势。运用价值链的分析方法来确定核心竞争力，就是要求厂商组织密切关注组织的资源状态，要求厂商组织特别关注和培养在价值链的关键环节上获得重要的核心竞争力，以形成和巩固厂商组织在行业内的竞争优势。厂商组织的竞争优势既可以来源于价值活动所涉及的市场范围的调整，也可来源于厂商组织间协调或共用价值链所带来的最优化效益。

彼得·海因斯（Hines，1993）① 在波特理论的基础上发展了价值链管理理论，他从价值实现的最终目标出发，对价值链进行了重新定义。把顾客对产品的需求作为生产过程的终点，把利润作为满足这一目标的副产品，这与波特把实现厂商组织利润作为最终目标存在着较大的差别。另外，彼得·海因斯（Hines，1993）把原材料和顾客纳入他的价值链系统中，将价值链从企业内部扩展到企业外部。

事实上，价值链在经济活动中是无处不在的，上下游关联的厂商组织与厂商组织之间存在产业价值链，厂商组织内部各业务单元的联系构成了厂商组织的价值链，厂商组织内部各业务单元之间也存在着价值链联结。价值链上的每一项价值活动都会对厂商组织最终能够实现多大的价值造成影响。

进行产业价值链分析既可使厂商组织明确自己在行业价值链中的位置，以及与自己同处于一个产业价值链上其他厂商组织的整合程度对本厂商组织构成的威胁，也可使厂商组织探索利用产业价值链达到降低成本的目的。产业的这种价值链又叫垂直联结，或称为垂直整合价值链（vertical integration value chain），也称为波特价值链（Porterian value chain）或钱德勒价值链（Chandlerian value chain），即代表了厂商

① Hines，P.（1993）Integrated materials management：The value chain redefined. International Journal of Logistics Management，4（1）：13－22.

组织在产业价值链中与其上下游之间的关系。厂商组织通过产业价值链的联结，可以改善与供应商、经销商的联结关系，从而降低厂商组织的生产成本，通常也会使供需双方获益。

在我们看来，波特“价值链”最大的缺失，就是它没有把“虚拟价值链”结合在“实体价值链”上，是一种静态的线性经济活动分析，而非动态的网络经济活动分析。现在互联网经济在虚拟价值链的价值产生是通过网络交易，原始信息通过互联网转换成商品，并提供用户价值的。

随着信息技术的发展，哈佛商学院教授杰弗里·雷鲍特和约翰·斯维奥克拉（Rayport & Sviokla，1995）① 首次提出虚拟价值链（virtual value chain）的观点。他们认为，进入信息经济时代的厂商组织要在两个世界中竞争：一个是管理者可以看到、触及到的由资源组成的物质世界，称之为市场场所（marketplace）；另一个则是由信息所组成的虚拟世界，称之为市场空间（market space）。市场场所是一个厂商组织及其管理人员看得见、摸得着的有形资源的实体世界；市场空间则是一个由信息构成的虚拟世界，以电子商务为载体的新的价值创造场所。这两个不同世界是通过不同的价值链开展价值创造活动，市场场所通过“物理价值链”（physical value chain），运用传统的物质资源来为顾客生产、加工有形的产品或提供具体的服务。传统的物理价值链中尽管也包含有信息的内容，但只将其视为价值增值过程的辅助成分而非源泉；后者通过“虚拟价值链”（virtual value chain），即通过对信息的收集、组织、选择、综合和分配信息等来为顾客创造无形的产品或服务。虚拟价值链却并不仅仅包括信息的价值增值活动，更重要的是，“它还是一种为顾客‘重新创造价值’”的活动。关键一步是超越对实体过程的简单理解，通过寻找信息取代实体过程，而不仅仅是记录实体过程领域，从而改变厂商组织的经营方式。虚拟价值链的任何环节创造价值都要涉及五个步骤：收集（gather）、组织（organize）、挑选（select）、综合（synthesize）和分配（distribute）信息。信息不仅有益于理解或者改变实体世界，还可超越实体世界，提供生产新产品、新服务和开拓新市场的机会。

杰弗里·雷鲍特和约翰·斯维奥克拉（Rayport & Sviokla，1995）② 认为，厂商组织在市场场所和市场空间中的竞争规则是不同的。一个在市场场所中取得成功的厂商组织未必能够顺利进入市场空间中，因为它在物质世界中赖以成功的方式或手段无法照搬到信息世界。虚拟价值链理论，就是用以指导企业如何在市场空间中进

---

① Rayport，J. F. & Sviokla，J. J.（1995）Exploiting the virtual value chain. Harvard Business Review，73（9/10）：75－99.

② Rayport，J. F. & Sviokla，J. J.（1995）Exploiting the virtual value chain. Harvard Business Review，73（9/10）：75－99.

行有效竞争的理论。他们认为，价值链中的每一项价值增值活动都可以分为两部分：一部分是在市场场所中基于物质资源的增值活动，而另一部分是在市场空间中基于信息资源的增值活动。物质资源增值活动构成了传统价值链，而与此相对应的信息资源增值活动则独立出来构成虚拟价值链。企业在市场空间中的竞争优势体现在如何比竞争对手更有效地进行信息增值活动。

随着价值链理论的发展，价值创造的价值链更加注重围绕核心企业的网链关系来展开，如核心企业与供应商、供应商的供应商乃至与一切前向的关系，与用户、用户的用户及一切后向的关系。此时，价值链的概念成为一个网链的概念（Normann and Ramirez 2000）①。今天，价值链概念更加注重信息获得对企业控制价值链核心资源的重要性，因此价值链概念发展成了数字价值链，通过互联网而形成的电子神经系统（Lawton and Michaels 2002）②。这种数字价值链可以利用网络迅速获得顾客对产品的需求愿望，从而掌握价值增值最大的作业链环。

1996 年，哈佛大学商学院战略管理教授亚当·布兰登伯格和纽约大学教授哈本·斯图尔特（Brandenburger and Stuart，1996）③ 提出了厂商的价值基础战略（Value-based Business Strategy），首次通过发展一个数学模型来解释竞争条件下价值创造的价值网模型（value net model），以探讨所有商业活动参与者之间的关系，并深入地解释了厂商绩效的异质性现象。与传统厂商的价值创造模式比较，传统厂商利用供应商提供的材料生产产品并同其他生产商竞争以获得顾客；而在价值网中，厂商组织商业活动中增加了一个新的因素：互补者（complementors），这是指那些提供互补性产品，而非竞争性产品和服务的公司。

随着单个厂商组织的垂直整合价值链解构（deintegration），产业内或产业间又形成了新的价值链网络。美国哈佛商学院副教授本杰明·戈麦斯 - 卡斯（Gomes-Casseres，1994）④ 指出，战略联盟的集团为了共同的目的而相互联结，结果创造了一个“集团对集团”（group vs. group）的竞争形态。单个厂商的绩效受到其所属的价值链网络的影响，而焦点厂商必须去管理多重伙伴关系。换句话说，传统的公司

① Normann，R. & Ramirez，R.（2000） From value chain to value constellation：Designing interactive strategy . In Harvard Business Review on Managing the Value Chain. New York：Harvard Business School Press.

② Lawton，T. C. & Michaels，K. P.（2001） Advancing to the virtual value chain：Learning from the Dell model. The Irish Journal of Management，22 （1）：91 – 103.

③ Brandenburger，A. M. & Stuart，H. W.（1996） Value-based business strategy. Journal of Economics & Management Strategy，5 （1）：5 – 24.

④ Gomes-Casseres，B.（1994） Group versus group：How alliance network compete. " Harvard Business Review，82 （7/8）：62 – 74.

与公司之间的竞争，已经转变为供应链网络、价值链网络之间的彼此竞争（Lewis，1995）[①]。而供应链网络、价值链网络中各参与企业间的资源互补性或互补性资产（complementary assets）是促成组织间合作的重要因素，也是战略联盟得以产生和供应链网络能否进一步扩大的先决条件（Brouthers，Brouthers and Wilkinson，1995；[②] Miles，Preece and Baetz，1999；[③] Combs and Ketchen，1999；[④] Das and Teng，1998，[⑤] 2000）[⑥]。所谓的互补性资产（complementary assets）是能够为战略联盟集体产生更大经济租金的联盟伙伴的独特资产（Dyer & Singh，1998）[⑦]。一般来说，供应链网络、价值链网络中各参与厂商组织之间的资源互补程度越高，组织间合作成功的可能性越大（Sinha and Cusumano，1991）[⑧]。

为什么价值链网络会得以形成呢？过去的研究有多种解释。

一是从资源基础观和资源的互补性视角进行的解释。美国堪萨拉大学商学院教授迟台兰（Chi，1994）[⑨] 认为，资源的交换能够获利，是因为他们的这些资产或资源具有互补性或协同效应。所谓互补性是指共同利用这些资产或资源比单独地利用可以获得更高的报酬，而互补性资产是指两组资产彼此有某种程度的依赖。因此，从资源基础观和资源的互补性视角进行的解释，可以说是解释供应链网络形成的主要理论。

二是从厂商获得竞争能力视角进行的解释。亚利桑那州立大学营销学教授迈克尔·赫特等人（Hutt et al. 2000）[⑩] 认为，价值链网络和组织间合作关系可以协助厂

---

① Lewis，J. D.（1995） The connected corporation：How leading companies win through customer-supplier alliances. New York：Free Press.

② Keith D. Brouthers，Lance Eliot Brouthers and Tim Wilkinson. Strategic alliances：Choose your partners. Long Range Planning，1995，28（3）：18－25.

③ Grant Miles，Stephen B. Preece and Mark C. Baetz. "Dangers of dependence：The impact of strategic alliance Use by small technology-based firms." Journal of Small Business Management，1999，37（2）：20－29.

④ James A. Combs and David J. Ketchen，Jr. "Toward a synthesis of the resource-based view and organizational economics in the context of grand strategies." Journal of Business Strategies，1997，14（2）：83－195.

⑤ K. T. Das，and Bing-Sheng Teng. "Resource and risk management in the strategic alliance making process." Journal of Management，1998，24（1）：21－42.

⑥ K. T. Das，and Bing-Sheng Teng. "A resource-based theory of strategic alliances." Journal of Management，2000，26（1）：31－61.

⑦ Dyer，J. H. and H. Singh.（1998） The relational view：Cooperative strategy and sources of interorganizational competitive advantage. Academy of Management Review，23（4）：660－679.

⑧ Deepak K. Sinha and Michael A. Cusumano. "Complementary resources and cooperative research：A model of research joint ventures among competitors." Management Science，1991，37（9）：1091－1106.

⑨ Tailan Chi. "Trading in strategic resources：Necessary conditions，transaction cost problems，and choice of exchange structure." Strategic Management Journal，1994，15（4）：271－290.

⑩ Michael D. Hutt，Edwin R. Stafford，Beth A. Walker and Peter H. Reingen. "Case study：Defining the social network of a strategic alliance." Sloan Management Review，2000，41（winter）：51－62.

商获得新的竞争能力、节省资源并分散风险、更快速地进入市场、对未来的投资创造一个吸引人的选择权。对受到资源限制的厂商而言，厂商可以用组织间合作协议与外部组织的资源结合作为响应，采用战略联盟的主要优点是可以比独资更快进入市场，这项考虑在许多系统环境下都是非常重要的（Combs and Ketchen，1999）①。

三是从创新/进入市场、学习、规模经济的发挥、降低成本、增加垂直议价力等视角进行的解释。

在产业成熟化和不断地追求规模经济的动机下，企业逐渐以全球性市场的扩张作为其进一步成长的动力来源。基于核心能力（core competence）和能力要素重构的原因，意图经营全球性产业市场的企业必须仰赖来自世界各地的供应商提供必要的辅助能力（ancillary capabilities），以进行全球化的设计、生产、市场营销及物流的营运（Prahalad and Hamel，1990）②。这些需求，不仅使得制造商与上游供应商及下游物流和经销商之间相互依赖关系（interdependence）的逐渐增加，由此产业价值链网络也应运而生。

在专注核心能力、能力要素重构和获取必要辅助性资源因素的条件下，旗舰企业（flagship enterprise）或焦点企业（focus firm）一方面鼓励垂直反整合（vertical disintegration，也可翻译为垂直解构），或价值链解构和能力要素重构，以获取专业化经济（economies of specialization）效益；另一方面也积极地整合战略性合作厂商，以取得上述必要的资源（Frohlich and Westbrook，2001；③ Nesheim，2001）④。应当说，产业价值链网络是一个虚拟垂直整合的价值链或价值网络（virtual vertical integration value chain），而"整合"（integration）、"协同"（collaberation）与"协调"（coordination）等是虚拟垂直整合价值链中的关键概念，也是价值创造中不可或缺的概念。

需要注意的是：

（1）虚拟价值链强调，以信息为基础的商品在生产过程中的价值创造是补充现有的价值链，而非取而代之，两者是相连接的，主要是在营销方面的整合而产生新市场空间。

（2）信息的日益重要性表示虚拟价值链的过程相对取代了传统的价值链。因为

---

① James A. Combs and David J. Ketchen，Jr. "Toward a synthesis of the resource-based view and organizational economics in the context of grand strategies." Journal of Business Strategies，1997，14（2）：83－195.

② Prahalad，C. K. & Gary Hamel，G.（1990）The core competence of the corporation. Harvard Business Review，68（4）：79－91.

③ Frohlich，M. & Westbrook，R.（2001）Arcs of integration：An international study of supply chain strategies." Journal of Operations Management，19（2）：185－200.

④ Nesheim，T.（2001）Externalization of the core：Antecedents of collaborative relationships with suppliers." European Journal of Purchasing & Supply Management，7（4）：217－225.

网络可以提供不同的配销方法，也能够在不同层面上根本地改变供应链（包括内外部网络）。

（3）虚拟价值链可说是竞争优势的一项重要资源，信息的需求不仅是用来帮助现有过程，也用来重新包装、分析、建立以信息内容为基础的产品或新的产品线。如厂商使用其顾客信息来建立金融体系或其他特殊的顾客产品，不但增加顾客对企业的忠诚度，也有助于争取其他竞争者的顾客。或者通过互联网的运作，使得企业间分享信息利益而扩张伙伴关系，且使企业具有弹性、速度、革新及应变力，进而产生附加价值。

加拿大管理学家塔普斯科特（Tapscott，1997）[①] 指出，虚拟价值链得以发展的驱动力有下列五项：

（1）更容易接触企业合作伙伴。

（2）建立企业间新的相互依赖关系。

（3）通过合作产生竞争优势。

（4）通过组织间的伙伴关系产生价值。

（5）加速组织间的交易。

事实上，创新的价值网络，到处是商机，在顾客方面利用顾客的数据库、关系营销管理与定制化的服务，与顾客一起创新，使顾客自己创造价值，为企业创造人性化而有价值的单元。

基于虚拟整合和虚拟价值链，厂商组织可以完全外包而成为价值的整合者（value integrator），价值创造不再是单一的“制造 - 销售”模式来完成的，而是由一群“制造 - 销售”的厂商组织所完成的。因此，厂商经营模式由价值链的观念转换成“价值群组”（value group）的观念。价值群组是一个价值创造系统——系统化的社会创新，它包括不同经济活动成员（供货商、合伙联盟或顾客）互助协力合作以共同创造价值，其战略目标在于使企业的核心能力（core competence）能真正切合顾客所需；其战略任务则在于重新定位这个群组成员的角色与彼此的关系，以新的模式让新的成员创造价值（Normann and Ramirez，2000）[②]。这说明，在瞬息万变的竞争环境中，清晰的战略思考特别重要，它是厂商组织存活的关键。其战略创新在于提供知识上的架构、观念上的模式及主要的想法，连接知识与关系，或组织的能力与顾客，让经理人得以找出能带给顾客价值的机会，并将这一

---

① Tapscott，D.（1997）The digital economy：Promise and peril In the age of networked intelligence，New York：McGraw-Hill.

② Normann，R. & Ramirez，R.（2000）From value chain to value constellation：Designing interactive strategy. In Harvard Business Review on Managing the Value Chain. New York：Harvard Business School Press.

机会转化为利润的方法。

以宜家家居（IKEA）为例，它由一家瑞典的小型邮购家具商，运用“价值群组”（value group）的经营模式，蜕变为全球最大的家具零售业者。探究宜家家居成功的要素主要有几点：

（1）简单且高质量的斯堪的纳维亚设计（Skandinavia design）①。

（2）由全球各地采购零件。

（3）组装成的家具让顾客能自行负责运送与装组（DIY）。

（4）店址位于市郊，因而能有较多的停车位，还有咖啡厅、餐厅甚至托儿中心等设施。

宜家家居将其在零件、仓储与顾客服务上所节省的成本回馈给顾客，其产品的标价经常较竞争者低25%～50%。

宜家家居之所以能成功，在于价值创造逻辑的根本转变。在信息技术及全球经济一体化的冲击下，越来越多价值创造的机会也被浓缩在某一特定的“提供”（offering）中，制造出创造附加价值的新机会，到宜家家居已不再只是购物，还包括娱乐与休闲。对顾客最具吸引力的“提供”通常涵盖顾客、供货商、厂商伙伴在内的全新组合，厂商并不将自己定位于传统价值链中的某一个点上。反之，他们系统化地重新创造价值，并包含各种角色的营运系统，并将此价值送到顾客手上。为使企业成功，企业必须不断地评估并设计与其能力有关而持续增进创新能力，以维持价值创新系统的延展性、新鲜度和响应力。

挪威管理学家斯塔贝尔与弗杰尔德斯塔得（Stabell & Fjeldstad，1998）② 认为，价值创造模式除了价值链之外，还有价值商店（value shop）与价值网络（value network）两种价值经营模式。他们所提出的三种价值创造模式是建立在美国著名权变组织理论学家詹姆斯·汤普森（Thompson，1967）③ 的长程连接技术（long-linked

---

① 二十世纪四五十年代，斯堪的纳维亚国家设计的发展是与政府对于设计的重视和扶持分不开的。大概是受英国的影响，战后斯堪的纳维亚国家为提高工业设计水平均纷纷成立专门部门，控制产品质量与标准化生产。斯堪的纳维亚设计风格（Scandinavian Style）与艺术装饰风格、流线型风格等追求时髦和商业价值的形式主义不同，它不是一种流行的时尚，而是以特定文化背景为基础的设计态度的一贯体现。这些国家的具体条件不尽相同，因而在设计上也有所差异，形成了“瑞典现代风格”“丹麦现代风格”等流派。但总体来说，斯堪的纳维亚国家的设计风格有着强烈的共性，它体现了斯堪的纳维亚国家多样化的文化、政治、语言、传统的融合，以及对于形式和装饰的克制，对于传统的尊重，在形式与功能上的一致，对于自然材料的欣赏等。斯堪的纳维亚风格是一种现代风格，它将现代主义设计思想与传统的设计文化相结合，既注意产品的实用功能，又强调设计中的人文因素，避免过于刻板和严酷的几何形式，从而产生了一种富于“人情味”的现代美学，因而受到人们的普遍欢迎。

② Stabell，C. & Fjeldstad，Ø. D.（1998）Configuring value for competitive advantage：ON chains，shops，and networks. Strategic Management Journal，19（4）：413－437.

③ Thompson，J. D.（1967）Organization in action. New York：McGraw-Hill.

technology）、密集技术（intensive technology）和中介技术（mediating technology）基础上的，这三种技术类型分别对应的是价值创造的价值链模式（value chain model）、价值商店模式（value shop model）与价值网络模式（value network model）。

按照长程连接技术，所有的事件都是有顺序的、相互关联的，各项任务是连续完成的。在这一过程中，厂商组织需要通过生产端一连串投入、进行一系列业务活动，执行这些活动的不同功能构成了厂商组织的价值链，进行着价值创造的活动。

价值商店是指经由解决顾客特定问题的价值创造模式，是一种运用密集技术发现问题与解决问题的活动过程，经由如此的活动过程得以提升产品价值。密集技术强调解决问题时对技术的选择依赖于问题解决的进程。斯塔贝尔与弗杰尔德斯塔得（Stabell & Fjeldstad，1998）① 将这种价值创造模式称为价值商店。与价值链模式不同的是，价值商店的价值创造逻辑不是大规模地生产某种产品，而是以顾客作为整个价值创造活动的中心，通过寻找顾客的真实需求，解决特定顾客问题来为顾客创造价值。

价值网络的价值创造模式强调，中介技术是一种能够使两个或两个以上需要交易的顾客之间取得联系的技术，通过这种技术来联结顾客，促进顾客的交换，为顾客创造价值。

需要指出的是，厂商组织内部未必只采用单种价值创造模式，由于厂商组织可能同时使用多种生产技术，因此可能采用混和的价值创造模式来为厂商组织进行价值创造。

工业经济时代的价值创造模式，概括起来就是斯塔贝尔与弗杰尔德斯塔得（Stabell & Fjeldstad，1998）② 所提供的三种经典模式或三种不同情境的分析工具，他们分别是：

（1）价值链模式。

（2）价值商店模式。

（3）价值网络模式。

必须强调的是，工业经济时代的三种价值创造经典模式，在移动互联网时代并没有完全过时，仍然在广泛地运用。

价值链模式仍然是制造业中钢铁、化工和石油等大规模连续生产行业进行价值创造的主导模式。

---

① Stabell，C. & Fjeldstad，Ø. D.（1998）Configuring value for competitive advantage：ON chains，shops，and networks. Strategic Management Journal，19（4）：413 – 437.

② Stabell，C. & Fjeldstad，Ø. D.（1998）Configuring value for competitive advantage：ON chains，shops，and networks. Strategic Management Journal，19（4）：413 – 437.

价值商店模式是移动互联网时代平台型厂商组织使用最多的价值创造模式，价值商店的典型——电子商务平台就是在体验经济下应运而生的一种模式。属于这一类型的电子商务平台厂商大都属于服务提供商，他们通过提供与顾客需要相适应的、能够带来难忘体验的服务来为顾客创造价值，并为厂商组织实现价值获取。一般来说，按照提供服务的性质，这些厂商分为两类：一类是娱乐服务提供商，另一类是专业信息服务提供商。电子商务可以帮助平台型厂商组织更快、更有效地发现顾客需求，并通过移动互联网获取低成本、高容量的信息，使平台型厂商组织在供给端与需求端之间的沟通更方便和更有效，从而有效地提高交易效率和服务质量。例如，苹果公司的网上应用程序商店（Apple App Store），就是移动互联网时代价值商店模式最典型的代表。

而价值网络模式在制造业中广泛运用于电子制造业、机械工业、轻工业等产品零件可以分离式大规模制造的产业中。由于传统价值链的解构，价值网络模式已经成为制造业的主流价值创造模式。

在移动互联网时代，价值网络模式也可以作用于中介服务领域。平台型厂商组织实质上就是中介服务商，它的主要作用就是营造网络的市场空间（market space），将买卖双方联系在一起，为其进行价值创造提供平台的中介服务，并从中获取收益。由于存在着网络效应，平台型厂商组织的固定成本可以分摊给数量巨大的顾客群体，从而使顾客的边际成本最小，当网络规模达到一定规模时将导致网络效应最大化，平台型厂商组织将获得巨大的收益。

四、 价值创造模式的发展

进入新世纪，价值创造模式有了一些新的发展。

（一）制造业的主流价值创造模式

今天，制造业的主流价值创造模式是虚拟垂直整合价值网络（virtual vertical integration value network）模式。虚拟垂直整合价值网络理论强调，应当将厂商组织与长期关系式交易的合作伙伴紧密结合在一起，就好像这些价值创造伙伴是存在于厂商组织内部一样。例如，计算机生产厂商戴尔公司（Michael Dell Corp.）就是虚拟垂直整合价值网络的典型代表。可以这样说，虚拟垂直整合价值网络的更高层次目标是价值创造与规则再造。

从价值创造角度看，虚拟垂直整合价值网络强调必须从解决效用、成本与价格之间的关系入手，价值创造说到底就是要实现边际效用递增（increasing marginal revenue）与边际成本递减（diminishing marginal cost）。

从边际效用递增角度看，虚拟垂直整合的价值网络需要实现：

（1）虚拟垂直整合价值网络注重挖掘传统市场边界之外的潜在需求。

（2）虚拟垂直整合价值网络强调应当超越传统产业市场边界，推出新产品或新服务应当处于价值链的高端，具有较高的效用价值。

（3）虚拟垂直整合价值网络特别关注追求针对消费者心理需求与社会需求的效用创新。

（4）虚拟垂直整合价值网络注重市场客户的消费体验，以获得边际效用递增，而非相反。

（5）虚拟垂直整合价值网络非常重视来自于需求端的规模经济（the demand-side economy of scale），使厂商组织与消费者之间的效用函数（utility function）相互依赖，而非相互排斥。

从边际成本递减角度看，虚拟垂直整合价值网络需要实现：

（1）实施价值工程（Value Engineering，简称 VE）。

（2）注重来自厂商组织供给端的规模效应（the supply-side economy of scale）。

（3）注重来自于需求端的范围经济（the demand-side economy of scope）。

（4）强调虚拟垂直整合价值网络参与成员都能够获得内生式增长（endogenous growth），强调厂商组织的经营能够不依赖外力推动实现持续增长，注重内生的技术进步，以保证经营绩效的持续增长。

从规则再造角度看，虚拟垂直整合价值网络必须实现：

（1）虚拟垂直整合价值网络的价值主张具有差异化的高效用。

（2）虚拟垂直整合价值网络的价值主张具有低成本的供给结构。

（3）虚拟垂直整合价值网络强调创造和拥有一个巨大的市场需求空间（market space）。

规则再造的本意就是强调寻求对问题的重新定义，通过改变规则来重塑产业边界，即重塑供求关系，对市场供求结构进行根本性地改造。如果从这一视角看，未来的垂直整合价值网络应当是一个高度弹性的、具有高度创新性的价值网络。或许这样的想法已经超出了虚拟垂直整合价值网络的范畴了。

（二）价值创造经营模式的建构

英国伦敦政治经济学院教授加里·哈默尔（Hamel，2000：91 – 144）① 建构了价值创造经营模式。他认为，价值创造的“经营观念”包含了四大要素：核心战略（core strategy）、战略性资源（strategic resources）、顾客界面（customer interface）、价值网络（value network）。

在这四大要素之间，有“顾客利益”“活动构造”和“公司界线”三座“桥梁”将这四大要素结合起来。

支持价值创造经营模式的四个决定潜力因素是：效率（efficient）、独特性（u-nique）、适配（fit）、利润推进器（profit boosters）。

价值创造的核心战略（core strategy）包含厂商使命（firm's mission）、产品（product）及市场范围（market scope）和差异化基础（differentiation basis），这是厂商组织选择如何竞争的根本基础。

战略性资源（strategic resources）包含核心能力、战略性资产和核心流程。“核心能力”指公司拥有的知识，含技能与独特的能力。“战略性资产”包含品牌、专利权、基础建设、专利标准、顾客数据等价值专属（value appropriation）的内容等，如

① Hamel, G.（2000）Leading the revolution: How to thrive in turbulent times by making innovation a way of life. Boston, Massachusetts: Harvard Business School Press, 2000.

果厂商组织能用新奇方法经营这些战略性资产，即可实现创新价值。“核心流程”是指公司将“投入”转变为“产出”所用的新方法与流程，公司将能力、资产等投入转为提供给顾客的价值。

“顾客界面”（customer interface）是指厂商组织利用信息技术（IT），活用“履行与支持、信息与洞察力、关系动态及价格结构”四个要素，改变厂商组织与顾客接触，产生新的价值网络，这就是包含供应商、合作伙伴等相关利益者构成的“价值网络”（value network）。

“活动构造”（action configuration）是连接公司核心战略与战略性资源的桥梁，以独特的方法结合能力、资产与流程来支持某特定战略，因而它也是指能力、资产与流程之间的连接（linkage），和厂商组织如何管理这些连接成为“平台团队”（platform team）。它代表各种功能的员工而打破功能界限。

这里的顾客利益（customer interest），是根据连接“核心战略”与“顾客需求”（customer demand）而来的，这里核心战略代表着厂商组织的价值主张，顾客需求是顾客的价值主张，两者的结合点就是顾客利益，因为没有顾客的购买，就没有厂商的价值获取，也意味着厂商的价值创造并没有意义。厂商组织的战略性资源与价值网络之间的连接，就是“公司界线”（firm boundary）。

这个“界线”代表哪些事厂商组织自己做，把哪些工作外包给价值网络（供应商、合伙人、联盟）的决策。公司核心价值及接触顾客为重要部分，就是公司自己做的事，不可外包。企业要获利，管理者应创造出在观念面及执行面都与众不同的经营模式，且从顾客重视的事情着手。当一个经营模式的所有要素都能互相强化，各个部分能协调一致，朝同一目标前进，则该厂商组织一定能创造利润。

这里的所谓“利润推进器”（profit boosters）包含四项：报酬递增、排除竞争者、战略经济及战略弹性。最重要的是要能出人意料地创新，制定长期有效的自我强化的战略，能用先发制人的方式锁住顾客，更要使公司的所有要素均能互相强化，各部门协调一致，朝同一目标、聚焦全力精进，这完全需要组织拥有无穷创意与热情付诸实践，毕竟成功是属于超人一等的胆识与凝聚力的发挥者。

（三）聚焦顾客，创造价值跃进

金伟灿和莫博涅（Kim & Mauborgne，2005）① 建构聚焦顾客并创造价值跃进，

---

① Kim，W. C. & Mauborgne，R.（2005）Blue Ocean Strategy. Boston，Massachussets：Harvard Business School Press，2005.

进而开启无人竞争市场的蓝海战略（Blue Ocean Strategy）。蓝海战略要求厂商组织把目光从市场的供给端（supply side）转移向需求端（need side），也就是与其与竞争对手死拼，不如关注顾客的现实与潜在需求，推出更能满足顾客需要的产品。这要求厂商组织应当跨越现有的竞争边界看市场，将不同市场的买方价值元素筛选、重新排序，厂商组织就有可能重建市场和产业边界，开启巨大的潜在需求，从而摆脱“红海”——已知市场空间——的血腥竞争，开创“蓝海”新的市场空间。

金伟灿和莫博涅（Kim & Mauborgne，2005）强调指出：“对于极需由生产经济转为以价值来自创新与创意为基础的知识经济的厂商组织来说，合理程序变成一个极重要的管理工具。合理程序深深地影响攸关优异工作表现的态度及行为，它能建立互信、释放创意，是创新企业文化的核心，是知识管理成功的关键。而接触参与、解释清楚、期望明确是合理程序的基石。所以，厂商组织与员工之间的彼此信任，自然产生认同与情感，构成创新持久不衰的动力来源。”

蓝海战略（规划）形成包括了四个阶段：阶段一：眼见为凭（用愿景聚焦），要求厂商组织主管描绘公司战略的价值曲线，能让他们深刻体会到改变的必要；阶段二：观察入微，用 6 种途径进行疆界的设定，包括跨足另类产业、探讨战略群组（strategic group）、破解顾客链（customer chain）①、互补产品与服务、理性或感性与看见未来趋势；阶段三：战略比高（新价值曲线）；阶段四：视觉沟通。在战略分析的架构上，产业的战略逻辑与经营模式必须接受下面四个关键问题的挑战：

（1）产业内习以为常的因素有哪些应予以消除？

（2）哪些因素应降低至远低于产业标准？

（3）哪些因素应提升到远超过产业标准？

（4）哪些产业从未提供的因素，应该被创造出来？

在公司层级的战略可视化工具 PMS［先驱者（pioneer）—移动者（migrator）—安定者（settler）］图表有助于事业间的沟通，并一起将公司从红海推向蓝海。

我们认为，蓝海战略所倡导的“聚焦顾客并创造价值跃进”的价值创造模式，其核心是将厂商组织传统地追求来自供给端范围经济（Economies of scope from supply side）转向追求来自需求端范围经济（Economies of scope from need side）。

---

① 顾客链（customer chain）也称为顾客价值链（customer value chain），它是依据创造顾客价值的交易过程和关系过程所形成的顾客感知价值的整体，它的构建应体现顾客价值的核心思想和基本特性，以增强厂商组织的柔性和提高外部顾客的满意度，从总体上提升厂商组织的经营绩效。

(四) 价值共创与价值共享模式的出现

进入移动互联网时代，价值创造的思路与模式发生了巨大的变化。与传统价值链线性思维不同，近年来越来越多的学者强调价值共创观点（co-creation view）与互动观点（interaction view）（也可以称为界面观点）。

所谓的价值共创观点，强调价值是由厂商组织与消费者共同创造，而非从厂商组织单向提供（Lepak，Smith，&Taylor，2007；[①] Pitelis，2009；[②] Priem，2007）[③]；而互动观点则认为，价值创造必须通过厂商组织与战略伙伴、厂商组织与顾客之间相互学习、相互合作来创造各项生产资源和顾客需求，方能实现价值创造。这种互动式的价值创造关系，关注的重点在于相互学习和发展能力，即厂商组织如何与战略伙伴分享具有价值的资产和组合互补性战略资源、厂商组织如何与顾客分享具有价值的市场需求。由此看来，价值创造与厂商组织资源、与顾客需求的关系密不可分。

美籍印度管理学家普拉哈拉德和拉马斯瓦米（Prahalad & Ramaswamy，2004）[④]在《消费者王朝：与顾客共创（独特）价值》一书中，提出一个共创新价值的架构，也就是以个人为中心，在消费者与厂商组织共创价值的发展层次方面，是由消费者与厂商组织（一对一）共创经验，然后发展到厂商组织与消费者社群（一对多）的共创经验多样化，最后再发展到多厂商组织与多社群（多对多）的共创经验个人化。在厂商组织的价值创造过程中，顾客不再是居于传统的被动角色，已经转变成为价值的共同创造者或者“产销者”（prosumer）。由顾客提供的知识、市场信息和额外的资源，正在成为厂商组织竞争优势的潜在来源，因而越来越多的厂商组织将顾客纳入他们的新产品开发流程，希望借此降低不确定性、分担财务风险。

在移动互联网时代，厂商组织与消费者共创价值也称为消费者主导逻辑（SDL，Service-dominant Logic），其含义是指厂商组织的经营必须高度重视顾客体验价值，厂商组织必须与消费者共创价值（value co-creation）（Lusch & Vargo，2006；[⑤] Lusch，

---

① Lepak，D，P. Smith，K. G. & Taylor，M. S.（2007）Value creation and value capture：A multilevel perspective. Academy of Management Review，32（1）：180 – 194.

② Pitelis，C. N.（2009）The co-evolution of organizational value capture，value creation and sustainable advantage. Organization Studies，30（10）：1115 – 1139.

③ Richard L. Priem. A consumer perspective on value creation. Academy of Management Review，2007，32（1）：219 – 235.

④ Prahalad，C. K. & Ramaswamy，V.（2004）The future of competition：Co-creating unique value with customers. Boston，Massachussets：Harvard Business School Publishing.

⑤ Lusch，R. F. & Vargo，S. L.（2006）Service-dominant logic：reactions，reflections and refinements. Marketing Theory，6（3）：281 – 288.

Vargo, & Tanniru, 2010;① Vargo & Lusch, 2016;② Vargo, Maglio, & Akaka, 2008)③。

在移动互联网时代，厂商组织与顾客的价值共创和价值共享模式具有以下特点：

（1）建立在移动互联网技术发展之上。

（2）人与物在移动互联网上呈分布式网络连接状态。

（3）在不发生所有权转移的前提下，价值共创和价值共享是将全社会有形或无形资产的冗余容量加以充分利用。

（4）利用大数据、区块链等技术在陌生人之间形成信任和互动机制。

（5）价值共创和价值共享遵循开放、包容和互惠的价值理念。

对消费者来说，这种厂商与顾客的价值共创和价值共享模式可以为消费者提供独特的差异化的、创新性的服务，可以使消费者有更多的选择、更优惠的价格、更好的质量与更好的价值体验。对厂商组织来说，这种厂商与顾客的价值共创和价值共享模式可以使冗余资源得到最充分地利用，激发企业家的创新创业精神，推动跨界经营的发展。

价值创造模式除了上述发展之外，在其他特定领域价值创造模式的研究也有新的发展。例如，美国管理学家阿米特和左特（Amit & Zoot, 2001)④ 的电子商务（eBusiness）价值创造的 B2C、B2B、C2B、C2C 四种模式，移动电子商务（mobile commerce）价值创造的 B2C、B2B、B2E 等模式和物联网电子商务价值创造模式等（Wu & Hisa, 2004)⑤。

许多管理学家强调，在移动互联网时代，价值创造更多地体现在创新产品方面。从这个视角看，所谓的价值创造，是指以产品为基础的内在价值（intrinsic value）（Normann, 2001)⑥ 的提升，即将厂商视为价值提供者（value provider），通过资源的取得、运用与组合，提供最终商品，完整地传递至消费者端，因而创造价值

---

① Lusch, R. F. Vargo, S. L. & Tanniru, M. (2010) Service, value networks and learning. Journal of the Academy of Marketing Science, 38 (1): 19–31.

② Vargo, S. L. & Lusch, R. F. (2016) Institutions and axioms: an extension and update of service-dominant logic. Journal of the Academy of Marketing Science, 44 (1): 5–23.

③ Vargo, S. L. Maglio, P. P. & Akaka, M. A. (2008) On value and value co-creation: A service systems and service logic perspective. European Management Journal, 26 (3): 145–152.

④ Amit, R. & Zott, C. (2001) Value creation in e-business. Strategic Management Journal, 22 (6/7): 493–520.

⑤ Wu, J. H. & Hisa, T. L. (2004) Analysis e-commerce innovation and impact: A hypercube model. Electron Commerce Research and Applications, 2004, 3 (4): 389–404.

⑥ Normann, R. (2001) Reframing business: When the map changes the landscape. West Sussex, England: Wiley.

(Collis & Montgooney, 1995;[①] Bowman & Ambrosini, 2000; Eisenhardt & Martin, 2000; Gustavsson, 2004)。Bowman & Ambrosini, 2000;[②] Eisenhardt & Martin, 2000)[③]。理查德·诺曼(Normann, 2001)[④] 认为，价值创造可分为以生产商品为主内在价值(instrinsic value)与流程为主的位置价值(positional value)。前者的价值来源为提供给消费者所需的产品或服务；而后者的价值来源则是基于事业成员之间的互动，在彼此的相互调适与同步建构之下，发展并组织多元的价值活动(organizer of value creation)，形成百花齐放、共生共荣的创新生态系统(innovation ecosystem)。

我们认为，知识经济的本质是“重新创造价值”，厂商不再只是产生“附加价值”、进行加工生产的组织，而是价值创造的整合者或组织者。美国管理学家简·马格雷塔和南·斯通(Magretta & Stone, 2002)[⑤] 指出：“管理中最重要的任务就是要价值创造。厂商组织的经营模式是一套假设，说明当厂商组织在为所有参与者创造价值时，它是如何运作的。关于价值是如何创造的新想法，以及管理必须跨越组织界限的需求，已经改变了管理的面貌。价值革命已经改变了厂商组织经营的每一个层面。有许多创新的产品或服务，他们可能是满足顾客需要的解决方案，或是为顾客创造附加价值的服务，而非仅把产品推销给顾客。当通用电气公司(GE)的经营理念从投入产品心态改变为顾客提供解决方案心态，利润也就随之而来。”

---

① Collis, D. J. & Montgomery, C. A. (1995) Competing on resources: strategy in the 1990s. Harvard Business Review, 73 (7/8): 118 - 128.

② Bowman, C. & Ambrosini, V. (2000) Value creation versus value capture: Towards a coherent definition of value in strategy. British Journal of Management, (11): 11 - 15.

③ Eisenhardt, K. M. & Martin, J. L. (2000) Dynamic capabilities: What are they? Strategic Management Journal, 21 (SI): 1105 - 1121.

④ Normann, R. (2001) Reframing business: When the map changes the landscape. West Sussex, England: Wiley.

⑤ Magretta, J. & Stone, N. (2002) What management is: How it works and why it's everyone's business. New York: Free Press.

五、 本章小结

价值创造是一种以战略的观点所从事的价值创造活动，也是一种发展富有创造性心智的战略活动；价值创造活动强调创造、创新和寻求机会，而平台生态系统视角注重生态系统参与者的相互依赖性和互补性，强调以构建用户社群为核心来建立平台生态系统的竞争优势；价值创造活动则是运用探索的能力，以帮助厂商组织进行价值获取，而平台生态系统视角则是平台型企业扩展开发能力，使得其具有竞争优势与持续地成长。

在移动互联网时代，消费者异质性变得可量化，消费者也被纳入厂商组织价值创造的研究范畴，这导致价值基础发生了改变，由此带来了生态系统参与者的相互关系，或者说是依赖性和互补性的变化。价值获取已经成为实现厂商价值基础战略的主要关注点，并成为实现构建平台生态系统的着力点，通过连接建立起来的消费者意愿为基础的隔离机制，创造了巨额的连接红利，也是价值获取变化的主要动因。而平台战略正在改变传统界面规则，使得平台生态系统治理机制向社群协调机制转变。

第六章

互联网时代的价值共创与价值获取

事实上，实现盈利是厂商永恒的诉求，要实现盈利有两个方面或两个步骤：价值创造（value creation）和价值获取（value capture），价值获取有时也称为价值占有（value appropriation）① （Mizik and Jacobson，2003）②。实现盈利首先是厂商的创造价值（创新、生产、销售等），但仅仅价值创造是无法保证盈利。如果说价值创造是价值的来源，那么价值获取就是厂商存在的理由。两者构成了厂商的商业模式，但是很少有厂商能同时做好这两步。

厂商组织进行经营首先是通过劳动要素投入、产品生产、市场销售、创新活动等来创造价值。但仅仅是价值创造，而没有价值获取，价值实现（value realization）就无法兑现，厂商组织创造出来的价值就不能够被市场认可并接受，从而无法完成要素投入到要素产出的转化。

今天，战略管理的学者和商业实践的精英已经开始清晰无误地看到了一条主线：对价值创造（value creation）中的价值获取（value capture）或价值占有（value appropriation）的重视与探究，正在贯穿全球的商业实践中，并成为近年来战略管理前沿研究的核心课题，其扩展的领域包括了技术管理、战略管理、商业模式、法律制定与公共政策等。

---

① value appropriation 可以译为价值占有，也可以译为价值获取或价值专属，个别学者还将其译为占有制度。英文 appropriation 的本意是拨款、占有。value 这个词与 appropriation 结合，译为价值占有较好。占有是指占有人对不动产或者动产的实际控制，是人的意志对物之尊严的表现。

② Mizik，N. & Jacobson，R.（2003）Trading off between value creation and value appropriation. Journal of Marketing，67（1）：63－67.

一、 问题的提出

加拿大多伦多大学罗特曼管理学院教授乔舒亚·甘斯和迈克尔·赖尔（Gans & Ryall，2017）① 在《战略管理杂志》2017 年第一期发表了一篇综述，称为“价值获取理论”（Value capture theory）。在这篇综述中，两位作者回顾了哈佛大学商学院战略管理教授亚当·布兰登伯格和纽约大学教授哈本·斯图尔特（Brandenburger and Stuart，1996）② 的价值基础厂商战略（Value-based Business Strategy）。两位作者认为，布兰登伯格和斯图尔特于 1996 年首次通过发展一个数学模型来解释竞争条件下的价值创造与价值获取理论（Value capture theory），深入地解释了厂商绩效异质性的现象。但由于数学分析的原因，理论结果的获得依赖于对因变量与自变量的线性关系的共同作用，而竞争的微妙性被忽略了，因此需要重新思考竞争中价值获取的根本概念。

乔舒亚·甘斯和迈克尔·赖尔（Gans & Ryall，2017）③ 综述的主线是利用合作博弈理论作为综合的、数学的基础来建立在市场背景下对厂商绩效的深入理解。这篇综述：

（1）描述理论的主要元素。

（2）突出重要的盲点，以解决有关的现有理论方法。

（3）提醒对若干新视角的注意。

（4）总结了近年来大量的使用价值获取理论的应用与实证研究。

虽然这篇综述并没有告诉我们为什么要注重价值获取（value capture），而非传统学术研究注重的价值创造（value creation），但却使我们意识到学术研究的重心正在发生转移。

厂商组织进行价值创造的主流经济学理论是亚当·斯密的“看不见的手”（invisible hand）和约瑟夫·熊彼特的“创造性破坏”（creative destruction）。完全竞争市

① Gans，J. & Ryall，M. D.（2017）You have free access to this content value capture theory：A strategic management review. Strategic Management Journal，38（1）：17－41.

② Brandenburger，A. M. & Stuart，H. W.（1996）Value－based business strategy. Journal of Economics & Management Strategy，5（1）：5－24.

③ Gans，J. & Ryall，M. D.（2017）You have free access to this content value capture theory：A strategic management review. Strategic Management Journal，38（1）：17－41.

场前提下的经济学（如一般均衡理论）较好地适合工业经济时代的现实，“看不见的手”牵引着厂商组织在更多的时候是适应市场，而不是创造市场或顾客；按熊彼特的“创造性破坏”行事，要求厂商组织在更多的时候是创造市场或创造顾客，而不是适应市场。但我们遇到的难题是，这两种经济学理论都强调的是“供给端”，而非“需求端”。我们认为，在互联网经济时代，在需求导向下，经济学理论似乎缺少解释供给之所以能获取经济价值是由于顾客购买的理论，我们认识到互联网经济的现实偏离了亚当·斯密和约瑟夫·熊彼特的理想，这就需要厂商更加注重“需求端”寻租行为过程的创新。

在厂商组织的经营实践中，厂商商业模式追求的价值实现，不是厂商对价值进行独享，更不是建立在对顾客欺诈和对合作伙伴压榨的基础上的。这种长久价值的实现应当是以多赢为前提的。厂商商业模式的价值实现，首先，表现为顾客的价值实现，即顾客认为购买产品或服务所得大于顾客支出的成本，顾客从厂商组织所提供的产品和服务中获得了超过预期的消费体验和效用。这是厂商组织价值得以实现的基础。其次，表现为合作伙伴的价值实现。厂商组织与合作伙伴共同通过优化价值网络，减少交易费用，提高协作或运作效率，共享增加的收益或附加价值。这是厂商组织价值得以实现的保障。最后，是厂商组织自身的价值实现，表现为厂商组织实现最终的盈利。当然，厂商组织盈利水平的高低既取决于自身经营水平的高低，也取决于顾客的购买、合作伙伴和竞争者的情况。

如果说价值创造是价值的来源，那么价值获取就是厂商组织存在的理由。两者构成了厂商组织的商业模式，但是很少厂商组织能同时做好这两步。“几乎所有的危机根源并非经营不善……事实上，在大多数情况下，人们所作所为是正确的，但却又毫无所获。这一明显矛盾的根源何在？”（罗珉，2003）①

我们认为，学术研究的重心要注重价值获取，其根本性原因在于时代的变迁。在传统工业时代难点是价值创造，在互联网时代难点是价值获取。很多大量的优质厂商一直解决不了的就是盈利问题。很多的互联网之所以长期以来依赖风险投资的输血，而无法实现自身的盈利，其原因在此。

---

① 罗珉.（2003）组织管理学。成都：西南财经大学出版社。p. 101.

二、 衡量价值配置的理论视角

价值创造是厂商组织战略的核心，资源基础观（RBV）、利益相关者理论（Stakeholder Theory，ST）及价值基础战略（Value-Based Strategy，VBS）都聚焦于价值创造和价值获取问题（Lieberman et al. 2018）①。更为宽泛的价值概念还包括价值创造、价值获取、价值专属、价值共创、价值分配等，这些概念称价值创造不仅局限于公司股东，还包括分配给公司其他利益相关者的价值，包括员工、供应商和客户。

今天，在研究厂商如何实现盈利时，主要采用的是价值配置分析方法（the value configuration analysis）（Chatain and Zemsky，2011）②。价值配置分析力图回答：厂商应当如何平衡价值创造与价值获取中的摩擦（frictions），并在价值创造与价值获取上做到与其他厂商有所不同（Carroll，1993；Pitelis & Teece，2009；③ Zajac & Olsen，1993）④。

（一）资源基础观视角

在传统工业经济时代，价值配置分析的理论视角是资源基础观视角。英国经济学家彭罗斯（Penrose，1959）⑤ 曾经提到资源自身与资源所提供的服务属性之间的区别，她认为，资源被利用到厂商运营中的是某种服务属性。随着价值配置的不同，资源的价值也发生着变化。在资源基础理论的文献中，厂商的资源价值是由外部所

---

① Lieberman，M. B，Balasubramanian，N. & Garcia-Castro，R.（2018）Toward a dynamic notion of value creation and appropriation in firms：The concept and measurement of economic gain. Strategic Management Journal，39（6）：1546－1572.

② Chatain，O. & Zemsky，P.（2011）Value creation and value capture with frictions. Strategic Management Journal，32（11）：1206－1231.

③ Pitelis，C. N. & Teece，D. J.（2009）The（New）Nature and Essence of the Firm. European Management Review，6（1）：5－15.

④ Zajac，E.，& Olsen，C.（1993）From transaction cost to transactional value analysis：Implications for the study of inter-organizational strategies. Journal of Management Studies，30（1）：131－142.

⑤ Penrose，E.（1959）The Theory of the Growth of the Firm. Cambridge：John Wiley.

决定的（Barney，2001；[1] Peteraf & Barney，2003）[2]。

我们发现，在当前的研究中，有关“价值配置”研究有两个方面的特点：

一是以厂商供给端（supply side）为出发点来探讨价值概念，长期完全忽略了需求端（demand side）的反映。事实上，即使在工业经济时代，价值也是由价值链上所有成员（供应商、生产厂商、渠道商、消费者）一起创造出来的，需求端的消费者也应当视为价值的创造者（Brandenburger & Stuart，1996）[3]。

二是对价值的理解，一开始完全站在工业经济时代来理解，并没有随着互联网的发展而与时俱进。事实上，战略管理学者在资源基础观（RBV）中投入了大量的研究资源，形成了许多根深蒂固的术语。例如，路径依赖（path dependence）、时间压缩的非经济性（time compression diseconomies）和不确定的模仿性（uncertain imitability）等，尤其是“资源租金”（resource rent）等一系列专业战略术语已经固化在人们进行价值创造的心智模式中。毫无疑问，这些术语是公认的学术研究成果，但这些术语却因不能跟上时代脉搏而束缚了我们的思维。这种僵固的心智模式（mindset）也成为学术研究的隔离机制（Porac，Thomas，& Baden-Fuller，1989）[4]。这使得学者们不易采用一些新的“讨价还价视角”（bargaining perspective）（Lippmann & Rumelt，2003）[5]，又或类似消费者价值主张（customer's value proposition）、消费者效用（customer utility）或价值创造等术语。这些使得学术研究的关注点从厂商到包括消费者变得困难。

在今天对平台或平台生态系统的价值创造与价值获取的理论解释方面，已经完全不同于资源基础观的价值创造理论，但资源基础观的某些思想在今天仍然还有重要的价值。

从组织经济学（Organizational Economics，OE）视角看，资源基础观（RBV）运用的是组织经济学的产权理论（Property Rights Theory，PRT）框架。平台型企业福利最大化的产权理论（PRT）条件说明了平台型企业的存在和边界，这可以与资源基础观（RBV）和波特通用战略（Porter Generic Strategies，PGS）这两种主要

---

① Barney，J. B.（2001）Is the resource-based “view” a useful perspective for strategic management research? Yes! Academy of Management Review，26（1）：41－56.

② Peteraf，M. & Barney，J.（2003）Unraveling the resource-based tangle. Managerial and Decision Economics，24（1）：309－323.

③ Brandenburger，A. M. & Stuart，H. W.（1996）Value-based business strategy. Journal of Economics & Management Strategy，5（1）：5－24.

④ Porac，J. H. Thomas，H. & Baden-Fuller，C.（1989）Competitive groups as cognitive communities：The case of Scottish knitwear manufacturers. Journal of Management Studies，26（3）：397－416.

⑤ Lippman，S. A. Rumelt，R. P.（2003）A bargaining perspective on resource advantage. Strategic Management Journal，24（11）：1069－1086.

战略理论条件并行，从而获得可持续的竞争优势（Bel，2018）[①]，并且提供 Barney（1991）[②] 的资源分类，如模块化企业的专属资源，或具有厂商特质的资源价值（firm-idiosyncratic resource value）（Schmidt & Keil，2013）[③] 和波特（Porter，1985）[④] 的价值链合理化（特别是平台的 B 端价值链整合）。当平台型企业所连接的资源或资产是社会上最优的组织形式时，平台型企业就能够获得经济租金，这些资源或资产使平台领导的战略选择权或实质选择权更具重要性和合理性，并且为平台战略增加了社会福利视角。

平台的开放性意味着“企业自愿放弃对资源的控制”，这似乎挑战了资源基础观（RBV）理论假设，这意味着平台型企业应该连接而非控制有价值的、稀有的和不可模仿的（VRI）资源。平台型企业的出现，要求传统的由资源束组成的模块化企业通过加入平台来开放其部分资源基础，从而获得竞争优势。模块化企业通过加入平台获得的好处体现在：一是开放资源降低了模块化企业的成本基础，增强了竞争优势；二是当平台对模块化企业的专有资源的需求强烈增加时，模块化企业可以显著地改善他们的价值创造的效能；三是模块化企业可以通过开放来重塑市场格局，以削弱竞争对手，特别是在高度竞争的环境尤为显著（Alexy，West，Klapper，& Reitzig，2018）[⑤]。

（二）价值基础战略视角

价值基础是一个多维度的概念，在很多领域都有对它不同的表述。例如，经济学的一般均衡理论（General Equilibrium Theory）的价值基础是劳动价值论（Labor Value Theory）[⑥]。伦理学的人道主义与个人主义是志愿行动的价值基础[⑦]。因此，价值基础就是相关领域理论背后的依据，它通过相关理论决定了具体决策和战略。我

---

① Roland Bel.（2018） A property rights theory of competitive advantage. Strategic Management Journal，39（6）：1678 – 1703.

② Barney，J. B.（1991） Firm resources and sustained competitive advantage. Journal of Management，17（1）：99 – 120.

③ Schmidt，J. & Keil，T.（2013） What makes a resource valuable? Identifying the drivers of firm-idiosyncratic resource value. Academy of Management Review，38（1）：206 – 228.

④ Porter，M.（1985） Competitive advantage：Creating and sustaining superior performance. New York：Free Press.

⑤ Alexy，O. West，J. Klapper，H. & Reitzig，M.（2018） Surrendering control to gain advantage：Reconciling openness and the resource-based view of the firm，Strategic Management Journal，2018，39（6）：1704 – 1727.

⑥ 冯金华.（2012） 一般均衡理论的价值基础。经济研究，（1）：31 – 41.

⑦ 龚长宇、郑杭生.（2014） 陌生人社会资源行动的价值基础。伦理学研究，（7）：109 – 119.

们认为，在商业中所谓价值基础指的是厂商为了获取价值所遵守的商业伦理、规则、原则和导向等。哈佛大学商学院战略管理教授亚当·布兰登伯格和纽约大学教授哈本·斯图尔特（Brandenburger and Stuart，1996）①提出了厂商的价值基础战略（Value-based Business Strategy），并形成了相对应的价值基础方法（Chatain & Zemsky，2011）②。

要回答价值基础战略这样一个“大问题”（big question）表明：厂商应当如何在价值创造与价值获取上做到与其他厂商有所不同（Carroll，1993；Pitelis & Teece，2009；③ Zajac & Olsen，1993）④。然而，回答这一问题的难点首先表现在概念的界定上，即需要说明价值是什么（what is value）。彼得·德鲁克（Drucker，1973）⑤所说：“厂商组织的任务和宗旨是满足顾客的需求。”而只有当厂商组织传递出优质的消费者价值就能获得消费者满意。换句话说，厂商的存在不是因为降低了交易成本或最大化利润，而是因为提供了买家需要的产品或服务，提供了买家需要的价值（Slater，1997）⑥。简而言之，组织由于为其利益相关者（stakeholders）创造了“价值”，因而组织得以“存在”。

在传统工业时代，价值基础是资源导向。而在互联网时代，价值基础是需求导向。价值基础的变革也推动着以往成熟理念的转变。彭罗斯（Penrose，1959）⑦曾经提到资源自身与资源提供服务属性之间的区别，她提到资源被利用到厂商运营中的是某种属性。随着价值基础不同，资源的价值也发生着变化。

传统厂商以资源导向视角的价值基础战略，通常在价值链体系中详细地考察厂商内部和上游，专注于要素市场和供给端（supply side），为厂商带来可以预期的价值获取。与此相对应，以需求导向视角的价值基础战略通常考虑核心厂商外部和下游（包括消费者），专注于顾客需求所形成的细分市场（包括长尾市场）和需求端（demand side），以此为基础来仔细考虑如何营造以核心厂商为中心的生态系统，针

① Brandenburger, A. M. & Stuart, H. W. (1996) Value-based business strategy. Journal of Economics & Management Strategy, 5 (1): 5-24.

② Chatain, O. & Zemsky, P. (2011) Value creation and value capture with frictions. Strategic Management Journal, 32 (11): 1206-1231.

③ Pitelis, C. N. & Teece, D. J. (2009) The (New) Nature and Essence of the Firm. European Management Review, 6 (1): 5-15.

④ Zajac, E., & Olsen, C. (1993) From transaction cost to transactional value analysis: Implications for the study of inter-organizational strategies. Journal of Management Studies, 30 (1): 131-142.

⑤ Drucker, P. F. (1973) Management: Task, responsibility and practice. New York: Harper & Row.

⑥ Stanley F Slater. Developing a customer value-based theory of the firm. Academy of Marketing Science. Journal; Spring 1997, 25 (2): 162.

⑦ Penrose, E. (1959) The theory of the growth of the firm. Cambridge: John Wiley.

对产品市场和消费者来进行战略决策，从而实现价值创造。需求导向视角关注的是如何构建一个价值系统或平台生态系统（platform ecosystem）来进行价值创造（Priem，2007）①，其中每个部分取决于成本和相对的议价能力（bargaining power），以及为消费者所创造的价值，而非传统工业经济时代单个厂商的价值获取（Makadok & Coff，2002）② 或单个厂商价值的增加（Brandenburger & Stuart，1996）③，其中每个部分取决于成本和相对的议价能力，以及为消费者所创造的价值。

从经济学理论上看，价值基础战略属于新古典经济学（Neo-classical Economics）视角，这是一个更适合分析商业生态系统的理论视角。价值基础的核心是价值创造与价值获取，而价值获取涉及价值分配、价值专属和价值共创（Brandenburger & Stuart，1996）④。价值基础分析的对象是价值网或商业生态系统，这个价值网或商业生态系统涉及消费者、供应商、替代者（substitutors）（直接或间接竞争对手）和互补者（complementors）（主动或被动合作伙伴），它决定了一个价值网或商业生态系统为其服务市场创造的价值；价值基础分析的关注点在于价值获取，即如何将创造的价值总量在不同的参与者中间划分（Chatain and Zemsky，2011）⑤。而实现价值获取是有前提的，那就是总价值经过分配，每个成员都变得更好，而价值的归属能明确到具体不能再划分的个体（Chatain and Zemsky，2011）⑥。而要做到这一点需要所有关于分配价值的协议都是稳固的。换句话说，价值基础战略的实施与价值获取有必然的联系。

在互联网时代的商业模式中，价值的界定加入来自需求面的消费者（或顾客）视角后给价值基础战略带来的变化是巨大的。价值基础战略并非一成不变，它具有间断平衡性。因为顾客并不在意产品或服务的实际功能、质量等内涵，顾客所关心的只是通过产品或服务的使用，并实际体验（experienced）后所获得的认知的使用价值（perceived use value）。这种特质触发了变化。

---

① Priem，R. L.（2007）A consumer perspective on value creation. Academy of Management Review，32（1）：219－235.

② Makadok，R. & Coff，R.（2002）The theory of value and the value of theory：Breaking new ground versus reinventing the wheel. Academy of Management Review，27（1）：10－13.

③ Brandenburger，A. M. & Stuart，H. W.（1996）Value-based business strategy. Journal of Economics & Management Strategy，5（1）：5－24.

④ Brandenburger，A. M. & Stuart，H. W.（1996）Value-based business strategy. Journal of Economics & Management Strategy，5（1）：5－24.

⑤ Chatain，O. & Zemsky，P.（2011）Value creation and value capture with frictions. Strategic Management Journal，32（11）：1206－1231.

⑥ Chatain，O. & Zemsky，P.（2011）Value creation and value capture with frictions. Strategic Management Journal，32（11）：1206－1231.

在互联网时代，平台生态系统（platform ecosystem）的核心厂商将这一“价值”的内涵与概念运用到互联网商业模式上，就形成了平台战略或平台的价值基础战略（value-based strategies，VBS）。其含义是指：“平台生态系统的核心厂商与其他利益相关者共同组成一个价值网络（value net），而为了使这个价值网络的价值极大化，或这个价值网络存在的‘价值’与其他厂商有所不同，核心厂商需要战略性地拟定与执行价值创造、价值获取、价值专属和价值共创等战略。”这里，价值网络成员或平台生态系统成员除了核心厂商外，还包括供应商、渠道商、顾客、竞争者与互补者（complementors）等利益相关者。

（三）需求导向视角

在互联网时代，价值配置的变革也推动着以往成熟理念的转变，价值配置分析的理论视角是需求导向视角（demand-oriented perspective）。新生的需求端视角回避了以前资源基础观所专注的从资源中获取租金，转而专注面向消费者或需求端的厂商战略，为终端用户创造价值（Priem，2007）①。毫无疑问，这样能“把经济馅饼做大”（Gulati，& Wang，2003）②，这些价值会被价值系统的所有厂商所获取。利伯曼等人（Lieberman et al. 2018）③ 认为，价值创造的更广泛概念超出了股东的范围，包括分配给公司的其他利益相关者（包括员工、供应商和客户）的价值。他们拓展了利益相关者的广度和分析的时间框架两个维度对价值创造进行更清晰的定义，通过西南航空公司和美国航空公司三十年的数据，开发了一个数学框架，能够在多种情况下对公司员工、供应商和客户的价值创造及分配进行评估和量化。

在互联网时代，在需求导向下，越来越多的战略管理学者认为“资源之所以能获取经济价值是由于顾客的使用”（Kor，Mahoney，& Michael，2007；④ Priem，2007；⑤ Priem

---

① Priem，R. L.（2007）A consumer perspective on value creation. Academy of Management Review，32（1）：219－235.

② Gulati，R. &Wang，L. O.（2003）Size of the pie and share of the pie：Implications of network embeddedness and business relatedness for value creation and value appropriation in joint ventures. The Governance of Relations in Markets and Organizations Research in the Sociology of Organizations，20（2）：209－242.

③ Lieberman，M. B，Balasubramanian，N. & Garcia-Castro，R.（2018）Toward a dynamic notion of value creation and appropriation in firms：The concept and measurement of economic gain. Strategic Management Journal，39（6）：1546－1572.

④ Kor，Y. Y. Mahoney，J. T. & Michael，S. C.（2007）Resources，capabilities and entrepreneurial perceptions. Journal of Management Studies，44（11）：1187－1212.

⑤ Priem，R. L.（2007）A consumer perspective on value creation. Academy of Management Review，32（1）：219－235.

& Butler，2001a）①，需求导向视角突破以往简单通过资源属性特征来鉴定优质资源的观念（Barney，2001）②，或泛泛地将厂商的判断力或管理能力，或卓越的资源组合技能作为战略成功的必要因素（Augier & Teece，2008；③ Foss et al.，2007；④ Holcombet al. 2009）⑤。取而代之的是，结合了资源和需求两端价值互动或价值界面的研究，它能够提供一个界定具体的战略判断的政策基础（Priem，1994；⑥ Priem & Cycyota，2001）⑦。

在价值网络或平台生态系统中，随着需求端异质性的可量化，衡量厂商的资源价值取决于他们对增加消费者效用（customer utility）的贡献。需要指出的是，消费者效用并非重复的资源价值（tautological with resource value）（Adner & Snow，2010；⑧ Ye et al.，2012）⑨。英国《经济学家》在“权力的游戏”（A game of thrones）的专论中无不感慨地说道：“曾经界定战略和领域非常清晰的边界变得模糊。”⑩

发家于硬件的苹果公司（Apple）和发家于搜索的谷歌公司（Google）是两个不同的行业，依然不妨碍他们成为激烈的竞争对手。脸书（Facebook）与世界流媒体巨头、全球最大的在线影片租赁提供商网飞公司（Netflix）、全球音乐流媒体老大声田公司（Spotify）的结盟并引进图片搜索来挑战谷歌，微软（Microsoft）通过通讯设备制造商诺基亚（Nokia）进入硬件市场。这些动态的厂商互动，激发了顾客那种想表达的预期或潜在的需求，这些在很多行业都已司空见惯了。但是，很多学者并没有给予这类消费者导向商业模式的出现以足够的重视。相反的更多聚焦在基于生产者的资源基础观，这会使我们失去了解来自于消费或需求端的新知识的机会（Priem et

① Priem，R. L. & Butler，J. E.（2001）Is the resource-based “view” a useful perspective for strategic management research? Academy of Management Review，26（1）：22－40.

② Barney，J. B.（2001）Is the resource-based “view” a useful perspective for strategic management research? Yes！Academy of Management Review，26（1）：41－56.

③ Augier，M. & Teece，D.（2008）Strategy as evolution with design：The foundations of dynamic capabilities and the role of managers in the economic system. Organization Studies，29（11）：1187－1208.

④ Foss，K. Foss，N. J. Klein，P. G. & Klein，S. K.（2007）The entrepreneurial organization of heterogeneous capital. Journal of Management Studies，44（11）：1165－1186.

⑤ Holcomb，T. Holmes，R. & Connelly，B.（2009）Making the most of what you have：Managerial ability as a source of resource value creation. Strategic Management Journal，30（4）：457－485.

⑥ Priem，R. L.（1994）Executive judgment，organizational congruence，and firm performance. Organization Science，5（4）：421－437.

⑦ Priem，R. L. & Cycyota，C.（2001）On strategic judgment. In M. Hitt，R. Freeman，& J. Harrison（Eds.），The Blackwell handbook of strategic management. Oxford：Blackwell. pp. 493－519.

⑧ Adner，R. & Snow，D.（2010）Old technology responses to technology threats：Demand heterogeneity and technology retreats. Industrial and Corporate Change，19（9）：1655－1675.

⑨ Ye，G. Priem，R. L. & Alshwer，A.（2012）Achieving demand-side synergy from strategic diversification：How combining mundane assets can leverage consumer utilities. Organization Science，23（1）：207－224.

⑩ The Economist. A game of thrones. 2012，December 1：23－26.

al. , 2013)①。

在数字化互动的时代，产品和服务不再是传统意义上的“产品和服务”，专注面向消费者的厂商战略往往是数字化互动平台战略，使厂商组织能够在价值互动中为终端用户创造价值（Priem, 2007)②，通过让消费者及其相关的社交网络与厂商组织参与者（通常是平台型企业及其相关的平台生态系统）在交互式系统环境的联合空间中进行交互，继续创造价值。数字化交互平台（digitalized interactive platforms, DIP）的建立意味着更广泛的价值创造观——通过互动创造价值成了今天经济生活中的重要组成部分。数字化交互平台的参与者越来越多地发现自己正处于交互式价值创造的联合制定中，通过提供为工艺品、人员、流程和界面不断发展的数字化网络平台，在价值互动中为终端用户创造价值（Ramaswamy & Ozcan, 2018)③。

价值网络或平台生态系统对需求端的关注，使价值的分配发生了变化。而价值分配的改变和价值获取有必然的联系，市场价格机制与资源之间的关系开始下降。在过去二十年学术界的一个重要共识是，按照资源基础观的理论，厂商资源的价值是由外界所决定的（Kraaijenbrink et al. 2010;④ Lockett et al. , 2009;⑤ Priem & Butler, 2001a, b)⑥⑦。这个外生性问题，今天可以通过将消费者异质性（consumer heterogeneity）纳入平台生态系统的范畴里来解决，实质上是将外生性问题内生化了。

新兴的需求导向视角能够在平台生态系统框架中重新确定资源的价值，并补充了现有的资源基础观（RBV）和厂商定位观（firm positioning view, FPV）（Schmidt & Keil, 2013)⑧。这并非表明资源没有价值了，而是资源的价值要根据消费者的需求来决定。简而言之，厂商的资源和商业模式帮助消费者获取（或共同创造）更多的价

① Priem, R. L, John E. Butler, J. E, & Li, S. (2013) Toward reimagining strategy research: Retrospection and prospection on the 2011 AMR decade award article. Academy of Management Review, 38 (4): 471–489.

② Priem, R. L. (2007) A consumer perspective on value creation. Academy of Management Review, 32 (1): 219–235.

③ Ramaswamy, V. & Ozcan, K. (2018) Offering as digitalized interactive platforms: A conceptual framework and implications. Journal of Marketing, 82 (4): 160–178.

④ Kraaijenbrink, J. Spender, J.-C. & Groen, A. J. (2010) The resource-based view: A review and assessment of its critiques. Journal of Management, 36 (3): 349–372.

⑤ Lockett, A. Thompson, S. & Morgenstern, U. (2009) The development of the resource-based view of the firm: A critical appraisal. International Journal of Management Reviews, 11 (1): 9–28.

⑥ Priem, R. L. & Butler, J. E. (2001) Is the resource-based "view" a useful perspective for strategic management research? Academy of Management Review, 26 (1): 22–40.

⑦ Priem, R. L. & Butler, J. E. (2001) Tautology in the resource-based view and the implications of externally determined resource value: Further comments. Academy of Management Review, 26 (1): 57–66.

⑧ Schmidt, J. & Keil, T. (2013) What makes a resource valuable? Identifying the drivers of firm-idiosyncratic resource value. Academy of Management Review, 38 (1): 206–228.

值。价值创造是作为消费者体验收益的形式出现的，它确定了厂商价值系统所应获得的回报，以及厂商资源与商业模式的价值（Priem，2007）①。厂商资源的价值是由他们对于增加消费者效用的贡献所决定的，以往可能由于资源好且有特殊性的厂商，反而今天在市场价格中不占优势，资源相对平常的厂商反而发展顺利。阿吉雷斯等人（Argyres et al.，2011）② 在"主导性设计"（dominant design）的研究中发现，技术优势对于产生主导性设计并非是必要的，反而一个主导性设计的出现，以及随后的行业洗牌，往往是由于新的成分组合方式（即商业模式）被提出，并在消费者中激发了大量未预料到的需求，而非仅靠技术领先。山寨产品之所以有市场，反向创新之所以能获得成功，并非因为厂商组织拥有优势资源，而是消费者有现实的需求，能够找准和满足消费者的需求痛点，平常的资源也产生了价值。贝克和纳尔逊（Baker and Nelson，2005）③ 观察 29 家资源有限的厂商，然后得出结论：厂商组织手中的资源决定能够解决的消费者需求，消费者需求决定资源价值。中国人民大学教授叶光亮等人（Ye et al. 2012）④ 认为，越关注消费者需求的创业拼凑，越容易发现未知的消费者偏好，甚至包括消费者自己都未发觉的偏好，而实现这些偏好可能仅仅需要一些普通的资源。

我们认为，通过对消费者异质性偏好的研究，很多创业机会就有可能被发现。当前很多厂商，例如小米、饿了么，在没有核心技术的情况下，通过识别潜在消费者的喜好和发展创造了消费者价值的公司战略。重要的是，相对于重视与现实消费者之间的讨价还价能力，以消费者意愿为基础的隔离机制，更需要厂商深刻认识终端用户的多样性需求和不断变化的消费偏好，这才是价值获取的关键。

战略管理理论认为，价值创造是厂商战略的核心，这没有错，但价值创造这个概念非常容易混淆，因为它可以用不同的方式定义。例如，价值创造可以定义为给定时间段内的生产者和消费者盈余的总和（the sum of producer and consumer surplus），或者将价值创造定义为盈余随时间的变化（surplus over time）。如果是后一种概念，这就需要引入经济收益（economic gain）的概念，来定义为总盈余的增加。事实上，在现实经济生活中，经济收益可以通过厂商组织创新，或进入平台生态系统以取代

---

① Priem，R. L.（2007）A consumer perspective on value creation. Academy of Management Review，32（1）：219－235.

② Argyres，N. Bigelow，L. & Nickerson，J. A.（2011）Dominant design，the conpositio desiderata，and the follower's dilemma. Working paper，St. Louis：Washington University.

③ Baker，T. R. E. Nelson.（2005）Creating something from nothing：Resource construction through entrepreneurial bricolage. Administrative Science Quarterly，50（3）：329－366.

④ Ye，G. Priem，R. L. & Alshwer，A.（2012）Achieving demand-side synergy from strategic diversification：How combining mundane assets can leverage consumer utilities. Organization Science，23（2）：207－224.

竞争对手而产生。因此，价值研究需要提供一个厂商组织水平测量框架来量化经济收益及其在利益相关者之间的分配，包括公司的股东、员工、供应商和客户（Lieberman et al.，2018）①。

在互联网时代，价值配置分析中有几个关键词特别值得关注。他们是：价值获取（value capture）、价值专属（value appropriation）、价值互动或价值界面（value interaction）、价值协同（value collaboration）、价值主张（value proposition）和价值满足（value satisfaction）。如表 6－1 所示。

表 6－1　价值配置分析的要点

	工业经济时代	互联网时代
关注点	生产环节	交易环节
难点	价值创造（value creation）	价值获取（value capture）
次级概念	厂商的价值主张（firm's value proposition）；价值专属（value appropriation）；路径依赖（path dependence）；“资源租金”（resource rent）；资源依赖（resource dependence）	价值专属（value appropriation）；价值互动或价值界面（value interaction）；价值分配（value distribution）；价值协同（value collaboration）、消费者的价值主张（customer's value proposition）和价值满足（value satisfaction）
价值创造模式	价值链（value chain）；价值商店（value shop）；价值网络（value network）	B2B B2C C2C 等等
隔离机制	先占优势； 技术诀窍； 制度性隔离	先占优势； 技术诀窍； 以意愿为基础的隔离机制

价值配置分析的核心是价值创造与价值获取，而价值获取涉及价值分配（value distribution）、价值专属（value appropriation）和价值共创（value co-creation）（Brandenburger & Stuart，1996）②。价值配置分析的关注点是价值获取，即如何将创造的价

① Lieberman，M. B，Balasubramanian，N. & Garcia-Castro，R.（2018）Toward a dynamic notion of value creation and appropriation in firms：The concept and measurement of economic gain. Strategic Management Journal，39（6）：1546－1572.

② Brandenburger，A. M. & Stuart，H. W.（1996）Value-based business strategy. Journal of Economics & Management Strategy，5（1）：5－24.

值总量在不同的参与者之间划分（Chatain and Zemsky，2011）[①]。而实现价值获取是有前提的，那就是总价值经过分配，每个成员都会变得更好，而价值的归属能明确到具体不能再细分的个体（Chatain and Zemsky，2011）[②]。要做到这一点，需要所有关于分配价值的协议都是相对稳固的。换言之，价值基础战略的实施与价值获取有必然的联系。

① Chatain，O. & Zemsky，P.（2011）Value creation and value capture with frictions. Strategic Management Journal，32（11）：1206－1231.

② Chatain，O. & Zemsky，P.（2011）Value creation and value capture with frictions. Strategic Management Journal，32（11）：1206－1231.

三、 价值共创

（一）价值共创的含义

价值共创的理论来源与战略文献中的“价值创造理论”有关。

在工业经济时代，按照美国组织理论学家詹姆斯·汤普森（Thompson，1967）[①]长期连接、密集、中介技术的分类（typology of long-linked，intensive，and mediating technologies）的价值配置分析理论（the value configuration analysis），价值创造主要有三种模式：美国战略理论家波特（Porter，1985）的价值链（value chain）经营模式；挪威管理学家斯塔贝尔和菲耶尔斯塔（Stabell and Fjeldstad，1998）的价值商店（value shop）经营模式；价值网（value network）经营模式。

美国哈佛大学商学院教授迈克尔·波特（Porter，1985）[②]的“价值创造理论”认为，厂商是顾客价值（customer's value）的主要创造者，厂商通过一连串价值活动组合，单方面创造产品与服务的价值给顾客。因此，波特（Porter，1985）[③]提出了考察厂商竞争优势并寻求改善厂商组织素质的基本工具——价值链（value chain）。他将厂商价值活动区分为“基本活动”与“支援活动”两部分，其中基本活动是指对最终商品有贡献的部分，如厂商组织的原材料进货、制造、产成品出货、物流、营销、售后服务等“产供销”环节；支援活动则是间接性的辅助活动，对于厂商组织的价值创造有很大的帮助，如厂商组织的基本设施、人力资源管理、技术发展、财务活动等。应当指出的是，迈克尔·波特的“价值创造理论”是一种经典的价值链线性思维模式。

---

① Thompson，J. D.（1967）Organizations in action：Social science bases of administrative theory. New York：McGraw-Hill Book Company.

② Porter，M. E.（1985）Competitive advantage：Creating and sustaining superior performance（1st ed.）New York：Free Press.

③ Porter，M. E.（1985）Competitive advantage：Creating and sustaining superior performance（1st ed.）New York：Free Press.

斯塔贝尔和菲耶尔斯塔（Stabell and Fjeldstad, 1998）[①] 进一步发展了“价值创造理论”，他们提出了价值商店（value shop）与价值网（value network）两种价值创造的经营模式。相对于价值链通过生产端（供给端）一连串投入来创造价值，价值商店指的是经由解决特定顾客问题来为顾客创造价值，因而这种价值创造模式也称为“顾客解决方案”商业模式；而价值网的经营战略则是靠中介技术来连接上下游厂商和顾客，促进顾客的交换为顾客创造价值。

近年来，越来越多的学者强调通过价值共创（value co-creation）观点与价值界面或价值互动（value interaction）观点来发展“价值创造理论”。所谓价值共创观点，强调价值是由厂商与消费者共同创造，而非从厂商单方面创造产品与服务的价值给顾客（Lepak et al. 2007;[②] Pitelis, 2009;[③] Priem, 2007）[④]；而价值界面或价值互动观点则认为，价值创造必须通过厂商之间相互合作来创造各项生产资源才能够被实现（Hammervoll, 2005;[⑤] Hammervoll & Tofen, 2010）[⑥]。这种价值界面或价值互动关系，关注的重点是厂商组织之间的相互学习、相互合作和发展能力，即如何与交易伙伴分享具有价值的战略性资产和如何与交易伙伴一起组合互补性战略资源（Wang & Wei, 2007）[⑦]。由此看来，价值创造与组织资源的关系密不可分。

价值共创（value co-creation）的核心概念是，通过互动而提升相关利益者（Stakeholder）的“认知价值”（cognitive value）；而认知价值具有“实用的价值、个人的价值、整体的价值”三种特性：

（1）实用的价值：指价值是一种使用价值（value-in-use），不同于交换的价值（value-by-exchange）（Kohtamäki & Rajala, 2016）[⑧]。

（2）个人的价值：价值乃具有交互主观（subjective）的特性，故其使用价值会

---

① Stabell, C. B. & Fjeldstad, Ø. D.（1998）Configuring value for competitive advantage: On chains, shops, and networks. Strategic Management Journal, 19（3）: 413－437.

② Lepak, D. P. Smith, K. G. & Taylor, M. S.（2007）Value creation and value capture: A Multilevel perspective. Academy of Management Review, 32（1）, 180－194.

③ Pitelis, C. N.（2009）The co-evolution of organizational value capture, value creation and sustainable advantage. Organization Studies, 30（10）, 1115－1139.

④ Priem, R. L.（2007）A consumer perspective on value creation. Academy of Management Review, 32（1）: 219－235.

⑤ Hammervoll, T.（2005）Transactional and value creational sources of dependence. Journal of Business to Business Marketing, 12（4）, 41－66.

⑥ Hammervoll, T. & Toften, K.（2010）Value creation initiatives in buyer-seller relationships. European Business Review, 22（5）, 539－555.

⑦ Wang, E. T. G. & Wei, H. L.（2007）Interorganizational governance value creation: Coordinating for information visibility and flexibility in supply chains, Decision Sciences, 38（4）, 647－674.

⑧ Kohtamäki, M. & Rajala, R.（2016）Theory and practice of value co-creation in B2B systems. Industrial Marketing Management, 56（5）: 93－103.

因人而异。

（3）整体的价值：指价值包括实体产品与服务的价值，例如经济价值。再加上无形的情绪与感觉的价值，例如社会价值与心理价值等（Kohtamäki & Rajala, 2016;[①] Ramaswamy & Gouillart, 2010）[②]。

因此，“相关利益者”通过彼此的互动形成共同的目标（shared goal），达成共同目标的历程中，个人的问题也因此被解决，不仅提升个人化的认知价值，整个社群的认知价值也一起提升且扩大，即通过相关利益者个别的努力，一起把饼做大（Bosse & Coughlan, 2016;[③] Bridoux & Stoelhorst, 2016;[④] Kohtamäki & Rajala, 2016;[⑤] Marcos-Cuevas et al. 2016）[⑥]。

价值共创的特点是“认知价值”的提升，在共创价值的过程中，参与的个人或消费者社群切身的问题被解决而提升个人化的认知价值。认知价值的特性是个人化、情绪化。例如，e洗网，串连洗衣店的产能、消费者的洗衣需求盲点与消费痛点、大妈可以运送衣服的服务，让这三个相关利益者都增加经济、社会与认知价值，便是一个价值共创的实际案例。

价值共创的核心概念是创造并提升相关利益者的经济、社会与个人的认知价值。换言之，将相关利益者的需求盲点与消费痛点、社会冗余资源（slack resource），通过人的互动、信息的交流、资源的互动与移动互联网连接起来，以解决这些需求盲点与消费痛点，可以极大地增加个人的认知价值，且整个价值网的认知价值也提升。因此，平台的桥介作用（bridging），有助于相关利益者共创行为，而增加个别与整体的认知价值。再者，在价值共创历程（process）中，经常通过资源共享以解决问题，进而共创价值。因此，价值共创特别在意认知价值的提升。最后，价值互动让价值得以共创。

① Kohtamäki, M. & Rajala, R. (2016) Theory and practice of value co-creation in B2B systems. Industrial Marketing Management, 56 (5): 93－103.

② Ramaswamy, V. & Gouillart, F. (2010) The power of co-creation: Build it with them to boost productivity, growth, and profits. New York: Simon & Schuster Free Press.

③ Bosse, D. A. & Coughlan, R. (2016) Stakeholder relationship bonds. Journal of Management Studies, 53 (11): 7－17.

④ Flore Bridoux and J. W. Stoelhorst. (2016) Stakeholder relationships and social welfare: A behavioral theory of contributions to joint value creation. The Academy of Management Review, 41 (2): 229－251.

⑤ Kohtamäki, M. & Rajala, R. (2016) Theory and practice of value co-creation in B2B systems. Industrial Marketing Management, 56 (5): 93－103.

⑥ Marcos-Cuevas, J. Nätti, S. Palo, T. & Baumann, J. (2016) Value co-creation practices and capabilities: Sustained purposeful engagement across B2B systems. Industrial Marketing Management, 56 (3): 97－107.

（二）合作资产与大数据平台

中国人民大学教授谢康等人（Xie et al. 2016）[①] 指出，合作资产（cooperative assets）是一种基于服务主导逻辑（service dominant，S-D）提出的新型资产，是一种在现在或将来可能对参与者（包括平台型企业和用户）带来效益的资产，是共享平台和用户，用户之间通过互动产生的数据，是价值共创的基础，是互联网共享平台与用户在价值共创中产生的特有的资产，该资产从定义上有别于有形资产和无形资产，这类资产也是互联网共享平台的核心竞争力，如何充分扩展、搜集和利用这类资产，对于互联网共享平台显得尤为重要。

从本质上看，合作资产具有平台经济的典型特征，即它不直接参与价值创造，但它可以为所有的产业进行价值创造提供一个必不可少的资产，能够为所有的产业获得未来的现金流提供服务。例如，电子支付平台、搜索引擎、通讯平台、操作系统平台就是这种具有工具性特征的合作资产，他们就可以称为平台型合作资产，这些合作资产存在的价值就是能够为所有的产业进行价值创造提供一个工具性平台。

与电子商务平台、门户网站、社交平台、求职平台、媒体平台、购物平台、娱乐平台、城市经营平台等“互联网+业务”的平台不同，合作资产并不参与任何具体的价值创造过程，他们仅仅是一个为所有的产业获得未来的现金流提供服务的工具性资产。合作资产以其节省成本开支的优势吸引了大批中小型企业的使用，合作资产可以为所有产业的用户提供根据自己的业务及行业应用场景，以及内部的业务系统进行一些定制化服务，与其公司的监控系统、财务管理、资产管理系统等进行对接，方便用户自定义网络，可以为用户提供更多的增值服务。

我们认为，所谓的合作资产是由一个或数个企业开发出的平台型产品、平台型服务或平台型技术，能够为其他企业创建业务系统和数据系统，提供公共性服务、定制化服务和技术基础设施，为用户进行价值创造提供更多的增值服务的工具性产业。例如，阿里巴巴的私有云、中国联通的沃云，等等。因此，合作资产是所有产业进行价值创造的基石，它可以使众多相关、相同或不同产业的企业在其之上定义自己的业务系统及行业应用场景，研发出个性化工具、技术和服务，营造特定的产业生态系统。

从产业组织形态上看，合作资产是将信息流、知识流、资金流和物流融合一体

---

① Xie，K. Wu，Y. Xiao，J. H. & Hu，Q.（2016）Value co-creation between firms and customers：The role of big data-based cooperative assets. Information & Management，53（8）：1034 – 1048.

成为综合的中间服务商，合作资产的拥有者——平台服务商通过中间环节效率提升赚取差价或者收取服务费方式盈利，而更大的市场空间来自于中间环节对货物和资金的掌控而衍生出来的很多金融和大数据的服务。从这个意义上看，合作资产的最大价值是构建中间环节一体化服务体系。

从需求角度看，合作资产的出现是企业托管服务的专业化、系统化和规模化的需要，它可以有效地降低企业运营成本，帮助企业打造标准化的企业托管服务体系，使企业可以快速通过品牌价值和规模化来提升市场集中度。如果合作资产的拥有者——平台服务商能够整合供应商满足企业各方面的需要，平台产业将延伸出更多的价值。

今天，合作资产与互联网的结合，使互联网出现了合作资产移动化的趋势。合作资产在为所有产业的用户提供自己的业务和行业应用场景，以及内部的业务系统进行一些定制化服务时，往往会与大数据技术、大数据平台进行紧密的合作，这就是人们常说的“云计算 + 大数据”。

大数据是指无法在一定时间范围内用常规软件工具进行捕捉、管理和处理的数据集合，是需要新处理模式才能具有更强的决策力、洞察发现力和流程优化能力的海量、高增长率和多样化的信息资产，可以被现代先进媒体记录、采集和开发利用的数据集、数据流和数据体。

大数据技术是指从各种各样类型的数据中，快速获得有价值信息的能力。适用于大数据的技术，包括大规模并行处理（MPP）数据库、数据挖掘电网、分布式文件系统、分布式数据库、云计算平台、互联网和可扩展的存储系统。

大数据的挖掘和处理。大数据必然无法用人脑来推算、估测，或者用单台的计算机进行处理，必须采用分布式计算架构，依托云计算的分布式处理、分布式数据库、云存储和虚拟化技术，因此，大数据的挖掘和处理必须用到云技术。

（三）众包与价值共创

众包（crowdsourcing）是指企业或者个人利用互联网用户的贡献来取得知识或者获取服务。众包实质上是全社会的价值共创，开放、共享、共赢和价值共创是众包的核心。众包概念最早于 2005 年由美国《连线》杂志记者杰夫·豪（Jeff Howe）和马克·罗宾逊（Mark Robinson）提出，用来描述商业目标如何通过互联网分配给“网络用户”，并由这些互联网用户加以实现。

众包与外包的区别在于完成工作的群体不再是可以指定的特定群体，而是由无法指定的，遍布互联网的“用户”加以完成。众包的优点包括可以有效降低服务成本，提升效率，以及极大的灵活性。相比企业内部员工，众包为企业提供了一种更加新颖的取得创新和获取需求的方式。众包还可以较低成本雇佣大量的用户来解决大量繁杂但比较简单的工作，Amazon Mechanical Turk 就是提供这种服务的平台。从 2015 年至今，众筹（通过互联网用户筹集资金）作为众包的一种延伸形式风靡全球。

宝洁公司负责科技创新的副总裁拉里·休斯顿（Larry Huston）曾经说道："外包是指我们雇佣人员提供服务，劳资双方的关系到此为止，其实和雇佣关系没什么两样。但是现在我们的做法是从外部吸引人才的参与，使他们参与这广阔的创新与合作过程。这是两种完全不同的概念。"拉里·休斯顿一语道破众包和外包的区别——众包的核心包含着与用户共创价值的理念。

随着大数据分析的发展，出现了基于大数据技术分析的众包平台。

基于大数据的众包平台应用主要包括对众包参与者（annotators）的评估，寻找最客观的评价（gold standard）和对影响评价的因素的研究（Raykar et al.，2009）①，通过利用每个用户在共享信息平台上的表现情况，可以在不知道最客观评价的前提下，使用有监督的机器学习分类结合 EM 算法②，同时得到每个用户的历史、最客观评价表现和影响评价的因素。通过这种方式，也可以研究共享信息平台的信息是否客观。

严格地说，当前的互联网信息共享平台同时具备开放、平台化、共享、价值共创和众包的特征。首先，这是一个价值获取平台，参与者可以在上面自由地实现信息的匹配，可以在平台上发表自己的评价和获取别人的评价。其次，这个平台具有共享的特征，是用户自愿将自己掌握的信息在平台上与别人分享，从而使得双方均受益，信息发布人获得满足感或者其他奖励（例如积分、等级的提升、威望等），信息接收人获得自己所需要的信息或者知识；对于平台型企业来说，创建这么一个平台又是一个众包的过程，平台型企业只需要做好平台的基础建设和维护工作，将信息搜集工作众包给互联网用户，从而取得合作资产。最后，平台与用户在互动中都各自获取了属于自己的价值，这是一个价值共创的过程。

从互联网信息共享平台的分类上看，主要有：

---

① Raykar, V. C, Yu, S, Zhao, L. H, Jerebko, A. & Florin, C. (2009) Supervised learning from multiple experts: Whom to trust when everyone lies a bit. In: Proceedings of the 26th Annual International Conference on Machine Learning. New York, USA: ACM, ICML, 09, pp. 889 - 896.

② 最大期望算法（Expectation-Maximization algorithm, EM），或 Dempster-Laird-Rubin 算法，是一类通过迭代进行极大似然估计（Maximum Likelihood Estimation, MLE）的优化算法，通常作为牛顿迭代法（Newton-Raphson method）的替代用于对包含隐变量（latent variable）或缺失数据（incomplete-data）的概率模型进行参数估计。

（1）以兴趣为导向的 BBS 社区（interest oriented BBS community）①。代表性平台：猫扑、天涯、百度贴吧等。BBS 社区多根据兴趣类别不同划分为许多板块，用户可在自己感兴趣的板块发表自己的观点并与他人进行讨论。BBS 社区的特点是，用户从自己的兴趣出发，将自己掌握的新闻消息、自己的观点、评论通过 BBS 平台分享给拥有着同样兴趣的陌生人，并期望得到关注与反馈。

（2）以知识为导向的点评、百科社区（knowledge oriented comment and encyclopedia community）等。代表性平台：维基百科（Wikipedia）、猫途鹰（TripAdvisor）、大众点评、百度百科。知识导向平台是信息分享平台的典型案例，用户将自己所拥有的知识和体验无偿地通过在线平台分享给他人，并不要求任何回报。

（3）以个人展示为导向的社交网络（social network oriented by personal presentation）。代表性平台：脸书（Facebook）、微信（WeChat）、QQ 空间、人人网、开心网等。以个人为导向的信息共享模式又可以称为 SNS 模式，即社交网络服务（social networking services），旨在帮助人们建立一个网络社交服务平台。用户在 SNS 平台上，可以添加自己熟悉的人成为好友来创建属于自己的一个专区，并可以在里面分享自己的照片、个人兴趣及生活点滴，可以寻找、联络身边的好友并且互动。

（4）以内容导向的媒体平台（content oriented media platform）。代表性平台：微博、土豆、豆瓣、博客、抖音、推特（Twitter）、视频网站 Youtube 等。随着互联网带宽的增加，以及移动互联网的普及，以内容为导向的信息分享平台也得到了快速地发展。以内容为导向的信息分享主要是指用户将自己撰写的文章、制作的视频，以及自己发现的新闻消息分享给他人。

---

① BBS 是 Bulletin Board System 的缩写，即电子公告板。它是以文字为主的界面，为广大网友提供了一个彼此交流的空间。

四、 价值获取

价值获取（value capture）指的是经济主体（economic actors），如厂商组织、消费者、资源供应商，实现交换价值的过程。厂商组织能获取的交换价值只有在销售时才能被知晓。换句话说，厂商未进行交换的情况下是无法确定新创造的使用价值能值多少。价值获取的必要条件就是一个参与者能提供正的附加价值（positive added value），但这并非是价值实现的充要条件（Brandenburger & Stuart，1996）①。

如果价值创造仅仅停留在生产者潜在价值（potential value）创造方面，或者只是推测的价值（conjectured value），价值网络或平台生态系统的参与者（生产者）可能无法获取自己的价值或利益，也无法获得所创造的价值。因为这一推测价值需要通过市场的价格或消费者的知觉（awareness），才能变成可实现的价值（realized value）（Pitelis，2009）②。换言之，只有当价值可以被获取后，才可实现价值创造的目的。价值获取意味着交换价值的分配（distribution），价值网或平台生态系统的参与者首先应考虑的是如何争取或分配自己该得的交换价值（Bowman & Ambrosini，2000；③ Priem，2007）④。

需要指出的是，产业组织理论（Industrial Organization，IO）对价值获取的诠释极为精确，该理论以独占性（exclusiveness）所获得的张伯伦经济租金（Chamberlinian rent，简称 C 租金）⑤，来解释厂商是如何获取价值的。产业组织理论从市场不完

① Brandenburger，A. M. & Stuart，H. W.（1996）Value-based business strategy. Journal of Economics & Management Strategy，5（1）：5 - 24.

② Pitelis，C. N.（2009）The co-evolution of organizational value capture，value creation and sustainable advantage." Organization Studies，30（10）：1115 - 1139.

③ Bowman，C. and V. Ambrosini（2000）"Value creation versus value capture：Towards a coherent definition of value in strategy." British Journal of Management 11（1）：1 - 15.

④ Priem，R. L.（2007）A consumer perspective on value creation. Academy of Management Review，32（1）：219 - 235.

⑤ 张伯伦租金（Chamberlinian rent）是厂商组织利用其在市场交换中的独特地位和供给关系的强不对称性获取的经济租金，所以张伯伦租金并不是一种可持续的租金，只是一种暂时性的租金。张伯伦租金是厂商组织进行规模扩张的主要动力之一，获取张伯伦租金的前提是厂商组织具有规模上的相对优势，而厂商组织规模的提升会进一步保证和提升张伯伦租金的获取程度。由此可以看出，基于垄断的张伯伦租金是同厂商组织的规模联系在一起的。虽然张伯伦租金是一种暂时性的租金，但厂商组织通过这种暂时性的高额租金的获取实现成长，厂商组织成长所带来的规模扩张，进一步强化了厂商组织张伯伦租金的获取能力。

全（market imperfection）造成的市场寡占结构（oligopolistic market structure）出发，讨论了厂商获得的经济租金是如何受到厂商特有的优势（firm-specific advantages）和产品/产业特有因素（product/industry-specific factor）影响的。就厂商特有的优势（firm-specific advantages）而论，先行厂商之所以进入市场，实质上是利用它特有的一些能力与优势，以便榨取经济租金。这种能力与优势主要是：独有技术、规模经济（包括生产、渠道和财务方面的规模经济），以及产品的差异性（与众不同）。就独有技术来说，这一专属性技术优势足以阻止其他竞争者的加入，因而厂商大可以进行大规模生产和大规模销售，在市场上获得竞争优势。但是，产业组织理论的困难在于技术优势不可能长期拥有，可能会在不远的将来消失，甚至被跨界厂商的创造性破坏所颠覆。因此，除了技术上的持续创新之外，还需要寻求规模经济和产品的差异化。就规模经济而论，首先是生产的规模经济，其次是易于取得低成本的融资，最后是具有较多的市场经营经验和广泛的技术、供给与销售联系渠道，当然也包括不断地进行事业模式的创新。就产品的差异性（与众不同）来说，在位厂商可以通过广告密度（advertising intensity）来形成后进厂商的进入障碍。实践表明，广告方面的规模经济可以使在位厂商（incumbent）降低市场开拓成本，这又构成了其他竞争者的“进入障碍”（barriers to entry）。

在实际经济生活中，当价值网或平台生态系统的参与者将整个价值网所认知的使用价值转换为可分配的交换价值时，制造商、焦点厂商与供应商该如何分配自己的那一部分，则取决于彼此间议价能力（bargaining power）或市场力量（market power）的高低（Bowman & Ambrosini，2000；[①] Brandenburger & Stuart，1996；[②] Lepak et al. 2007）[③]。所以，我们不能断言在新的使用价值产生的过程中，“价值”就被增加了。厂商组织创造出来的使用价值，有时可能带来更多的交换价值，有时却不能。

事实上，价值大小的最终归属是由市场竞争和隔离机制所决定的（Lepak et al. 2007）[④]。市场竞争能够解释价值是如何从创新者处溜走，且由其他竞争者和用户分享。在市场竞争的很多情况下，价值会从创新者处滑动（slipping）到其他层面，如个人创造的价值可能被厂商或者社会所获取。这种情况下价值专属（value appro-

---

① Bowman，C. and V. Ambrosini（2000）“Value creation versus value capture：Towards a coherent definition of value in strategy.” British Journal of Management 11 （1）：1 – 15.

② Brandenburger，A. M. & Stuart，H. W.（1996）Value-based business strategy. Journal of Economics & Management Strategy，5 （1）：5 – 24.

③ Lepak，D. P. Smith，K. G. & Taylor，M. S.（2007）Value creation and value capture：A multilevel perspective. Academy of Management Review，32 （1）：180 – 194.

④ Lepak，D. P. Smith，K. G. & Taylor，M. S.（2007）Value creation and value capture：A multilevel perspective. Academy of Management Review，32 （1）：180 – 194.

priation）对个人收益来讲，非常重要。在我们看来，市场竞争和隔离机制是厂商经营同一过程的两个方面，市场竞争的最终结果带来的是消费者剩余（consumer surplus）的增加，而隔离机制的最终结果带来的是厂商剩余（producer surplus）的增加。

价值专属的理论依据是交易成本经济学理论（Transaction Cost Economics，TCE）、代理理论与契约理论（Williamson，1991；[①] Gulati & Singh，1998）[②]，所强调的是在机会主义（opportunism）与有限理性（bounded rationality）的基本假设下，如何保护市场参与者自己所应拥有的价值。按照布兰登伯格和斯图尔特（Brandenburger & Stuart，1996）[③] 价值基础战略的解释，厂商组织由于在特定的价值活动上具有独特的竞争优势，或者拥有独特的资源或能力，因而能够创造出高于平均水平以上的报酬，即经济学家称之为超额利润或经济租金（Teece et al.，1997）[④]。这也说明价值创造具有专属性（appropriation）的特征（Teece et al.，1997）[⑤]。

强调"价值专属"的学者都认同，并非所有的经济行动者都会有机会主义行为，但机会主义的存在，却是一个不争的事实。如果想在合作前确认合作伙伴是否有机会主义的倾向，不但困难且耗费成本，但如果在合作后才发觉合作伙伴的机会主义行为，厂商早已蒙受损失。例如，当个人创造新的完成工作方式或者新的服务顾客方式后，理论上，这个人应该以高工资或其他收益的形式获得所有的价值，因为没有其他的替代者或竞争者。简言之，具有价值专属的个人应该享有高的议价能力。但是，雇主似乎并不打算允许雇员从过程、产品和服务中获取全部价值，因为厂商组织在价值创造的活动中也做了很重要的投入，包括工具、制造方面、市场调研的支持等，尽管最终产品是由员工开发出来的，但也离不开厂商组织的推销。

市场竞争和价值创造之间有一种循环或共存的关系。例如，市场竞争可能来源于价值创造的行为，但价值创造同样可能是市场竞争的结果。当厂商的核心任务、产品或服务在新颖和适当程度的增量变大时，使用价值和货币化的交换价值也会增加。新颖和适当的核心任务、产品或服务的诞生，往往带来一个高需求和有限供应

---

① Williamson，O. E.（1991）Comparative economic organization：The analysis of discrete structural alternatives. Administrative Science Quarterly，36（2）：269－296.

② Gulati，R. and Singh，H.（1998）The architecture of cooperation：Managing co-ordination costs and appropriation concerns in strategic alliances." Administrative Science Quarterly，43（4）：781－814.

③ Brandenburger，A. M. & Stuart，H. W.（1996）Value-based business strategy. Journal of Economics & Management Strategy，5（1）：5－24.

④ Teece，D. J. Pisano，G. & Shuen，A.（1997）Dynamic capabilities and strategic management. Strategic Management Journal，18（7）：509－533.

⑤ Teece，D. J. Pisano，G. & Shuen，A.（1997）Dynamic capabilities and strategic management. Strategic Management Journal，18（7）：509－533.

的局面。新的价值会触发其他供应商的加入，市场竞争也随之而来。随着新厂商的加入和供给侧的改善，供应的增加使得交换价值（价格）下降，再次恢复供需平衡。这个时候，被创造的价值必须被市场内的其他供应商分享。但其他供应商再想加入市场时，市场已经成为一个高使用价值、低交换价值的场所，很难再获得超额利润。

市场竞争并不仅仅在组织层面，对应的是，当分析多少价值被创造者所占有时，市场竞争就可以延伸到所有层面。例如，在具有竞争性和同质性的劳动力市场，个人能力被虚拟设定为同样的，并且可以大量的提供，这就使得厂商组织通过保持劳动力成本足够低而获利。这限制员工的议价能力，也就限制了他们所能获取的价值（Coff，1999）[①]。同样，厂商之间的竞争压低价格使得社会获益。

但是，只要隔离机制能够产生作用，市场竞争是有限的，即需求会一直大于供给，对于创新者来说就可能有长期的超额利润。从这个意义上说，隔离机制是为了限制价值滑动，完成价值获取的手段。

① Coff，R. W.（1999）When competitive advantage doesn' t lead to performance：Resource-based theory and stakeholder bargaining power. Organization Science，10（2）：119－133.

五、 价值滑动

事实上，厂商组织的价值主张和对盈利能力的期望，决定了商业模式的生存概率（Arora et al.，2009）①。但在实际经济生活中，厂商组织创造了新价值，却经常不能实现完全的价值获取。针对这一问题，有学者认为，当厂商组织创造新价值后，必须分享这个价值于其他利益相关者，如员工、合作伙伴、竞争者或社会（Coff，1999；② Makadok，& Coff，2002）③。价值的增加并不意味着一定能够获取价值。甚至通过某种资源或某一过程创造出来的价值，可能在另一过程中被获取。这种行为，有学者称为“价值滑动”（value slippage）。

尽管某个经济主体（如个人）可以在工作场所开发新的方法完成任务并创造价值，但厂商组织或者社会群体可能比这个经济主体获得更多的价值。这往往发生在使用价值非常高而交换价值很低的情况下，这种价值溢出（value spillover）情况在医药产业中十分常见。例如，往往疫苗的发明者并不是疫苗的受益者，但是疫苗却拯救了很多人的生命，为医药公司、医院带来了巨额利润，而全社会的社会效益更大。类似的，厂商组织可能通过引进新产品或新流程创造价值，但不一定能获取全部价值，相反的，可能价值溢出到社会的更多（Lepak et al. 2007）④。

后发厂商利用价值滑动来分享原创厂商创造新价值的情况，更是屡见不鲜，市场上山寨产品随处可见，甚至很多拥有创新声誉的厂商巨擘，他们最好的商业理念也是借鉴而来的。与流行的说法相反，亚马逊（Amazon）并未发明网上书店，宝洁（Procter Gamble）的帮宝适（pampers）不是第一种一次性尿布，而通用电气（General Electric）也没有创建 CAT 扫描仪市场，这些都是价值滑动所带来的效果。原创厂商的产品创新并不是市场上成功的充要条件，只有产品创新加上大规模商业化运营，

① Arora，A. Gambardella，A. Magazzini，L. & Pammolli，F.（2009） A breath of fresh air? Firm type，scale，scope，and selection effects in drug development. Management Science，55 （9）：1638 – 1653.

② Coff，R. W.（1999） When competitive advantage doesn’t lead to performance：Resource-based theory and stakeholder bargaining power. Organization Science，10 （2）：119 – 133.

③ Makadok，R. & Coff，R.（2002） The theory of value and the value of theory：Breaking new ground versus reinventing the wheel. Academy of Management Review，27 （1）：10 – 13.

④ Lepak，D. P. Smith，K. G. & Taylor，M. S.（2007） Value creation and value capture：A multilevel perspective. Academy of Management Review，32 （1）：180 – 194.

才是市场上成功的保证，因而在市场上常出现了厂商巨擘利用价值滑动来分享原创厂商创新价值的情况。这类情况在公共领域是可以被接受，并不会影响研究的进程。

今天，中国正在向“无现金社会”发展，移动支付的广泛使用是其技术上的支撑。移动支付的核心技术是二维码扫描器（QR code Scanner）和二维码（QR Code）[①]，原本是汽车系统零部件顶级供应商——日本电装公司（Denso Corporation）在1994年发明的。最早的二维码是日本电装公司为日本丰田汽车公司（Toyota）开发的，而日本电装公司并没有独占这项技术，不仅将该技术提供给丰田汽车公司使用，同时还推出了“二维码战略”（QR code strategy），免费公开制作二维码软件，其目的却仅仅是限于“销售二维码的扫码器”，使其发明的二维码和扫码器能够被大量的便利店竞相采用，但当时日本电装公司发明的二维码和扫码器并没有扩大到海外。二维码发明者并没有对这个未来可用于移动支付的核心技术太上心，更难能可贵的是，它对该技术能够在世界范围内牟取更多利益似乎并不在意。二维码在中国被推广普及，占领如此庞大的市场，但时至今日，技术发明者都没有因为眼红于此而向中国厂商漫天要价。日本电装公司执行董事松井洋树先生（Yasushi Matsui）还调侃称：“经常有人跟我说，哪怕一个二维码收0.1日元也好啊。”可见，他并非不知道二维码可以用来牟利，即便如此，日本电装公司仍然坚持支持免费公开，从不收取一分钱的专利费。

日本电装公司并没有向使用二维码的厂商和消费者收取专利使用费，任其免费使用，主要的目的是想将二维码运用市场的规模做大，这是符合斯密定理（Smith theorem）和斯密－杨格定理（Smith-Young Theorem）的。按照斯密定理：“通过专业化分工促进经济增长，但分工受到市场规模的限制”（Smith，1776）[②]。日本电装公司认为，作为专业化的生产者，其所发明二维码和扫码器只有当市场对其产品的需求随着市场范围的扩大增长到一定程度时，专业化的生产者才能出现赢利和占领市场。按照斯密－杨格定理：“分工取决于市场规模，而市场规模又取决于分工，经济进步的可能性就存在于上述条件之中”（Young，1928）[③]。二维码在中国市场推广普及，使日本电装公司的扫码器能够占领如此庞大的市场，反过来会进一步推动专业化生产者的分工。

需要注意的是，在以盈利为目的的商业领域，如果价值滑动过于严重，将会为创新发起者提供长期持续创造价值的负面动机。例如，网景公司（Netscape）在浏览

---

① QR来自英文Quick Response的缩写，即快速反应的意思。

② Smith，A.（1776/2004）An inquiry into the nature and causes of the wealth of nations. London：Liberty Fund，Inc..

③ Young，A. A.（1928）Increasing returns and economic progress. The Economic Journal，38（5）：527－542.

器市场上的市场份额远不如微软的情况下，黯然退出市场；施乐公司（Xerox）虽然发明了鼠标，但如今市场上施乐鼠标已经并不多见了。因此，厂商对盈利能力的期望决定了商业模式的生存概率（Arora et al. 2009）①，也决定了厂商在特定市场上能够走多远。对创新发起者的厂商来说，价值获取是实现厂商价值主张的必要环节，保证价值获取是厂商发展的必要条件。即使在价值创造方面非常出色的厂商，如果不能完成价值获取，将价值创造转化为商业的成功，就会像专利多如牛毛的自大与保守主义的柯达（Kodak）、诺基亚（Nokia）一样，注定会失败。

① Arora，A. Gambardella，A. Magazzini，L. & Pammolli，F.（2009）A breath of fresh air? Firm type，scale，scope，and selection effects in drug development. Management Science，55（9）：1638－1653.

六、 连接：价值获取的手段

在互联网时代，厂商的战略失策是与崛起并存的。在这个连接盛行的时代，各个产业均出现大量机会，大量在线商业模式（online business model）创新如雨后春笋般地出现在互联网上。除了传统的 B2B、B2C、C2C 电子商务模式外，现在的 O2O、C2B 等多种模式应运而生，很多传统行业在新的在线商业模式下重获新生。市场对新生的独角兽公司（unicorn）的市值往往是基于连接消费者的数量来估值的，而非传统的重置成本法（replacement cost method）或收益现值法（income current value method），这说明投资人看重的是连接所带来的未来现金流量。例如，阿里巴巴（Alibaba）在美国纳斯达克市场 IPO，之所以能募集资金 250 亿美元，根本原因就是由于它在 B2C 下与更多的消费者产生连接。订餐网“饿了么”对于饮食行业的影响，也正是因为通过 O2O，它让更多的消费者和餐厅产生连接。这充分说明，互联网不是新技术，但它能够让人进一步延伸，而人与人、人与自然的协作方式也就会发生巨大变化，即使最乐观的人也可能会低估互联网可能带来的变化，而工业经济时代的规模经济在新的在线商业模式的冲击下，开始向范围经济转变。

“连接”（linkage，or connectedness）具有关系属性，它既指人与物的连接、物与物的连接，也指人与人的连接，是用来聚合顾客需求的（罗珉、李亮宇，2015）①。在互联网时代，连接之所以出现在各个商业模式中，有三个方面的原因：

首先，信息不对称被打破，导致传统价值链无法维持。脱媒使得传统渠道成为负担，以往的供应链整合上下游战略，让很多厂商痛苦不堪。而连接可以解决价值链断裂的重构问题，连接使社会经济生活中这些可利用的资源获得更多的组合方式，并以新的价值网络形式或以新的商业模式出现。

其次，技术创新势衰，商业模式创新兴起。摩尔定律被打破，很多厂商纵深式技术研发的速度减缓。与此同时，数据呈爆炸式增长，加上数据挖掘技术如 Map Reduce、Hadoop 等的发展，对于海量数据的整体研究使得横向潜在的相关关系变得清晰。如果说厂商是资源的堆积物（Bowman & Ambrosini，2000）②，那么人就是数据的

---

① 罗珉，李亮宇（2015）互联网时代的商业模式创新：价值创造视角。中国工业经济，（1）：95－107.

② Bowman，C. & Ambrosini，V.（2000）Value creation versus value capture：Towards a coherent definition of value in strategy. British Journal of Management，11（1）：1－15.

堆积物。而数据的堆积依赖连接，大数据技术使得以前小数据无法研究的消费者隐性偏好、消费者意愿、消费者需求异质性及潜在的相关关系变得清晰。不同事物之间的相关性被察觉，也就不难发现背后一些潜在的需求盲点和消费者痛点。

最后，连接被广泛采用与互联网思维的推广有直接关系。互联网思维已经嵌入社会生活的方方面面，开始影响社会层面，人们开始接受弱连接下的商业运营。阿里巴巴电子商务的成功、支付宝和微信红包的成功、大量 O2O 模式的成功，无一不暗示商业正在脱离地域、行业的依赖，跨界经营正在成为社会经济生活的主流趋势。作为关系的集合体，社群已经慢慢的从实体社群趋向虚拟化，并依旧能形成真实的情感连接；厂商组织的边界也因此而日趋模糊，厂商组织不再是相对开放的封闭式系统，而是相对封闭的开放式系统。而互联网思维给予了厂商组织实施连接战略（connected strategy）的合法性和驱动力。

在互联网时代，连接战略的发展有了肥沃的土壤。在全社会精细分工下，充分地发挥了每个个体的作用，因为越是分工细化，个体的价值越能得到体现。这种分工使得再微小的闲置资源也可以被利用，而价值链的断裂使得这些可利用的资源获得更多的组合方式。可以说，连接是目前为止最能满足消费者需求的战略，连接所能产生的价值“连接红利”（linkage dividend），必然超过以前诸多租金的总和，也是前所未有的巨大，驱动着厂商去颠覆各个行业。

在互联网时代的创新过程中，所有的商业模式都有一个战略主线：连接。我们认为，连接又可分为两种方式，分别是主动连接（active connection）和被动连接（passive connection）。他们本来是应用于互联网文件传输协议当中的，主动连接是由服务器端（server side）发起的，被动连接是由 FTP 客户端①发起的。顾名思义，在互联网时代的商业模式中，主动连接是由核心厂商主导的，被动连接是由客户和其他厂商主导的。

主动连接是指厂商凭借自身的综合实力，根据自己的资源和能力优势，主动地进入某个市场。例如，奇虎通过自身的技术优势打破杀毒软件壁垒，实行免费政策，给自己带来了 3 亿用户。腾讯利用自己在 QQ 上积累的 4 亿社交网络的天棚用户（marquee uses）的优势，进入游戏行业和支付行业，并迅速获得市场份额，都是一种主动连接的方式。虽然主动连接有行动迅速的优势，但是选择时容易出现偏差，往往存在一定的风险。

被动连接与厂商组织的实力关系不大，它更注重消费者需求，特别是潜在需求。

① “FTP 客户端”是一款应用软件，支持 Android 2.1 系统，卡式接口刷卡，以便快速存取，支持本地和远程文件的文本浏览器/编辑器，还可以创建新文件。

通过建立平台，聚合消费者目标群体（target customer segments）的需求，以实现消费者价值主张为手段，让客户和其他厂商自发参与到连接中来。如苹果 iPhone 作为一个平台产品，除了基本功能之外基本不设定任何框架，而是让消费者去自行选择 Apple App Store 平台上应用程序开发商提供的软件产品。苹果则专注服务来保证 APP 开发商的利益和系统的稳定，让自己的连接性做到了极致。利用 iPhone 为抓手，实现了消费者与软件开发者之间的连接。虽然被动连接能保证连接方向的正确性，但需要积累受众群体，往往时效性并不太好。

在连接的过程中，产品不仅充当了载体的角色，而且还是实现隔离机制的手段。连接的目的是为了提升价值，形成价值专属。因为连接不能凭空产生，连接需要载体，或硬件或软件或应用或服务。从而通过连接会带来新资源，所以反过来产品由于连接有非常好的延展性。而这些硬件或软件或应用或服务，可以把它统称为产品（Brandenburger & Stuart，1996）①。相比较的是，以往厂商形成价值专属是通过研发能力、先发优势、规模化生产能力或资源的异质性，产品是技术的载体，产品表现了厂商资源与能力的异质性。

在连接的过程中，厂商组织同样通过产品或服务完成价值获取。互联网时代基本没有冗余资源（slack resource），创造交互价值的能力最强，但这种模式有点类似 17 世纪英国哲学家托马斯·霍布斯（Hobbes，1651）② 谈到的“自然状态”（state of nature），会出现很多的漫无秩序和任意妄为的行为。由于信息流和资金流都缺乏约束，且消费者之间差异太大，厂商组织完成价值获取很难。一旦尝试获取价值（如取消免费或优惠），就会引发消费端的抛弃，所以厂商发展和价值增值受到限制。今天很多的互联网平台公司的盈利能力受到质疑，最关键的原因就在于此，类似拼多多、摩拜之类的平台型企业可能创造很高的流量与交互价值，却在较长时间内无法实现价值获取。

---

① Brandenburger，A. M. & Stuart，H. W.（1996）Value-based business strategy. Journal of Economics & Management Strategy，5（1）：5 – 24.

② Hobbes，T.（1651/1994）Leviathan. Edwin Curley（Ed.）Hackett Publishing Company.

七、 社群用户参与的价值共创

与传统的商业生态系统不同的是，互联网时代的商业生态系统不再是厂商组织间的商业生态系统，而是厂商与消费者共同构建的商业社群或用户参与的平台生态系统。商业社群的根本价值，是实现社群中不同层次消费者的价值主张与价值满足。因此，互联网时代的商业社群遵循的是用户参与的社群逻辑。

所谓的用户参与社群逻辑，就是一种用户主导的 C2B 商业形态。厂商的品牌与消费者之间的关系逐渐由单向价值传递，过渡到厂商与消费者双向价值协同（value collaboration）。这里，传播被赋予了新的含义——价值互动（value interaction），value interaction 一词也可以翻译为价值界面。这就是说，厂商的品牌，因为用户参与已经转化为用户参与社群的品牌，是用户在一次次价值互动中完成的体验。小米创始人雷军为什么强调小米成功的秘密在于“兜售参与感”？其核心就在于要把小米主导下的品牌变成用户参与社群主导下的品牌，是用户主导的口碑品牌，绝不是厂商主导的广告品牌。因此，互联网时代的品牌赋予了用户参与社群的关系属性，是一个个用户评价的产物，是若干交互流量的沉淀，是在一次次厂商与消费者双向价值互动中完成的体验。

索尼创始人出井伸之（Idei Nobuyuki）所说的互联网公司是“用户平台级公司”，或者是“用户参与的平台生态系统”，其实质就是由实现消费者行为的被动接受，向消费者行为主动参与的转变。即一定要让用户参与产品创新与品牌传播的所有环节中，树立“消费者即生产者”“消费者即产品创意者”的理念。今天，在 80 后和 90 后消费者身上，这种消费行为的变迁就非常明显。这些年轻的消费者群体更加希望参与产品创意、研发和设计环节，希望产品能够体现自己的独特性。也就是说，需求的长尾（the long tail）末端始终是存在的，哪个厂商能够满足消费者的整个需求，其生存能力和盈利能力就越强。长尾末端需求的存在，说明当今市场正在产生从为数较少的主流产品和市场（需求曲线的头部），向数量众多的狭窄市场（需求曲线的尾部）转移的现象和趋势。其基本原理是：只要存储和流通的渠道足够大，需求不旺或销量不佳的产品所共同占据的市场份额，可以和那些少数热销产品所占据的市场份额相匹敌，甚至有过之而无不及。

从边际效用递增角度看，“用户参与的平台生态系统”所主张的用户参与社群逻辑使厂商的经营在若干方面有不同于工业经济时代厂商的做法：

（1）注重挖掘传统市场边界之外的潜在需求，特别是长尾末端的需求。

（2）注重超越传统产业市场边界，往往进行跨界经营，推出新产品或新服务处于价值链的高端或具有独特性，具有较高的效用价值。

（3）注重追求针对社群消费者心理需求与社会需求的效用创新，注重为消费者创造产品的功能价值（需求满足）、情感价值（如品牌知觉与忠诚）、学习价值（经验、知识累积的机会）。

（4）注重市场客户的消费体验，强调厂商组织的所有活动都是用户体验，即从产品研发、设计环节开始，再到生产、包装、物流运送，到渠道终端的陈列和销售环节都有消费者体验，以获得边际效用递增。

（5）非常重视来自需求侧的范围经济，使得消费者之间的效用函数相互依赖，而非相互排斥。

用户参与的社群逻辑完全不同于工业经济时代的规模逻辑。在规模经济时代，规模越大越经济，因为标准化与流水生产的需要，品种越少越好；而用户参与社群逻辑却将这个规律倒置过来——厂商要尽可能满足长尾末端的需求，这是厂商能否在市场中成功的基点。这里，用户参与社群逻辑的启动使我们发现跨社群营销就显得没有意义了，因为厂商不需要别人懂厂商，就像苹果“果粉”不需要解释，要解释的必定不是“果粉”。正是由于来自粉丝对产品独特性的要求，就出现了社群粉丝自限产品规模的要求，因而用户参与的社群逻辑成为规模逻辑的反动。反过来说，厂商如果不自限范围和规模，就没有自己的核心粉丝社群，因而也要求厂商要形成多品种开发的能力，以满足不同粉丝社群的需求。有人说，互联网时代的品牌，玩的就是一种“榴梿精神”——喜欢的爱到骨髓，不喜欢的却毫无感觉，这是有一定道理的。人们根据不同的需求，形成不同的品牌偏好，构成了不同的小圈子或者不同的社群，厂商的产品研发也就从围绕着“物”转向到围绕着“人”或“社群”来进行了。所以，我们可以说互联网经济是基于人的经济，而非基于产品或物的经济。

基于人的经济体现在线下与线上两个方面：线下是若干个消费者产品体验的门店，是针对消费者诉求的面对面（face to face）的对话平台；线上的电子商务平台、支付平台、物流平台和厂商与用户的对话平台都在围绕着消费者的需求进行活动，因而互联网经济是基于人的经济。

应当看到，在用户参与社群的构建过程中，消费者因为好的产品/内容/服务而聚合，并通过社群而实现沉淀。因此，消费者聚合（consumer aggregation）与消费者沉淀（consumer precipitation）是同一过程的两个方面。因为用户深度参与式的互动，构成了用户参与社群的价值界面，共同的价值主张和兴趣成为价值协同的基础，因而使用户得以留存，最后形成了深度联结的用户群。

厂商组织可以利用消费者需求的异质性来实现价值获取或价值专属，这需要通过产品厂商将消费者的价值主张及潜在需求表达出来。这里，产品又成为连接的载体，通过产品把消费者连接在一起形成具有特定偏好的消费者社群，产品表现了消费者需求的异质性。通过产品的连接，把消费者价值主张转换成厂商发展战略的价值主张。

在产品连接下，被满足的消费者需求促使消费者形成消费惯性。在连接战略下，作为连接载体的产品依靠消费者偏好，形成了消费者社群乃至平台生态系统或价值网络。由于时空不对称性和双边或多边市场效应，往往同类产品也只能存活一个，这就让产品通过连接占领市场结构洞（罗珉、李亮宇，2015）①。

产品之所以能充当隔离机制的手段和连接载体，是由于厂商价值主张和产品生命周期的改变，其购买投入资源在未激活前，是无法进行自身转化，必须进行加工才能为产品贡献新的使用价值。这种投入生产过程的有形投入是惰性的，通过人的干涉从获得资源中创造新的使用价值是有必要的。这个论断同样适用于无形的投入，例如信息和品牌。品牌自己是不会增加自身资源的，它必须伴随生产出来的产品和服务形成价值增值。这就使得产品与厂商价值紧紧地捆绑在一起。

厂商组织的价值主张（value proposition）是指厂商组织提供了何种价值给消费者或商业伙伴？厂商要为消费者解决什么样的需求痛点，或提供什么样的兴奋点？由于厂商组织间的价值定位不同，厂商组织的活动也将会产生不同的差异，通过厂商所有活动的设计与执行，厂商将其价值主张传递给消费者，并为厂商组织和消费者个人创造价值（Stähler，2002）②。对消费者需求痛点或兴奋点的诉求，在实际操作中体现在消费者选择产品或服务时的几项关键指标。价值主张确认了厂商组织对消费者的实际意义，是厂商组织生存和发展的信念和动力。

在工业经济时代，厂商组织的价值主张注重的是产品需要不断地表现出资源和能力的异质性，实现价值主张的重点在供给端，强调的是实现供给端的规模经济，它的关注点是资源的获取和利用资源的能力。在互联网时代，厂商组织的价值主张更强调的是符合消费者的异质性，重点在于需求端，强调的是实现来自需求端的范围经济，而非工业经济时代来自供给端的范围经济。它的关注点是消费者异质性需求，而对于资源和与资源相关的能力需求反而降低了。

---

① 罗珉、李亮宇（2015）互联网时代的商业模式创新：价值创造视角。中国工业经济，（1）：95－107.

② Stähler，P.（2002）Business models as an unit of analysis for strategizing. International Workshop on Business Models，Lausanne，Switzerland.

应当看到，价值主张是与产品市场生命周期的变化有关（Polli and Cook，1969）[①]。

在工业经济时代厂商组织的价值主张下，产品市场生命周期呈现出以下四个特点：

（1）产品的市场寿命有限。

（2）产品的销售或产品市场生命周期有明显的阶段。

（3）利润的升高、到达顶峰、然后下降，取决于所处过程的阶段。

（4）产品在产品市场生命周期不同阶段需要不同的市场、金融、制造、供应和人力资源等方面的战略相配合，并且产品市场生命周期展示的是钟状的曲线，类似于正态分布（Kotler，Keller & Cunningham，2006）[②]。

在互联网时代的厂商组织价值主张下，产品市场生命周期的特点发生了改变：

（1）产品的市场寿命与重要的人（社群）或事相关，产品可能一直存在。

（2）产品销量的起伏，取决于人（社群）或物（例如网络）之间关系的稳定程度。

（3）产品利润的走向不确定，且与厂商战略行为有关联。

（4）产品在一个大量参与者的网络中持续地出现，其产品的价值结构（value architecture）在消费者感知和重复鉴定过程中保持稳定。

（5）产品的曲线依赖关系表明，利润与厂商战略行为有关联，但更与消费者感知和价值满足有联系。这些变化反映出：一方面产品成为连接的载体，有利于厂商通过弱连接长期占有市场结构洞；另一方面由于产品与人的联系变得紧密，使得厂商能更加敏锐地感知消费端的变化。

如果说工业经济时代的产品是价值获取的终点，那么今天的产品更多的是实现价值获取的中继点，甚至是起点。一方面产品可能成为完成价值分配的载体。在工业经济时代价值分配是通过分销渠道完成的，但在互联网“脱媒”的影响下，传统的分销渠道开始分崩瓦解，于是有的产品开始作为平台，行使价值分配的职能。例如，iPhone 就是平台，它通过苹果应用程序商店（Apple App Store）连接 APP 软件开发者和软件消费者，消费者付费给 APP 平台再由平台将费用交给软件开发者，APP 平台负责分配价值的过程中提供安全便利的服务并进行抽成。淘宝、天猫、京东皆是如此。另一方面产品形成受众社群，为以后新产品的推广和盈利，实现交换价值

---

① Polli，R. & Cook，V.（1969）The validity of the product life cycle. Journal of Business，42（4）：395－400.

② Kotler，P. Keller，K. L. & Cunningham，P. H.（2006）Marketing management，（12th ed.）Toronto：Pearson-Prentice Hall.

提供消费者社群基础。例如小米通过小米手机、智能家电产品和用户社群形成“米粉”，苹果通过一系列产品形成“果粉”，腾讯凭借社交网络平台 QQ 形成庞大受众群，这些群体通过产品对平台型企业形成消费惯性，对平台型企业新产品的价值有敏感的感知能力，这使得极易实现产品的交换价值。

我们认为，用户参与社群逻辑的核心是将厂商组织之外的消费者（也是知识工作者）纳入到厂商知识创新的范围。以微软公司为例，微软开发 Windows 2000，至少动员公司外 400，000 名顾客（微软组织之外的知识工作者）为其做测试，免费为微软找错，提供弥补产品缺陷的改善建议。如果按付给每位报酬 1，000 美元计算，微软就节省了 4 亿美元产品创新投资资金。微软以“海纳百川”的姿态，吸收诸位顾客心甘情愿贡献的隐性知识后，再将集组织之外的知识工作者知识创新之大成的产品卖给各位顾客，顾客还快快乐乐地一边排队，一边交现金，购买有自己知识创新贡献的那一份产品。面对这种情况，美国麻省理工学院斯隆管理学院（the MIT Sloan School of Management）教授冯·赫佩尔（Hippel，1988）感叹地说道：“在新经济时代，出其不意的‘创新者’越来越多，厂商的用户成了厂商组织创新的源泉。”① 英国知识创新研究者戴布拉·艾米顿（Amidon，1997）认为，用户不仅仅是销售对象，而且是学习和知识的真正源泉。②

在用户参与社群逻辑下，市场已经成为平台型企业与消费者社群成员之间的进行多元交流、实现知识互换与价值增值的对话论坛；用户参与社群是实实在在地参与了知识创新的知识工作者，他们已经被纳入平台型企业为主导的商业生态系统中。厂商的知识创新与用户参与社群的知识创新之间疆界模糊化了，这就是互联网时代平台型企业高速推进、核心竞争力猛然增长背后的秘密。

---

① Von Hippel，E.（1988）The Sources of Innovation. London and New York：Oxford University Press.

② Amidon，D. M.（1997）Innovation strategy for the knowledge economy，The Ken Awakening. London：Butterworth-Heinemann.

八、 互联网时代价值创造的特点

（一）跨界经营

所谓的跨界经营（crossover business），指的是两个不同领域的经营协同，因而有时又将跨界经营称为“跨界协同”（crossover collaboration）。在更多的时候代表一种新锐的生活态度和审美方式。严格地说，“跨界经营”是跨越两个不同领域、不同行业、不同文化、不同意识形态等范畴而产生的一个新行业、新领域、新商业模式、新风格等的一种厂商战略行为（strategic behavior）。跨界经营对于一个品牌最大的益处是让原本毫不相干甚至矛盾、对立的元素相互渗透、相互融合，从而产生新的亮点，说得更加直白一些，就是有更多的机会让消费者掏出钱包。

当年“索尼”（Sony）还沉浸在数码成像技术领先的喜悦中时，突然发现原来全世界数码相机卖得最好的不是它，而是做手机的“诺基亚”（Nokia Corporation），“诺基亚”成了成功的跨界者。中国移动、中国电信和中国联通在移动通信市场上打斗多年，有一天蓦然回首，才发现动了他们“奶酪”的竟然是腾讯的社交网络平台——微信，腾讯的微信成了移动通信的跨界者。从产业层次看“跨界经营”，是虚拟经济与实体经济的融合。平台生态系统商业模式的发展，使得更多的产业边界变得模糊，产业无边界的情况比比皆是。从厂商组织层面看“跨界经营”，随着专业分工的日益精细，虚拟化组织大量出现，厂商组织跨越边界成了可能。从知识结构层面上看“跨界经营”，互联网使信息不对称情况大为好转，能够跨越传统产业的跨界人才和产品经理的出现成了可能。

从“跨界经营”中得到更多的噱头而提高产品的生存能力，固然是一个重要的原因，但是在更深层的意义，则是把原本的竞争对手转化为商业合作伙伴，用最简单同时几乎是零成本享受竞争对手或者其他品牌的知名度、市场和天棚用户。对于一个品牌来说，知名度和忠实用户数量是生存的基础，而这两个属性都需要经过时间的沉淀，以及曾经的巨额投入、赌博性质的抉择换取的，无法通过简单的金钱堆砌而达成。

应当看到，跨界经营方式是对传统产业进行“创造性破坏”。跨界经营方式实质是实体产业价值链环节解构并与互联网价值链“跨链”重组的共生现象，是两条原本独立的价值链的若干个价值创造环节进行融合，从而创造出新产品、新技术或新的商业模式，强调厂商借助互联网价值链中的价值创造要素，重新排列和整合自身价值创造过程，并由整合所带来的新技术、新产品和新商业模式在原产业中创造出全新的价值创造方式，对原有产业及市场基础进行熊彼特所说的“创造性破坏（creative destruction）”，从而增强厂商竞争力。创造性破坏的核心思想是创新及厂/商家精神，是经济增长的根本原因。跨界经营依托实体经济和互联网虚拟两条价值链中关键环节的整合形成新的价值创造方式，通过在原产业中引入新技术、新产品和新商业模式，而使得先前的产品市场需求减少，造成原有价值创造方式的退化和破坏。从内部使经济结构革命化而创造新结构，从而实现对原有产业基础的“创造性破坏”。跨界经营可能导致现有市场基础和产业基础两方面的跃迁，甚至导致产业中的不连续创新（discontinuous innovation）。

跨界经营使厂商能以更为精准的价值主张满足顾客个性化需求。跨界经营能够使传统分销渠道趋于瓦解，将原本规模化、集中化的中间环节服务，被直接到达的、交互性的互联网互动所替代，使厂商更为积极地发现和寻找顾客潜在需求。

按照长尾理论，互联网的“脱媒”作用，将改变传统工业经济时代厂商仅关注“大而化一”的主流市场，而不能顾及甚至难以发现数量众多狭窄市场的局面。互联网的“脱媒”作用是对“渠道为王”的反击，使厂商一下跳过了所有的中间环节，厂商和消费者双方可以直接进行互动，如O2O模式使消费者能够略去渠道商，就自身偏好、产品功能等情况与制造厂商互动，本质上属于“用户参与”下的营销方式，顾客成为价值创造的一环。“脱媒”的直接结果就是厂商来源点对点地实现与顾客的互动，使厂商能够对顾客需求盲点或消费者痛点进行精细划分，并识别出“长尾”需求：互联网使厂商能够凭借网友在网络中的足迹、点击、浏览、留言等行为实时获得消费者需求信息。采用跨界经营的厂商凭借这些信息能够及时了解消费者需求、偏好、消费模式的细微变化；当消费者的价值导向、生活方式、产品偏好、消费模式等都借助互联网数据化并且具备相当规模后，厂商以这些更为精准的标准来细分消费者就具有了现实可行性，而不再拘泥于传统工业经济时代以人口统计特征（如年龄、收入、地理区位）为依据的粗线条的市场细分方法。进而借助大数据技术，“长尾”需求能够被厂商清晰定义和识别，厂商可操作的细分市场变得更为狭窄而聚焦，甚至每位顾客都可能成为一个细分市场。

事实上，跨界者用一种开放式创新提供了厂商创新商业模式的机会，当然也可能因为产业的不同而存在差异。如网络零售业者亚马逊（Amazon）及美国网上证券交易商E * Trade虽然并未直接投资流通渠道，但却能进入零售与财务服务产业，并在这些产业中创新成功。英特公司（Intel）尽管只做 CPU，但还是能够塑造并引导整个计算机产业的发展与竞争。

（二）价值创造的基本逻辑与模式

互联网时代价值创造的基本逻辑是：

（1）通过跨界经营和跨界协同产生效能，跨界经营和跨界协同提供了创新厂商商业模式的机会，这就是美国管理学大师汤姆·彼得斯（Peters，2003）① 所宣称的重新定义商业思维。“很简单，我们需要一种新的商业模式来应对一个狂热的新经济形势。我非常忌讳使用‘商业模式’这样的词语，然而我们又的确需要一些‘模式化’的东西，使我们在一场新的经济浪潮中能够具备一些全新的、深刻的、基本的创造价值的理念。在这样的一种经济形势下，一切都是无形的，是以智力资本为基础的，是创造力在不断驱使的，同时又是快速回转的，这是技术疯狂型的年代。”实际生活中，跨界经营和跨界协同是通过平台生态系统的统合整合（curriculum integration）理念来实现的，即按照统一标准，实施数据集中共享，在此基础上，进一步使有交叉的工作流彼此衔接，实现信息系统数据资源共享和协同工作。其精髓就是将分散的要素组合在一起，最后形成一个有效率的整体。数据集中共享的并非是专利内容或者商业诀窍，共享的是品牌特点，共享的是忠实用户群，但换取来的是更大的利益、更多的用户、更广的市场，还有可能就此发现新的商业契机。

（2）消费者的体验感产生效能。工业经济时代的价值逻辑给自己挖了一个坟墓，现在已经进入丰裕社会，产品同质化、丰富化，人类只剩下一个器官无法被满足，就是自己的大脑。也就是说，消费者越来越在意产品给自己带来的体验感。汤姆·彼得斯（Peters，2003）② 认为，商业模式要体现出具有创造力的“解决方案”“体验”和“实现梦想”。

（3）互联网颠覆了传播方式，用《人民日报》的话来说，就是“消费者成为信息和内容的生产者和传播者，进而催生了生产者和消费者权力的转变”。现在的世界，正在变成一个又一个小的社群世界，正在宣告传统“中心化”传播时代的结束。在互联网时代，由于获得和传播信息的成本急速下降，传播方式转向为碎片化传播，普通人真正拥有了与经营者组织对抗的可能性，创业机遇前所未有。

---

① Peters，T. J.（2003）Re-imagine：Business excellence in a disruptive age. London：Dorling Kindersley，Part Three.

② Peters，T. J.（2003）Re-imagine：Business excellence in a disruptive age. London：Dorling Kindersley，Part Three.

移动互联网时代是消费者主权时代，是粉丝经济（fans economy）与社群经济（community economy），是经营用户，而非经营产品。平台型企业价值创造模式的表现形式是圈人，或者说是圈人心，玩的就是人格魅力。从某种意义上说，互联网平台是人格模式，是信任模式。核心模式就是 C2B（customer to business），更多地体现在对时间的占领，占领的是消费者碎片化的时间，由此逐步获得消费者的情感与信任。C2B 模式的核心是通过聚合分散分布，但数量庞大的用户，形成一个强大的采购集团，以此来改变 B2C 模式中用户一对一出价的弱势地位，使之享受到以大批发商的价格买单件商品的利益。

线下（实体店）体验，线上（厂商网站）购买，由厂商亲自发货给顾客的 O2O（Online to Offline）也将成为流行模式。再发展下去，一些聪明的厂商可能会将线上的销售系统和线下的仓储物流系统外包给第三方，自己将全部精力放在做好产品上，并通过顾客介绍顾客进行直销，厂商直接给顾客广告宣传费用。这样，厂商将彻底实现“脱媒”。

当然，最聪明的商业模式就是做连接，直接将其持有的消费者资源与其他厂商进行资源置换，以获得盈利。试想一下，如果平台型企业拥有 10 万个忠诚的粉丝，平台型企业就可以卖手机、卖汽车、卖保险，甚至组织旅游团。平台型企业只需要做的一件事就是把消费者与其他厂商连接起来，并让消费者在这个连接中获得好处，平台型企业就获得了盈利。

在互联网时代，基业长青只是一个妄念。因为互联网时代根本没有厂商可以依据的地形，以阻止他人进入的行业门槛与进入障碍（entry barriers）。环境在急剧变化，因而互联网时代厂商不会再有长久的商业势能，平台厂商只有自己构建消费者社群，构建消费者社群就是为了知名度和聚集消费者资源，让消费者来连接平台厂商，因为利益来自其他资源，特别是跨界资源。平台厂商只有不断地挖掘消费者需求，聚集消费者需求资源，才能够保持厂商的商业势能，才能够实现跨界协作。从这个意义上说，用户参与、用户主导、数据驱动才是 C2B 的核心。

（三）用户参与和“连接红利”

“连接”具有关系属性，是用来聚合用户的，而“红利”具有交易属性，是变现流量价值后的沉淀。互联网经济追逐的是“连接红利”（linkage dividend），是说这类厂商往往不直接销售产品赚钱，不重点追逐产品销售红利，而是把产品当成一个聚合用户的入口，在与消费者不断地进行价值协同和价值互动中为消费者创造持续的价值，从而获得收益（罗珉、李亮宇，2015）①。所以，互联网时代的厂商经营的是用户、是粉丝，就可能出现“羊毛出在狗身上，熊来买单”这样经典的互联网商业模式。

基于互联网时代用户参与社群逻辑的概念，厂商组织由于在创造和满足消费者独特需要的特定价值活动上具有独特的竞争优势，或者拥有独特的资源或能力，因而能够创造出高于平均水平以上的报酬（即经济学家称之为超额利润或经济租金）（Teece et al.，1997）②。可以说，“连接红利”是一种超额利润或经济租金（rent）。严格地说，这种经济租金是一种准租金（quasi-rent），即厂商进入互联网可以看成是某种生产要素的投入，这些生产要素在长期中是可变的，而在短期中是固定的。这些生产要素不能从现有的用途中退出而转到收益更高的其他用途中，也不能从其他相似的生产要素中得到补充（现实生活中，人们往往把厂商进入互联网的这种生产要素投入称为“烧钱”）。这些生产要素的报酬在某种程度上类似于经济租金，所以被称为“准租金”。

在工业经济时代规模逻辑下，人们认同市场上不同的厂商组织之间的资源、资产、能力、利益，以及商业模式、厂商战略、组织结构和制度结构存在着极大的异质性，但对产品的购买者却被抽象为同质性消费者来处理，以便实现大规模生产和大规模销售。按照布兰登伯格和斯图尔特（Brandenburger & Stuart，1996）③ 基于价值基础厂商战略的概念，厂商组织由于在特定的价值活动上具有独特的竞争优势，或者拥有独特的资源或能力，因而能够创造出高于平均水平以上的报酬（即经济学家称之为超额利润或经济租金）（Teece et al.，1997）④。例如，美国芝加哥大学教授、产业组织理论经济学家张伯伦（Chamberlin，1933）⑤ 指出，厂商组织因为拥有可以筑起“进入障碍”（entry barriers）的资源与能力，因而能够获取“垄断租金”（monopolistic rent，简称 M 租金）或张伯伦租金（Chamberlinian rent，简称 C 租金）的超额报酬。

我们认为，工业经济时代规模逻辑将厂商与消费者之间的情感逻辑、价值主张、学习模式和交易关系被抽象掉了，他们之间的关系完全由技术和价格因素所决定的。

---

① 罗珉、李亮宇（2015）互联网时代的商业模式创新：价值创造视角。中国工业经济，（1）：95－107.

② Teece，D. J. Pisano，G. & Shuen，A.（1997）Dynamic capabilities and strategic management. Strategic Management Journal，18（7）：509－533.

③ Brandenburger，A. M. & Stuart，H. W.（1996）Value-based business strategy. Journal of Economics & Management Strategy，5（1）：5－24.

④ Teece，D. J. Pisano，G. & Shuen，A.（1997）Dynamic capabilities and strategic management. Strategic Management Journal，18（7）：509－533.

⑤ Chamberlin，E.（1933）The Theory of Monopolistic Competition. Boston，Mass.：Harvard University Press.

由此，商业模式创新和产业价值链重构等决定厂商经营的根本性问题就被“黑箱化”了，并不能够充分地说明厂商经济租金或超额利润的来源。在我们看来，厂商的消费者群体，以及他们的情感逻辑、价值主张、学习模式和交易关系是异质性的，因而厂商按照社群逻辑来满足这些消费者的诉求，进行 C2B 和 O2O 等的商业模式创新，是厂商寻求和获取厂商经济租金的一种手段，追求经济租金是互联网时代厂商商业模式创新的核心。

我们认为，经济租金是一个剩余（surplus）的概念，它是指超过要素机会成本的部分（excess of element opportunity cost）。按照厂商经济租金的理论解释，厂商之所以存在的原因是在不完全市场（imperfect market）条件下的要素提供者可以通过加入厂商组织，获取比市场上其他要素提供者更高的收益，或者说是获得了“超额收益”。必须指出的是，在互联网经济时代，不完全市场条件下的要素提供者既是生产要素提供者的厂商组织，也是某种社群的消费者。与生产要素提供者厂商组织不同，社群消费者是长尾的末端，是需求要素的提供者。从某种意义上说，随着人们个性的张扬和对自身独特性的追求，长尾末端不断裂变出来的独特性需求是不可穷尽的，而厂商所获取的经济租金在某种程度上是没有上限的，经济租金会因为需求要素资源价值的不断提升而被持续地创造出来。

在不完全市场条件下，单个社群的消费者是一个异质性资源（heterogeneous resource）的结合体，这种异质性可以使单个社群的独特性需求要素价值被激发出来，并使平台生态系统在满足这个社群需求的价值互动、价值协同和价值满足获得一种“市场溢价”（market appreciation）。这一过程称为租金的搜寻和选择过程（seek and selection process），所获得的市场溢价就是平台生态系统的经济租金。这里，我们看到，用户参与社群的独特性需求要素是一种异质性资源，是厂商经济租金最本质的东西，类似生物学中的碱基（DNA），而平台生态系统的各种需求要素是产生租金差异的关键因素，类似生物学中的基因（gene）。由此，我们可以说租金概念包含了需求异质性、资源稀缺、知识和能力差异的内容。

厂商进入平台生态系统所获得的这些经济租金，既有“熊彼特租金”，也有“李嘉图租金”和“彭罗斯租金”。

美籍奥地利经济学家约瑟夫·熊彼特（Schumpeter，1942）① 认为，厂商经济租金反映了厂商对竞争这种客观存在的市场行为的回应方式，他把竞争视为“一种创造性破坏的过程”（a process of creative destruction）。他认为，厂商必须考虑对包括组

① Schumpeter，J. A.（1942）Capitalism，socialism and democracy. Vol. 36，New York：Harper & Row，pp. 132 – 145.

织形式在内的五个“生产要素方面的重新组合”。他主张通过新商业、新技术、新供应源和新的组织模式的创新来获得厂商经济租金，即“熊彼特租金”（Schumpeterian rents，简称 S 租金）（Teece et al.，1997）①。一般来说，厂商是通过“创造性破坏”或“破坏性创新”来打破现有优势厂商的竞争优势来获得这种租金的。因此，这种租金也可以说是由于厂/商家的创新而产生的经济租金，因而也称为“创新租金”（innovation rent）或“企业家租金”（entrepreneurial rents，简称 E 租金）。应当强调的是，熊彼特租金是通过企业家在不确定性中发现机会、承担风险，并进行资源重新组合的行为实现，与厂商组织的规模关联度较低。对于熊彼特租金而言，其来自于不确定性普遍存在的交换经济中企业家洞察力和风险偏好所产生的创新行为。一般来说，熊彼特租金的获取方式可以分为两类：一是厂商组织通过在市场上纯粹的“套利”行为实现；二是厂商组织通过创新性活动创造相对于竞争对手的竞争优势，造成暂时性的垄断壁垒。

传统理论认为，获得李嘉图租金的资源有两类：竞争性物质资源和基于知识、管理资源，这两种资源都是以厂商为主体的，是供给端的资源。基于竞争性物质资源的李嘉图租金仅仅是由于偶然的历史事件和路径依赖的黏滞性，留存于厂商组织的管理框架内，其无法支持厂商组织的持续成长；基于知识和管理资源的李嘉图租金作为厂商组织长期发展演化的结果，是厂商组织持续成长的优势和基础。而体现消费者需求独特性的资源，是来自需求端的资源，是需求资源供给不足而产生的李嘉图短缺资源，完全不同于以厂商为主体的供给端资源。

按照互联网经济用户参与的社群逻辑，长尾末端需求始终存在，哪个厂商能够发现并满足这个需求，就能够获得这种超额经济租金。这种经济租金来源于平台生态系统参与厂商对市场需求的持续性挖掘。实践已经证明，如果消费者群体能够参与到产品创意、研发和设计环节中，产品就能够体现消费者自己的独特性。这是一种独特的资源，是资源禀赋程度不同导致的需求资源供给程度不同的李嘉图短缺资源（Ricardian scarce resource）。这种需求资源由于不易被模仿、替代，如果厂商拥有这种需求资源与运用这些需求资源的能力，就能发挥其他厂商不能拥有的“隔离效应”（isolating effect），就能够创造所谓的“李嘉图租金”（Ricardian rents，简称 R 租金）。

我们认为，“彭罗斯租金”（Penrosian rent，简称 P 租金）仍然是以厂商为主体的供给端资源为基础产生的，它来源于厂商组织在某类产品的生产与经营中所积累的经验、诀窍、心智模式与组织惯例等隐性知识，这些无形资产才是“彭罗斯租金”产生

---

① Teece，D. J. Pisano，G. & Shuen，A.（1997）Dynamic capabilities and strategic management. Strategic Management Journal，18（7）：509－533.

的基础。但在互联网时代的价值创造中，用户参与社群在与厂商组织的价值互动与价值协同中提供了特定的消费诉求、需求信息、消费习惯和消费偏好等隐性知识，因而也成了“彭罗斯租金”产生的基础。更进一步说，如果厂商与消费者社群在价值互动与价值协同过程中投入“资产专用性”投资（asset specificity），并设计适当的保护机制，即可望创造出所谓的“准租金”（quasi-rent），也就是“彭罗斯租金”。

我们认为，用户参与社群极大地增加了消费黏性，是厂商组织独特的、稀有性和不可替代性的来自于需求端的资源，是厂商组织持续成长的优势和基础。我们发现，工业经济时代的“租金理论”大多仅从单一维度来讨论的，无论是“李嘉图租金”还是“彭罗斯租金”，都是以厂商的资源、能力、经验或知识的单一维度来考虑的，而互联网时代的租金理论更强调要从厂商价值创造逻辑和用户参与的社群逻辑两个维度来考察价值创造。我们认为，一方面，“熊彼特租金”强调的是厂商通过特定资源或能力的投资，可提高厂商的“价值创造”，也可以让消费者分享价值创造的成果，这是属于“价值创造”（value creation，VC）的逻辑思路；另一方面，“李嘉图租金”和“彭罗斯租金”的概念分别指出，厂商和消费者社群由于拥有市场力量与独特（具有价值性、稀有性、不易模仿和不可取代等特性）的资源、隐性知识，发挥了隔离（isolating）其他厂商获取其所创造出来的“租金”（即超额价值），这说明价值创造具有专属性（appropriation）的特征，因而可以归结为“价值专属”（value appropriation，VA）的逻辑思路。

需要注意的是，大多数文献所强调的“价值获取”（value capture）（Teece，2006；① Brandenburger & Stuart，1996；② Lepak et al.，2007；③ Pitelis，2009）④，多以厂商组织为分析单位，强调经济租金的竞争角逐，因而聚焦于“竞争”的逻辑（Pitelis，2009；⑤ Chatain，2011）⑥。

在单个厂商组织的价值链解构为多个厂商构建的平台生态系统之后，“价值创

① Teece，D. J.（2006）Reflections on the Hymer thesis and the multinational enterprise. International Business Review，15（2）：124－139.

② Brandenburger，A. M. & Stuart，H. W.（1996）Value-based business strategy. Journal of Economics & Management Strategy，5（1）：5－24.

③ Lepak，D. P. Smith，K. G. & Taylor，M. S.（2007）Value creation and value capture：A multilevel perspective. Academy of Management Review，32（1）：180－194.

④ Pitelis，C. N.（2009）The co-evolution of organizational value capture，value creation and sustainable advantage. Organization Studies，30（10）：1115－1139.

⑤ Pitelis，C. N.（2009）The co-evolution of organizational value capture，value creation and sustainable advantage. Organization Studies，30（10）：1115－1139.

⑥ Chatain，O.（2011）Value creation，competition，and performance in buyer-supplier relationships. Strategic Management Journal，32（1）：76－102.

造”与“价值获取”只能以平台生态系统为分析单位，平台生态系统基于价值基础的战略（value-based strategy）（Brandenburger & Stuart，1996）①，必须假设平台领导对平台生态系统关系结构的战略性安排，且并不以创造共同利益为意图（Hansen et al. 2008）②，或该意图并非这一战略决策的核心，而是以平台生态系统参与者的价值主张为核心。

在互联网时代，以平台型企业为核心构建的平台生态系统的所创造出来的价值（租金），未必由平台领导、价值创造者所共享，社群消费者还必须得到分享。因此，互联网时代是价值共创和价值共享的时代。

① Brandenburger，A. M. & Stuart，H. W.（1996）Value-based business strategy. Journal of Economics & Management Strategy，5（1）：5－24.

② Hansen，M. H.，Hoskisson，R. E. & Barney，J. B.（2008）Competitive advantage in alliance governance：Resolving the opportunism minimization-gain maximization paradox. Managerial and Decision Economics，29（2/3）：191－208.

九、 本章小结

今天，互联网时代的商业实践已经使人们充分地认识到，厂商组织商业模式追求的价值实现是建立在价值创造基础上的，但价值创造并不等于厂商组织能够获取价值，也不意味着其对价值独享。厂商组织长久价值实现，应当以平台生态系统的参与者多赢为前提的。厂商商业模式的价值实现，首先，表现为顾客的价值实现，这是厂商组织能够生存与发展的源泉；其次，表现为合作伙伴的价值实现；最后，是厂商组织自身的价值实现。

随着互联网经济的发展和厂商组织经营思路的转变，学术研究的重心也在相应地变化，很多的互联网平台长期以来依赖风险投资的输血，而无法实现自身的盈利，已经使研究者注意到，传统工业时代难点是价值创造，互联网时代难题是价值获取。价值创造并不等于价值获取。价值创造来自厂商组织的供给端，而非需求端。传统的学术研究不重视价值获取的研究，必须进行根本性的改变。

第七章

平台生态系统的竞争优势与价值创造

今天，平台型企业的大量出现，使得人们越来越重视平台生态系统的竞争优势问题。在电子商务、社交网络、用户生成内容（users generation content，UGC）和视频游戏等许多消费类平台，消费者更看重其他用户网络庞大、产品种类繁多的互补产品。这种“网络效应”为平台型企业提供了有利的机会，这些平台型企业可以利用这些驱动力来创建占市场主导地位的技术平台。

本章认为，讨论平台生态系统的竞争优势必须考虑在各种各样的产业环境中的影响，以及用户和互补者希望在一个共同平台上实现的兼容性，应当重点研究网络效应和平台质量对竞争结果的相对影响、间接网络效应的驱动力、互补者的性质和属性，以及平台生态系统参与者利用竞争优势的互补动态。因而研究平台型企业的竞争优势必须讨论厂商组织特有的优势，以及平台型企业在市场竞争中如何运用隔离机制来保持竞争优势的问题。

一、解释平台生态系统竞争优势的理论流派

从解释厂商组织竞争优势的理论来看，传统理论主要有资源基础观、组织间关系理论和产业组织理论等。

资源基础观（Resource-based View，RBV）认为，厂商组织要在市场竞争中获胜，需要拥有一组独特、不易被模仿的核心资源为基础来发展独特的竞争战略，以获取更大的李嘉图租金（Ricardian Rent），否则很可能就会被新进者取代而居于竞争劣势（Barney et al.，2001；① Kelliher & Reinl，2009；② Prahalad，1993；Wagner & Weitzel，2007）③。

组织间关系理论（Interorganizational Relationships，IORs）的学者主张，建立在组织间竞争/合作逻辑上的价值创造活动，合作导向的价值创造与竞争导向的价值获取，以及特定组织间关系形式的价值创造与价值获取，如合资企业（JV）的价值创造与获取（Gulati & Wang，2003；④ Kumar，2008）⑤，以及战略联盟的价值创造与获取（Dyer et al.，2008；⑥ Adegbesan & Higgins，2011）⑦，厂商组织可以通过外部网络资源的杠杆式运用（by leverage），以获取更多的关系租金（Dyer & Singh，1998）⑧。

产业组织理论（Industrial Organization Theory，IOT）认为，厂商要在市场竞争中获胜，榨取经济租金，就必须发挥厂商特有优势（firm-specific advantages）的力量，

---

① Barney，J. Wright，M. Ketchen，D. J，Jr.. (2001) The resource-based view of the firm：Ten years after 1991. Journal of Management，27 (6)：625 –641.

② Kelliher，F. & Reinl，L. (2009) A resource-based view of micro-firm management practice. Journal of Small Business and Enterprise Development，16 (3)：521 –532.

③ Wagner，H. T. & Weitzel，T. (2007) Towards an IT production function：Understanding routines as fundamental for IT value creation. Journal of Enterprise Information Management，20 (4)：380 –395.

④ Gulati，R. and L. O. Wang. (2003) Size of the pie and share of the pie：Implications of network embeddedness and business relatedness for value creation and value appropriation in joint ventures. The Governance of Relations in Markets and Organizations Research in the Sociology of Organizations，20 (2)：209 –242.

⑤ Kumar，M. V. S. (2008) Value creation in joint venture dyads." Advances in Mergers and Acquisitions，7 (1)：29 –50.

⑥ Dyer，J. H. H. Singh，and P. Kale. (2008) Splitting the pie：Rent distribution in alliances and networks. Managerial and Decision Economics，29 (1)：137 –148.

⑦ Adegbesan J. A. and M. J. Higgins. (2011) The intra-alliance division of value created through collaboration. Strategic Management Journal，32 (1)：187 –211.

⑧ Dyer，J. H. and H. Singh. (1998) The relational view：Cooperative strategy and sources of interorganizational competitive advantage. Academy of Management Review，23 (4)：660 –679.

如专有技术、管理诀窍、规模经济、广告密集，以及产品/产业特有因素（product/industry-specific factor）的力量，如技术密集、稀有原料、寡占反应等。

然而，在今天的社会经济生活中，厂商组织之间的竞争越来越表现为平台生态系统之间的竞争，无论是平台使用产品的个人用户或公司用户，都渴望兼容性和交互作用（Eisenmann et al.，2011）[①]。平台生态系统的基本前提是，用户将获取更高的价值增值放在拥有更多其他用户的平台上（Cennamo and Santalo，2013）[②]，而平台生态系统参与者所获得的价值增值，取决于他们可以与之互动的网络中其他用户的数量（Farrell & Saloner，1985；[③] Katz & Shapiro，1986；[④] Eisenmann，2007）[⑤]。例如，微信、脸书（Facebook）和抖音等在线社交网络平台的价值随着平台参与者数量的增加而增加，这种平台价值随着平台参与者互动而增加称为直接网络效应（direct network effect）；当用户预期拥有更多用户的平台将能够提供更多种类的互补品和服务时，平台对用户的增强价值可能会间接显现（Evans，2003；[⑥] Rochet and Tirole，2003）[⑦]，这种平台价值因互补的可用性和多样性而增加称为间接网络效应（indirect network effect）。这些直接网络效应和间接网络效应可以促进主导平台的出现和持续经营，从而为其平台倡导者（platform sponsor）[⑧] 或平台领导（platform leadership）带来优势的竞争地位（Bonardi and Durand，2003；[⑨] Dhanaraj and Parkhe，2006；[⑩]

---

① Eisenmann，T，Parker，G，Van Alstyne，M.（2011）Platform envelopment. Strategic Management Journal，32（12）：1270－1285.

② Cennamo C，Santalo S.（2013）Platform competition：Strategic trade-offs in platform markets. Strategic Management Journal，34（11）：1331－1350.

③ Farrell J，& Saloner G.（1985）Standardization，compatibility，and innovation. Rand Journal of Economics，16（1）：70－83.

④ Katz，M. L，& Shapiro，C.（1986）Technology adoption in the presence of network externalities. Journal of Political Economy，94（4）：822－841.

⑤ Eisenmann，T. R.（2007）Managing networked businesses：Course overview for educators. Boston，MA：Harvard Business School Publishing.

⑥ Evans，Y. D. S.（2003）Antitrust economics of multi-sided platforms. Yale Journal of Regulation，20（4）：325－381.

⑦ Rochet，J. & J Tirole.（2003）Platform competition in two-sided markets. Journal of the European Economic Association，1（4）：990－1029.

⑧ Sponsor，英文原意是赞助、倡议、倡导、主办者、赞助商、倡导者等意思。平台公司可以从两个视角看：从技术视角看，平台倡导者一般是该项平台技术的倡议者和赞助商，赞助之意是指他们往往要向其他互补者和模块化厂商开放 API 接口和原代码，帮助和支持这些厂商开发兼容性应用软件，以扩大平台生态系统的阵容；从经营视角看，平台领导（platform leadership）是该平台的核心厂商、平台资源的整合者和协调者。

⑨ Bonardi，J，Durand R.（2003）Managing network effects in high tech industries. Academy of Management Executive，17（1）：40－52.

⑩ Dhanaraj，C. & Parkhe，A.（2006）Orchestrating innovation networks. Academy of Management Review，31（3）：659－669.

Eisenmann et al.，2011）[①]。

平台生态系统的动态竞争能力，受到了产业组织理论（Industrial Organization Theory，IOT）经济学家、战略管理学家和技术管理研究者的广泛关注。

（一）产业组织理论视角

20 世纪 80 年代以来，网络效应的概念被产业组织经济学家广泛研究。从产业组织理论视角看，经济学家试图解释在平台生态系统的环境中存在直接和间接的网络效应，以及平台生态系统和主导平台的竞争优势（例如，Shapiro，1999；[②] Parker & Van Alstyne，2005）[③]。从产业组织理论看，平台可以被概念化为界面或接口，这些产品界面、内容界面或工具界面等通常体现在产品、服务或技术中，这些界面用来协调买卖双方或多方之间的交易。例如，淘宝、京东和亚马逊等电子商务平台上的互补者（微商）和用户（消费者）之间的交易（Evans，2003；[④] Rochet and Tirole，2003；[⑤] Eisenmann，2007；[⑥] Rysman，2009；[⑦] Gawer and Cusumano，2002；[⑧] Hagiu，2014）[⑨]。

产业组织理论将平台视为促进双边或多边市场用户之间交流的"管道"（conduits）（Evans，2003；[⑩] Rochet and Tirole，2006；[⑪] Rysman，2009）[⑫]。平台的用户或节点是"参

---

① Eisenmann T，Parker G，Van Alstyne M（2011）Platform envelopment. Strategic Management Journal，32（12）：1270 - 1285.

② Shapiro，C.（1999）The art of standards wars. California Management Review，41（2）：8 - 32.

③ Parker，G. G，& Van Alstyne，M. W. 2005. Two-sided network effects：A theory of information product design. Management Science，51（10）：1494 - 1504.

④ Evans，Y. D. S.（2003）Antitrust economics of multi-sided platforms. Yale Journal of Regulation，20（4）：325 - 381.

⑤ Rochet，J. & J Tirole.（2003）Platform competition in two-sided markets. Journal of the European Economic Association，1（4）：990 - 1029.

⑥ Eisenmann，T. R.（2007）Managing networked businesses. Note for Educators，5 - 807 - 104，Boston，MA：Harvard Business School Publishing.

⑦ Rysman，M.（2009）The economics of two-sided markets. Journal of Economic Perspectives，23（3）：125 - 143.

⑧ Gawer，A，& Cusumano，M. A.（2002）Platform leadership：How Intel，Microsoft and Cisco drive industry innovation. Boston，MA：Harvard Business School Press.

⑨ Hagiu，A.（2014）Strategic decisions for multisided platforms. Sloan Management Review，55（2）：71 - 80.

⑩ Evans，Y. D. S.（2003）Antitrust economics of multi-sided platforms. Yale Journal of Regulation，20（4）：325 - 381.

⑪ Rochet，J. C，Tirole，J.（2006）Two-sided markets：A progress report. Rand Journal of Economics，37（3）：645 - 667.

⑫ Rysman，M.（2009）The economics of two-sided markets. Journal of Economic Perspectives，23（3）：125 - 143.

与网络互动的独立行动者——个人和/或公司”（independent actors-individuals and/or firms-who participate in a network to interact）（Eisenmann，2007：6）[①]。

产业组织理论强调平台与参与者的互动，要受到网络效应影响和平台中介链接的更具体环境的影响（Rochet & Tirole，2003；[②] Suarez，2005；[③] Evans & Schmalensee，2007；[④] Eisenmann et al. 2006）[⑤]。当平台生态系统中平台价值对用户的益处，取决于与之互动的其他用户的数量时（Farrell & Saloner，1985；[⑥] Katz & Shapiro，1986；[⑦] Eisenmann et al.，2006）[⑧]，直接网络效应就产生了；这种价值可以通过间接网络效应来增加，一个网络的不同“边”（side）可以从“另一边”（the other side）的规模和特点中相互受益（Evans，2003；[⑨] Rochet and Tirole，2003；[⑩] Hagiu，2014；[⑪] Boudreau & Jeppesen，2015）[⑫]。

近年来，研究网络效应的产业组织经济学家将注意力集中在双边市场中观察到的间接网络效应上，他们主要关注的是理解一组互补性兼容技术之间需求的相互依赖性，以及竞争在平台生态系统环境中的表现（Evan，2003；[⑬] Rochet and Tirole，2006；[⑭]

---

① Eisenmann，T. R.（2007）Managing networked businesses. Note for Educators，5－807－104，Boston，MA：Harvard Business School Publishing.

② Rochet，J. & J Tirole.（2003）Platform competition in two-sided markets. Journal of the European Economic Association，1（4）：990－1029.

③ Suarez，F.（2005）Network effects revisited：The role of strong ties in technology selection. Academy of Management Journal，48（4）：710－722.

④ Evans，D. S. and Schmalensee，R.（2007）Catalyst code：The Strategies behind the world's most dynamic companies. Boston，MA：Harvard Business School Press.

⑤ Eisenmann，T. R，Parker，G，Alstyne，M.（2006）Strategies for two-sided markets. Harvard Business Review，84（10）：92－101.

⑥ Farrell J，& Saloner G.（1985）Standardization，compatibility，and innovation. Rand Journal of Economics，16（1）：70－83.

⑦ Katz，M. L，& Shapiro，C.（1986）Technology adoption in the presence of network externalities. Journal of Political Economy，94（4）：822－841.

⑧ Eisenmann，T. R，Parker，G. & Van Alstyne，M.（2006）Strategies for two-sided markets. Harvard Business Review，84（10）：92－101.

⑨ Evans，Y. D. S.（2003）Antitrust economics of multi-sided platforms. Yale Journal of Regulation，20（4）：325－381.

⑩ Rochet，J. & J Tirole.（2003）Platform competition in two-sided markets. Journal of the European Economic Association，1（4）：990－1029.

⑪ Hagiu，A.（2014）Strategic decisions for multisided platforms. Sloan Management Review，55（2）：71－80.

⑫ Boudreau，K. Jeppesen，L.（2015）Unpaid crowd complementors：The platform network effect mirage. Strategic Management Journal，36（12）：

⑬ Evans，D. S.（2003）Antitrust economics of multi-sided platforms. Yale Journal of Regulation，20（4）：325－381.

⑭ Rochet，J. C，Tirole，J.（2006）Two-sided markets：A progress report. Rand Journal of Economics，37（3）：645－667.

Armstrong，2006；[1] Evans and Schmalensee，2008）[2]。该领域研究的基本论断是，平台通过使用中的网络效应（Katz and Shapiro，1986）[3] 和不断增加的供给报酬（Arthur，1989）[4]，受到正反馈循环效应（positive feedback cycle）的影响：平台的用户数量越多，第三方开发者或互补者引入更多互补产品的动机越大，反之亦然（Gupta et al.，1999；[5] Cusumano and Gawer，2002）[6]。

一个平台的用户安装基数，或者活跃用户采用的数量，将影响互补品开发者的选择，而互补品的可用性，反过来又对消费者的采用决策产生积极影响，从而进一步增加了用户采用数量。因此，互补者投资和支持某一特定平台的战略决策，可能会受到该平台网络效应的存在和强度的强烈影响。互补品提供者会考虑该平台庞大的用户群，互补者厂商会发现自己更适合在某个主导平台上开发互补品。产业组织理论的文献表明，由于存在这些网络效应，“赢家通吃”（winner-take-all，WTA）的结果在一些平台中介网络（platform-mediated networks）或市场中介平台（market media platform）中是可能存在的，因为这个平台拥有最多用户的“提示市场”（tips the market）对其有利（Katz and Shapiro，1994；[7] Shapiro and Varian，1999；[8] Eisenmann et al. 2006）[9]。当平台用户的多宿主成本（与多个平台关联的成本）很高且对差异化功能的需求有限时，“赢家通吃”的结果在平台中介网络中尤其显著（Hagiu，2009）[10]。

需要指出的是，网络效应是产业组织理论经济模型的基本前提。虽然市场中介平台之间的竞争主要是由用户采用和互补品提供驱动的。虽然有少数研究集中于了解平

---

① Armstrong，M.（2006）Competition in two-sided markets. RAND Journal of Economics，37（3）：668－691.

② Evans，D. S. & Schmalensee，R.（2008）Markets with two-sided platforms. Issues in Competition and Law and Policy（ABA Section of Antitrust Law）1（28）：667－693.

③ Katz，M. L. & Shapiro，C.（1986）Technology adoption in the presence of network externalities. Journal of Political Economy，94（4）：822－841.

④ Arthur，W. B.（1989）Competing technologies，increasing returns，and lock-in by historical small events. Economic Journal，99（394）：116－131.

⑤ Gupta，S，Jain D，& Sawnhey，M.（1999）Modeling the evolution of markets with indirect network externalities：An application to digital television. Marketing Science，18（3）：396－416.

⑥ Gawer，A，& Cusumano，M. A.（2002）Platform leadership：How Intel，Microsoft and Cisco drive industry innovation. Boston，MA：Harvard Business School Press.

⑦ Katz，M. L. & Shapiro，C.（1994）Systems competition and network effects. The Journal of Economic Perspectives，8（2）：93－115.

⑧ Shapiro，C. & Varian，H. R.（1999）Information rules：A strategic guide to the network economy. Boston，MA：Harvard Business School Press.

⑨ Eisenmann，T. G. Parker，M. & Van Alstyne.（2006）Strategies for two-sided markets. Harvard Business Review，85（10）：92－101.

⑩ Hagiu，A.（2009）Two-sided platforms：Product variety and pricing structures. Journal of Economics and Management Strategy，18（5）：1011－1043.

台领导如何吸引多方加入平台（Gawer，2014）[①]，但产业组织理论的大多数经济模型都侧重于平台定价（例如，Parker and Van Alstyne，2005；[②] Rochet and Tirole，2003；[③] 2006；[④] Clements and Ohashi，2005；[⑤] Rysman，2009；[⑥] Evans et al. 2006）[⑦] 等。调查结果表明，平台型企业通常会采用折扣战略作为其主要的竞争战略，通过大幅折扣补贴平台的一方，以吸引另一方加入。

我们认为，尽管产业组织经济学家对网络效应进行了多方面的综合研究，但仍缺乏强有力的论点来对平台生态系统竞争优势作出更有力的解释。

第一，在互联网产业中，正反馈循环和赢家通吃现象并不是平台生态系统竞争优势的内生性变量（endogenous variables），他们仅仅是平台生态系统竞争优势衍生的结果，是平台生态系统竞争优势的外生性变量（exogenous variables），因而产业组织经济学家低估了特定厂商组织试图战略性地操纵网络效应的重要性（McIntyre and Subramaniam，2009；[⑧] 2017）[⑨]。

我们发现，网络效应并没有说明供给端报酬递增（increasing returns）是怎样产生的，而是指出了从总体上看消费端存在效用递增效应：市场需求创造了新的市场需求。也就是说，网络效应并不完全服从斯密定理（Smith Theorem），而服从杨格定理（Young Theorem）。美国经济学家阿林·杨格（Young，1928）[⑩] 强调："获取递增报酬依赖分工的不断演进"，不但分工水平依赖市场容量（这是亚当·斯密的经典思想），而且市场容量的大小也同样依赖分工的水平。也就是说，市场是由所有人是否参加

① A. Gawer.（2014）Bridging deffering perspectives on technological platforms：Toward an integrative framework. Research Policy，43（7）：1239－1249.

② Parker，G. G，& Van Alstyne，M. W. 2005. Two-sided network effects：A theory of information product design. Management Science，51（10）：1494－1504.

③ Rochet，J. & J Tirole.（2003）Platform competition in two-sided markets. Journal of the European Economic Association，1（4）：990－1029.

④ Rochet，J. C，Tirole，J.（2006）Two-sided markets：A progress report. Rand Journal of Economics，37（3）：645－667.

⑤ Clements，M. T，& Ohashi，H.（2005）Indirect network effects and the product cycle：Video games in the U. S. 1994－2002. Journal of Industrial Economics，53（4）：515－542.

⑥ Rysman，M.（2009）The economics of two-sided markets. Journal of Economic Perspectives，23（3）：125－143.

⑦ Evans，D. S. Hagiu，A. & Schmalensee，R.（2006）Invisible Engines：How Software Platforms Drive Innovation and Transform Industries（MIT Press，Cambridge，MA）

⑧ McIntyre，D. and Subramaniam，M.（2009）Strategy in network industries：A review and research agenda. Journal of Management，35（6）1494－1517.

⑨ McIntyre，D. P，& Srinivasan，A.（2017）Networks，platforms，and strategy：Emerging views and next steps. Strategic Management Journal，38（1）：141－160.

⑩ Young，A. B.（1928）Increasing Returns and economic progress. In Roger Sandilands（ed.）Money and growth：Selected papers of Allyn Abbott Young. London：Routledge，1999.

分工的决策决定的，所以它又由分工水平决定。网络效应表明，一个内生的反馈机制已经形成，分工自发演进，经济的增长并不需要任何外力的推动而自我实现。这种自组织式的因果循环正是一般均衡（general equilibrium）概念和不动点定理（fixed-point theorem）[①]的典型特征，是网络效应的一个共同特征。杨格定理清楚地指出了分工经济效果是网络效应，与一般均衡机制中所有变量的相互依赖有关。

第二，网络效应具有二元（duality）的特性，即网络效应对平台生态系统的影响在给定的互联网情境中可能存在，也可能不存在。因此，研究网络效应的经验方法通常侧重少数互联网科技企业和消费类平台，如美团外卖、滴滴打车、拼多多、抖音等，其衡量指标相对粗糙，如用户总装机基数或用户采用数的多少，用来确定平台生态系统竞争优势和平台增长的驱动力，本身并不科学。大量的研究表明，网络动力学是非常复杂的，平台生态系统参与者之间交互的相对强度和结构，可能比在给定情境中网络效应的绝对存在，更具说服力（Suarez，2005；[②] McIntyre & Subramaniam，2009；[③] Afuah，2013）[④]。

我们认为，网络效应隐含的意思是网络价值不在于用户数量和链接节点的增多，而在于微商、应用程序开发者、模块化厂商、各种互补者和消费者之间相互依赖性和互补性关系，这是工业经济时代任何资本投入品都不可能具有的性质。网络效应的根本弱点在于，它是一个信息数量论的公式（the formula of information quantity theory），只注意了信息在数量方面进展的作用，而完全忽视了互补性资产用于信息处理水平的提升对信息财富增长的决定性作用。如果将互补性资产用于信息处理水平的提升，可以解释互联网平台为什么会迅速发展，为什么需要并产生出大量的信息。

---

① 在经济学研究中，经常将一个经济系统进行模型化，也就是将一个经济系统描述为一个联立方程式系统。方程式系统的解表示该经济系统所处的特定均衡状态。在传统的经济数学方法中，一个方程式系统的解是否存在，是根据方程式的个数与内生变量的个数是否相等来判断的。如果两者相等，那么解就存在。这是一种凭经验得出的不严格判断方法。而运用不动点定理（fixed-point theorem），可以严格地证明一个方程式系统解的存在性。美国经济学家肯尼斯·阿罗（Kenneth Joseph Arrow）和美籍法国经济学家杰拉德·德布鲁（Gerard Debreu）运用不动点定理证明了瓦尔拉斯一般均衡模型（Walrasian General Equilibrium Model）中均衡解的存在性，对一般均衡分析作出了贡献。他们运用不动点定理对瓦尔拉斯均衡所作的严格分析，被称为“阿罗－德布鲁一般均衡分析”（Arrow-Debreu General Equilibrium Analysis）。肯尼斯·阿罗和杰拉德·德布鲁分别获得1972年度、1983年度诺贝尔经济学奖。

② Suarez，F.（2005）Network effects revisited：The role of strong ties in technology selection. Academy of Management Journal，48（4）：710－722.

③ McIntyre，D. and Subramaniam，M.（2009）Strategy in network industries：A review and research agenda. Journal of Management，35（6）1494－1517.

④ Afuah，A.（2013）Are network effects really about size? The role of structure and conduct. Strategic Management Journal，34（3）：257－273.

2013)[①]。因此，平台生态系统被视为“半规制市场”（semi-regulated marketplaces），在平台倡导者的协调和指导下促进创业行动（Wareham et al. 2014：1211)[②]，或是“多边市场”（multi-sided markets），实现不同用户群体之间的交易（Cennamo & Santaló，2013)[③]。

学者们强调，技术管理视角侧重重点创新和支持创新的一组组成部分（上游）和互补部分（下游），并将生态系统视为“企业通过协作安排将其个人产品组合成一个连贯的、面向客户的解决方案”（the collaborative arrangements through which firms combine their individual offerings into a coherent, customer-facing solution）（Adner，2006：98)[④]。因此，研究生态系统重点在于了解相互依赖的参与者如何互动，以创造和商业化有利于最终客户的创新，其必然结果是，如果生态系统内的协调不足，创新将失败（Adner & Kapoor，2010；[⑤] Adner，2012；[⑥] Kapoor & Lee，2013)[⑦]。

技术管理研究者主要关注平台倡导者，尤其是他们如何吸引第三方互补者来刺激间接网络效应（Eisenmann，2007；[⑧] Evans et al. 2008)[⑨]。技术管理研究者通过强调平台的互补（complements）等附加功能来扩展平台生态系统这一概念，平台的技术架构可以为其他互补品厂商组织建立相关产品或服务的技术基础（Gawer and Cusumano，2002；[⑩] Gawer and Henderson，2007)[⑪]，管理平台及其互补之间交互的界面

---

① Cennamo C，Santaló J.（2013）Platform competition：strategic trade - offs in platform markets. Strategic Management Journal，34（11）：1331 - 1350.

② Wareham，J. Fox，P. B. & Cano Giner，J. L.（2014）Technology ecosystem governance. Organization Science，25（4）：1195 - 1215.

③ Cennamo C，Santaló J.（2013）Platform competition：strategic trade - offs in platform markets. Strategic Management Journal，34（11）：1331 - 1350.

④ Adner，R.（2006）Match your innovation strategy to your innovation ecosystem. Harvard Business Review，84（4）：98.

⑤ Adner，R. & Kapoor，R.（2010）Value creation in innovation ecosystems：How the structure of technological interdependence affects firm performance in new technology generations. Strategic Management Journal，31（3）：306 - 333.

⑥ Adner，R.（2012）The wide lens：A new strategy for innovation. New York：Portfolio Penguin.

⑦ Kapoor，R. & Lee，J. M.（2013）Coordinating and competing in ecosystems：How organizational forms shape new technology investments. Strategic Management Journal，34（3）：274 - 296.

⑧ Eisenmann，T. R.（2007）Managing networked businesses. Note for Educators，5 - 807 - 104，Boston，Massachusetts：Harvard Business School Publishing.

⑨ Evans，D. S. Hagiu，A. & Schmalensee，R.（2008）Invisible engines：How software platforms drive innovation and transform industries. Boston，Massachusetts：MIT press.

⑩ Gawer，A. & Cusumano，M. A.（2002）Platform leadership：How Intel，Microsoft and Cisco drive industry innovation. Boston，Massachusetts：Harvard Business School Press.

⑪ Gawer，A. & Henderson，R.（2007）Platform owner entry and innovation in complementary markets：Evidence from Intel. Journal of Economics and Management Strategy，16（1）：1 - 34.

(接口)概念规范描述了平台架构(Tiwana et al., 2010)①。这里,互补这个概念强调的是互补品厂商组织向一个平台提供的商品和服务,而这些向共同客户提供互补品的独立供应商称为互补者(complementors)(Yoffie and Kwak, 2006;② Boudreau & Jeppesen, 2015)③,互补品厂商是平台生态系统的参与者,而平台通过间接网络效应提升核心产品对平台生态系统的价值,从而使核心产品对平台采用者来说,在互补品厂商组织向平台提供互补品的情况下,平台采用者获得的价值比没有互补品的情况下更大(Brandenburger and Nalebuff, 1996;④ Yoffie and Kwak, 2006;⑤ Gawer, 2009;⑥ Zhu & Iansiti, 2012)⑦。平台倡导者投入大量资源来吸引互补者加入他们的平台;互补者反过来投入资源并随着时间的推移为平台开发更多的互补品。这一研究领域的自然延伸是研究平台型企业围绕界面做出的优化设计选择,这些选择允许更快、更系统的创新。

在平台的优化设计选择方面,技术管理研究者关注的是平台倡导者的决策,如平台界面的开放性或者平台的开发战略。技术管理研究者对平台开放程度的研究,集中于开放平台和封闭平台之间的权衡(Gawer and Cusumano, 2008;⑧ Eisenmann et al., 2006)⑨。研究表明,在不同的情境下,不同平台的开放程度都有所不同,这涉及平台接口上信息的访问级别、访问成本和控制接口使用的规则等(Gawer, 2014)⑩。技术管理研究者集中研究如何通过吸引第三方互补者的创新能力来影响平台生态系统的创新

① Tiwana, A. Konsynski, B. & Bush, A. A. (2010) Research commentary-platform evolution: Coevolution of platform architecture, governance, and environmental dynamics. Information Systems Research, 21 (4): 675-687.

② Yoffie D, Kwak M. (2006) With friends like these: The art of managing complementors. Harvard Business Review, 84 (9): 88-98.

③ Boudreau, K. Jeppesen, L. (2015) Unpaid crowd complementors: The platform network effect mirage. Strategic Management Journal, 36 (12):

④ Brandenburger, A. M. & Stuart, H. W. (1996) Value-based business strategy. Journal of Economics & Management Strategy, 5 (1): 5-24.

⑤ Yoffie D, Kwak M. (2006) With friends like these: The art of managing complementors. Harvard Business Review, 84 (9): 88-98.

⑥ Gawer, A. (2009) Platform, markets and innovation. Cheltenham: Edward Elgar, 2009.

⑦ Zhu, F. & Iansiti, M. (2012) Entry into platform-based markets. Strategic Management Journal. 33 (1): 88-106.

⑧ Gawer, A. & Cusumano M. A. (2008) How companies become platform leaders. MIT Sloan Management Review, 49 (2): 28-35.

⑨ Eisenmann, T. R, Parker, G, Alstyne, M. (2006) Strategies for two-sided markets. Harvard Business Review, 84 (10): 92-101.

⑩ A. Gawer. (2014) Bridging deffering perspectives on technological platforms: Toward an integrative framework. Research Policy, 43 (7): 1239-1249.

（West，2003；[1] Eisenmann et al.，2006；[2]Lee & Mendelson，2008；[3] Boudreau，2010；[4] Baldwin and von Hippel，2011）[5]。研究发现，虽然开放接口通常会增加互补者的创新动力（Boudreau，2010）[6]，但过于开放会导致平台倡导者的收入和利润的损失（Eisenmann et al.，2006）[7]。

技术管理研究者强调，由于平台生态系统内参与各方之间固有的相互依赖性，平台倡导者与互补方的关系是平台成功的最为重要的资源（Venkatraman & Lee，2004）[8]。因此，平台型企业采取何种促进和激励行为对来自第三方互补者提供更多支持，是构建平台生态系统的重要战略举措。技术管理研究集中于平台倡导者吸引应用程序开发人员的努力上，不仅是通过创建技术质量更高的平台，而且还通过向他们提供简化开发过程以实现互补的工具包，这些工具包以基本培训的形式向开发人员提供价值和赋能（enabling）（Von Hippel & Katz，2002；[9] Evans et al.，2008；[10] Yoffie and Kwak，2006）[11]。

应当指出的是，技术管理研究者采用间接网络效应和平台设计策略等核心概念来研究平台生态系统的竞争优势，而大多数的研究主要通过案例研究和理论推理来关注平台领导（Gawer and Cusumano，2002；[12] Gawer and Henderson，2007）[13]。因此，

---

① West，J.（2003）How open is open enough?：Melding proprietary and open source platform strategies. Research Policy，32（7）：1259–1285.

② Eisenmann，T. R，Parker，G，& Van Alstyne，M.（2006）Strategies for two-sided markets. Harvard Business Review，84（10）：92–101.

③ Lee，D，& Mendelson，H.（2008）Divide and conquer：Competing with free technology under network effects. Production & Operations Management，17（1）：12–28.

④ Boudreau，K.（2010）Open platform strategies and innovation：Granting access versus devolving control. Management Science，56（10）：1849–1872.

⑤ Baldwin，C. Y. von Hippel，E.（2011）Modeling a paradigm shift：from producer innovation to user and open collaborative innovation. Organization Science，22（6）：1399–1417.

⑥ Boudreau，K.（2010）Open platform strategies and innovation：Granting access versus devolving control. Management Science，56（10）：1849–1872.

⑦ Eisenmann，T. R，Parker，G，Alstyne，M.（2006）Strategies for two-sided markets. Harvard Business Review，84（10）：92–101.

⑧ Venkatraman，N. & Lee，C. H.（2004）Preferential linkage and network evolution：A conceptual model and empirical test in the U. S. video game sector. Academy of Management Journal，47（6）：876–892.

⑨ Von Hippel E，& Katz R.（2002）Shifting innovation to users via tool kits. Management Science，48（7）：821–833.

⑩ Evans，D. S. Hagiu，A. & Schmalensee，R.（2008）Invisible engines：How software platforms drive innovation and transform industries. Boston，Massachusetts：MIT press.

⑪ Yoffie，D. & Kwak M.（2006）With friends like these：The art of managing complementors. Harvard Business Review，84（9）：88–98.

⑫ Gawer A，& Cusumano M. A.（2002）Platform leadership：How Intel，Microsoft，and Cisco drive industry innovation. Boston，Massachusetts：Harvard Business Publishing.

⑬ Gawer A，Henderson R（2007）Platform owner entry and innovation in complementary markets：Evidence from Intel. Journal of Economics and Management Strategy，16（1）：1–34.

技术管理领域研究的一个主要局限性在于，缺乏实证研究来检验平台倡导者的平台设计决策如何影响互补者的战略选择，以及这些决策对平台生态系统的构建与后续成功的影响。与产业组织经济学和战略管理视角相类似，技术管理研究者将平台视为一段时间内保持相对稳定的系统，因而对平台生态系统及其演变的了解相对较少。

我们认为，由于高科技环境的变化日新月异，新兴的技术不断涌现，这意味着平台技术架构是动态的，并随着时间的推移而不断发展的（Gallagher and Park，2002；① Clements and Ohashi，2005）②。可以这样说，平台技术架构对平台竞争的演变尤为重要，它提供改进现有技术系统和设计新平台的机会（Bresnahan and Greenstein，1999）③，因而需要集中研究平台型企业如何在频繁的技术变革时期管理相互依赖性和互补性，以充分利用平台生态系统的互补产品组合。

（三）战略管理视角

战略管理学者强调在平台生态系统环境下竞争优势的产生和持续经营能力。在平台生态系统环境中，平台生态系统的竞争优势很大程度上取决于平台型企业利用其互补者网络刺激价值共同创造的能力（Adner and Kapoor，2010）④，以及利用随之而来的网络效应（Katz and Shapiro，1985）⑤。因此，战略管理研究的重点是解释诸如平台领导（Gawer and Cusumano，2002；⑥ Gawer and Henderson，2007）⑦ 和战略视角的互补性（Cennamo & Santalo，2013；⑧ Kapoor & Lee，2013）⑨ 等概念，并考察平台领导

---

① Gallagher，S. & Park，S. H.（2002）Innovation and competition in standard-based industries：A historical analysis of the U. S. home video game market. IEEE Transactions on Engineering Management，49（1）：67.

② Clements，M. T，& Ohashi，H.（2005）Indirect network effects and the product cycle：Video games in the U. S. 1994 – 2002. Journal of Industrial Economics，53（4）：515 – 542.

③ Bresnahan，T. F. & Greenstein，S.（1999）Technological competition and the structure of the computer industry. Journal of Industrial Economics，47（1）：1 – 40.

④ Adner，R. & Kapoor，R.（2010）Value creation in innovation ecosystems：how the structure of technological interdependence affects firm performance in new technology generations. Strategic Management Journal，31（3）：306 – 333.

⑤ Katz，M. L. & Shapiro，C.（1985）Network externalities，competition and compatibility. American Economic Review，75（3）：424 – 40.

⑥ Gawer，A，& Cusumano，M. A.（2002）Platform leadership：How Intel，Microsoft and Cisco drive industry innovation. Boston，MA：Harvard Business School Press.

⑦ Gawer A，Henderson R（2007）Platform owner entry and innovation in complementary markets：Evidence from Intel. Journal of Economics and Management Strategy，16（1）：1 – 34.

⑧ Cennamo C，Santalo S.（2013）Platform competition：Strategic trade-offs in platform markets. Strategic Management Journal，34（11）：1331 – 1350.

⑨ Kapoor，R. & Lee，J. M.（2013）Coordinating and competing in ecosystems：How organizational forms shape new technology investments. Strategic Management Journal，34（3）：274 – 296.

的战略选择对现有安装用户基础的影响（Afuah，2013；[①] Fuentelsaz et al. 2015）[②]。

战略管理视角的研究关注平台领导获得竞争优势的战略行为，力图说明平台领导利用正反馈循环和赢家通吃，给最先进入平台市场的平台领导带来的网络效应和隔离机制的经济影响。在基本层面上，战略管理研究者试图从对网络市场竞争结果的市场结构解释，转向可能影响平台领导经营成败的驱动因素和战略行为方面的研究。虽然战略管理研究人员专注于了解平台领导构建平台生态系统的定价战略、积极反馈的市场竞争战略研究，并专注于影响竞争优势的其他驱动因素，如平台启动战略和进入时机（Eisenmann，2006；[③] Schilling，2002；[④] Shapiro & Varian，1999）[⑤]，如厂商规模（Sheramata，2004；[⑥] Schilling，2002）[⑦] 等平台领导的已有竞争优势、平台特征和平台的相对质量等（McIntyre，2011；[⑧] Tellis et al.，2009；[⑨] Zhu and Iansiti，2012）[⑩]。

战略管理关注平台市场的竞争，认为平台用户对平台增长潜力的预期会影响用户采用的选择，平台领导有强烈的动机来暗示和调整用户对平台未来支配地位潜力的预期（Chintakananda & McIntyre，2014；[⑪] Fuentelsaz et al.，2015）[⑫]。因此，战略管理学者专注于平台领导的启动战略和进入时机选择对用户采用决策的影响，以吸

---

① Afuah，A.（2013）Are network effects really about size? The role of structure and conduct. Strategic Management Journal，34（3）：257－273.

② Fuentelsaz，L. Garrido，E. Maicas，J. P.（2014）Incumbents，technological change and institutions：how the value of complementary resources varies across markets. Strategic Management Journal 36（12）：1778－1801.

③ Eisenmann，T. R.（2006）Internet companies' growth strategies：Determinants of investment intensity and long-term performance. Strategic Management Journal，27（12）：1183－1204.

④ Schilling，M. A.（2002）Technology success and failure in winner-take-all markets：The impact of learning orientation，timing and network externalities. Academy of Management Journal，45（2）：387－398.

⑤ Shapiro，C. & Varian，H. R.（1999）Information rules：A strategic guide to the network economy. Boston，MA：Harvard Business School Press.

⑥ Sheremata W. A.（2004）Competing through innovation in network markets：Strategies for challengers. Academy of Management Review，29（3）：359－377.

⑦ Schilling，M. A.（2002）Technology success and failure in winner-take-all markets：The impact of learning orientation，timing and network externalities. Academy of Management Journal，45（2）：387－398.

⑧ McIntyre，D.（2011）In a network industry，does product quality matter? Journal of Product Innovation Management，28（1）：99－108.

⑨ Tellis，G. Yin，E. and Niraj，R.（2009）Does quality win? Network effects versus quality in high-tech markets. Journal of Marketing Research，46（2）：135－149.

⑩ Zhu，F. & Iansiti，M.（2012）Entry into platform-based markets. Strategic Management Journal. 33（1）：88－106.

⑪ Chintakananda，A. & McIntyre，D.（2014）Market entry in the presence of network effects：A real options perspective. Journal of Management，40（6）：1535－1552.

⑫ Fuentelsaz，L. Garrido，E. Maicas，J. P.（2014）Incumbents，technological change and institutions：how the value of complementary resources varies across markets. Strategic Management Journal 36（12）：1778－1801.

引早期交互作用强的关键性用户社群，并以此作为衡量平台增长潜力的关键性指标。战略管理视角认为，平台领导需要围绕进入时机制定更为稳健的平台战略，而不仅仅急于取得先发优势地位（McIntyre and Subramaniam，2009）[①]。战略管理学者也试图说明新兴的平台如何与在位平台（incumbent platform）竞争，如新平台如何使用播种和天棚用户（seeding and marquee users）策略、微市场启动（micro-market launch）策略和借用（piggybacking）策略等，来解决平台入口或平台启动问题（Evans and Schmalensee，2010）[②]；同时也研究在位平台如何通过现有的安装基础保留其竞争优势（Schilling，2002；[③] Sheremata，2004；[④] Eisenmann et al. 2011）[⑤]。谢丽玛塔（Sheremata，2004）[⑥]和艾森曼等人（Eisenmann et al.，2011）[⑦]采取了更为动态的观点，发现新进入者可以通过激进式创新，通过涉及多平台捆绑的平台包络战略（platform envelopment strategy），可以成功地跨越网络效应很强的主导平台，并取代在位平台。

战略管理视角研究的焦点主要集中在个人用户（C 端）方面，但对平台供给端（B 端）互补性的关注有限，没有研究考察互补者支持特定平台的动机异质性和互补者的价值主张，以及互补者的战略选择对平台生态系统竞争优势和竞争结果的影响。

战略管理视角研究缺少试图协调互补性属性和经验中存在异质性的事实，而互补者有能力利用平台倡导者提供的技术架构和资源来支持多个同时存在的平台，以说明互补者战略选择对平台生态系统竞争优势的影响。例如，互补者的进入时机与进入方式对平台质量和功能的影响、平台与互补者之间的相互依赖关系的考察，并没有取得突破性的进展（McIntyre and Subramaniam，2009；[⑧] Zhu and Iansiti，

---

① McIntyre，D. and Subramaniam，M.（2009）Strategy in network industries：A review and research agenda. Journal of Management，35（6）1494－1517.

② Evans，D. S. and R. Schmalensee.（2010）Failure to launch：Critical mass in platform businesses. Review of Network Economics，9（4）：1－26.

③ Schilling，M. A.（2002）Technology success and failure in winner-take-all markets：The impact of learning orientation，timing and network externalities. Academy of Management Journal，45（2）：387－398.

④ Sheremata W. A.（2004）Competing through innovation in network markets：Strategies for challengers. Academy of Management Review，29（3）：359－377.

⑤ Eisenmann T，Parker G，Van Alstyne M（2011）Platform envelopment. Strategic Management Journal，32（12）：1270－1285.

⑥ Sheremata W. A.（2004）Competing through innovation in network markets：Strategies for challengers. Academy of Management Review，29（3）：359－377.

⑦ Eisenmann T，Parker G，Van Alstyne M（2011）Platform envelopment. Strategic Management Journal，32（12）：1270－1285.

⑧ McIntyre，D. and Subramaniam，M.（2009）Strategy in network industries：A review and research agenda. Journal of Management，35（6）：1494－1517.

2012)[①]。

另外，战略管理视角的研究基本上采用了静态或横截面的视角，并没有集中于平台互补者交互如何随着时间的推移而动态发展。技术演进、新的平台架构的引入，以及新跨界标准的出现在改变平台互补关系方面的作用，尚未得到系统的研究。

应当注意的是，虽然这三个理论研究流派极大地增强了我们对平台生态系统和平台的理解，但这些研究视角仅限于单一行业背景或描述性案例，但并没有形成更为可靠和可概括的平台生态系统的竞争优势的理论框架。

---

① Zhu, F. & Iansiti, M. (2012) Entry into platform-based markets. Strategic Management Journal. 33 (1): 88 – 106.

二、 影响平台生态系统竞争优势的因素

如果把平台生态系统看成是一个产业或产业组织形式，该产业或产业组织形式特有因素（industry-specific factor）的力量表现在平台倡导者或平台领导主要通过构建平台生态系统、聚集互补性资源、实现网络效应三个方面来实现的。

平台倡导者必须擅长创造平台技术、信息与知识，构建一种独特的平台架构来连接供给端和需求端等各方参与者，建立平台生态系统来实现供给端和需求端的资源配置，通过价值商店（value shop）为顾客提供完整系统的顾客解决方案。例如，苹果的 Apple App Store、谷歌的 Google Play、天猫、淘宝、京东等都是网上平台生态系统和价值商店，他们被称为价值商店是因为互联网、云计算和大数据技术能够实现交易的快速搜寻与匹配，能够快速地为顾客提供完整系统的顾客解决方案，从而带来厂商剩余和消费者剩余的最大化；平台倡导者必须擅长聚集互补性资源，从而实现供给端范围经济和需求端的范围经济，因而平台倡导者更能够分享平台生态系统各个互补性厂商和模块化厂商的资源所产生的报酬；就网络效应而论，这是平台产业一个最为显著的行业特征，它对平台生态系统的竞争优势有着非常显著的影响。

从互补性资产的视角看，平台生态系统可以定义为“基于平台条件配置互补性资产来形成竞争优势的，由平台领导、互补性厂商、模块化厂商与消费者共同构建的价值创造系统”。我们认为，平台生态系统的竞争优势来源于三个方面：平台倡导者特有的优势（platform sponsor-specific advantages）、平台生态系统特有的优势（platform ecosystem-specific advantages）和出售该优势的不完全市场（imperfect market）。

平台倡导者特有的优势不仅来自独特技术、稀缺性资源和供给侧/需求侧的规模经济，更来自平台倡导者识别环境、获取资源、开拓市场、协调关系网络的动态能力。例如，苹果公司的 iOS 就是手机操作系统的技术倡导者，这是一种独特技术和稀缺性资源。从平台倡导者特有的优势来看，平台倡导者之所以从事某种平台经营业务，实质上是利用它特有的一些能力与优势，以便榨取经济租金。这种能力与优势主要是：独有的专属性技术、用户规模、供应商（微商）规模、流量规模、与财务有关的投资和融资等方面的规模经济，以及产品或服务的差异性。这种差异性就是与众不同，即平台倡导者提供的产品或服务往往能够覆盖行业的盲点和消费者痛点。

如果平台倡导者提供的产品或服务是跨界经营的，并能够覆盖行业的盲点和消费者痛点，其技术专属性足以阻止其他竞争者的加入，因而平台倡导者就可以利用平台来连接互补性厂商、模块化厂商进行大规模生产和销售，平台倡导者可以通过实现供给端和需求端的范围经济，在市场上获得竞争优势。

平台生态系统特有的优势是由平台倡导者、互补性厂商、模块化厂商共同构建的一种竞争优势。例如，苹果公司的 iOS 可以为互补性厂商和模块化厂商——苹果公司可以向软件开发者提供平台接口，苹果公司可以向开发者提供软件开发的原代码，以实现开发的软件与平台的兼容，形成的 Apple App Store 可以为用户提供完整的用户解决方案，由此构成了平台生态系统特有的优势。美国管理学家莫兹利和索马亚（Mawdsley & Somaya，2018）① 结合需求侧战略（demand-side strategy）和关系视角，解释了平台型企业为获得范围经济的好处，特别是在专业服务客户方面，为什么要进行多元化跨界经营，以及什么时候进行多元化跨界经营，以应对商业伙伴的多样性需求，并提出了“客户领先的多元化战略”（client-led diversification）的理论。

从某种意义上说，平台生态系统特有的优势是一种“生态优势”（ecologic advantage），这种“生态”是指在平台供给端若干具有异质性的互补厂商和需求端无数的消费者，在相互依赖、互惠、共创和共赢的基础上形成共生、互生和再生的价值创造及价值获取系统。平台倡导者的优势不仅仅来源自身特有的技术、内部价值链活动的优化和资源能力的积累，还来源对平台供给端互补性资源的有效利用，来自平台需求端无数的消费者组合而形成的商业生态社群。与平台倡导者的竞争优势相反，生态优势强调的是“互补性资源”的有效利用，平台倡导者不仅仅要关注自身的独特技术、稀缺性资源和供给/需求侧的规模经济，还要重新定义和优化平台生态系统的活动，管理好、利用好各种互补性资源。

在现实经济生活中，平台倡导者致力于构筑平台生态系统特有的优势的原因在于，他们清楚地认识到平台倡导者的技术优势不可能长期拥有，可能会在不远的将来消失。按照现有经济学理论解释，在“绝缘均衡”（insulated equilibrium）的条件下，诸如横向产品差异化等市场势力的传统来源，可能造成用户锁定。但无论多强大的网络效应，都无法单独做到这一点。一个更有效率但其他方面较为相似的进入者，总有可能使用隔离策略（isolating strategy）来削弱在位企业。因此，还需要寻求来自供给端的范围经济、产品或服务的差异化和形成独特的隔离机制（isolating

① Mawdsley，J. K. & Somaya，D.（2018）Demand-side strategy，relational advantage and partner-driven corporate scope：The case for client-led diversification. Strategic Management Journal，39（7）：1834－1859.

mechanism）。就来自供给端的范围经济而论，一是来自模块化厂商提供的差异化产品或服务形成的范围经济；二是来自互补性厂商提供的独特要素资源形成的范围经济；三是易于取得非融资性的互补性资产（利用社会冗余资源，如滴滴打车利用司机带车加盟）；四是能够利用互补性厂商、模块化厂商等所有的平台生态系统参与者的市场经营经验和有关行业的商业知识。就产品或服务能够覆盖行业的盲点和消费者痛点来说，这可以通过发展特定的消费社群，形成基于消费社群意愿为基础的隔离机制，构建平台生态系统特有的竞争优势，这又构成了其他竞争者的"进入障碍"（barriers to entry）。

我们认为，在平台生态系统中，只有平台生态系统参与者的特质才可以创造出这种特有的竞争优势。具体地说，平台生态系统特有的竞争优势主要来源平台生态系统特有的平台架构（platform architecture）、平台生态系统的专属性资产（platform ecosystem-specific assets）、知识分享惯例（knowledge-sharing routines）、互补性资源与能力（complementary resources and capabilities）以及有效治理机制（effective governance mechanism）；平台生态系统参与者在建立这种特定关系过程中，不但获得了关键性资源，而且这些专属性资产和互补性资源又深深地镶嵌于平台生态系统的各种资源与惯例之中。我们强调，通过平台生态系统参与者进行专用性投资，并通过平台倡导者以独特的方式进行整合，这是平台生态系统竞争优势的重要来源。

由于在特定的市场中存在着平台倡导者特有的优势和动态能力、平台生态系统特有的优势和稀缺性资源要素，这些因素造成了市场在一定程度上出现了扭曲（distortions），例如消费外部性（consumption externalities）产生的扭曲，类似于2009年诺贝尔经济学奖得主迈克尔·斯宾塞（Spence，1975）的质量选择垄断模型（model of a quality-choosing monopolist）中的斯宾塞扭曲（Spence's distortions）。平台生态系统特有的竞争优势对这种扭曲的影响取决于平台型企业产生的外部性程度和网络效应，从而形成了从产品或服务市场、市场要素配置到市场结构等多个方面的市场不完全（market imperfection）。平台领导、互补性厂商、模块化厂商等所有的平台生态系统参与者，都可以在这个不完全市场中出售其各自的特有优势，可以凭借特有优势影响市场价格，获取超额租金。相反，传统市场中的企业间往往是资源、能力高度同质化、信息完全对称、完全竞争、长期均衡，作为市场参与者的厂商组织就很难获取投资的超额回报。

需要指出的是，平台生态系统由于密集互补性厂商、模块化厂商的互补性资源，在创造和满足消费者独特需要的特定价值活动上具有独特的竞争优势，或者拥有独特的资源或能力，因而能够创造出高于平均水平以上的报酬，即经济学家称之为超额利润或经济租金（Teece et al.，1997）①。平台领导获取的超额租金是一种“连接红利”（linkage dividend），这是因为平台领导并不直接销售产品赚钱，不重点追逐产品销售红利，而是把产品或服务当成一个聚合顾客的入口，在与消费者不断地进行价值协同和价值互动中为消费者创造持续的价值，从而获得收益（罗珉、李亮宇，2015）②；互补性厂商、模块化厂商获取的超额租金是提供了独特资源要素所带来的专属租金（appropriate rent），即这种租金来源于以独特、专属、增值方式组合的不同技术、知识或资产，从而获得超过标准附加性质的收益，其中对一种产品的需求可以驱动对另一种产品的需求，例如，消费者对手机的需求可以驱动对应用程序软件的需求。这种独特资源要素可能是一种“瓶颈资产”（bottleneck assets），但这些资产并不容易识别，且可能随着时间推移而变化。严格地说，这些经济租金都是准租金（quasi-rent），即平台生态系统参与者进入平台经营模式，可以看成是某种生产要素和资源要素的投入，这些要素从长期看是可变的，而在短期中却是固定的。这些要素不能从现有的用途中退出而转到收益更高的其他用途中去，也不能从其他相似的生产要素中得到补充，是一种沉没成本（sunk cost）。现实生活中，人们往往把平台公司的这种要素投入称为“烧钱”。这些要素的报酬在某种程度上类似经济租金，所以被称为“准租金”。

我们发现，平台生态系统的开放性意味着“企业自愿放弃对资源的控制”，这似乎挑战了资源基础观（RBV）的理论假设，这意味着平台型企业应该连接而非控制有价值的、稀有的和不可模仿的（VRI）资源。平台型企业的出现，要求传统的由资源束组成的模块化企业通过加入平台生态系统来开放其部分资源基础，从而获得竞争优势。模块化企业通过加入平台生态系统获得的好处体现在：一是开放资源降低了模块化企业的成本基础，增强了竞争优势；二是当平台生态系统对模块化企业的专有资源的需求强烈增加时，模块化企业可以显著地改善他们的价值创造的效能；三是模块化企业可以通过开放来重塑市场格局，以削弱竞争对手，特别是在高度竞争的环境尤为显著（Alexy et al. 2018）③。

我们认为，应当从不完全竞争和市场不完全的角度出发，来研究平台领导和平台生态系统的竞争优势。事实上，平台领导和平台生态系统正是市场不完全性的产

---

① Teece, D. J. Pisano, G. & Shuen, A. (1997) Dynamic capabilities and strategic management. Strategic Management Journal, 18 (7): 509 – 533.

② 罗珉、李亮宇（2015）互联网时代的商业模式创新：价值创造视角．《中国工业经济》，（1）：95 – 107。

③ Alexy, O. West, J. Klapper, H. Reitzig, M. (2018), Surrendering control to gain advantage: Reconciling openness and the resource-based view of the firm, [J]. Strategic Management Journal, 39 (6): 1704 – 1727.

物。市场不完全性在商品市场表现为商品特异性、服务的差异性、信息的非对称性、商标或媒介的独特性、特殊的市场技能等形式；在要素市场表现为互补性资产联盟、独特的生产和交易要素、特殊的交易搜寻与匹配的管理技能（利用云计算、大数据和人工智能来实现的）、在资本市场上的便利性及受价值专属制度保护的技术方面的差异等；市场的不完全性还表现在供给端和需求端的范围经济，以及不同平台在交易方式、支付与结算方式、物流上的差异等方面。市场的不完全性造成了少数平台公司拥有“先行者优势”（first-mover advantage）和“赢家通吃”（winner-takes-all）的垄断优势，正是这些垄断优势的存在，使得平台领导可以跨越国界、跨越产业边界进行跨界经营，克服平台经营中为获取入口和流量而增加的巨额启动成本（launch cost）的制约，与传统的渠道型企业展开强有力的竞争。

三、 平台生态系统的隔离机制

厂商组织在激烈的市场竞争中获得竞争优势后，如何继续维持竞争优势，是厂商组织非常关注的课题。美国战略管理学家理查德·鲁梅尔特（Rumelt，1982；[①] 1984）[②] 强调厂商组织资源和能力的异质性在隔离机制中所发挥的作用。在鲁梅尔特看来，资源的不可模仿性（imitability）是厂商组织维持竞争优势的保证。鲁梅尔特把隔离机制定义为：保持厂商组织的独立性，防止厂商组织的核心竞争能力被学习、模仿或转移，维持厂商组织持续的租金流和持久性竞争优势的经济力量，包括稀缺资源的产权和各种各样的准权利（quasi-property）[③]，形式有市场保护壁垒（market protection barrier）、信息不对称（information asymmetric），以及制止模仿竞争的摩擦（frictions）（Rumelt，1984）[④]。为了使竞争优势持续，厂商组织必须思考如何避免其带来超额利润的新产品及关键特质被其他厂商所模仿（Rumelt，1982；[⑤] Rumelt，1984；[⑥] Thomä and Bizer，2013）[⑦]。

我们认为，隔离机制与厂商组织竞争优势是市场竞争中同一过程的两个方面。大多数战略管理学家认为，隔离机制应解释为厂商之间彼此竞争时，为维护自己的竞争优势所设置的障碍（Rumelt，1982；[⑧] 1984；[⑨] Mahoney and Pandian，1992；[⑩]

---

① Rumelt，R. P.（1982）Diversification strategy and profitability. Strategic Management Journal，3（2）：359–369.

② Rumelt，R. P.（1984）Towards a strategic theory of the firm. In R. B. Lamb（ed.）Competitive strategic management. Englewood Cliffs，New Jersey：Prentice-Hall，Inc. 1984.

③ 这种准权利在许多情况下称为准物权（quasi-property），是指以物之外的其他财产对客体具有支配性、绝对性和排他性，因而类似物权的民事财产权。

④ Rumelt，R. P.（1984）Towards a strategic theory of the firm. In R. B. Lamb（ed.）. Competitive strategic management. Englewood Cliffs，New Jersey：Prentice-Hall，Inc. 1984.

⑤ Rumelt，R. P.（1982）Diversification strategy and profitability. Strategic Management Journal，3（2）：359–369.

⑥ Rumelt，R. P.（1984）Towards a strategic theory of the firm. In R. B. Lamb（ed.）Competitive strategic management. Englewood Cliffs，New Jersey：Prentice-Hall，Inc. 1984.

⑦ Thomä，J. & Bizer，K.（2013）To protect or not to protect? Modes of appropriability in the small enterprise sector. Research Policy，44（3）：35–49.

⑧ Rumelt，R. P.（1982）Diversification strategy and profitability. Strategic Management Journal，3（2）：359–369.

⑨ Rumelt，R. P.（1984）Towards a strategic theory of the firm. In R. B. Lamb（ed.）Competitive strategic management. Englewood Cliffs，New Jersey：Prentice-Hall，Inc. 1984.

⑩ Mahoney，J. T. & Pandian，J. R.（1992）The resource-based view within the conversation of strategic management. Strategic Management Journal，13（5）：363–380.

Bharadwaj et al. 1993;[①] Grant, 1995)[②]。厂商资源基础观（RBV）认为，资源的独特、稀缺、不可模仿和难以替代等特点作为厂商持续竞争优势的决定性因素。按照资源基础观的解释，隔离机制的核心是资源和能力的异质性，这种异质性所形成的"资源位障碍"（resource position barriers）可以使某一厂商区别于其他厂商，维护厂商组织持续地实现经济租金的获取（Dierick and Cool, 1989;[③] Barney, 1991)[④]。因此，"资源位障碍"可以视为隔离机制（Wemerfelt, 1984)[⑤]。

厂商组织想要在市场上获得持久的竞争优势，价值创造与价值专属（value appropriation）两者缺一不可（Mizik & Jacobson, 2003;[⑥] MacDonald & Ryall, 2004)[⑦]。价值创造影响的是竞争优势的未来发展速度与规模，而价值专属影响的是厂商组织可以掌握的竞争优势的持久性，以及竞争优势的强弱和多寡（Lawson et al. 2012)[⑧]。隔离机制的重要性，表现在使厂商组织能够拥有价值专属，进而可以延续竞争优势，厂商必须思考如何避免其带来超额利润的新产品及关键特质被其他厂商所模仿（Rumelt, 1984;[⑨] Thomä and Bizer, 2013)[⑩]。对于资源有限的中小型创新厂商而言，如何避免其创新的产品被模仿，甚至这是比对知识产权的追求更受到关注的事情（Thomä & Bizer, 2013)[⑪]。由此可见，隔离机制的建立，能够使厂商组织确保其创造的价值能大部分掌握在自己手中。

传统的战略管理理论所讨论的隔离机制，都是从厂商组织角度来思考的，构建

---

① Bharadwaj, S. B. Sundar Rajan Varadarajan, John Fahy. (1993) Sustainable competitive advantage in service industries: A conceptual model and research propositions. Journal of Marketing, 57 (10): 83－99.

② Grant, R. (1995) Contemporary strategy analysis: Concepts, techniques, applications. 2nd Editon, Oxford, MA: Blackwell Business.

③ Dierickx, I & Cool, K. (1989) Asset stock accumulation and the sustainability of competitive advantage. Management Science, 35 (12), 1504－1511.

④ Jay Barney. Firm resources and sustained competitive advantage. Journal of Management, 1991, 17 (1): 99－120.

⑤ Wernerfelt, B. (1984) A resource-based view of the firm. Strategic Management Journal, 5 (2): 171－180.

⑥ Mizik, N. & Jacobson, R. (2003) Trading off between value creation and value appropriation: The financial implications of shifts in strategic emphasis. Journal of Marketing, 67 (1): 63－76.

⑦ MacDonald, G. & Ryall, M. D. (2004) How do value creation and competition determine whether a firm appropriates value? Management Science, 50 (10): 1319－1333.

⑧ Lawson, B. Samson, D & Roden S. (2012) Appropriating the value from innovation: Inimitability and the effectiveness of isolating mechanisms. R & D Management, 42 (5): 420－434.

⑨ Richard P. Rumelt. Towards a strategic theory of the firm. in R. B. Lamb (ed.) Competitive strategic management. Englewood Cliffs, New Jersey: Prentice-hall, 1984.

⑩ Jörg Thomä & Kilian Bizer. To protect or not to protect? Modes of appropriability in the small enterprise sector. Research Policy, 2013, 44 (3): 35－49.

⑪ Thomä, J. & Bizer, K. (2013) To protect or not to protect? Modes of appropriability in the small enterprise sector. Research Policy, 44 (3): 35－49.

的都是以厂商视角作为出发点的以供给端为基础的隔离机制。我们认为，在平台生态系统构建竞争优势中，必须突出以消费者视角的需求端来构建平台生态系统的隔离机制。因此，平台生态系统应结合供给端与需求端两个方面的隔离机制，形成全面防护的隔离机制，才能使平台生态系统竞争优势和高绩效得以维护。

战略管理理论认为，隔离机制主要有模仿障碍（impediments to imitation）和先行者优势（early-mover advantage）两种形式（Kumar & Ellingson，2007）①：

模仿障碍这一类隔离机制，可以阻止现存厂商组织和潜在进入者模仿形成目标厂商基本优势的资源和能力。模仿障碍是指某一厂商组织设法阻碍其他竞争厂商通过模仿自己的资源和能力，来获得厂商已拥有的竞争优势，其理论思路来自资源基础观（Mahoney & Pandian，1992；② Peteraf，1993；③ Kor & Mohoney，2004）④。换言之，某一厂商组织因为产品或工艺创新、发现新的市场细分（market segment）、消费者偏好改变（preference change）或政府规制政策改变（rules and regulations policy）等因素，产生了厂商战略性定位的根本改变，从而导致该厂商组织得以进入一个比其他竞争厂商更具竞争力的市场定位（market position），即形成了模仿障碍。

熊彼特（Schumpeter，1934）认为，如果一项创新或创造的利润足够大，竞争者会寻找方式去复制这个创新（不然就破坏它）。这种复制包括挖走关键员工，优先占有关键资源，逆向工程，或者跨越性技术。然后随着竞争对手的复制，价值从创造厂商流向竞争者、消费者和社会。因此，厂商组织必须对潜在进入者的模仿形成障碍。在厂商组织建立起模仿障碍后，可以阻止其他厂商完全模仿该厂商的竞争优势。因此，其他竞争厂商或许可以接近，但无法完全到达该厂商的竞争定位（Kumar & Ellingson，2007）⑤。战略管理学家西门等人（Sirmon et al. 2007）⑥ 从动态环境中管理厂商资源创造价值的视角出发，认为资源管理流程是资源创造后获取的关键机制。他们认为厂商组织必须采取行动：一是构成资源组合；二是收集资源来建设能力；

---

① Kumar，S. & Ellingson，J.（2007）Adaptive IP strategies in China：A tactical analysis Intellectual property. Journal of Intellectual Capital.，8（1）：139－158.

② Mahoney，J. T. & Pandian，J. R.（1992）The resource-based view within the conversation of strategic management. Strategic Management Journal，13（5）：363－380.

③ Peteraf，M. A.. The cornerstones of competitive advantage：A resource-based view［J］Strategic Management Journal，1993，14（2）：179－191.

④ Kor，Y. Y. & Mohoney，J. T.（2004）Edith Penrose's（1959）contributions to the resource-based view of strategic management. Journal of Management Studies，41（1）：183－191.

⑤ Kumar，S. & Ellingson，J.（2007）Adaptive IP strategies in China：A tactical analysis intellectual property. Journal of Intellectual Capital.，8（1）：139－158.

⑥ Sirmon，D. G. Hitt，M. A. & Ireland，R. D.（2007）Managing firm resources in dynamic environments to create value：Looking inside the black box. Academy of Management Review，32（1）：273－292.

三是通过能力去利用市场机会为自己谋利。通过这些行动，他们能同时为顾客和拥有者创造且利用价值。

先行者优势是指某一厂商组织由于先行者优势达到的竞争定位，随着时间的推移，该厂商会逐渐扩大与其他厂商间竞争优势的差异。即一旦厂商组织获得竞争优势，这一类隔离机制就成为随着时间增加而竞争优势差距拉大的经济力量（Kumar & Ellingson，2007）①。换言之，先行者优势是指厂商如果能抢先获得竞争优势，就得以不断扩大其与竞争对手与潜在进入者之间的优势差距，并凭借这一优势差距维护自身竞争优势，其理论思路来自先行者优势理论（Golder & Tellis，1993；② Mueller，1997；③ Liberman & Montgomery，1988）④。

按照资源基础观（RBV）的理论，建立隔离机制的目的，就是要使能够创造出价值的资源、资产或能力，具有难以模仿的障碍特性，并使厂商组织所创造的价值能够专属和维持。但要使厂商组织持续维持与竞争对手不同的优势绩效，除了设立模仿障碍外，还可以从影响竞争厂商顺利接近资源来入手，这就是先行者优势理论的着眼点（Hoopes et al. 2003）⑤。主张这种理论的学者认为，具有先行者优势的厂商有可能获得独占性利润，也可以取得在地理空间、技术空间和消费者知觉空间上的抢先接近权（Liberman & Montgomery，1988）⑥。

孙明春与谢冠希（Sun and Tse，2009）⑦ 将资源基础观用于平台竞争优势分析，认为加入平台的用户等价于平台型企业的资源，而基于间接网络外部性（indirect network externality）的正反馈机制类似企业资源的动态累积过程，从而具备竞争优势的隔离机制（Dierickx and Cool，1989）⑧。如此，平台型企业内部资源能力和外部网

---

① Kumar，S. & Ellingson，J.（2007）Adaptive IP strategies in China：A tactical analysis intellectual property. Journal of Intellectual Capital，8（1）：139－158.

② Golder，P. N. & Tellis，G. J.（1993）Pioneer advantage：Marketing logic or marketing legend? Journal of Marketing Research，30（5）：158－170.

③ Mueller，D. C.（1997）First-mover advantages and path dependence. International Journal of Industrial Organization，15（6）：827－850.

④ Lieberman，M. B. & Montgomery，D. B.（1988）First mover advantage. Strategic Management Journal，9（5）：41－58.

⑤ Hoopes，D. G. Madsen，T. L. & Walker，G.（2003）Guest editors' introduction to the special issue：Why is there a resource-based view? Toward a theory of competitive heterogeneity. Strategic Management Journal，24（10）：889－902.

⑥ Lieberman，M. B. & Montgomery，D. B.（1988）First mover advantage. Strategic Management Journal，9（5）：41－58.

⑦ Sun，M. & Tse，E.（2009）The resource-based view of competitive advantage in two-sided markets，Journal of Management Studies，46（1）：45－64.

⑧ Dierickx，I. & Cool，K.（1989）Asset stock accumulation and sustainability of competitive advantage，Management Science，35（12）：1504－1511.

络效应可以在“统一资源”意义上得到融合。这种正反馈机制的产生是基于平台生态系统中的基础产品和辅助产品之间技术上的互补性，这种互补性导致产品需求上的相互依赖性，即平台用户使用一种产品的价值取决于该产品互补产品的数量和质量，一种产品的互补性产品越多，那么该产品的市场需求也就越大。

美国管理学家范・阿尔斯汀等人（Van Alstyne et al. 2016）[①] 认为，由于终端消费者与第三方生产者之间的间接网络效应（indirect network effects）——“鸡生蛋、蛋生鸡”网络正反馈作用，平台型企业可以获取基于网络规模收益递增的先行者优势，甚至是赢家通吃的结局（Arthur，1989；[②] Eisenmann et al.，2011）[③]。因而如何率先策动这种间接网络效应获取先行者优势——例如各种“烧钱”大战、折扣大战、“抢人”大战——构成平台型企业竞争战略的核心。而艾森曼等人（Eisenmann et al.，2011）[④]、朱峰和伊安西蒂（Zhu and Iansiti，2012）[⑤] 的模型则证明，仅仅依靠网络效应并不能维持先行者优势。后发者可以凭借突破式创新、利用平台包络战略、优越的平台质量等抢占先行者的市场份额，甚至是超越先行者。

不难发现，上述的观点都可以概括为以能力为基础的隔离机制（ability-based isolating mechanisms，AIM），这是从厂商供给端视角来讨论的隔离机制。从理论思路上看，厂商拥有持续性竞争优势的目的是为了创造价值，而厂商的价值来源于不断地向消费者提供价值，并凭借此来提升厂商绩效（Priem，2007）[⑥]。因此，如果厂商能从需求端视角建构隔离机制，使竞争对手认为即便能模仿厂商的竞争优势，也无法影响消费者的品牌选择和购买意愿，就会使竞争对于知难而退，对厂商竞争优势的维护会更有帮助。

我们认为，厂商组织对知识的保护机制、关键技术掌握能力和关键资产掌握能力，是厂商组织设立模仿障碍不可或缺的战略性隔离机制类型。就平台型企业而言，如果要以先行者优势作为隔离机制，必须考虑以下几个方面：

---

① Van Alstyne，M. Parker，G. G. & Choudary，S. P.（2016）Pipelines，platforms，and the new rules of strategy. Harvard Business Review，94（4）：54－63.

② Arthur，W. B.（1989）Competing technologies，increasing returns，and lock-in by historical events. Economics of Journal，99（394）：116－131.

③ Eisenmann，T. R. Parker，G. &Van Alstyne，M.（2011）Platform envelopment. Strategic Management Journal，32（12）：1270－1285.

④ Eisenmann，T. R. Parker，G. &Van Alstyne，M.（2011）Platform envelopment. Strategic Management Journal，32（12）：1270－1285.

⑤ Zhu，F. & Iansiti，M.（2012）Entry into platform-based markets. Strategic Management Journal，33（1）：88－106.

⑥ Priem，R. L.（2007）A consumer perspective on value creation. Academy of Management Review，32（1）：219－235.

（1）通过抢先占有稀少资源的方式，来阻止竞争厂商接近有价值的地理市场或生产性资源，并达到市场接口或成本上的优势。例如，在我国移动支付牌照就是平台型企业的稀少资源。

（2）通过对平台架构和平台基础设施的率先投资来创造平台经营上的规模经济。

（3）通过取得创新关键的专利权或拥有优于竞争厂商的技术所产生的学习曲线或经验曲线（learning curve or experience curve）而得利（Liberman & Montgomery，1988；[①] Suarez & Lanzolla，2007；[②] Franco et al.，2009）[③]。

我们认为，平台生态系统的隔离机制与传统厂商是完全不同的。平台生态系统的隔离机制是以意愿为基础的隔离机制（willingness-based isolating mechanisms，WIM）为主要特征的，它正在替代以能力为基础的隔离机制（ability-based isolating mechanisms，AIM）（Jonsson and Regnér，2009；[④] Madhok et al.，2010）[⑤]。这与平台生态系统的价值创造方式——价值共创（value co-creation）有关。平台倡导者或平台领导要想与微商、互补性厂商、模块化厂商和包括消费者在内的其他利益相关者等共同经营来实现价值创造，或通过平台公司或平台生态系统所拥有的独特资源，能比其他竞争者创造更高的价值，以达到竞争优势的目的，且可以在所创造的价值中，获取专属本身应有的价值，这是无可厚非的。但通过上述各价值活动创造出来的竞争优势，并不一定确保焦点厂商或平台领导可以得到较佳的绩效（Coff，1999）[⑥]。这就是说，价值创造并不一定导致价值获取或价值专属，价值获取主要取决于平台倡导者或平台领导与其他利益关系团体彼此间的议价能力。

进入互联网时代，议价能力对于价值分配的作用受到了质疑，这与价值活动中参与者角色身份的模糊性有直接关系。一般来说，价值基础战略包含了三个参与者：供应商、生产厂商、消费者。在工业经济时代，价值链中这三个角色的身份（identi-

---

① Lieberman，M. B. & Montgomery，D. B.（1988）First mover advantage. Strategic Management Journal，9（5）：41－58.

② Suarez，F. F. & Lanzolla，G.（2007）The role of environmental dynamics in building a first mover advantage theory. Academy of Management Review，32（2）：377－392.

③ Franco，F. M. Sarkar，M. B. Agarwal.，R. & Echambadi，R.（2009）Swift and smart：The moderating effects of technological capabilities on the market pioneering-firm survival relationship. Management Science，55（10）：1842－1860.

④ Jonsson，S. & Regnér，P.（2009）Normative barriers to imitation：Social complexity of core competences in a mutual fund industry. Strategic Management Journal，30（5）：517－536.

⑤ Madhok，A. Li，S. & Priem，R. L.（2010）The resource-based view revisited：Comparative firm advantage，willingness-based isolating mechanisms and competitive heterogeneity. European Management Review，7（2）：91－100.

⑥ Coff，R. W.（1999）When competitive advantage doesn't lead to performance：Resource-based theory and stakeholder bargaining power. Organization Science，10（2）：119－133.

ty）相对是明确的。在价值分配时，消费者剩余（buyer's share）为支付意愿（willingness to pay，WTP）减去价格（price），厂商所得（firm's share）为价格（price）减去运营成本（operating cost，OC），供应商所得（supplier's share）为运营成本（OC）减去供应商的机会成本（supplier's opportunity cost）（Brandenburger & Stuart，1996；① Lepak et al. 2007）②。

然而，在移动互联网时代，销售脱媒和广告脱媒使大量的自媒体和自营销涌现，供应商、生产厂商与消费者之间的角色身份变得模糊了。例如，小米手机很多产品创意和修改来自“米粉”的需求；深圳米诺奇科技公司开发乐奇足球软件的很大原因，就是其创始人邱秋喜欢踢足球；滴滴的司机既是生产者，也可以是滴滴的消费者。消费者与生产者的身份可以在同一个人身上不停地转换。当进行价值分配以实现完成价值获取时，以往的议价能力很难出色地完成任务。这促使议价的思路必须发生改变，而社群正是在共同创造价值的基础上应运而生的，将以前的议价竞争博弈（bargaining competition game）变成合作博弈（cooperative game）。即不再划分生产者和消费者，而是共创价值、共同分享，建立利益共同体。从厂商的需求侧战略（demand-side strategy）看，厂商为获得在专业服务客户方面范围经济的好处，必然会采用连接互补品厂商的多元化战略，以应对消费者社群的多样性需求，因而厂商的战略应当是“客户领先的多元化战略”（client-led diversification）（Mawdsley & Somaya，2018）③。

我们认为，平台生态系统可以利用意愿（willingness）作为博弈的边界，以便区分价值获取对象。意愿分为两种：厂商和消费者。厂商意愿（firm willingness）是一个很模糊的概念，它既可以代指隔离机制这个整体，又可以专指影响竞争厂商的模仿动机。在以意愿为基础的隔离机制中，意愿在这里是专指消费者意愿（customer willingness）。而消费者意愿更多的表现为支付意愿（willingness to pay，WTP），即消费者偏好（customer preference），又或消费者需求。

近期的研究发现，以意愿为基础的隔离机制可以发现两个方面的问题：一是存在着拥有资源优势及能力的平台公司，并不一定能够进入所有能够进入的市场

---

① Brandenburger，A. M. & Stuart，H. W.（1996）Value-based business strategy. Journal of Economics & Management Strategy，5（1）：5－24.

② Lepak，D. P. Smith，K. G. & Taylor，M. S.（2007）Value creation and value capture：A Multilevel perspective. Academy of Management Review，32（1）：180－194.

③ Mawdsley，J. K. & Somaya，D.（2018）Demand-side strategy，relational advantage and partner-driven corporate scope：The case for client-led diversification. Strategic Management Journal，39（7）：1834－1859.

(Grant，2008)[①]；二是如果仅仅从资源角度来研究需求端，并不能发现消费者的购买决策是如何做出的。例如，阿德纳和斯诺（Adner and Snow，2010)[②] 和中国人民大学教授叶光亮等人（Ye et al. 2012)[③] 的研究表明，根据顾客差异性决定的策略，往往使平台公司在顾客细分的情况下有突出表现，即使平台公司仅仅拥有已被大家认同的很普遍的资源。

在现实经济生活中，在平台生态系统需求端（C端）消费者社群的构建过程中，消费者因为平台能够提供好的产品/内容/服务而聚合，并通过消费者社群实现消费者沉淀或消费者黏性。决定消费者聚合与消费者沉淀的重要因素就是消费者的支付意愿，消费者聚合与消费者沉淀是同一过程的两个方面，因为只有消费者有意愿与平台公司进行深度参与式的互动，才能构成社群的价值界面，共同的价值主张和兴趣成为价值协同的基础，因而使用户得以留存，最后形成了深度联结的用户群。

事实上，消费者意愿和消费者需求具有非常强的异质性，这种异质性可以形成具有特定偏好的消费者社群，正是这种异质性构成以意愿为基础的隔离机制，平台公司可以利用消费者意愿和消费者需求的异质性来实现价值获取或价值专属。这正好说明："资源之所以能获取经济价值是由于顾客的使用。"（Kor et al.，2007：1198；[④] Priem，2007；[⑤] Priem & Butler，2001)[⑥] 我们认为，平台生态系统必须针对消费者意愿来改善或改变供给端的产品或服务内容，从而建立自己独具特色的隔离机制和发展有效的平台战略。互联网时代商业模式的核心，是实现不同层次消费者社群的价值主张与价值满足，建立起以意愿为基础的隔离机制，以共同创造的方式创造巨额的连接红利和专属租金。

---

① Grant，R. M.（2008）Contemporary strategy analysis：Concepts，techniques，applications，6th ed. Malden，Massachusetts：Blackwell Publishing.

② Adner，R. & Snow，D.（2010）Old technology responses to technology threats：Demand heterogeneity and technology retreats. Industrial and Corporate Change，19（5）：1655－1675.

③ Ye，G. Priem，R. L. & Alshwer，A.（2012）Achieving demand-side synergy from strategic diversification：How combining mundane assets can leverage consumer utilities. Organization Science，23（1）：207－224.

④ Kor，Y. Y. Mahoney，J. T. & Michael，S. C.（2007）Resources，capabilities and entrepreneurial perceptions. Journal of Management Studies，44（7）：1187－1212.

⑤ Priem，R. L.（2007）A consumer perspective on value creation. Academy of Management Review，32（1）：219－235.

⑥ Priem，R. L. & Butler，J. E.（2001）Is the resource-based "view" a useful perspective for strategic management research? Academy of Management Review，26（1）：22－40.

四、 网络效应与网络外部性

我们认为，平台生态系统的竞争优势与网络效应（network effect）、网络外部性（network externality）概念有关。

事实上，信息产品存在着互联的内在需要，因为人们生产和使用他们的目的就是更好地收集和交流信息。这种需求的满足程度与网络的规模密切相关。如果网络中只有少数用户，平台运营商不但要承担高昂的运营成本，而且只能与数量有限的人交流信息和使用经验。

美国企业家、“以太网”（ethernet）① 的发明者、网络设备制造商 3com 公司的创始人罗伯特·梅特卡夫（Robert Metcalfe）提出了著名的梅特卡夫法则（Metcalfe's Law），该法则简要表述为：“网络的价值，为用户的平方。”梅特卡夫的原始定义是：“网络的力量呈技术增长——当连接上它的计算机增加时。因此，每一台进入网络的计算机在把网络当成一个资源时，也为网络增加了资源，以一种增加价值和选择的螺旋方式。”

梅特卡夫法则可以通过两种方式来表达：一是当一个网络中计算机数量的平方增加时，可能的交叉节点数量增加；二是当一个网络的用户数量的平方增加时，网络的共同价值增长。可以这样说，网络价值以用户数量的乘方的速度增长，计算机网络的价值等于网络结点数量的乘方。网络成本随网络容量的增加而递减，而网络价值则按指数增加。

梅特卡夫法则揭示了互联网的价值随着用户数量的增长而呈乘数增长的规律。所以，网络上联网的计算机越多、使用互联网的用户越多，每台计算机的价值就越大，“增殖”以指数关系不断变大（Castells，1996）②。梅特卡夫法则强调了未来的视角是用户的视角，进入互联网时代，产业发展已经从以宽带带宽为焦点转向了以用户数量为焦点，在此基础上，互联网时代正在以最大的努力建设未来时代的基础

---

① 以太网是一种计算机局域网技术。IEEE 组织的 IEEE 802.3 标准制定了以太网的技术标准，它规定了包括物理层的连线、电子信号和介质访问层协议的内容。以太网是目前应用最普遍的局域网技术，取代了其他局域网技术如令牌环、FDDI 和 ARCNET。

② Castells，M.（1996）The rise of the network society.（The Information Age：Economy，Society and Culture Vol. 1）Cambridge，Massachusetts：Blackwell Pub.

设施，将终端和传输设备的性能提高，同时将成本降到最低，最终将走向普遍服务的时代（Moschella，1997）①。

我们认为，梅特卡夫法则实质上造成了市场需求的扩张，该法则是基于每一个新上网的用户都因为别人的联网而获得了更多的信息交流机会。梅特卡夫法则指出网络经济具有极强的“外部经济性”和正反馈性：联网的用户越多，网络的价值越大，联网的需求也就越大。我们发现，梅特卡夫法则并没有说明供给端的收益递增，而是指出了从总体上看消费端存在效用递增——需求创造了新的需求。也就是说，梅特卡夫法则并不完全服从斯密定理（Smith Theorem），而服从杨格定理（Young Theorem）。我们认为，梅特卡夫法则隐含的意思是网络价值不在节点，而在关系，这是工业经济时代任何资本投入品都不可能具有的性质。梅特卡夫法则说明，网络竞争中厂商的用户规模与厂商的网络价值之间存在着正向关系：用户规模越大，则厂商的网络价值越大。换句话说，某种网络，例如电话的价值随着使用用户数量的增加而增加。现在如日中天的社交网络平台微信、脸书（Facebook）等就是最好的例证。但是，梅特卡夫法则的根本弱点在于，它是一个信息数量论的公式，只注意了信息在数量方面进展的作用，而完全忽视了信息处理水平对信息财富的决定作用。用这个法则，可以解释互联网为什么会迅速发展，为什么需要并产生大量的信息，但解释不了信息爆炸带来的信息垃圾等问题。在我们看来，信息财富不是仅仅与信息的数量相关，更与对信息的选择相关。

网络效应这个概念最早是由美国经济学家杰弗里·罗尔夫斯（Rohlfs，1974）②提出的，他指出网络效应是需求端规模经济的源泉。即当一种产品对消费者的价值随着其他使用者数量增加而增加时，就说这种产品存在着网络效应。也就是说，网络效应是指一个网络的价值与网络中的节点数成正比。随着节点数或用户数量的增加，这种来自需求端的规模经济将不断地得到持续的改善，所有用户都可能从网络规模的扩大中获得更大的价值。此时，用户数量呈算术级数的增加，网络的价值呈几何级数增长。这种情况表明，某种产品对一名用户的价值取决于使用该产品的其他用户的数量，在经济学中称为网络外部性，或称网络效应。在传统的网络经济学和现在的双边市场理论（two-sided market）研究中，都将用户数量伴随期望收益的增加而增加的这种现象，叫作网络效应。

---

① Moschella，D. C.（1997）Waves of power：Dynamics of global technology leadership 1964 – 2010. New York：Amacom.

② Rohlfs，J.（1974）A theory of interdependent demand for a communications service. The Bell Journal of Economics and Management Science，5（1）：16 – 37.

卡茨和夏皮罗（Katz & Shapiro，1985）① 对网络效应进行了较为正式的定义：所谓的网络效应，是指随着使用同一产品或服务的用户数量变化，每个用户从消费该产品或服务中所获得的效用变化。在实际经济生活中，网络效应广泛存在互联网、传媒、电信、航空等领域，卡茨和夏皮罗（Katz & Shapiro，1985）认为，网络效应是传统经济学中的外部经济性在网络系统中的表现。

卡茨和夏皮罗（Katz & Shapiro，1985）把网络效应分为："直接网络效应"（direct network effects）和"间接网络效应"（indirect network effects）两种。直接网络效应是指同一市场内消费者之间的相互依赖性，即使用同一产品的消费者可以直接增加其他消费者的效用，如电话、传真及互联网等。间接网络效应主要产生于基础产品和辅助产品之间技术上的互补性，这种互补性导致产品需求上的相互依赖性，即用户使用一种产品的价值取决该产品互补的产品的数量和质量，一种产品的互补性产品越多，那么该产品的市场需求也就越大。网络效应的存在，尤其是未被市场机制化了的"直接网络效应"的存在，催生了外部性，即消费者对于网络性产品的消费行为会对其他消费者带来"正外部性"（positive externality）。而当这种正外部性的行为未得到补偿或鼓励时，造成网络产品的最优消费者数量低于实际消费者数量，这就导致了"市场失灵"（market failure）。

以色列经济学家奥茨·夏（Shy，2001）② 在《网络产业经济学》一书中发展了网络效应这个概念。他认为，在互联网、传媒、电信、航空等具有网络效应的产业中，"先行者优势"和"赢家通吃"是网络产业中市场竞争的重要特征。

但需要注意的是，他们研究的是市场内的网络效应问题，而非双边网络效应问题。

按照维基百科（Wikipedia）的定义，双边市场也被称为双边网络（two-sided networks），是有两个互相提供网络收益的独立用户群体的经济网络。两组参与者需要通过中间层或平台进行交易，而且一组参与者加入平台的收益取决于加入该平台另一组参与者的数量（Armstrong，2004）③，这样的市场称作双边市场。双边市场涉及两种类型截然不同的用户，每一类用户通过共有平台与另一类用户相互作用而获得价值（Wright，2004）④，这样的网络效应称作双边网络效应。从某种意义上说，平台是以双边或多边网络外部性为特征的经济组织。这种双边网络外部性并不取决相同

---

① Katz，M. L. & Shapiro，C.（1985）Network externalities，competition and compatibility. American Economic Review，75（3）：424－40.

② Shy，O.（2001）The economics of network industries. London：Cambridge University Press.

③ Armstrong，M.（2004）Competition in two-sided markets. mimeo，Nuffield College，Oxford University.

④ Wright，J.（2004）One-sided logic in two-sided markets. Review of Network Economics，3（1）：42－63.

客户群体的消费状况，而是取决相异但又相容、处于市场另一方的客户群体的消费状况，即市场中一方客户的消费决策会影响市场中另一方客户的消费决策。换言之，在决定采用平台的过程中，平台上对应的另外一方平台的网络规模就是一种质量参数（quality parametric）。客户的消费决策取决双方（或多方）在一个平台上互动，这种互动受到特定的网络外部性的影响，突出表现在：平台上卖方越多，对买方的吸引力越大，同样卖方在考虑是否使用这个平台的时候，平台上买方越多，对卖方的吸引力也越大。

双边网络效应来源于加入该平台用户购买商品所获得的效应，是由购买了同一商品的消费者数量所决定的。任何消费者都不会加入无其他用户接入的电信网络。相反，消费者可能愿意花费大量费用加入一个已有很多用户的网络。这说明，一个处在平台一边的潜在用户，对于平台交易是有预期收益的，这也是由平台另一方的参与者决定的。由于另一边用户数量的增多会带来更大的交易量或更高的交易额，所以当另一边用户增多时，用户会报着更高的期望进入平台。也就是说，双边网络效应意味着平台中一边用户的选择，会影响另一边用户的期望收益。

美国经济学家卡茨和夏皮罗（Katz & Shapiro，1985）① 将网络效应分为直接网络效应（direct network effect）和间接网络效应（indirect network effect）。他们把直接网络效应定义为消费者网络对产品价值的直接影响。这表明互联网的价值随着用户数量的增长而呈乘数增长的规则。所以，互联网上联网的计算机和智能手机越多，每台计算机、智能手机的价值和互联网的价值就越大，“增殖”以指数关系不断变大（Castells，1996）②。间接网络效应主要产生于基础产品和辅助产品之间技术上的互补性（complementary），这种互补性导致了消费者在产品需求上的相互依赖性，即用户使用一种产品的价值取决于该产品互补的产品的数量和质量，一种产品的互补性产品越多，那么该产品的市场需求也就越大。

在大多数经济学文献中，网络效应和网络外部性这两个概念是被混用的。但美国经济学家利博维茨和马戈利斯（Liebowitz & Margolis，1995）③ 认为，网络效应和网络外部性是两个不同的概念，他们对网络效应和网络外部性进行了经济学意义上的界定。

---

① Katz，M. L. & Shapiro，C.（1985）Network externalities，competition and compatibility. American Economic Review，75（3）：424 –40.

② Castells，M.（1996）The rise of network society. Oxford：Blackwell.

③ Liebowitz，S. J. and Margolis，S. E.（1995）Are network externalities a new source of market failure? Research In Law And Economics，17（1）：1 –22.

利博维茨和马戈利斯（Liebowitz & Margolis，1995）[①] 认为，只有在不能被市场上的任何参与者内部化（interalization）时，网络效应才可以被称为网络外部性（network externalities）。所谓的网络外部性被定义为当一个代理人从某件商品中获取的利益或盈余（the benefit，or surplus）发生变化时，其他代理人消费同类商品的数量发生变化，并从中获取了利益或盈余。他们强调，网络效应可能存在价格机制内部化，只有当网络效应不能通过价格机制进入收益成本函数（revenue-cost function）时，网络效应才能叫作网络外部性。如果将间接网络外部性（indirect network externalities）认定为网络外部性，存在两点不足：

（1）由于类似负的间接网络外部性的存在，在完善的市场内通过价格机制的相互行为并不存在外部性问题。

（2）由于无法正确地分辨导致产品价格的真正原因，正的网络外部性的范围往往存在着错误的认识。

与间接网络效应不同，直接网络效应来自发生在市场之外消费者直接的相互作用，即在特定消费行为方面存在着“互存性”（independency）。例如，随着智能手机的流行，用户手中的智能手机的价值变得更高了，因为用户使用智能手机的频次提高了。原则上，用户手中的智能手机价值可以分成两个不同的部分：一是智能手机本身的自给自足价值（the autarky value），也就是产品本身生成的价值（the value generated by the product），即没有其他用户的使用，智能手机本身所具有的部分使用价值，如照相机、计算器等组件的使用价值。二是同步价值（synchronization value），这是指从能够与产品的其他用户交互中获得的附加值，如使用智能手机打电话、上网浏览新闻、与朋友交流、在网络上购物、支付等。而这后一个同步价值就是网络效应的本质特征（Liebowitz & Margolis，1995）[②]。

我们认为，网络效应的存在，尤其是未被市场机制化的“直接网络效应”的存在，催生了网络外部性，即消费者对网络性产品的消费行为会对其他消费者带来“正反馈”。正是这种网络正反馈效应，平台型企业可以获取基于网络规模收益递增的先行者优势，甚至是赢家通吃的结局（Arthur，1989；[③] Eisenmann et al.，2011；[④]

① Liebowitz，S. J. and Margolis，S. E.（1995）Are network externalities a new source of market failure? Research In Law And Economics，17（1）：1－22.

② Liebowitz，S. J. and Margolis，S. E.（1995）Are network externalities a new source of market failure? Research In Law And Economics，17（1）：1－22.

③ Arthur，W. B.（1989）Competing technologies，increasing returns，and lock-in by historical events. Economics of Journal，99（394）：116－131.

④ Eisenmann，T. G. Parker，M. & Van Alstyne.（2011）Platform envelopment. Strategic Management Journal，32（12）：1270－1285.

Van Alstyne et al.，2016）①。而当这种正外部性的行为未得到补偿或鼓励时，造成网络产品的最优消费者数量低于实际消费者数量，这就导致了“市场失灵”（market failure）。

在现实经济生活中，虽然网络外部性导致了市场失灵，但远没有网络效应普遍。由于个体消费者在加入网络时，市场上存在大量消费者的分散决策及信息的不完备性，很难做到把网络中其他成员的影响内部化；但对于网络平台的倡导者，可以做到集中决策，拥有比较完备的信息，可以把这种效应很好地内部化。当网络平台的倡导者可以内化这种网络效应的时候，网络外部性并不存在。所谓的网络内部化（internalization）是指一个网络系统或网络上组件不能被其他网络系统或网络上组件兼容（compatibility），如一个网络上的用户不能与另一个网络上的用户通信，那么两个通信网络是不兼容的；或者一个系统的组件不能与另一个系统的组件一起工作，那么两个硬件/软件系统是不兼容的。以文字处理程序 Word 为例，假设微软将该软件代码完全保密，并不向其他公司的文字处理软件如 Lotus、WPS、Wordstar 提供任何接口，提供文件类型转换的任何可能，则该软件的网络效应被微软完全内在化了，网络外部性并不存在。这种不兼容性（incompatibility）可以是单向的，也可以是双向的。当一个系统的组件在另一个系统中根本不能工作时，就存在双向不兼容性。当来自一个系统的组件在另一个系统中工作时，会发生单向兼容性，但反过来则不然。例如，WordPerfect 5.1 可以从 WordPerfect 5.0 读取文件，但是反之则不然。

传统的双边市场理论认为，对于刚刚进入双边市场的平台型企业，必须想方设法把双方“拉”到同一平台上，平台获得竞争优势主要是通过增大双边网络效应方式来实现的。其主要手段有定价战略和投资这两种重要的方式。所谓的定价战略是平台通过免费服务甚至对消费者接受服务给予回报，来增大市场一边消费者的临界数量，如扩大入口的消费者数量和增加流量等，而消费者消费之后获得的奖励或积分等，这就是人们常说的“烧钱”。而投资方式是在市场一边投资来降低这边消费者参与市场的成本。

我们认为，传统的双边市场理论并没有充分揭示互补性资产在增大双边网络效应中的作用。例如，伊万斯（Evans，2003）② 在对微软的研究中，仅仅说明了微软自身在 Office 开发中扩大对文字处理软件 Word、电子表格处理软件 Excel、制作电子幻灯片软件 PowerPoint 进行投资，而没有对鼓励其他开发者利用微软操作系统来开发

---

① Van Alstyne，M. W. Parker，G. G. & Choudary，S. P.（2016）Pipelines，platforms，and the new rules of strategy. Harvard Business Review，94（4）：54－63.

② Evans，Y. D. S.（2003）Antitrust economics of multi-sided platforms. Yale Journal of Regulation，20（4）：325－381.

软件，以增加互补性资产来吸引消费者更容易利用微软操作系统。类似的研究都没有说明如何利用互补性资产，来扩大平台型企业的竞争优势和增大双边网络效应。

马歇尔·范·阿尔斯丁等人（Van Alstyne，et al.，2016）[①] 认为，由于存在终端消费者与平台生产者（模块化厂商）之间的间接网络效应（indirect network effects），因而形成了“鸡生蛋、蛋生鸡”网络正反馈作用，平台型企业可以率先策动以获取这种间接网络效应（即获取流量）的先行者优势，获取网络规模递增收益，甚至是赢家通吃的结局（Arthur，1989；[②] Eisenmann et al.，2011）[③]。

① Van Alstyne，M. W. Parker，G. G. & Choudary，S. P.（2016）Pipelines，platforms，and the new rules of strategy. Harvard Business Review，94（4）：54－63.

② Arthur，W. B.（1989）Competing technologies，increasing returns，and lock-in by historical events. Economics of Journal，99（394）：116－131.

③ Eisenmann，T. G. Parker，M. & Van Alstyne.（2011）Platform envelopment. Strategic Management Journal，32（12）：1270－1285.

五、 间接网络效应与互补性资产

研究平台经济的所有学者都认为，间接网络效应与互补性资产是影响厂商组织竞争能力的重要因素。

互补性经济概念的核心是基于英国经济学家弗朗西斯 · 伊西德罗 · 埃奇沃思（Edgeworth，1881/1925）① 提出的经济怎样达到资源配置最佳或最优状态时，两个市场主体之间的关系状态：一个变量的边际价值（marginal value）随着另一个变量的增加而增加。通俗地说，埃奇沃思互补（Edgeworth complementarity）说明，有了互补性，上升的潮汐（rising tide）可以举起许多船。埃奇沃思用同一条无差异曲线（indifference curve）表示两种不同商品的组合给消费者带来相同的满足，不同的无差异曲线则代表不同的满足程度。他用无差异曲线来解释边际效用、边际效用递减规律和实现消费者效用最大化的消费者均衡，得出了埃奇沃思互补的结论。

我们认为，社会经济生活中存在着两种互补性：

一是独特的互补性。其严格的定义是"没有 B，A 就没有功能"，其中 A 和 B 可以是特定的产品、资产或活动（Hart & Moore，1990）②。更流行的说法是 A 的功能，因为 B 的存在才能够实现最大化。可以看出，哈特和摩尔（Hart & Moore，1990）严格的互补性定义意味着 A 和 B 这两种资产是不能单独成为产品、资产或活动的，除非他们被一起使用，这使得协调这两种资产的投资至关重要，以使投资的边际收益最大化。独特的互补性可以是单向的：活动或组成部分 A 需要特定资产的活动或组成部分 B，或 B 需要 A；也可以是双向的，A 和 B 都需要对方，这就是戴维 · 蒂斯（Teece，1986）③ 所说的共同专业化（co-specialization）理念的基础。

二是互补性是超模化（supermodular）或"埃奇沃思"互补（Edgeworth comple-

① Edgeworth，F. Y.（1925）The pure theory of monopoly. in Papers Relating to Political Economy，Vol. I. London：Macmillan and Co. 111 – 142.

② Hart，O. & Moore，J.（1990）Property rights and the nature of the firm. Journal of Political Economy，98（6）：1119 – 1158.

③ Teece，D. J.（1986）Profiting from technological innovation：implications for integration，collaboration，licensing and public policy. Research Policy，15（6）：285 – 305.

mentarity)。美国经济学家保罗·米尔格罗姆和约翰·罗伯茨（Milgrom and Roberts, 1990）[①] 在美国经济学家唐纳德·托普基斯（Topkis, 1978;[②] 1998）[③] 研究成果的基础上将“埃奇沃思”互补发展为超模化，其含义可以概括为“更多的 A 使 B 更有价值”，其中 A 和 B 是两种不同的产品、资产或活动，他们在生产和消费中都存在。[④] 米尔格罗姆和罗伯茨（Milgrom and Roberts, 1994：6）[⑤] 注意到“一组活动是埃奇沃思互补（Edgeworth complementarity），如果他们中的任何一个子集做得更多，就增加了剩余活动中任何一个子集做得更多的回报。”在生产中的超模性（supermodularity）表现在，当 A 和 B 的协调投资产生的回报高于未协调的等价物，或产生的成本低于 A 和 B 的独立投资的成本之和时，超模效应就出现了（Arora & Gambardella, 1990;[⑥] Cassiman & Veugelers, 2006;[⑦] Lee et al. 2010）[⑧]。在消费中的超模性，通常与埃奇沃思互补联系在一起，它是直接网络效应和间接网络效应的基础（Farrell & Saloner, 1985;[⑨] Parker & Van Alstyne, 2005）[⑩]，可以是单向或双向的。这些不同类型的互补性也可以共存[⑪]。

例如，在操作系统平台/应用程序生态系统中，应用程序和操作系统平台具有独特的互补性，即应用程序没有操作系统就无法运行（独特的互补性，单向的，因为操作系统没有大多数应用程序运行）；以及超模互补性，因为应用程序的存在增加了

---

① Milgrom, P. & Roberts, J. (1990) Rationalizability and learning in games with strategic complementarities. Econometrica, 58 (6): 1255 - 1278.

② Topkis, D. M. (1978) Minimizing a submodular function on a lattice. Operations Research, 26 (2): 305 - 321.

③ Topkis, D. M. (1998) Supermodularity and complementarity. New York: Princeton University Press.

④ 米尔格罗姆和罗伯茨（Milgrom and Roberts, 1994）转移了分析方法，并用格子理论（Grid Theory）推广托普基斯（Topkis, 1978）超模性与互补性，并在消费上采用互补性，而不是仅仅在生产上。他们的典型例子是日本生产系统，其中一个实践的价值取决于另一个实践的存在。

⑤ Milgrom, P. & Roberts, J. (1994) Complementarities and systems: Understanding Japanese economic organization. Estudios Economicos, 9 (1): 3 - 42.

⑥ Arora, A. & Gambardella, A. (1990) Complementarity and external linkages: The strategies of the large firms in biotechnology. The Journal of Industrial Economics, 38 (4): 361 - 379.

⑦ Cassiman, B. & Veugelers, R. (2006) In search of complementarity in innovation strategy: internal R&D and external knowledge acquisition. Management Science, 52 (1): 68 - 82.

⑧ Lee, C. H. Venkatraman, N. Tanriverdi, H. & Iyer, B. (2010) Complementarity-based hypercompetition in the software industry: Theory and empirical test, 1990 - 2002. Strategic Management Journal, 31 (13): 1431 - 1456.

⑨ Farrell J, & Saloner G. (1985) Standardization, compatibility, and innovation. Rand Journal of Economics, 16 (1): 70 - 83.

⑩ Parker, G. G, & Van Alstyne, M. W. 2005. Two-sided network effects: A theory of information product design. Management Science, 51 (10): 1494 - 1504.

⑪ 当消费者重视其他消费者使用特定产品或服务的事实时，直接的网络效应就出现了，比如传真机的用户。当各种补品的存在为其他互补品创造价值时，会产生间接网络效应。

操作系统的价值，并且（可能）还有操作系统安装的广度增加了应用程序的价值（Jacobides et al. 2018）①。

互补性资产（complementary assets）这个概念最早来自美国经济学家戴维·蒂斯（Teece，1986）② 的《从技术创新中获利》这篇经典论文。蒂斯认为，创新者从技术创新中获得多少经济利益，不仅取决它是否创造核心技术知识，还取决它在多大程度上独占核心技术知识，以及它拥有、建设或控制互补性资产的能力。所谓的互补性资产泛指除技术创新所包含的核心技术知识之外，技术创新商业成功或从技术创新中获取经济利益必须使用的其他能力或资源，如制造、分销渠道、服务、品牌、辅助技术等。蒂斯（Teece，2018：17）③ 指出："互补的文献既混乱又复杂。"蒂斯引述了美国经济学家保罗·萨缪尔森（Samuelson，1974：1255）④ 的一句名言："现在是重新审视互补性的现代性概念的时候了……这是经济学文献和数量经济学家的古老关注点：最简单的事情往往是最复杂的，我们予以充分地理解。"

戴维·蒂斯（Teece，1986）⑤ 将互补性资产分为通用性互补性资产（generic complementary assets）、专业化互补性资产（specialized complementary assets）和共同专业化互补性资产（co-specialized complementary assets）。蒂斯（Teece，2006）⑥ 进一步发展了互补性资产与共同专业化的概念，他强调指出，对厂商组织而言，产业组织形式的创新和商业模式创新的成功，离不开互补性资产的支持。当厂商组织拥有互补性专业化资产时，实现商业化创新往往能带来更大的竞争优势。在较弱的知识产权和价值专属性较弱的制度安排下，互补性资产也成为巩固企业独享创新收益的关键，对产业组织形式的创新和商业模式创新的成功，发挥着重要作用。

我们认为，互补性资产的经济学意义并不仅仅在于他们改善和支持平台倡导者的专属性能力，更重要的是，如果没有互补性技术，许多产品和服务根本无法得到开发和推出。尽管有人争辩说交易成本经济学（TCE）也关注互补性，交易成本经

---

① Jacobides, M. G. Cennamo, C. & Gawer, A. (2018) Towards a theory of ecosystems. Strategic Management Journal, 39 (8): 2255－2276.

② Teece, D. J. (1986) Profiting from technological innovation: implications for integration, collaboration, licensing and public policy. Research Policy, 15 (6): 285－305.

③ Teece, D. J. (2018) Profiting from innovation in the digital economy: Standards, complementary assets, and business modelsin the wireless world. Berkeley, California: Haas School of Business, University of California, Berkeley, Working Paper Series No. 16, 2018.

④ Samuelson, P. A. (1974) Complementarity: An essay on the 40th anniversary of the Hicks-Allen revolution in demand theory. Journal of Economic Literature, 12 (4): 1255－1289.

⑤ Teece, D. J. (1986) Profiting from technological innovation: implications for integration, collaboration, licensing and public policy. Research Policy, 15 (6): 285－305.

⑥ Teece, D. J. (2006) Reflections on profiting from innovation. Research Policy, 35 (8): 1131－1146.

济学认为，人们可以使用 C 而不是 B 来替代非专业化的活动和组件，尽管效率较低，但结果仍然是功能性的。由此可以看出，对效率和特殊性风险之间的权衡是交易成本经济学的基础。我们认为，交易成本经济学关注的是因资产专用性而产生的独特互补性，这本身只是一种管理选择，属于需要选择适当的治理机制来防范随之而来的道德与行为风险问题（Argyres & Zenger，2012；[①] Williamson，1985）[②]。我们强调，在需求端和用户使用中可能存在独特的互补性，即消费者需要"组装"和协同不同的互补品组件。交易成本经济学只研究资产专用性在生产过程中产生的独特互补性，强调产业整合的重要作用，而忽视需求端和用户使用中的独特互补性。

戴维·蒂斯（Teece，1986）[③] 观察到，互补性也可能是一般性的（general），这实质上是独特的互补性。例如，一个复杂的价值主张或创新可能需要特定的商品或服务，但该商品或服务可能是通用的，或是标准化的，这就足以让厂商组织利用它，而不必担心治理结构或挪用风险。美国达特茅斯大学埃莫斯·塔克工商管理学院（Amos Tuck School of Business Administration）教授康斯坦斯·赫尔法特和加州大学洛杉矶分校教授马文·利伯曼（Helfat & Lieberman，2002）[④] 详细研究并论证了通用互补品（generic complements）的使用，认为通用互补品有助于促进生产，同时防范合同风险，这是厂商组织常用的一种重要通用方法，通用互补品同样也适用生态系统分析。这意味着这种互补性不会引起厂商组织经营上的特殊问题，即在生产和消费链上应用程序之间更具可替换性资产，在本质上是通用的。因此，通用互补品可以在市场上进行交换（Adner，2017）[⑤]。换言之，这种互补的一般性质意味着经济行为体之间不需要以特定方式进行协调，即不需要创建特定的对齐结构。虽然消费者通过将这些要素组合成一个"产品系统"来获得效用，但生产者之间并不需要通过特定的对齐结构来协调其投资，以实现价值获取。因此，消费者可以在市场上单独购买，并自行进行组合（Jacobides et al. 2018）[⑥]。

---

① Argyres，N. S. & Zenger，T. R.（2012）Capabilities，transaction costs，and firm boundaries. Organization Science，23（6）：1643－1657.

② Williamson，O. E.（1985）The economic institutions of capitalism. London：Simon and Schuster.

③ Teece，D. J.（1986）Profiting from technological innovation：implications for integration，collaboration，licensing and public policy. Research Policy，15（6）：285－305.

④ Helfat C. E，& Lieberman，M. B.（2002）The birth of capabilities：Market entry and the importance of pre-history. Industrial and Corporate Change，11（4）：725－760.

⑤ Adner，R.（2017）Ecosystem as structure：An actionable construct for strategy. Journal of Management，43（1）：39－58.

⑥ Jacobides，M. G. Cennamo，C. & Gawer，A.（2018）Towards a theory of ecosystems. Strategic Management Journal，39（8）：2255－2276.

美国管理学家戴尔和辛格（Dyer & Singh，1998）[①] 认为，商业生态系统（business ecosystem）的首要问题是识别必要的外部互补性战略资源。但由于三个方面的原因，使不同厂商的构建互补性资产方面出现差异：一是因厂商过去与其他厂商结盟的经验差异；二是因为厂商内部搜索和评价能力差异；三是由于厂商在社会/经济网络中的不同地位，获得有关潜在伙伴信息的能力有差异，厂商识别出潜在伙伴和评价互补性资源的能力会有差异。

我们认为，在平台经济条件下，互补性资产是指平台生态系统中的专用性资产，是平台型企业建立的已有平台经营能力时做出的不可还原性的投资，它必须与特定的产品、技术或商业模式联系时才具有价值。麦金太尔和斯里尼瓦桑（Mcintyre and Srinivasan，2017）[②] 认为，在许多行业，如社交网络和视频游戏，消费者更看重网络平台拥有的大量其他用户和各种互补性产品。这种“网络效应”为平台型企业提供了有利可图的机会，这些企业可以利用这些动态来创建占主导地位的技术平台。阿德纳和卡普尔（Adner and Kapoor，2010）[③] 发现，当上游互补者对平台生态系统健康产生影响时，上游互补者的作用不同于下游互补者的作用。我们认为，这是由于在生产中居于上游的主导地位厂商的独特互补性与在下游消费中占主导地位的埃奇沃思互补性/超模互补性的根本不同作用造成的。

平台型企业的出现，推动了产业组织形式的创新和商业模式创新，在网络平台市场上超越技术创新的传统厂商，强调了关键资源从技术创新转变为互补性资产。但美国经济学家斯蒂格利茨和海因（Stieglitz & Heine，2007）[④] 认为，互补性资产对创新商业化的保护作用止于模块创新阶段，激进创新需要新资源和/或重新调整互补性行为。

我们发现，互补性资产与间接网络效应直接有关。间接网络效应指的是“当某种产品的使用者增加时，它的互补品会更加丰富，价格会更低”（Katz & Shapiro，1985）[⑤]。在我们看来，间接网络效应主要来自基础性产品与互补性产品之间、平台

---

① Dyer, J. & Singh, H. (1998) The relational view: Cooperative strategy and sources of interorganizational competitive advantage. Academy of Management Review, 23 (4): 660 – 679.

② McIntyre, D. & Srinivasan, A. (2017) Networks, platforms, and strategy: Emerging views and next steps. Strategic Management Journal, 38 (1): 141 – 160.

③ Adner, R. & Kapoor, R. (2010) Value creation in innovation ecosystems: how the structure of technological interdependence affects firm performance in new technology generations. Strategic Management Journal, 31 (3): 306 – 333.

④ Stieglitz, N. & Heine, K. (2007) Innovations and the role strategic theory of the firm. Strategic Management Journal, 28 (1): 1 – 15.

⑤ Katz, M. L. & Shapiro, C. (1985) Network externalities, competition and compatibility. American Economic Review, 75 (3): 424 – 40.

架构和互补性要素之间在技术上的互补性，这种互补性导致了产品需求上和平台商业模式实现上的相互依赖性。这种依赖性使基础性产品和互补性产品、平台架构和互补性要素都无法单独为消费者和用户带来效用。在存在间接网络效应的情况下，用户从某种基础性产品中所能获得的效用依赖该产品的互补性产品的数量和质量，平台架构功能的实现依赖互补性要素的功能、数量和质量。而另一方面，基础性产品的销售量越大，则与之配套的互补性产品的需求就越大，互补性产品的种类就越多，对用户需求的满足就越充分，用户使用该基础产品所获得的效用就越大；基础性产品的销售量越大，则与之配套的互补性要素提供的能力要素越全面、数量越多和质量越好，则平台对用户需求的满足就越充分。卡茨和夏皮罗（Katz & Shapiro，1994）① 把这种基础性产品与互补性产品之间的关系称为硬件——软件范式（hardware-software paradigm），基础产品被称为硬件，而互补性产品则被称为软件。硬件产品的用户基础增加，会要求厂商提供种类更多、质量更高的软件，从而使硬件购买者获得更高的效用。

我们强调，网络效应对平台生态系统的竞争优势而言，仅仅是外生性变量，它不是决定平台生态系统竞争优势的核心要素，这就是许多平台型企业虽然获得了流量和网络效应，赚得了口碑却无法盈利，一旦取消对用户的补贴和优惠，平台经营就陷入困境；而平台架构和嵌入其上的互补性资源和要素才是平台生态系统竞争优势的内生性变量，是决定平台生态系统竞争优势的核心所在。这些资源和要素深深地嵌入平台架构之中，是一系列独特资源的组合，具有极强的独特性和异质性（Wernerfelt，1984）②，具备了有价值的、稀少的、不易模仿的、不易被替代的（valueable，rare，imimate，nonsubstutitue，VRIN）特性，是平台生态系统内生性的竞争优势。平台领导或平台倡导者连接和控制的这些独特资源是平台生态系统赢得持续竞争优势的关键，而连接和控制能力则是平台领导最重要的资源（Barney，1991）③。

---

① Katz，M. L. & Shapiro，C.（1994） Systems competition and network effects. Journal of Economic Perspectives，8 （2）：93 – 115.

② Wernerfelt，B.（1984） A resource-based view of the firm. Strategic Management Journal，5 （2）：171 – 180.

③ Barney，J.（1991） Firm resources and sustained competitive advantage. Journal of Management，17 （1）：99 – 120.

六、本章小结

平台生态系统竞争优势是造成生态系统参与者报酬递增的主要因素。当然，平台生态系统竞争优势的背后有着深层次经济学和战略管理理论的原理。只有把这些背后的原因及其适用范围搞清楚了，才能明了他们在网络经济和平台经营中的意义和重要性。

网络经济就是报酬递增经济，我们所讨论的平台生态系统竞争优势都涉及报酬递增规律，只不过他们或显或隐。平台生态系统竞争优势完全不同于传统厂商组织的竞争优势，也不同于战略联盟的竞争优势。今天，在电子商务、社交网络、用户生成内容（users generation content，UGC）和视频游戏等许多消费类平台，产业投资者和消费者更看重其他用户网络庞大、产品种类繁多的互补产品。这种“网络效应”和互补品既为平台型企业提供了有利的机会，也是平台生态系统竞争优势所在，平台型企业可以利用这些驱动力来创建占市场主导地位的技术平台和平台生态系统。应当看到，网络经济对传统实物产品的最大作用是降低其交易成本，但网络永远也改变不了经济生活中资源稀缺的本质。传统实物产品的成本曲线虽然会发生很大程度的下移，但报酬递减规律迟早会发生作用，因而网络经济中传统实物产品的经济运行理论，并不可能发生太大的变化。正如美国经济学家布莱恩·阿瑟（Arthur，1996）① 所说：“我们可以设想两个经济王国或世界：规模生产世界，这一世界以少量的知识凝结大量的资源而获得产品，运行着马歇尔的报酬递减规律；经济中以知识为基础的世界，这一世界以少量的资源凝结必要的知识而获得产品，运行着报酬递增规律。”

① Arthur，W. B.（1996）Increasing returns and the new world of business. Harvard Business Review，74（7/8）：101－109.

第八章

平台战略

一般来说，有关平台战略文献都是围绕着平台启动战略、治理战略和竞争战略来展开的。平台战略的研究主体是一个具体的网络化业务平台，而非理论上的平台。业务平台从事的一种具体业务的服务，如社交网络平台提供的是信息服务，电子商务平台提供的是网上的商品交易与服务。业务平台是平台界面规则和基础设施的连接点，他们促进了平台参与者之间的互动活动。平台提供了作为互补产品和服务的基础性模块。作为平台参与者的应用程序和互补品供应商需要使用平台架构和系统资源为用户提供产品或服务，平台战略必须解决供应商与用户之间的搜寻、匹配和交易，这一过程的结果是使平台能够产生足够大的网络效应。

一、 平台战略的内涵与外延

简单地说，平台战略反映了平台领导或平台倡导者为市场竞争定位而做出的一系列综合性选择，这是一个可以普遍接受的战略定义（Hambrick & Frederickson，2001）①。

美国管理学家帕克和范·阿尔斯汀（Parker and Van Alstyne，2016）② 认为，平台战略是对一个网络化业务平台的召集、鼓动或调动，以便在给定的市场中进行扩展和运营。而业务平台（business platform）是规则和基础设施的连接点，他们促进了平台参与者之间的互动活动。由于平台的基本功能是为买卖双方或多方提供作为互补产品和服务的基础模块，因而平台战略必须对用户与应用程序和互补品供应商进行匹配，后者使用系统资源直接进行交易，通常会受到网络规模和网络效应的影响。

按照美国著名权变组织理论家詹姆斯·汤普森（Thompson，1967）③ 的长程连接技术、密集技术、中介技术的分类（typology of long-linked，intensive，and mediating technologies）的价值配置分析理论（the value configuration analysis），在工业经济时代厂商组织价值创造主要有三种模式：美国战略理论家迈克尔·波特（Porter，1985）④ 的价值链（value chain）经营模式；挪威管理学家斯塔贝尔和菲耶尔斯塔（Stabell and Fjeldstad，1998）⑤ 的价值商店（value shop）经营模式与价值网（value network）经营模式。

① Hambrick，D. C. & Fredrickson，J. W.（2001）Are you sure you have a strategy? The Academy of Management Executive，15（4）：48－59.

② Parker，G. and Van Alstyne，M.（2016）Platform strategy. In M. Augier，D. J. Teece（eds.），The Palgrave Encyclopedia of Strategic Management. New York：Palgrave Macmillan.

③ Thompson，J. D.（1967）Organizations in action：Social science bases of administrative theory. New York：McGraw-Hill Book Company，1967.

④ Porter，M. E.（1985）Competitive advantage：Creating and sustaining superior performance（1st ed.）New York：Free Press.

⑤ Stabell，C. B. and Fjeldstad，Ø. D.（1998）Configuring value for competitive advantage：On chains，shops，and networks. Strategic Management Journal，19（3）：413－437.

波特（Porter，1985）[①] 的“价值创造理论”认为，厂商是顾客价值（customer's value）的主要创造者，厂商通过一连串价值活动组合，单方面创造产品与服务的价值给顾客。因此，波特提出了考察厂商竞争优势并寻求改善厂商组织素质的基本工具——价值链（value chain）。他将厂商价值活动区分为“基本活动”与“支援活动”两部分，其中基本活动是指对最终商品有贡献的部分，如厂商组织的原材料进货、制造、产成品出货、物流、营销、售后服务等“产供销”环节；支援活动则是间接性的辅助活动，对于厂商组织的价值创造有很大的帮助，如厂商组织的基本设施、人力资源管理、技术发展、财务活动等。应当指出，波特的“价值创造理论”是一种经典的价值链线性思维模式。

斯塔贝尔和菲耶尔斯塔（Stabell and Fjeldstad，1998）[②] 进一步发展了“价值创造理论”，他们提出了价值商店（value shop）与价值网（value network）两种价值创造的经营模式。相对于价值链通过生产端（供给端）一连串投入来创造价值，价值商店指的是经由解决特定顾客问题来为顾客创造价值，因而这种价值创造模式也称为“顾客解决方案”商业模式；而价值网的经营战略则是靠中介技术来连接上下游厂商和顾客，促进顾客的交换为顾客创造价值。

我们认为，从平台价值创造模式看，大多数平台经营模式可以称为网上价值商店模式（network value shop model）。在这种模式下，平台型企业依靠互联网中介技术将无限多的 B 端的厂商和 C 端的顾客聚合在互联网平台上，通过这种网上价值商店来解决特定的顾客需求问题，为顾客创造价值，而 B 端的厂商是利用密集技术生产产品的提供者。网上价值商店是一种互联网时代的市场高度集中，完全不同于工业经济时代的市场特性。通过平台经营，可以克服更强的网络效应、转换成本（switching costs）和多宿主成本（multi-homing costs）给市场集中带来的巨大压力。平台经营模式，可以最大限度地利用平台市场上独有的外部性（externality）、战略弹性（strategic flexibility）、多宿主性（multi-homing）、长尾（the long tail）、价格杠杆效应（leverage effect on price-making）、协同创新效应（collaborative innovation effect）等特征（Cusumano & Gawer，2001；[③] Cusumano，2011）[④]，来为平台型企业创造更大的市

① Porter，M. E.（1985）Competitive advantage：Creating and sustaining superior performance（1st ed.）New York：Free Press.

② Stabell，C. B. and Fjeldstad，Ø. D.（1998）Configuring value for competitive advantage：On chains，shops，and networks. Strategic Management Journal，19（3）：413 - 437.

③ Cusumano，M. A. & Gawer，A.（2001）Driving high-tech innovation：The four levers of platform leadership. Massachusetts Institute of Technology，Center for ebusiness@ MIT Working Paper，142.

④ Cusumano，M. A.（2011）Technology strategy and management：Platform wars come to social media. Communications ACM（Association for Computing Machinery），54（4）：31 - 34.

场价值。因此，在平台经营市场上竞争的平台型企业需要更清晰的指导方针来制定平台经营战略，以利用平台经营特有的属性。

在众多学者看来，平台战略并非是一个单一的战略，而是一个统称，在里面包含了许多的平台战略类型。美国管理学家帕克和范·阿尔斯汀（Parker and Van Alstyne，2016）① 认为，平台战略包括启动战略（launch strategy）、开放战略（open strategy）、治理战略（governance strategy）和竞争战略（competitive strategy）。美国南加州大学朱峰教授和哈佛大学马科·伊安希帝（Zhu & 伊安西蒂（Zhu & Iansiti，2009）② 在分析平台的网络效应和利益分析时，提出来绑定和利益分析等多个平台战略。中国社科院学者张小宁（2004）③ 按时间把平台战略分为进入期、构建期、包围期和创新期，并分别定义为平台进入战略、平台构建战略、平台包围战略和平台创新战略。平台进入战略主要是指企业需要打破壁垒进入市场就需要提出革命性的功能与服务。平台构建战略主要是指维持和建立双边网络，形成网络效应所采取的一系列措施。平台包围战略主要是平台提供者进入新的市场，通过平台绑定的方式分享用户资源利用原有平台的网络效应。产业技术创新方式呈现出以“平台”为中心的特征，系统成员利用技术平台、工具平台或服务平台提升自身的绩效水平。其中，模块化创新是产品创新平台的主要方式，即把产品分解成多个模块，通过对模块的创新以达到实现产品创新的目的。

我们认为，所谓的平台战略是平台领导或平台倡导者对将要构建的平台进行分类与业务模式选择、平台竞争的主要策略与表现形式、平台启动、平台发展、平台布局等所进行的全局性筹划或谋划，包括启动战略、开放战略、治理战略、竞争战略、平台的资源配置与资源组合战略、平台改变经营规模和经营范围战略、平台的场景战略等。平台战略涉及平台之间的竞争与垄断情况，平台在市场结构的作用（市场定位），是交易结构和交易合约设计与交易成本的确定，需要对不同类型平台的发展模式与竞争机制的比较分析，并提出相应商业模式设计的建议。

把平台作为战略，最早起源于20世纪90年代的德国汽车业（刘家明，2016）④。德国汽车厂商运用平台促成了与顾客和供应商之间有效合作，最终使德国汽车产业价值最大化得以实现。就互联网时代而言，平台战略就是通过吸引不同群体进入平

---

① Parker, G. and Van Alstyne, M. (2016) Platform strategy. In M. Augier, D. J. Teece (eds.), The Palgrave Encyclopedia of Strategic Management. New York: Palgrave Macmillan.

② Zhu, F, & Iansiti, M. (2009) Entry into platform - based markets [J]. Strategic Management Journal, 33 (1): 88 - 106.

③ 张小宁.(2014) 平台战略研究评述及展望. 经济管理，2014，(3)：190 - 199.

④ 刘家明.(2016) 双边平台战略研究综述 [J]. 江苏商论，(1)：20 - 24.

台以组建平台生态系统。然后通过各方群体在平台上开展的互动合作，来发挥整体网络效应，从而实现共赢。平台战略更提倡平行开放的互动，而非封闭垂直的控制（弗里德曼，2006）①。这种思想也促使厂商组织从价值链向价值网发展（Bovet and Marha，2000）②。

---

① 托马斯·弗里德曼.（2006）世界是平的：21 世纪简史. 何帆等译，长沙：湖南科学技术出版社.

② Bovet，D. and Marha，J.（2000）From supply chain to value net [J]. Journal of Business Strategy，21（4）：24－28.

二、 平台启动战略

平台领导或平台倡导者的启动战略（launch strategy）是在具有网络效应的平台经营中面临的一个核心问题，启动战略决定了平台如何推动和用户采用（adoption）平台产品或服务以达到临界质量（critical mass）的问题（Evans and Schmalensee，2010）①。对平台战略来说，最重要的是网络效应，即构建产业价值网带来的协同效应（synergy effects）和报酬递增（increasing revenue）。在平台经营中，平台通常有一种类型的用户，他们的经济效用（utilities）依赖不同类型用户的存在（Parker and Van Alstyne，2000；② 2005；③ Rochet and Tirole，2003）④，平台中一方参与者的决策会对另一方参与者的决策产生影响，即平台经济的双边市场特性，如游戏开发商和玩家之间的相互影响，或拍卖买家和卖家之间的相互影响。如果两种类型的用户都不够多，那么平台的独立价值（the standalone value of the platform）可能无法提供足够的吸引力来推动用户参与和采用。这就导致了“鸡与蛋”（chicken-and-egg）的启动和采用问题（launch and adoption）（Caillaud and Jullien，2003；⑤ Evans and Schmalensee，2010）⑥。如果市场一边的用户是单宿主用户（single-home users），而另一边的供应商是多宿主供应商（multi-home suppliers），那么就存在“竞争瓶颈”（competitive bottle-neck）。供应商竞争其利润，使得平台决策通常偏向单宿主用户（Armstrong，2006）⑦。个别供应商可能会失去买家，但如果众多供应商的集体投资导致其宿主平台（host platform）赢得市场份额，则仍然会获得整体收益（Markovich

① Evans，D. S. and R. Schmalensee.（2010）Failure to launch：Critical mass in platform businesses. Review of Network Economics，9（4）：1–26.

② Parker，G. and M. Van Alstyne.（2000）Internetwork externalities and free information goods. Proceedings of the Second ACM conference on Electronic Commerce，Association for Computing Machinery，107–116.

③ Parker，G. and Van Alstyne，M. W.（2005）Two-sided network effects：A theory of information product design. Management Science，51（10）：1494–1504.

④ Rochet，J. & J Tirole.（2003）Platform competition in two-sided markets. Journal of the European Economic Association，1（4）：990–1029.

⑤ Caillaud，B. and Jullien，B.（2003）Chicken & egg：Competition among intermediation service providers. RAND Journal of Economics，34（2）：309–328.

⑥ Evans，D. S. and R. Schmalensee.（2010）Failure to launch：Critical mass in platform businesses. Review of Network Economics，9（4）：1–26.

⑦ Armstrong，M.（2006）Competition in two-sided markets. RAND Journal of Economics，37（3）：668–691.

and Moenius, 2009)①。

在我国的平台型企业的实践中，启动战略往往称为平台入口战略（platform entry strategy），并将其作为平台型企业的一个基础战略。相当一部分平台实践者甚至认为，一切皆入口，只要围绕用户需求都会形成一个入口，例如，快的打车、滴滴打车、新浪、百度、QQ等都是入口，平台战略能否成功关键是一定要有入口思维。也就是说要做成平台，首先要形成有规模的入口。例如，苏宁困境的核心是没有入口思维。现在的80后、90后消费者很习惯“要购物上京东”，但是“苏宁易购”可能一般人却不那么容易想起来。迄今为止，苏宁在打造入口方面几乎没有行动，尽管也有优惠，但不是打造入口的概念。在移动互联网时代，入口战略的成功关键点是眼球经济。而抢夺用户的眼球，现在中国平台型企业基本上使用的都是“免费+故事+游戏”免费、话题（故事）和游戏化参与三板斧。京东打造入口最关键的是利用了先机，通过低价（物流免费等）和广告的传统方式打造成了要购物上京东的入口。而滴滴、快的打车的入口形成，似乎是只有一个“烧钱”笨办法。

事实上，在相当多的情况下，平台领导可能需要创造积极的网络效应（Katz & Shapiro, 1985）来产生动力。他们首先可能需要解决所谓的“鸡和蛋的问题”（chicken-and-egg problem）。平台领导必须努力获得更多的用户、更大的平台流量或更开放的战略，这就需要资助一个参与者群体，以促进跨平台的匹配（matching across a platform）（Caillaud & Jullien, 2003;② Parker & Van Alstyne, 2005;③ Rochet and Tirole, 2003)④。这些资助包括采用的新定价战略（即“免费定价”freemium pricing），提供一些免费服务。当然，这些措施可能与现有的所有产品和服务的收费标准相冲突。

入口战略的基本逻辑是“（行业）用户痛点—用户免费—用户体验—用户信任，最后形成用户入口”。行业或用户的痛点，可以通过免费或优惠方式来吸引，通过用户体验产生信任，最后重复使用，就形成入口了。在实践中，平台型企业往

---

① Markovich, S. and J. Moenius.(2009) Winning while losing: Competition dynamics in the presence of indirect network effects. International Journal of Industrial Organization, 27 (3): 346－357.

② Caillaud, B. and Jullien, B.(2003) Chicken & egg: Competition among intermediation service providers. RAND Journal of Economics, 34 (2): 309－328.

③ Parker, G. and Van Alstyne, M. W.(2005) Two-sided network effects: A theory of information product design. Management Science, 51 (10): 1494－1504.

④ Rochet, J. & J Tirole.(2003) Platform competition in two-sided markets. Journal of the European Economic Association, 1 (4): 990－1029.

往使用诸如补贴（subsidy）策略、播种和天棚用户（seeding and marquee users）策略、微市场启动（micro-market launch）策略和借用（piggybacking）策略等来解决平台入口或平台启动问题。

补贴策略是在双边市场情况下，平台型企业进行有效地用户激励来"锁定"用户，不放任用户自行锁定，从而获得网络效应的一种最常见的策略。所谓的用户锁定（user lock-in）是指平台运营商通过某些策略和手段使用户成为某个平台的用户，而不是成为另一个平台的用户的行为。但这种平台型企业主动性行为进行的用户"锁定"和获得网络效应，是有代价的，也就是要由平台向用户提供补贴。事实上，在双边市场情况下，市场上存在一个或几个平台运营商，他们同时向具有截然不同诉求的终端用户提供具有锁定特性的产品或服务，这些产品或服务对一部分用户的购买决策会影响另一部分用户的决策，因而会影响用户锁定。

不少研究表明，美国社交网络平台脸书（Facebook）的快速传播是其成功的关键，但这种快速传播是一种病毒式传播，是有代价的。美国电影《社交网络》（The Social Network）对这种快速传播进行了戏剧化的描述，脸书网的创始人马克·艾略特·扎克伯格（Mark Elliot Zuckerberg）专门找到哈佛大学和其他常春藤盟校的本科学生作为最初的用户，这些用户可以在脸书这个平台上交友且免受广告的骚扰。这促成了脸书后来的病毒式的快速传播（Rosmarin，2006；① Phillips，2007）②。同样道理，亚马逊（Amazon）获得网络效应的原因是保持不盈利的低价，以建立自己的庞大网络，这一策略在今天已经成为一种流行的商业文化原型。在中国，滴滴打车和优步公司（Uber）就为了普及各自开发的打车软件，其方法就是分别为使用这些软件的司机和乘客提供补贴。

资本雄厚、资源丰富的平台可以通过大量补贴吸引用户加入平台，这就是通常人们所说的"烧钱"。这些补贴主要有临时渗透价格（temporary penetration prices）补贴和永久折扣（permanent discounts）补贴，也可以采取其他形式的补贴。一般来说，平台不采用直接现金形式的补贴，因为用户可能在不使用该平台的情况下接受补贴，这容易造成道德风险问题。有些平台往往把给用户提供的技术支持作为补贴，只有在用户使用平台时才有价值（Parker and Van Alstyne，2005）③。

补贴可以采用免费信息的形式（the form of free information），其边际成本为零

---

① Rosmarin，R.（2006）Open Facebook. Forbes，September 11.

② Phillips，S.（2007）A brief history of Facebook. The Guardian，July 25.

③ Parker，G. & Van Alstyne，M. W.（2005）Two-sided network effects：A theory of information product design. Management Science，51（10）：1494－1504.

(Parker and Van Alstyne，2000；[①] 2005)[②]，但也可以适用于某些绩效特征（Anderson et al. 2014)[③]，如按照用户购买数量给予购买者数量折扣，或者按用户发帖数量给予奖励，有时也给予实物作为补贴。在我国的网约车市场中，优步、滴滴、快的打车等平台厂商进入市场，都对司机和乘客采用了较大启动补贴（launch subsidies），其市场价格远远低于边际成本，但这些补贴在平台交易达到临界质量（critical mass）后迅速下降并取消。

在某些情况下，平台运营商往往用“分而治之”的策略来解决用户锁定问题，即向市场一边的用户收取足够低的费用来吸引更多人加入，然后再向市场另外一边收取高额费用来弥补损失。对不同消费群体收取不同价格的多边平台（例如，游戏平台对游戏玩家和开发者），平台运营商可以实现任何期望的用户参与程度，而不用担心可能出现的（其他的、意图之外的）多重均衡，在其中的平台运营商的行为形成某些均衡状态下，会出现用户锁定的失败（Jullien，2011)[④]。

平台启动通常带有互补性，这能够给平台 B 端和 C 端带来交互价值（interaction value）。这种互补性可以来自 B 端，也可以是 C 端。在双边平台的实践中，任何互补品都可以视为是“种子”（seed），这些种子可以是互补品厂商，也可以是能够影响市场中一方用户消费决策的市场中另一方用户。平台启动就是“播种”（seeding）过程，即通过向一方用户提供某些经济效用或价值来解决市场中另一方用户的参与问题（Gawer and Henderson，2007；[⑤] Boudreau，2012)[⑥]。

案例研究：Twitter 社交网络服务平台的“播种”

Twitter（非官方汉语通称推特），是一家广受大众欢迎的美国社交网络服务

---

① Parker，G. and Van Alstyne，M.（2000）Information complements，substitutes，and strategic product design. Proceedings of the Twenty-First International Conference on Information Systems，Association for Information Systems，13 – 15.

② Parker，G. & Van Alstyne，M. W.（2005）Two-sided network effects：A theory of information product design. Management Science，51（10）：1494 – 1504.

③ Anderson，E. G. Parker，G. & Tan，B.（2014）Platform performance investment in the presence of network externalities. Information Systems Research，25（1）：152 – 172.

④ Jullien，B.（2011）Competition in multi-sided markets：Divide and conquer. The American Economic Journal：Microeconomics，3（4）：186 – 219.

⑤ Gawer，A. and R. Henderson.（2007）Platform owner entry and innovation in complementary markets：Evidence from Intel. Journal of Economics & Management Strategy，16（1）：1 – 34.

⑥ Boudreau，K. J.（2012）Let a thousand flowers bloom? An early look at large numbers of software app developers and patterns of innovation. Organization Science，23（5）：1409 – 1427.

及微博客服务的网站，是全球互联网访问量最大的十个网站之一，也是微博客的典型应用平台。它可以让用户更新不超过140个字符的消息，这些消息也被称作“推文”（Tweet）。从本质上看，Twitter类似中国的微博，Twitter允许用户将自己的最新动态和想法以移动电话中的短信息形式（称为推文）发布（称为发推），可绑定即时通讯软件（instant messaging，IM）。推特上面还有不少明星、各类专家、科学家、政界人士等。除了朋友的互相关注之外，没有你想不到的，只要你关注他们，就可以看到他们每天发的状态。推特的好玩之处就在于受众面广，群众基础大，具有时效性，传播范围广，速度快。现在Twitter在全世界都非常流行，据Twitter现任CEO迪克·科斯特罗（Dick Costolo）宣布，截至2012年3月，Twitter共有1.4亿活跃用户，Twitter被形容为“互联网的短信服务”。

Twitter社交网络服务平台是由杰克·多西（Jack Dorsey）和比兹·斯通（Biz Stone）等人在2006年3月创办的，并在当年7月正式启动进入市场。从Twitter进入市场后的前9个月，Twitter并没有得到大量用户采用。杰克·多西和Twitter的其他创始人已经意识到，在当今的拥挤、网络化和超竞争互联网平台这个大舞台上，能够使平台型企业实现快速、大规模增长的推动战略，已经变得越来越困难和无效。但他们坚信，市场上会出现偶然现象和例外情况，关键在于平台型企业能否抓住此机遇。杰克·多西和Twitter的其他创始人分析了Twitter在平台上获得临界规模的方法和用户在Twitter上活动实时性的特点，他们意识到Twitter需要在时间维度和空间维度上集中注意力来实现突破。

机会总是留给有准备的人。Twitter的突破并获得大量用户的采用，发生在2007年3月19日美国德克萨斯州（Texas）首府奥斯汀举办西南偏南文化节（South by Southwest，SXSW）[①] 上。西南偏南文化节（SXSW）是全球最大规模的音乐、互动电影和媒体、科技展示三部分跨界活动形成的跨界狂欢音乐盛典，其间全球娱乐界和科技界人士齐聚一堂。Twitter决定投资11000美元，在SXSW

① South by Southwest的本意是西南边的南边，代表的是德克萨斯州的地理位置。SXSW历史上与众多平台的推广有关：自从2007年Twitter（推特）在SXSW上爆火后，一年又一年，每个在SXSW亮相的社交应用都想搭上Twitter当年的顺风车。2015年一款Logo长得像迪斯尼卡通电视《丁满彭彭历险记》主人翁丁满（Timon）、名叫Meerkat的视频直播应用爆红网络。Meerkat是一款iOS上的视频直播应用，与Twitter账户关联，用户只需要简单地点击就可以开始向粉丝直播，还可以提前预告直播时间。直播开始时，用户的Twitter账号会自动发送一条带有在线直播链接的推文，所有人都可以通过链接在任何设备上观看。Meerkat的应用界面好比Twitter、Instagram、Snapchat和弹幕网站的综合体，可以转发、点“喜欢”，也可以实时发评论与其他网友互动。但是直播视频只能实时观看，以制造出稍纵即逝之感。据《华尔街日报》报道，这款2015年2月底才上线的iOS应用，在两周内即获得12万用户。

的主要走廊上安装一对巨大的平板显示屏。用户可以编辑信息“参加 SXSW”发送到 Twitter 的 SMS 短号码（40404），找到他或她立即出现在屏幕上的推文。参加互动电影、音乐和科技节的观众看到大屏幕上 Twitter 的实时反馈，现实的场景触动了成千上万的新用户加入这场战斗，Twitter 大屏幕周围的人异常地亢奋，更多的观众成了 Twitter 的新用户，他们帮助 Twitter 成为互联网上最热的网络站点。在 SXSW 结束时，Twitter 用户就增长了两倍，从每天 20000 条推文增加到每天 60000 条。Twitter 由于 2007 年度最佳在线创新，获得了美国节日网络奖。

从这个案例中，我们可以发现，使用一个或多个传统的推广营销策略，以吸引大量用户兴趣和对平台的关注，可以触发大量用户同步上线，几乎瞬间创建了一个完全发展的网络。这个平台策略一般称为大爆炸采用策略（the big-bang adoption strategy）。

平台启动的另一种方式是开发能够吸引用户的原创内容和独家经营项目，以解决用户的需求痛点，来尽快实现平台启动和用户锁定（Hagiu，& Spulber，2013；[①] Lee，2013）[②]。在有些情况下，平台倡导者（platform sponsor）既可以自己开发互补品，也可以与合作伙伴合作，为他们提供激励，推动新平台产生种子互动（seed interactions），最终获得网络效应。例如，英特尔（Intel）虽然有许多供应商提供大量的互补品，但并不能有效匹配和兼容英特尔的子系统。因此，英特尔在 1994 年年底采用以英特尔为主导、联合多家公司共同投入研发的模式，并于 1996 年推向市场通用串行总线（Universal Serial Bus，简称 USB），并将其免费开放给合作伙伴，从而提高了自身的平台领导地位（Gawer and Cusumano，2002）[③]。应当看到，英特尔开发 USB 的做法，在保持系统兼容性的前提下提高了平台系统黏性，同时也增加了英特尔为首的平台生态系统的响应能力，为生态发展注入了战略弹性。

研究表明，平台领导凭借着卓越的需求研究能力，可以比竞争性平台运营商更快察觉到市场上顾客偏好的细微变化，甚至在多数消费者都还不清楚更适合自己的产品前，就率先推出更符合消费者所需的产品或服务。而这样的做法，可以提高顾客满意度及顾客忠诚度，同时也降低了竞争性平台运营商在往后以类似价值提供给

---

① Hagiu，A. & Spulber，D.（2013）First-party content and coordination in two-sided markets. Management Science，59（4）：933－949.

② Lee，R. S.（2013）Vertical integration and exclusivity in platform and two-sided markets. The American Economic Review，103（7）：2960－3000.

③ Gawer，A. & Cusumano，M. A.（2002）Platform leadership：How Intel，Microsoft，and Cisco drive industry innovation. Boston，Massachusetts：Harvard Business School Press.

消费者时，消费者转换品牌的可能性（Vorhies and Morgan，2005）[①]。例如，在平板计算机的市场中，Apple率先推出9.7英寸携带方便且适合多媒体应用的iPad，接着又推出屏幕分辨率高的升级版本，而后则推出重量减少三分之一，更便于携带且效能更强大的iPad air。Apple之所以能不断推出更符合消费者需求的产品，主要也是归功于其对消费者需求变化能实时响应。

一般来说，平台的成功取决种子互动，如果没有来自于B端和C端的互补品，平台可能没有交易量，通过种子互动可以使市场的双方参与者数量达到临界质量（critical mass），这种边际参与者数量和边际交易量（marginal trading volume）是平台自我维持的基础。例如，金融服务提供商在向第三方金融工具开放其平台之前，广泛使用这种方法来提供自己的产品（Hagiu and Eisenmann，2007）[②]。牵头公司还必须决定种子含量是否会替代或补充合伙人提供的后续内容（Hagiu and Spulber，2013）[③]。

在我们看来，无论是补贴策略，还是"分而治之"的策略、原创内容和独家经营项目等策略，均属于隔离策略（isolating strategy），而平台运营商产品或服务的差异化策略（differentiation strategy）本身就是一种"隔离"。在双边市场情况下，平台型企业面对的是不同的消费群体，并且还需要与其他平台型企业进行竞争，这就需要平台型企业采用某种形式的隔离策略。理解这一事实的关键是：当用户彼此之间对网络效应有不同强度的评价时，平台型企业不可能同时且充分完好地保护所有用户免受其评价波动的影响，原因在于对某个用户来说是适当的补偿，对另一用户而言，就可能过多或过少。不过，平台型企业保护平均边际用户总是可能的，这样做可以使一个平台型企业总的网络效应不会因用户锁定不善而受到侵蚀。这种方法可以称为"绝缘均衡"（insulated equilibrium）。

在双边市场平台上，还有一种称为天棚伙伴（marquee partners）和天棚用户（marquee users）[④]的互补品。所谓的天棚伙伴是指同一平台所有者旗下的应用程序

---

① Vorhies，D. W. & Morgan，N. A.（2005）Benchmarking marketing capabilities for sustainable competitive advantage. Journal of Marketing，2005，69（1）：80－94.

② Hagiu，A. and T. Eisenmann.（2007）A staged solution to the catch－22. Harvard Business Review，85（11）：25－26.

③ Hagiu，A. and D. Spulber.（2013）First-party content and coordination in two-sided markets. Management Science，59（4）：933－949.

④ 英文marquee的原意是指（大型活动用的）大帐篷、（戏院、酒店等入口处，通常带有标记的）天棚、遮檐，这里的暗含意思是指在同一个大帐篷或天棚内有若干个房间或家（home），转义为同一个平台所有者下的平台用户。在平台模式下，天棚（marquee）是指在同一个平台所有者下有多个平台，天棚用户（marquee users）是指某个用户仅仅只是其中一个平台的用户，对其他平台而言，他就是天棚用户。例如，阿里巴巴旗下拥有淘宝、天猫、支付宝和盒马鲜生等多个平台，如果某个人是其中一个平台的用户，而不是将要启动的新平台用户，这就称为天棚用户。如某个支付宝的用户，但他还不是盒马鲜生的用户。对盒马鲜生来说，他就是天棚用户。

开发商或互补品提供商。天棚用户则是指某个平台的已有用户可能因为该平台推出新的产品或服务，可能会被该平台带入到新平台而成为用户。

例如，2003 年电商平台领导阿里巴巴（Alibaba）创立在线网购交易平台淘宝网，并逐渐积累以微商（天棚伙伴）和以消费者为代表的用户群（天棚用户），数以万计的买家和卖家在淘宝上交易。阿里巴巴后续推出的支付宝（Alipay）和跨界金融业务余额宝，对支付宝来说，淘宝网的微商和消费者就是天棚伙伴和天棚用户，便充分利用了阿里巴巴前期积累的合作伙伴和用户资源。

现在，我国生活服务类和消费类平台已经成为全球最大的平台市场，但生活服务类的市场竞争异常激烈，各个生活服务类平台都面临着如何进行卓有成效的市场启动、以获取网络效应的难题。2013 年 11 月，美团网旗下网上订餐平台——美团外卖正式上线，此时，美团外卖面临的竞争对手就是饿了么，饿了么是一家 2008 年就进入外卖交易市场的在线外卖交易平台，多年的市场耕耘已经使饿了么积累了近 2 亿用户，并获得市场广泛认可。饿了么已经在外卖交易市场形成了先行优势，这对美团外卖构成不小的市场进入壁垒。然而，美团外卖凭借早期美团网的团购业务，积累了大量天棚用户资源和评价口碑。因此，美团进入外卖业务后，能够继续利用团购业务的用户基础，团购业务的用户就是美团外卖的天棚用户。截至 2019 年第三季度末，美团外卖用户数达 2. 5 亿，合作商家 200 多万家，活跃配送骑手超过 50 万名，覆盖城市 1300 个，日均完成订单 2680 万个。类似的，小米的米粉群也是一种天棚用户，小米平台推出的任何一款新的智能家电产品都可能受到这些米粉群追捧。这种借用其他平台已有用户的策略是一种与“播种”（seeding）相类似的启动策略（launch strategy）。

微市场启动（micro-market launch）① 是指平台将平台启动限制在一个小的社区，以产生强大的，尽管有限制的网络效应。例如，易趣（eBay）的平台启动最初是一个 Pez 糖果自动取物机市场；亚马逊（Amazon）的平台启动最初是网上销售书籍和音乐制品（Evans，2003）②。微市场启动首先要瞄准一个微小的市场，这个市场由已经参与互动的成员组成。这使得该平台能够提供一个大市场的有效匹配特性，即使是在增长的最初阶段。

---

① 有的学者将微市场启动（micro-market launch）称为微市场战略（the micromarket strategy）。

② Evans，Y. D. S.（2003）Antitrust economics of multi-sided platforms. Yale Journal of Regulation，20（4）：325 – 381.

案例研究：脸书（Facebook）的微市场启动

美国电影《社交网络》（The Social Network）记录了马克·艾略特·扎克伯格（Mark Elliot Zuckerberg）创立脸书（Facebook）的故事。

脸书是美国的一个社交网络服务网站，这家总部位于美国加利福尼亚州门洛帕克（Menlo Park）由主要创始人马克·扎克伯格创立于2004年2月4日。脸书在创立时，美国社交网络服务网站已经进入了激烈的市场竞争阶段，这对脸书的市场启动非常不利。全球社交网络服务网站（SNS）鼻祖Friendster的社交网络服务平台，在2002年推出后的短短数月里，就已经赢得了超过三百万的用户，在推出后悄然走红，成为包括中国在内的全球社交网络服务平台（SNS）竞相模仿的对象。聚友网（MySpace）是一个以音乐为重心的社交网络服务网站，网站拥有者为Specific Media LLC，这家总部位于加州比佛利山庄的社交网络服务网站于2003年8月推出。聚友网进入市场获得快速增长，拥有非常好的用户基础。从2005年到2008年年初，聚友网是世界上浏览量最大的社交网络服务平台，并在2006年6月超越谷歌成了美国访问量最大的网站。

在所有平台业务中，社交网络服务平台可能是后期市场准入者中最具排他性的平台，先行者优势非常明显，用户不易转移的特性已经构成了社交网络服务先行者平台的隔离机制（isolating mechanism）。用户一般不会轻易迁移到一个新的社交网络服务平台成为其用户，除非它提供了与众不同的东西。这就是多边市场平台网络效应的力量。更重要的是，由于社交网络服务的价值如此巨大，基于网络效应，新进入者实现临界质量尤为重要。

如果脸书在全球广泛的大市场推出，很快取得了全球范围的几百甚至几千个用户，并不会带来迅猛发展，因为那些分散的、随机的用户加入平台后不会产生交互作用。脸书的特点就是类似中国的人人网或者QQ里面的校内网，只有你加对方为好友，对方通过验证之后才能看到彼此发布帖子的状态，群体多为同学，朋友或者亲戚之类的，所以一般玩脸书的人都比较拘谨，毕竟上面都是熟人，而且大家都认识，说不定里面还有你的老师。但正是脸书的这个特点，决定了脸书用户之间的交互作用非常强烈，一旦加入脸书，就自然会形成各种各具特色的朋友圈。

因此，脸书决定在封闭的哈佛大学（Harvard University）本科生社区（一个集中区域）独家启动和开展业务，使脸书解决鸡和蛋的问题，这并不仅仅是为了方便。在这条主线上，哈佛大学的地理和社会密集的本科生社区吸引了最初的五百名本科生用户，确保在启动时可以创建一个活跃的、用户间高度互动的社区。脸书利用哈佛本科生社区作为一个现有的微市场和提高其成员之间相互作用的质量获得了市场牵引力，脸书的市场启动着眼于微市场用户进入后的高度互动作用，降低了启动所需的临界质量和相互作用的难点，更容易进行用户间的交流匹配。

脸书在哈佛大学独家启动成功后，扩展到所有的“. edu”新校园。当脸书用户群扩展到哈佛大学之外时，脸书不得不在它所开放的每一个新校园里建立一个用户群，经常与现有校园网竞争。最初，这些学校都不在脸书的网络节点上。随着脸书用户群的高速增长起飞，脸书开始允许跨校园的朋友联系，这有效地消除了推向每一个新的校园时需要重新解决的鸡与蛋的问题。在一个新校园里上网的用户有一个在其他校园的列表，以帮助他们实现现有的连接，让他们在等待其他人加入自己的校园时加入。脸书随后扩展到所有的“. com”域的用户群，从 2006 年 9 月 11 日起，任何用户输入有效电子邮件地址和自己的年龄段，即可成为脸书的用户（Ellison et al.，2007）①。2008 年 4 月，脸书的用户数量超过了聚友网（MySpace），成为全球最大的社交网络服务网站。

脸书的微市场启动说明，平台可以采用分期价值创建策略（establishment of stage value），尤其注重早期优质用户的创造。这要求平台领导要认真思考和设计有价值的用户单元，在平台启动时就能够吸引一个或多个用户组，并向这些用户表明参与平台创造效益的潜力（Gawer and Henderson，2007）②。即使网络规模比较小，也可以创建与用户相关的价值单元。因为最初用户往往是能够创造更多价值的单位，他们吸引其他用户的参与，并形成了一个正反馈循环，导致持续增长（West and Mace，2010）③。最初用户的交互努力刺激一系列活动，同时吸引足够数量的消费者和生产者，创造更多的价值单元和价值产生的相互作用，从而使网络效应开始发挥作用。

有些平台型企业进行平台启动时，面临着缺乏自己用户基础的问题，可能采用寻求从另一个平台网络借用用户的策略，这种策略一般称为借用策略（pig-

① Ellison, N. B. C. Steinfield, and C. Lampe. (2007) The benefits of Facebook ‘friends’: Social capital and college students’ use of online social network sites. Journal of Computer-Mediated Communication, 12 (4): 1143－1168.

② Gawer, A. and R. Henderson. (2007) Platform owner entry and innovation in complementary markets: Evidence from Intel. Journal of Economics and Management Strategy, 16 (1): 1－34.

③ West, J. and M. Mace. (2010) Browsing as the killer App: Explaining the rapid success of Apple’s iPhone. Telecommunications Policy, 34 (5): 270－286.

gybacking strategy)[1]。例如，PayPal 在易趣网（eBay）被收购之前就已经进入市场了，但交易量不够理想（Penenberg，2009）[2]，PayPal 收购易趣网后，易趣网成了 PayPal 的用户。PayPal 在易趣网上建立起软件机器人来买卖商品，坚持交易的另一方必须使用 PayPal 支付系统，迅速地扩大了 PayPal 交易量，为 PayPal 支付系统的推广应用打下了较好的市场基础。

案例研究：微信支付的平台启动

在微信支付技术方案成熟之后，如何实施微信支付的平台启动将是该平台成功与否的关键。微信支付平台的劣势是它进入市场的时间晚于蚂蚁金服的支付宝（Alipay），支付宝在移动支付市场上已经取得了压倒所有竞争对手的优势。就微信支付的优点来看：

（1）微信支付是集成在微信客户端的支付功能，用户可以通过手机完成快速的支付流程。

（2）微信支付以绑定银行卡的快捷支付为基础，向用户提供安全、快捷、高效的支付服务。

（3）微信支付平台具有的优势是有数亿微信社交平台已有用户——天棚用户（marquee users），完全可以采用借用策略（piggybacking strategy）将这些天棚用户带入微信支付平台。

微信支付究竟如何实施"播种"（seeding）和平台启动，将极大地考验微信支付平台和腾讯高层团队。

中国除夕夜传统是全国人民一边吃年夜饭，一边观看中央电视台春节联欢晚会节目，观看央视春晚节目的观众中有数亿微信社交平台已有用户。腾讯公司和微信支付平台决定利用央视春晚节目，实施微信支付的"播种"和平台启动：即通过央视春晚节目向全国数亿微信社交平台已有用户发放红包，让这些天棚用户跟随着央视春晚节目一起摇红包，并实现用户与微信平台的互动。

2014 年央视春晚节目 22：30 开始了微信支付的"播种"和平台启动：随着央视春晚节目主持人"全国人民摇一摇"的一声呐喊和央视春晚现场数千观众欢呼声，微信支付平台开始向全国数亿微信社交平台已有用户发放红包。据统

---

① 英文 piggyback 是借用、背着、肩驮、背负式装运、在背肩上等的含义，这里使用 piggybacking 一词有站在他人背上的意思。有的学者将其称为背负策略（piggybacking strategy）。

② Penenberg，A. L.（2009）Viral loop：From Facebook to Twitter，how today's smartest businesses grow themselves. New York：Hyperion.

计，仅仅春晚节目22：30开始“播种”的这一波，微信红包就产生了摇一摇次数达72亿次，摇红包的峰值高达一分钟8.1亿次，送出红包1.2亿个。在惊人的红包数字背后，其实是通过强大的技术手段和场景战略创新（scenario strategy innovation），将打造平台入口的应用到极致，用抢红包的方式，微信支付在“抢遍全国”欢呼声中高速地进入移动支付市场。

据有关人士分析，微信支付平台为这次“抢红包”付出了8000万元，平均每个红包只有四分钱，微信用户一旦开启红包，就自动成为微信支付的用户。这次央视春晚节目的“全国人民摇一摇”活动连接了数亿微信支付的用户，性价比超过了其他所有平台启动的性价比。截至2017年年底，微信支付的绑定银行卡用户已经超过八亿，已经与近400家银行合作，并拥有三万多家服务商。

微信支付平台启动的案例说明，平台入口战略与场景战略（scenario strategy）结合，将产生令人惊喜的效果，央视春节晚会就是微信支付的场景，它符合中国人过年发红包的传统习俗，满足了消费者的心理需求和好奇心。场景战略的真谛就是“在正确的时间和正确的场景，为消费者提供正确的信息，并促成交易的实现”。商业场景意味着并不仅仅是提供信息，而是平台还需要满足潜在用户的心理需求，才可以真正地做到随时随地接触消费者，成功地打造平台入口。

平台战略的核心就是必须将产品、场景与用户或潜在用户的需求紧密结合，才能被用户所接受。例如，手机打车APP创造了通过手机定位和叫车的场景，解决了出行困难和车辆调配的问题；Nike则创造了跑步时用可穿戴设备记录数据，并通过手机APP与好友分享的场景，帮助用户更好地锻炼，并且为跑步这项孤独的运动成功增添了社交属性。这样的解决方案已经超越了推送信息的局限，不但可以衍生和链接更多的场景（如微信红包变化为品牌卡券），最重要的是将线下的场景转化为线上的流量，通过积累用户数据和技术手段的应用，使更加个性化场景的服务成为可能。

需要注意的是，一个更有效率但其他方面较为相似的进入者，总有可能使用隔离策略来削弱在位企业（incumbent firm）。美国经济学家迈克尔·卡茨和卡尔·夏皮罗（Katz & Shapiro，1992）① 认为：“有几篇关于技术应用和网络外部性的文章认为过度的惯性（即锁定）是理论上的例外，而非通则。”他们引述了经济学家法雷尔和

① Katz，M. L. & Shapiro，C.（1992）Product introduction with network externalities. Journal of Industry Economics，40（1）：55－83.

萨龙纳（Farrell & Saloner，1986）[①] 论文的观点，认为新技术的应用过快，这可能引发相反形式的市场失灵（market failure）。进入移动互联网时代，学者们更进一步地创建了证明这一观点的理论模型（Fudenberg & Tirole，2000；[②] Halaburda et al.，2015；[③] Biglaiser & Crémer，2014）[④]，从理论上证明，在位平台型企业不可能永远锁定市场中所有消费者。

然而，新的平台型企业携带新技术进入市场，往往会面临美国经济学家戴维·埃文斯和理查德·斯默兰斯（Evans & Schmalensee，2010）[⑤] 所说的"启动失灵"（launch failure）问题，如果不加以注意就会受到在位平台型企业的挤压和竞争而宣告失败。因此，新的平台进入者必须满足两个重要的前提：一是有进入市场的能力和动力；二是有取代在位平台型企业的能力和动力。而能够同时满足这两个前提条件的，是新的平台进入者必须有创新的商业模式。

进入平台经营市场的能力，严格地说是商业模式创新的能力。这个能力意味着潜在的平台进入者能否在特定情形中，采取足够复杂的策略来实现用户锁定。在某些情况下，尤其是在多边市场中，相对被动的"分而治之"策略可能就足够了；在另一些情况下，就有必要采取类似隔离机制的更积极的策略。假如需要实施隔离策略，平台型企业就必须有充足的资本以补贴初期的用户，当用户数量突破临界值之后才能获得补偿。迈克尔·卡茨和卡尔·夏皮罗（Katz & Shapiro，1992）[⑥] 用实例很好地说明了平台进入者的激励问题。他们指出，当技术"得不到资助"且不是企业专有的时候，就容易出现锁定。

---

① Farrell，J. & Saloner，G.（1986）Installed base and compatibility：Innovation，product preannouncements，and predation. The American Economic Review，76（5）：940－955.

② Fudenberg，D. & Tirole，J.（2000）Pricing a network good to deter entry. The Journal of Industrial Economics，48（4）：373－390.

③ Halaburda，H. Jullien，B. & Yehezkel，Y.（2015）Dynamic competition with network externalities：Why history matters. SSRN Electronic Journal，2015；.

④ Biglaiser，G. & Crémer，J.（2014）The value of incumbency in heterogenous networks. available online at http://www. cirje. e. u-tokyo. ac. jp/research/ workshops/micro/ micropaper13/micro0313_ 1. pdf.

⑤ David S. Evans & Richard Schmalensee. Failure to launch：Critical mass in platform businesses. Review of Network Economics，2010，9（4）：16－38.

⑥ Katz，M. L. & Shapiro，C.（1992）Product introduction with network externalities. Journal of Industry Economics，40（1）：55－83.

三、 平台治理战略

治理战略包括平台领导制定参与、互动和解决冲突的界面规则（interface rules）。这包括三个方面：

（1）平台领导和应用程序开发者之间如何分配决策权。

（2）平台领导使用什么类型的正式和非正式控制机制（例如，守门、绩效指标、应用程序开发者预期遵循的流程，以及非正式的小团体压力）。

（3）定价结构，包括决定哪一方得到补贴。这些界面规则控制平台上的所有参与者或合作伙伴的行为、盈余分配、特权和责任。治理战略影响平台生态系统中的进化动态，治理战略选择产生的竞争优势可以随着平台和应用程序架构的选择而增强或减弱。澳大利亚学者提伊和伍特德（Tee and Woodard，2013）① 分析了分层业务生态系统中的战略决策，强调了跨层交互（cross-layer interactions）对产品设计和平台治理选择中的影响。

平台参与者或合作伙伴的类型包括：

（1）用户或消费者。

（2）开发人员或应用程序供应商。

（3）平台互补品提供商（platform providers）。

（4）平台倡导者（platform sponsors）（Eisenmann et al.，2009）②。

一般来说，无限制的平台开放规则允许合作伙伴轻松访问并随时可以退出平台。开放性界面规则（interface rules for openness）通常包括兼容性（compatibility）和多宿主性（multi-homing）的特点（Rysman，2009）③。限制访问的平台界面规则按数量或类型限制参与合作伙伴，其主要目的是将现实的或潜在的合作伙伴锁定为长期契

① Tee R，& Woodard，J.（2013）Architectural control and value migration in layered ecosystems：The case of open-source cloud management platforms. Paper presented at the Vienna Conference on Strategy，Organizational Design，and Innovation，June 22，University of Vienna，Vienna，Austria.

② Eisenmann，T. G. Parker，and M. Van Alstyne.（2009）Opening platforms：How，when and why? In Platforms，markets，and innovations，ed. A. Gawer. Cheltenham：Edward Elgar.

③ Rysman，M.（2009）The economics of two-sided markets. Journal of Economic Perspectives，23（4）：125－143.

约式合作关系（Kauffman and Mohtadi，2004）[①]。

所谓的平台中的多宿主性是指任何一方的平台参与者参与多个平台生态系统（Armstrong，2006；[②] Armstrong & Wright，2007）[③]。具体地说，平台中的多宿主性是指应用程序开发人员或供应商提供的应用程序可以同时在多家平台上使用，即应用程序具有归属多家平台的属性，这种开放的平台界面规则允许合作伙伴加入竞争对手的平台。例如，一个同时为 Android 和 iPhone iOS 开发应用程序的应用程序开发人员在这些平台上进行多重定位；一个同时拥有华为 Android 和 iPhone iOS 操作系统的终端用户，在这些平台上也有类似的多重定位。平台中多宿主性出现的原因在于，激烈的市场竞争和日新月异的技术进步，特别是在尚未出现明显赢家的平台市场中，增加了应用程序开发商多家投资的可能性。这是应用程序开发商规避风险的一种合理方法，因为他们可以在多个竞争平台上同时下注，避免陷入失败的平台。对于最终用户来说，建立和维护多个平台关联所需的持续成本，通常是对多宿主性的威慑力量。建立和维护多个平台所需的成本越高，应用程序开发人员或最终用户多家访问的可能性就越低。平台领导就可以通过降低平台相对于竞争对手平台的寻租成本来阻止多宿主性。

研究表明，应用程序的多宿主性（multi-homing of applications）会损害特定平台的销售（Landsman and Stremersch，2011）[④]。因此，在许多平台上，应用程序开发人员或供应商作为参与平台生态系统的一个条件，就是参与平台的合作伙伴只能与一家平台合作，即应用程序只能与一个单独的平台（也称为单一家庭，single-home）相关联，这种情况称为应用程序的单宿主性（single-homing）。

除了应用程序存在宿主性问题外，有些平台会对微商、互补品提供商提出单宿主性问题，即要求这些厂商必须排他性地只能加入一家平台。例如，阿里巴巴集团旗下以数据和技术驱动的新零售平台盒马鲜生就只能使用蚂蚁金服旗下的支付宝作为支付和结算工具，而将现金、信用卡、借记卡和微信支付等支付工具全部排除在外。

事实上，由于平台参与者或合作伙伴的资源异质性对一个平台的竞争优势发挥重要作用，如果这种能力扩展到竞争对手的平台，平台合作伙伴的多宿主性会降低

① Kauffman, R. J. and H. Mohtadi. (2004) Proprietary and open systems adoption in e-procurement: A riskaugmented transaction cost perspective. Journal of Management Information Systems, 21 (1): 137 – 166.

② Armstrong, M. (2006) Competition in two-sided markets. RAND Journal of Economics, 37 (3): 668 – 691.

③ Armstrong M, & Wright J. (2007) Two-sided markets, competitive bottlenecks and exclusive contracts. *Economic Theory*, 32 (2): 353 – 380.

④ Landsman, V. and S. Stremersch. (2011) Multihoming in two-sided markets: An empirical inquiry in the video game console industry. Journal of Marketing, 75 (6): 39 – 54.

多宿主性平台的竞争优势（Sun and Tse，2009）①。因此，平台更倾向于生态系统合作伙伴仅仅只与本平台合作，即希望合作伙伴具有单宿主（single-home）特征，并为自己的平台单独提供新内容和独特能力。

有时，平台进入者（platform entrants）具有极强的技术能力或经营资质，这些互补性厂商总是试图说服现有平台的平台领导或平台倡导者、合作伙伴，以便将其能力服务于多家平台。例如，支付宝和微信支付就是具有多宿主性的互补品提供商，这两家移动支付工具在中国移动支付市场上的市场占有率高达96%。又如，华为作为通信信息技术硬件和软件的提供商，具有在全球通信信息技术领域的领头人地位，其产品在全球电信营运商的平台系统中广泛使用，自然也是通信信息技术领域具有多宿主性的互补品提供商。

平台领导或平台倡导者可以选择集中关键决策（centralize key decisions），以限制谈判成本并优化生态系统的健康状况。例如，苹果公司决定在其 iTunes 商店中标准化和限定价格就是一个典型的案例（Rochet and Tirole，2003；② Ye et al.，2012）③。

我们认为，平台战略的核心是经营一组“实质选择权”（real option），或者说是战略行为的选择权（Raynor，2008）④。实质选择权（real option）理论脱胎于金融期权定价理论（option pricing theory）（Black and Scholes，1973）⑤。期权是投资者支付一定费用获得的不必强制执行的选择权。实物期权是指支付一定的成本获得做某事的“权力”，而非“义务”的行为（Trigeorgis，1996）⑥。“实质选择权”是指为了应对较强的外部不确定性环境，有计划、有步骤地进行项目投资，并植入战略选择的弹性，从而拥有等待未来资产增值机会的选择权利。“实质选择权”是将选择权评价的原理应用在其他各种非金融选择权的资产，经过转换思考后，利用选择权理论来评价实质资产的一种方法。“实质选择权”特别适用于厂商组织评估高风险，但未来

① Sun, M. and E. Tse.（2009）The resource-based view of competitive advantage in two-sided markets. Journal of Management Studies, 46（11）: 45 – 64.

② Rochet, J. & J Tirole.（2003）Platform competition in two-sided markets. Journal of the European Economic Association, 1（4）: 990 – 1029.

③ Ye, G. R. L. Priem, and A. A. Alshwer.（2012）Achieving demand-side synergy from strategic diversification: How combining mundane assets can leverage consumer utilities. Organization Science, 23（1）: 207 – 224.

④ Raynor, M. E.（2008）The Strategy Paradox: Why committing to success leads to failure. New York: Currency.

⑤ Black, F. and Scholes, M.（1973）The pricing of options and corporate liabilities. Journal of Political Economy, 81（3）: 637 – 654.

⑥ Trigeogis L.（1996）Real options: Managerial flexibility and strategy in resource allocation. Cambridge, MA: MIT Press.

可能有重大利益的战略行为或投资计划。

将“实质选择权”应用不确定环境下平台厂商资源的获取与资源组合方面，以经营一组“实质选择权”，而非仅仅只有一种选择权，以解决不确定性后做出应对的战略选择与资源承诺，确认组织资源的投入。由此可以看出，厂商组织战略的成败，并非在于“资源承诺”有无，而是在于厂商组织对“不确定性”的管理。

对于战略弹性（strategic flexibility），美国马里兰大学教授古普塔和布扎科特（Gupta & Buzacott，1989）① 将“弹性”（flexibility）定义为：系统处理变化的能力。他们从敏感性和稳定性的角度分析了这种能力。他们认为，系统的敏感性（sensitivity）是指在不影响绩效的前提下系统所能够承受的变化程度；而系统的稳定性（stability）是指系统能否在需要响应时及时做出响应。厄普顿（Upton，1994：73）② 认为，弹性是组织以最小的时间代价、精力代价、成本代价和精力损失对环境变化做出相应调整的能力。桑切斯（Sanchez，1995）③ 将“弹性”（flexibility）定义为：企业对于外在动态竞争环境中各种不同需求的响应能力。美国经济学家戴维·蒂斯等人（Teece et al.，1997）④ 认为，在动态的环境中，企业必须重新架构企业的资产结构并完成必要的内外在转换，他们认为高弹性厂商能扫瞄环境、评估市场与竞争者，在竞争来临之前即迅速完成重新架构与转换。

我们认为，“弹性就是为了吸收不确定性和增强响应能力”，这几乎是所有学者的共识。战略弹性实际上就是厂商组织的战略变革能力，是企业成长的核心助推器，是企业竞争的制高点。一般来说，战略弹性是指企业如何发现并纠正厂商组织战略的错误，或者获取、创造、利用厂商组织战略的机遇以持续发挥其协调功能。它由组织学习能力和战略管理机制相互整合而成。从资源角度分析，厂商组织战略决定了厂商组织资源的配置、利用和创新模式，资源是厂商组织战略得以制定和实施的保证。

事实上，在不确定的环境下，资源获取与资源组合的未来充满许多不确定性。因此，平台型企业或平台领导必须保持战略弹性，在风险较低的情况下平行追求数种战略方案，以经营一组“实质选择权”的方式，直到不确定性已解决大半之后，

---

① Gupta D. & Buzacott J. A. A framework for understanding flexibility of manufacturing system. Journal of Manufacturing System，1989，8（2）：89－97.

② Upton D. M. The management of manufacturing flexibility. *California Management Review*，1994，36（2）：72－89.

③ Ron Sanchez. Strategic flexibility in product competition. *Strategic Management Journal*，1995，16（SI）：135－159.

④ David J. Teece，Gary Pisano，and Amy Shuen.“Dynamic capabilities and strategic management”. *Strategic Management Journal*，1997，18（7）：509－533.

才做出应对的战略选择与资源承诺，确认组织资源的投入。

借用夏普（Sharp，1991）① 的实物期权理论，“实质选择权”可以分为递增选择权（incremental option）和弹性选择权（flexibility option）两种。递增选择权是指为厂商所提供的“获得有利可图的逐渐增加投资的机会”。例如，面对不确定性的环境，厂商组织往往先进行小额试探性投资，当不确定性消除且市场呈现出增长潜力时，厂商组织可以利用先发优势全面投资；弹性选择权是指为厂商多阶段投资或有多个资源提供商之后，根据不同情景选择不同战略行为的灵活性选择权。例如，阿里巴巴、京东等电商平台对平台规模或微商的选择等。

当然，我们也可以借用特里杰奥吉斯（Trigeogis，1996）② 的实物期权理论，把“实质选择权”分为延迟投资选择权（option to defer investment）、改变经营规模选择权（option to alter operating scale defer investment）、转型选择权（option to switch to use）、放弃选择权（option to abandon）、公司增长选择权（corporate growth option）、分阶段投资选择权（option to staged investment）、复合选择权（multiple interacting option）七种。其中，改变经营规模选择权包含了三种选择权：扩张选择权（option to expand）、收缩选择权（option to contract）、停止和启动选择权（option to shut down and restart）。

平台领导运用实质选择权的优势主要体现在：

（1）在具有显著双边市场特性的平台上，平台领导连接不同类型的参与者完成互动交易，自身往往并不直接创造核心价值，而是为用户进行核心价值创造提供了一个必不可少物理空间或虚拟空间。这使得平台领导的资金投入可以集中于平台建设，而无须投入重资产投资厂房设备，更无须承担产品面向消费市场的风险。因而，轻资产运营增强了平台领导转换“实质选择权”的能力。

（2）平台采用伞型组织结构（umbrella structure），直面生产者和消费者，便于迅速掌握市场信息，聚合长尾市场，紧跟平台战略走向。

（3）平台领导同时具备生态领导者、关系协调者和市场中介者等多重角色，有助于建立高度互补、共生共赢的平台生态系统，实现生态内企业之间的跨组织协作。平台的互补性产品/服务越多，生态位越分化，平台协同性越强，生态多样性程度也越高（Iansiti and Levien，2004）③。角色多样性使平台领导能更灵活地利用不同角色

---

① Sharp D. J. Uncovering the hidden value in high-risk investment. *Sloan Management Review*, 1991, Summer, 32 (4): 69 – 74.

② TTrigeogis L. (1996) Real options: Managerial flexibility and strategy in resource allocation. Cambridge, MA: MIT Press.

③ Iansiti, M. and Levien, R. (2004) Strategy as ecology. Harvard Business Review, 82 (3): 69 – 78.

的职能关系，构造和行使不同选择权，实现平台生态系统协调发展。

（4）平台具有直接网络效应和间接网络效应，达到临界规模后引入新用户的边际成本会不断降低。这使得平台领导能以较低成本维持大规模用户基础（user base），也便于运用实质选择权获取更大的网络价值。例如，网络效应越强，不确定性和增长选择权、延迟选择权的积极联系就越紧密（Chintakananda and McIntyre，2014）①。

（5）平台市场遵循赢家通吃（winner-take-all）和快速抢占市场（get big first）法则，先占优势十分显著。随着用户不断投入精力学习和适应平台，并逐渐沉淀用户行为数据，用户转换成本不断上升，用户多宿主（multi-homing）概率随之下降。由此，用户提高了对平台的依赖，为平台运用"实质选择权"提供了极为有利的环境条件。

（6）平台领导的关键角色在于规则制定者和执行监督人。虽然平台领导与参与企业并不存在直接的隶属关系，但由于平台推行了一套用户广泛接受的主导规则，平台领导同样可以获得对平台和用户互动的控制权。从战略选择角度看，平台对用户的这种控制权就是平台领导的"实质选择权"。因此，平台领导的"实质选择权"内涵在于：通过嵌入"实质选择权"，平台领导利用应对环境不确定性的战略弹性创造未来非对称收益，以开源架构和规则界面连接双边或多边市场，并以此匹配双边需求、激发网络效应、谋求平台增长，构建平台领导与用户协同创新的商业生态系统（罗珉、杜华勇，2018）②。

在平台的治理方面，平台领导对平台监管（platform regulation）负有不可推卸的责任，其目的在于通过平台监管，推进平台参与者之间的交流。与标准交易市场（standard exchange markets）相比较，平台受到由网络效应（network effects）、信息不对称（information asymmetry）、未保险风险（uninsured risks）和拥塞（congestion）等因素导致的市场失灵问题（market failures）的影响更为突出。

我们认为，平台监管必须将合同、技术、信息和经济手段结合起来，以尽量减少这些市场失灵（West，2003；③ Boudreau and Hagiu，2009；④ Evans，2012）⑤。平台

① Chintakananda，A. and McIntyre，D. P.（2014）Market entry in the presence of network effects：A real options perspective. Journal of Management，40（6）：1535－1557.

② 罗珉、杜华勇.（2018）平台领导的实质选择权。中国工业经济，35（2）：39－51.

③ West，J.（2003）How open is open enough? Melding proprietary and open source platform strategies. Research Policy 32（7）：1259－1285.

④ Boudreau，K. and A. Hagiu.（2009）Platform rules：Multisided platforms as regulators. In Platforms，markets，and innovations，ed. A. Gawer. Cheltenham：Edward Elgar.

⑤ Evans，D. S.（2012）Governing bad behavior by users of multisided platforms. Berkeley Technology Law Journal，27（11）：1201－1250.

监管的战略意义在于：使平台具有创造更多财富的能力，从而通过平台参与者自愿参与开放平台赢得市场。为了获得平台生态系统增长的好处，平台领导必须对平台参与者制定和实施平台的界面规则。美国经济学家戴维·蒂斯（Teece，1986）① 在其开创性论文《从技术创新中获利：对整合的影响》（Profiting from technological innovation：Implications for integration）中准确地预见到了平台监管的这一需求，即平台领导必须为企业从技术创新中获利提供必要的条件——制定和实施平台的界面规则（Parker，and Van Alstyne，2016）②。

围绕着平台监管这一课题，经济学家集中讨论了平台的正外部性问题（positive externalities）（Parker and Van Alstyne，2000；③ Rochet and Tirole，2003）④、平台信息拥塞所造成的负外部性问题（negative externalities）⑤ （Evans，2012）⑥、信息不对称性问题（information asymmetry）（Evans，2012）⑦ 和“柠檬问题”（lemons problem）⑧ （Strahilevitz，2006；⑨ Boudreau and Hagiu，2009）⑩，以解决可能产生的市场失灵问题。

需要指出的是，平台界面规则既非法律规则（rules of law），也不是论坛规则

---

① Teece，D. J.（1986）Profiting from technological innovation：Implications for integration，collaboration，licensing and public policy. Research Policy，15（2）：285－305.

② Parker，G. and Van Alstyne，M. W.（2016）Platform strategy. In M. Augier，D. J. Teece（eds.），The Palgrave Encyclopedia of Strategic Management. New York：Palgrave Macmillan.

③ Parker，G. and M. Van Alstyne.（2000）Internetwork externalities and free information goods. Proceedings of the Second ACM conference on Electronic Commerce，Association for Computing Machinery，107－116.

④ Rochet，J. & J Tirole.（2003）Platform competition in two-sided markets. Journal of the European Economic Association，1（4）：990－1029.

⑤ 负外部性问题（negative externalities），主要是平台上的流量拥塞问题，经济学家建议通过拥塞定价来加以解决（参见：Evans，2012）。

⑥ Evans，D. S.（2012）Governing bad behavior by users of multisided platforms. Berkeley Technology Law Journal，27（11）：1201－1250.

⑦ Evans，D. S.（2012）Governing bad behavior by users of multisided platforms. Berkeley Technology Law Journal，27（11）：1201－1250.

⑧ “柠檬问题”，又称“柠檬原理”，是美国经济学家乔治·阿克洛夫（George Arthur Akerlof）于1970年提出来的。“柠檬”一词在美国俚语中表示“次品”，“柠檬原理”是信息不对称理论的重要组成部分。信息不对称理论的基本观点是：①在次品市场上，交易双方对质量信息的获得是不对称的，卖者知道产品确切的真实质量，而买者却不知道产品的真实质量。②交易活动的参与人（这里指卖方）可以利用这种信息不对称对买方进行欺骗，这就是“隐藏信息”和“隐藏行动”。③隐藏信息将导致“逆向选择”，其含义有两个：一是在交易中隐藏信息的一方对交易另一方利益产生损害；二是市场的优胜劣汰机制发生扭曲，质量好的产品被挤出市场，而质量差的产品却留在市场，极端的情况是市场会逐步萎缩直到消失。这是因为买者只愿意根据他所知道的平均质量来决定支付的价格，这个价格将使质量低的卖者愿意成交，质量高的卖者由于不能得到同质量相称的价格而退出市场。

⑨ Strahilevitz，L. J.（2006）Information asymmetries and the rights to exclude. Michigan Law Review，104（8）：1835－1898.

⑩ Boudreau，K. and A. Hagiu.（2009）Platform rules：Multisided platforms as regulators. In Platforms，markets，and innovations，ed. A. Gawer. Cheltenham：Edward Elgar.

(forum rules) 和正式规则 (formal rules)，平台的界面规则是一种事实规则 (de facto rules) (罗珉、何长见，2006)①，可能优于法律规则基础上的平台监管。事实规则就是通过平台参与者的竞争和合作所形成的处理平台参与者关系的规则，它往往是由平台型企业、平台倡导者或平台领导来主导。正式规则一般是由政府部门制定的具有一定法律效力的企业治理规则，如《公司法》等。论坛规则是指由一些产业协会制定的行业规则，这些协会可以是非正式的，也可以是由一些产业的国际技术与标准化组织制定的技术与标准化规则，它重点是解决某种产品的技术标准问题的。

平台界面规则的机制在有关法学文献和法经济学 (Law & Economics) 文献一般称为"私人订制" (private ordering)。所谓的私人订制是通过私人 (包含法人) 间订立契约进行管理，旨在实现高于公法体系 (system of public laws) 提供的福利收益 (Eisenberg, 1976)②。美国经济学家奥利弗·威廉姆森 (Williamson, 2002)③ 认为，由于平台经营中大量存在信息不对称和一刀切的监管 (one-size-fits-all regulation) 问题，平台型企业或平台领导的私人订制可以产生比统一法律更好的结果。由于公法体系不考虑信息不对称，需要一个适合所有法规的统一标准，与公共监管机构相比，平台倡导者对平台参与者行为的可观察性，通常比法律规则所要求的平台监管要广泛和细化得多，从而能够提供更早期地、更准确地对平台参与者行为进行制裁的机会 (Evans, 2012)④。

使用私人订制的界面规则可以重塑互补品厂商、应用程序开发商的产权，以便让其他应用程序开发商获得创意，从而促进更高的创新率。平台可以将新功能捆绑到平台中并公开新的应用程序编程接口。研究表明，使用私人订制的界面规则可以使平台倡导者捆绑业务，从而增强获取租金的能力 (Salinger, 1995;⑤ Bakos and Brynjolfsson, 1998;⑥ McAfee et al. 1989)⑦ 或获得更强的竞争优势 (Nalebuff,

---

① 罗珉、何长见. (2006) 组织间关系：界面规则与治理机制. 中国工业经济，(5)：87-95.

② Eisenberg, M. A. (1976) Private ordering through negotiation: Dispute-settlement and rulemaking. Harvard Law Review, 89 (4): 637-681.

③ Williamson, O. E. (2002) The lens of contract: Private ordering. American Economic Review, 92 (2): 438-443.

④ Evans, D. S. (2012) Governing bad behavior by users of multisided platforms. Berkeley Technology Law Journal, 27 (11): 1201-1250.

⑤ Salinger, M. A. (1995) A graphical analysis of bundling. The Journal of Business, 68 (1): 85-98.

⑥ Bakos, Y. & Brynjolfsson, E. (1998) Bundling information goods: Pricing, profits and efficiency. Management Science, 45 (12): 1613-1630.

⑦ McAfee, R. P. McMillan, J., & Whinston, M. D. (1989) Multiproduct monopoly, commodity bundling, and correlation of values. Quarterly Journal of Economics, 104 (2): 371-383.

2004；[①] Eisenmann et al. 2011）[②]。反过来，平台的介导溢出（platform-mediated spillover）通过持续地创新吸收和再分配过程，提高了平台参与者或微观经济合作伙伴（如微商）的生产能力。

---

① Nalebuff，B.（2004）Bundling as an entry barrier. Quarterly Journal of Economics，119（1）：159－187.

② Eisenmann，T. R. Parker，G. & Van Alstyne，M. W.（2011）Platform envelopment. Strategic Management Journal，32（12）：1270－1285.

四、 平台竞争战略

平台竞争表现为平台与平台之间的竞争、平台与合作伙伴之间的竞争等多种形态。平台竞争战略一般包括公司层平台战略、平台开放战略、平台包络战略和平台的深度、宽度和黏性战略等。

（一）公司层平台战略

我们认为，平台与平台之间竞争形态与平台所有者具有的多层业务生态系统（multi-layered business ecosystem）的动态互动（dynamic interaction）有关。包括苹果、谷歌的母公司字母表控股公司（Alphabet）、微软、亚马逊、阿里巴巴、腾讯在内的巨型互联网平台所有者一般都采用“伞形控股公司”（umbrella company）的组织结构形式。例如，谷歌的母公司字母表（Alphabet）旗下有搜索平台谷歌（Google）、YouTube、Nest 等多家平台，阿里巴巴旗下有淘宝商城（Taobao）、天猫商城（Tmall）、支付宝（Alipay）等多家平台，腾讯旗下有 QQ、微信（WeChat）、微信支付（WeChat Pay）、微盟等多家平台，这些巨型互联网平台构建了包括搜索生态、交易生态、社交生态、娱乐生态、游戏生态和支付生态等多种生态系统，而这种多层业务生态系统之间存在着大量的互动活动，这导致了平台战略变得异常复杂（Teece，2012）①。

我们认为，尽管平台战略非常复杂，但并没有改变战略管理理论关于战略分层（strategy stratification）的思想：互联网巨型公司需要确定发展多少个平台、是什么业务的平台、这些平台之间有无关联性和互补性、公司如何协调各个平台的发展、采用何种组织结构形式，等等，这需要制定公司的总体发展战略，这属于公司层战略（corporate level strategy）的范畴；公司下属的每个平台如何规划自己的业务、如何与对手进行市场竞争，这需要制定每个平台的竞争战略（competitive strategy），这属于经营层战略（business level strategy）的范畴；公司发展需要在各

① Teece，D. J.（2012）Next generation competition：New concepts for understanding how innovation shapes competition and policy in the digital economy. Journal of Law Economics and Policy，9（1）：97 – 118.

个职能领域内采用什么手段、什么措施，需要制定诸如技术发展战略、财务战略、融资战略等多个子战略（sub-strategies），这属于职能层战略（functional level strategy）的范畴。

现在的学术研究主要集中于平台经营层战略或平台的竞争战略研究，学术研究对多平台互联网巨型公司的公司层战略的研究涉及甚少。

（二）高度竞争性平台的经营战略

高度竞争性平台一般是指产品与服务同质化程度较高、用户具有多宿主性，在平台创建的初期，除了先行优势可以看出是隔离机制外，平台厂商几乎没有技术优势形成有效的市场区隔，以彰显平台经营的差异性。这种高度竞争性平台主要在电商平台市场、外卖市场和共享单车市场中最为常见。

与人们想象的不一样的是，虽然有些平台市场具有竞争性平台的某些特征，但不会造成高度激烈的市场竞争。例如，社交服务平台虽然具有高度竞争性平台的某些特征，但这个市场由于用户之间的交互密切，平台与用户之间黏性极强，反而使潜在的进入者很难进入。同样道理，亲子平台也具有高度竞争性平台的某些特征，并且是一个小众市场，但用户之间的交互关系密切，用户之间共享育儿经验、互相推荐婴幼儿食品、衣物和各种用品，甚至团购入驻平台微商的产品，微商比较容易识别和分离出长尾用户群体，从而导致微商与用户之间黏性极强，最终形成以消费者意愿为基础的隔离机制。

高度竞争性平台之间的竞争，主要集中于存在着大规模需求端或供给端规模经济（large demand or supply economies of scale）和需求端的范围经济（demand economies of scope）的市场中，如电商平台市场上淘宝与京东、苏宁之间的竞争，外卖市场上饿了么与美团外卖之间的竞争，共享单车市场上摩拜与美团、哈罗、青桔单车等之间的竞争。在这类市场上，互补品厂商一般都具有来自供给端的规模经济优势，来自于需求端的范围经济产生了极强的网络效应，形成了用户吸引用户的市场格局，有利于资本实力更强、具有先行优势的公司，如电子商务网站的淘宝、亚马逊等平台。但是，用户需要支付更高的多宿主成本（high multi-homing costs），降低了最终用户跨越两个平台的能力，迫使这些最终用户只能选择该领域中的一个平台。

这类平台本身缺乏利基专业化（niche specialization）的基础，只有平台内部的互补品提供者的微商能够细分出微小的利基市场（niche market），才可以得到生存和发展。竞争的结果是资本实力更强、具有先行优势的公司形成赢家通吃（winner-take-all）的市场格局（Eisenmann et al.，2006）[1]。除非是平台具有独特的技术优势和专有技术（know-how），互补品质量足够高，或者最终用户等待新质量流的意愿足够强，新的平台进入者也可以克服现有平台在网络效应方面的优势（Zhu and Iansiti，2012）[2]。当然，新的平台进入者还可以通过识别独特和服务不足的长尾用户群体（long tail user group），构建一个小众市场来避免直接的平台竞争（Suarez and Kirtley，2012）[3]。

平台的主要竞争策略是限制平台用户的多宿主性。当用户在多个平台上进行类似同类型的交互时，就会出现多宿主性问题。例如，一个自由职业者在两个或多个服务营销平台上展示自己的资历，一个音乐迷在多个音乐网站上下载、存储和共享音乐，一个汽车驾驶员同时是优步（Uber）和滴滴两个平台的签约司机，这些都说明了平台经济的多宿主现象。平台业务寻求阻止多宿主，是因为当用户放弃一个平台而转向另一个平台时，转换成本过低或根本没有，这将有助于用户切换平台。平台型企业阻止多宿主性的核心手段，就是要提高用户的转换成本，让用户支付更高的多宿主成本（high multi-homing costs），从而降低了用户跨越两个平台的能力，迫使用户只能选择该领域中的一个平台。

案例研究：阿里巴巴控制客户访问权的战略之争

在阿里巴巴（Alibaba）发展初期，该公司就在努力寻找吸引用户和产生显著网络效应的方法。直到公司制定了一项政策，要求每位员工找到并列出20000件商品供某个人或商家出售，网络效应才出现“大爆炸”（great explosion）。由此增加的产品清单产生了双边需求。阿里巴巴及其属下的消费网站淘宝商城（Taobao）迅速成为增长最快的网购平台，吸引了想购买几乎任何想象得到产品的中国消费者。

在那次大爆炸之前，当阿里巴巴正努力吸引顾客流量时，首席执行官马云（Jack Ma）和他的团队做出了一个违背直觉的、风险极大的战略决策：阿里巴巴决定制造技术壁垒，以阻止互联网搜索引擎公司百度（Baidu）搜索他们的网站，而百度却是中国最大的互联网搜索引擎——中国的谷歌。阻止百度的机器人程序在

---

① Eisenmann，T. R. Parker，G. & Van Alstyne，M. W.（2006）Strategies for two-sided markets. Harvard Business Review，85（10）：92－101.

② Zhu，F. and M. Iansiti.（2012）Entry into platform-based markets. Strategic Management Journal，33（1）：88－106.

③ Suarez，F. and J. Kirtley.（2012）Dethroning an established platform. Sloan Management Review，53（4）：35－41.

阿里巴巴搜索百度用户正在寻找的产品，这会切断大量潜在客户的来源，在阿里巴巴急需购物者的时候，这样做似乎有点疯狂，但事实表明阿里巴巴首席执行官马云正在玩一个长期的战略游戏。

阿里巴巴不仅关注微商与消费者在淘宝平台上所进行的购物互动，还关注通过投放产品广告来增加平台盈利的潜力，以使阿里巴巴在成为热门购物平台的同时，逐步成为一个购物广告平台。阿里巴巴决心保留对潜在购物者群体的控制权，因为不断涌现的购物者群体正逐步成为阿里巴巴的用户基础，这样阿里巴巴就可以单独推出针对这些购物者的广告，并向其销售产品。马云及其阿里巴巴团队将百度的机器人程序排除在阿里巴巴的上市名单之外，这是一种阻止百度托管面向消费者广告的重大战略举措，而这些广告最终都会希望直接面向越来越多的中国网购用户，并确保这些购物广告只会出现在阿里巴巴的平台上。

这个控制客户访问权策略奏效了。随着阿里巴巴用户群的扩大，阿里巴巴逐渐取代百度成为中国最有价值的在线广告平台，这就好像易趣（eBay）或亚马逊（Amazon）已经找到了一种方法来获取谷歌（Google）现在享有的目标广告收入。由此产生的巨额收入，有助于解释为什么阿里巴巴在2014年获得的利润超过了亚马逊在其整个历史上获得的利润。

《纽约时报》（New York Times）2010年的一篇报道很有典型意味。美国财经记者大卫·巴尔博扎（David Barboza）承认，有许多专家表示，阿里巴巴是通过在线销售获得巨额利润的几家“快速增长的本土公司”之一。巴尔博扎写道：在未来“中国的互联网市场可能越来越像一个有利可图的封闭式集市。”（China's Internet market could increasingly resemble a lucrative，walled-off bazaar）巴尔博扎援引一位商业分析师的预测称：“当中国企业走出国门时，他们会发现自己无法像在中国竞争时那样理解竞争对手。”（Barboza，2010）①

美国商业分析师布拉德·斯通（Brad Stone）在《商业周刊》（Businessweek）上解释了中国互联网巨头阿里巴巴是如何突然对美国在互联网领域的主导地位构成有史以来第一次重大威胁的。布拉德·斯通讲述了阿里巴巴是如何在中国超越易趣（eBay）的，如何成为全球企业中国商品的巨大来源，如何成功地为耐克和苹果等全球企业打开中国消费市场，以及如何迅速建立基础设施来挑战亚马逊和苹果的。斯

① Barboza，D.（2010）China's Internet giants may be stuck there. New York Times，March 23，2010，http://www.nytimes.com/2010/03/24/business/global/24internet.html.

通对“阿里巴巴入侵”（the Alibaba invasion）发出了警告，他总结说：“中国的互联网创业者正在为自己定位，以参与并赢得建立第一个真正的全球网络市场的竞争。”（Stone，2014）①

阿里巴巴首席战略官曾鸣在2014年美国麻省理工学院平台战略峰会（The MIT Platform Strategy Summit）上，解释了为什么拒绝强有力的竞争对手进入阿里巴巴，这会有助于改变市场格局，并使阿里巴巴至少有一部分显著的增长（Zeng，2014）②。

从阿里巴巴控制客户访问权的案例中可以发现，从长远来看，控制用户是其在生态系统中创造价值和为用户创造的主要价值来源，符合平台领导的利益。这一结果导致建立在资源价值论（resource value theory）基础上的平台世界的变型：平台型企业不应期望，也不需要拥有其生态系统中所有的不可替代资源，但它应该寻求拥有价值最大的资源。这就是为什么阿里巴巴（而不是百度）在其平台上拥有搜索引擎，脸书（Facebook）（而不是谷歌）在其平台上拥有搜索引擎，以及微软（而不是一些外部软件开发商）在其平台上拥有Word、PowerPoint和Excel的原因。这些都是为大多数平台用户创造价值的关键资源，这就是为什么平台所有者必须控制这些资源。价值较低或更为利基的资源（niche resources），可以让渡给生态系统合作伙伴，而不会显著削弱平台本身的竞争地位（Parker et al.，2016）③。

（三）平台开放战略

平台之间的竞争与平台开放性（platform openness）有关。在平台竞争战略中，如果把平台的服务包络（enveloped）成一系列计算机易识别的数据接口开放出去，供第三方开发者使用，这种行为就叫作开放接口或创建应用程序编程接口（open API），提供开放应用程序编程接口的平台战略本身就被称为平台开放战略。

通过平台开放战略，平台不仅能提供对Web网页的简单访问，还可以进行复杂的数据交互，将他们的Web网站转换为与操作系统等价的开发平台。第三方开发者可以基于这些已经存在的、公开的Web网站而开发丰富多彩的应用。从战略上讲，

---

① Stone，B.（2014）Alibaba's IPO may herald the end of U.S. E-commerce dominance. Businessweek，August 7，2014，http://www.bloomberg.com/bw/articles/2014-08-07/alibabas-ipo-may-herald-the-end-of-u-dot-s-dot-e-commerce-dominance.

② Zeng，M.（2014）How will big data and cloud computing change platform thinking? keynote address，MIT Platform Strategy Summit，July 25，2014，http://platforms.mit.edu/2014.

③ Parker，G.G. Van Alstyne，M.W. & Choudary，S.P.（2016）Platform revolution：How networked markets aretransforming the economy and how to make them work for you. New York：W.W. Norton & Company，Inc.

组织需要选择开放哪些接口及开放的程度（Gawer & Cusumano，2014）[①]。开放接口或创建应用程序编程接口和提供软件开发工具包（software development kits，SDKs），使开发人员能够创建应用程序，使外部各方更容易与平台组织合作，这些都是迈向更大开放性的例子。

从实质上说，平台与平台竞争的主要驱动因素之一是平台的开放性（openness）。然而，确定开放性是平台领导最纠结，也是最重要和最复杂的战略决策问题（Hagiu and Lee，2011）[②]。因为这个决策会影响平台的用户采用、应用程序开发者参与、互补品的提供、货币化和监管，每个平台都试图有更多的用户采用、招募更多的联合开发者（Chesbrough，2003；[③] West，2003）[④] 和高质量的互补品厂商。例如，思科（Cisco）捆绑了出现在多个应用程序开发人员产品中的新网络功能。思科系统公司新兴市场集团首席技术官圭多·耶鲁（Guido Jouret）认为，"尽管应用程序开发人员不喜欢它，但意识到它有利于生态系统"。又如，脸书（Facebook）复制了多个应用程序开发人员的功能，包括 Snapchat、Foursquare 和 Groupon（Manjoo，2012）[⑤]，然后通过新的应用程序编程接口（API）公开这些功能。

案例研究：诺基亚塞班（Symbian）系统为什么会败给谷歌安卓（Android）系统？

美国管理学家维斯特和伍德（West & Wood，2013）[⑥] 在"进化开放生态系统：Symbian 平台的兴衰"（Evolving an Open Ecosystem：The Rise and Fall of the Symbian Platform）一文中描述了塞班（Symbian）智能手机生态系统的案例，他们考察了塞班有限公司（Symbian Co. Ltd.），这家初创公司开发了一个强大的技术架构和广泛的第三方系统，与用于智能手机的塞班（Symbian）操作系统相辅相成。从 2000 年到 2010 年，塞班（Symbian）在近 4.5 亿部手机中发布，成为这一时期最受欢迎的智能

① Gawer，A. & Cusumano，M. A.（2014）Industry platforms and ecosystem innovation. Journal of Product Innovation Management，31（3）：417 – 433.

② Hagiu，A. & Lee，R. S.（2011）Exclusivity and control. Journal of Economics and Management Strategy，20（3）：679 – 708.

③ Chesbrough，H. W.（2003）Open innovation：The new imperative for creating and profiting from technology. Boston，Massachusetts：Harvard Business Press.

④ West，J.（2003）How open is open enough? Melding proprietary and open source platform strategies. Research Policy 32（7）：1259 – 1285.

⑤ Manjoo，F.（2012）Pokey：Is its new chat app a sign that Facebook's falling behind? *Slate*，December 27.

⑥ West，J. & Wood，D.（2013）Evolving an open ecosystem：The rise and fall of the Symbian platform. Advances in Strategic Management，30（1）：27 – 67.

手机平台。然而，塞班有限公司对该平台的技术和市场控制受到其诺基亚的限制，主要表现在诺基亚反对塞班（Symbian）的技术架构向其他应用程序开发商开放。

从2007年开始，塞班（Symbian）逐渐失去了市场份额，智能手机应用程序开发商转向新iPhone iOS和谷歌的安卓（Android）平台，形成了安卓（Android）和苹果iOS操作系统的平台生态系统，导致塞班有限公司乃至塞班（Symbian）平台的消亡。

应当看到，诺基亚塞班（Symbian）系统败给谷歌安卓（Android）系统的一个关键因素就是开放性。诺基亚塞班（Symbian）系统选择封闭战略，与此同时，谷歌的安卓（Android）基于Linux平台的开源手机操作系统安卓（Android）系统，选择通过非常开放的A-pache 2.0协议开源给全球开发者免费使用，使之与众多智能手机兼容。当谷歌推出它的安卓（Android）智能手机操作系统与苹果iOS操作系统、塞班（Symbian）操作系统竞争时，它向应用程序开发者提供了500万美元的奖励，以激励这些应用程序开发商在游戏、生产力、社交网络服务和娱乐等十个类别中推出了最好的应用程序。获奖者不仅获得了奖金，还将会成为该应用程序领域的市场领导者，因此吸引了大量的应用程序开发商和从平台上下载APP的用户。最终的结果是，多年的发展已经让安卓（Android）应用程序生态、尤其是移动应用程序生态非常完善。

由于安卓（Android）系统免费开放，且具有很强兼容性，很快招募到更多的应用程序联合开发者，丰富的应用软件使谷歌安卓（Android）系统更容易被智能手机制造商接受，并迅速成行业标准。

维斯特和伍德强调了平台生态系统或平台领先地位和平台生态系统动态相关，尤其是在与竞争对手平台（本案例研究中为苹果iOS和谷歌Android）的激烈竞争面前。这为复杂生态系统的进化提供了经验教训，也为不对称依赖和分裂型领导（asymmetric dependencies and divided leadership）对生态系统成功的影响提供了借鉴。案例研究显示，平台生态系统具有价值创造和价值专属的二元性（duality）的特征。

我们认为，安卓（Android）提供了一个价值创造与价值获取的产业背景，在这个背景下，我们可以观察到谷歌的安卓（Android）操作系统与苹果iOS操作系统两个不同复杂程度的生态系统，而应用程序开发者是如何在同一个行业背景下工作的。这种差异的产生主要是由于苹果和谷歌在控制和管理各自生态系统时使用的策略不同。苹果的iOS战略通常被描述为一个封闭的战略，因为它对整个生态系统进行了强有力的控制，目的是为用户提供高质量的体验（Ghazawneh and Henfridsson，2013）①。最值得注意的是，苹果对手机和iOS操作系统的严格控制和所有

① Ghazawneh，A. & Henfridsson，O.（2013）Balancing platform control and external contribution in third-party development：The boundary resources model. Information System Journal，23（2）：173－192.

权。相比之下，谷歌的战略是以安卓（Android）作为开源操作系统的前提，它允许安卓（Android）生态系统中应用程序与华为、HTC①、LG、摩托罗拉和三星等各种原始设备制造商（OEM）提供的许多独特手机和操作系统组合进行交互。因此，安卓（Android）生态系统中的应用程序开发公司与 iOS 生态系统中的应用程序开发公司相比，是在相对复杂的生态系统中运营。正是这两个生态系统在产业实践中经历了多次平台转变，这使研究者能够从研究平台转向到平台生态系统对互补者的影响方面。

艾森曼等人（Eisenman et al.，2009）② 首次给出了开放性的定义："平台开放性是指：一是在平台开发、商业化和运用的过程中不对参与者施加限制的程度；二是其他合理非歧视性的限制，例如要求遵循技术标准或支付授权费。换言之，统一适用于所有潜在的平台参与者。"

我们认为，选择平台开放或平台封闭不是一个非黑即白的选择问题，而是两个极端之间的选择平台开放应当达到什么程度的问题。苹果公司联合创始人史蒂芬·乔布斯（Steve Jobs）更喜欢将开放/封闭两难困境（open/close dilemma）称为"碎片化"（fragmentation）和"整合"（integration）问题，并非没有道理。事实上，平台系统越开放，就会变得越碎片化，开放系统的创造者更难以货币化，更难定义和控制其知识产权，但却能够鼓励开放创新。这种两难权衡导致任何失误决策都可能产生严重后果，这可通过社交网站聚友网（Myspace）的例子来观察。

案例研究：脸书（Facebook）的兴起和聚友网（MySpace）的消亡

在 2004 年脸书（Facebook）成立前，聚友网（MySpace）一直占社交服务网络平台的主导地位，一直持续到 2008 年。早期的聚友网就具备现在很多用户熟悉的功能，聚友网的内部员工开发了多种平台功能，如即时通讯、分类广告、视频回放、卡拉 OK 等。但由于平台工程资源有限，这些平台功能常常导致用户体验不佳（Gillette，2011）③。

2005 年，脸书的会员人数开始激增，当时该平台从独家的".edu"域名向

---

① 注：HTC，宏达国际电子股份有限公司，简称宏达电，是一家位于中国台湾省的手机与平板电脑制造商。是全球最大的 Windows Mobile 智能手机生产厂商，全球最大的智能手机代工和生产厂商。HTC 系列手机搭载安卓（Android）系统和 Windows Phone 系统。

② Eisenmann，T. R. Parker，G. G. and Van Alstyne，M.（2009）Opening platforms：How，when and why? in Annabelle Gawer edited，Platforms，markets and innovation，chapter 6. Cheltenham，UK，and Northampton，Massachusetts：Edward Elgar.

③ Gillette，F.（2011）The rise and inglorious fall of Myspace. Businessweek，June 22.

“. com”域名开放；脸书并没有重蹈聚友网的覆辙，虽然它最初也是对外封闭的平台创新者，但它在2006年将平台开放给了网络用户；2007年，脸书平台又向第三方应用程序开发者开放（Piskorski et al. 2012）①。具体来说，脸书的平台战略重点是创建一个强大的平台，允许第三方开发人员构建新的应用程序。在这个时刻之前，聚友网一直领先，直到2007年5月脸书平台推出帮助开发者创建的APP，这两家社交平台的市场地位才开始产生重大转变。志在拓展脸书平台能力的合作伙伴迅速生根发芽（Simon，2012）②。截至2007年11月，脸书平台上已经拥有超过7000款APP（Rampell，2011）③。从那时起到现在，脸书平台一直居于社交服务网络领域的霸主地位。

相比之下，聚友网（MySpace）将所有的开发都保留在平台内部，到2007年底聚友网才认识到平台开放性的吸引力，并于2008年2月将平台开放给应用程序开发商，但此时潮流已经转向，脸书平台成为社交服务网络平台的霸主地位已经不可动摇。事后，聚友网共同创始人克里斯·德沃尔夫（Chris Dewolfe）感叹道：“我们试图创建世界上的每一个功能，并说：‘好吧，我们可以做到，为什么我们应该让第三方做到这一点?’”德沃尔夫说，“我们应该选择5~10个我们全神贯注的关键功能，让其他人在其他方面进行创新。”（Gillette，2011：p. 57）④ 应当这样说，平台的开放性在脸书的兴起和聚友网的消亡中发挥了重要作用。

在实践中，平台开放战略具有两种类型：技术性开放战略和公开平台应用程序编程接口或函数开放战略。

技术性开放战略，一般情况下是平台只提供标准化的应用软件，对用户的个性化要求的软件，开放给众多的第三方开发者的方式。例如，苹果只提供Apple iOS操作系统，对其用户的个性化要求的软件，开放给众多的第三方开发者，并通过苹果的应用程序商店Apple App Store供用户无偿或有偿下载。当然，苹果也向iOS开发者支付了大约100亿美元的特许权使用费（royalties），远远超过了美国图书出版业每年向所有作者支付的版税总和。百度、腾讯、阿里巴巴等互联网巨头都采用这种技术性开放战略。例如，阿里巴巴可以在淘宝上提供标准化的应用软件，但数百万形形

① Piskorski，J. Eisenmann，T. Chen D. & Feinstein，B.（2012）Facebook's platforms. Boston，Massachusetts：Harvard Business School. HBS Case 9－808－128.

② Simon，P.（2012）The age of the platform：How Amazon，Apple，Facebook and Google have redefined business. Scott Bantam Press.

③ Rampell，C.（2011）Widgets become coins of the social realm. Washington Post，November 3，D01.

④ Gillette，F.（2011）The rise and inglorious fall of MySpace. Bloomberg Business Week，June 27：52－59.

色色的微商对于个性化要求的软件，并不是阿里巴巴一个公司的力量可以满足的，所以就把这些需求开放给众多的第三方开发者。

公开平台应用程序编程接口（API）或函数（function）开放战略，是指平台的软件系统通过公开其应用程序编程接口或函数，来使外部的程序可以增加该软件系统的功能或使用该软件系统的资源，而不需要更改该软件系统的源代码。例如，在电子商务平台上，这种开放战略有两种模式：

（1）将平台业务完全开放，平台方不参与具体的平台业务。例如，淘宝商城、日本乐天（Rakuten）等电商平台就是这种纯平台模式的代表，即平台方不参与商品的进销存，也不直接服务顾客，全部由入驻平台的商家或微商来做，平台只是通过公开其应用程序编程接口或函数，来使入驻平台的商家的程序可以增加该软件系统的功能或使用该软件系统的资源①。

（2）将平台业务部分开放、部分由平台方自营。例如，亚马逊（Amazon）、当当网、京东商城就是这种“自营+联营”模式的代表。亚马逊（Amazon）拥有30万外部应用程序开发者和200万使用其平台扩展的第三方卖家（third-party sellers），联营收入合计占其2012年度180亿美元收入的36%，自营收入占64%。

自从脸书（Facebook）因平台开放使年营业收入增长速度超过100%，把平台开放战略发挥得淋漓尽致，在业界一炮走红，全世界互联网平台公司几乎都开始采用平台开放战略，让人们看到了平台开放的强大吸引力。谷歌、微软等互联网巨头，开始竞相推出自己的平台开放战略，以求追赶互联网发展的新潮流。平台开放战略无疑触动国内互联网公司的敏感神经，漫游网（Manyou）、人人网、51网都纷纷开始推出自己的平台开放战略。2010年，新浪微博、百度、盛大、开心网、腾讯等相继尝试开放部分互联领域的应用程序编程接口，力求在互联网用户中为自己塑造平台开放的形象。目前国内主流的开放平台有百度、新浪微博、开心网、人人网、腾讯财付通、腾讯社区和腾讯QQ等。

---

① 例如，淘宝开放平台项目是淘宝（中国）软件有限公司面向第三方应用开发者，提供API接口和相关开发环境的开放平台。软件开发者可以通过淘宝API来获取淘宝用户信息（卖方和卖方用户信息，但私有信息需要授权）、淘宝商品信息（全淘宝超过1亿个商品的名称、类目、型号、介绍等信息）、淘宝商品类目信息（全淘宝商品索引及分类明细）、淘宝店铺信息（全淘宝店铺信息）、淘宝交易明细信息（在取得用户授权的情况下，查询每笔交易的详细情况）、淘宝商品管理（淘宝商品的上传、编辑、修改等接口）等信息，并建立相应的电子商务应用。作为淘宝开放平台的合作平台——阿里软件平台在其中也扮演着重要的角色，它将为开发者提供整套的淘宝API的附加服务：测试环境、技术咨询、产品上架、版本管理、收费策略、市场销售、产品评估等。

（四）平台的天棚战略

平台的天棚战略是平台开放战略中的一种特例，意指平台主要向其天棚伙伴（marquee partners）① 和天棚用户（marquee customers）② 开放，以达到快速增加合作伙伴、平台流量和用户的目的。在我国的平台经营实践中，业内人士一般将这种天棚战略称为“引流战略”（drainage strategy），广泛地运营于消费类平台的消费引流，如美团平台为平台与入驻餐饮商家引流，以快速增加平台与入驻餐饮商家的消费流量；而美国的软件类平台往往使用天棚战略为应用程序开发商引流，以推动用户安装。这是平台经营实践中一种非常有效的竞争战略手段。

无论是通过内部开发还是收购，无论是强制还是非强制，诸如像苹果（Apple）、思科（Cisco）、脸书（Facebook）、谷歌（Google）、英特尔（Intel）、微软（Microsoft）、SAP 和华为等平台倡导者通常都会吸收平台生态系统合作伙伴开发创新，让这些合作伙伴成为平台的天棚伙伴。例如，微软（Microsoft）吸收了诸如磁盘碎片整理、加密、流媒体和网络浏览等创新技术（Jackson，1999）③，然后开放应用程序编程接口（API）以允许用户访问这些新的平台层次。又如，SAP 发布了 18～24 个月的路线图，提醒应用程序开发人员在此期间不会面临竞争或拨款。之后，可以吸收任何天棚伙伴的战略性互补来增加核心平台的功能。一方面，不终止应用程序开发商产权的决定可以增加他们的利润，平台倡导商可以征税。另一方面，这延长了垄断扭曲，并阻止了有价值的新特性成为社区标准。因此，平台倡导者面临着一个选择：通过扩大应用程序开发商的利益，平台倡导者可能会在现有的创新上享受更高的租金，但通过终止应用程序开发商的利益，平台倡导者可能会增加用户的采用率，以及未来创新的研发溢出（Parker，& Van Alstyne，2017）④。

对平台领导或平台倡导者来说，最好的平台战略是寻找能够带来技术或大量用户的天棚伙伴（Cusumano and Gawer，2002；⑤ Eisenmann et al.，2006）⑥，使天棚伙

① 天棚伙伴（marquee partners）是指同一平台下入驻的应用程序开发商或互补品提供商。

② 天棚用户（marquee customers）是指同一平台所有者旗下的另一个平台的用户。

③ Jackson，T.（1999）United States of America，plaintiff，vs. Microsoft Corporation，defendant：Findings of fact. Civil Action 98－1232.

④ Parker，G. & Van Alstyne，M.（2017）Innovation，openness，and platform control. Management Science，62（7）：1－18.

⑤ Gawer，A. & Cusumano，M. A.（2002）Platform leadership：How Intel，Microsoft，and Cisco drive industry innovation. Boston，Massachusetts：Harvard Business School Press.

⑥ Eisenmann，T. R. Parker，G. and Van Alstyne，M. W.（2006）Strategies for two-sided markets. Harvard Business Review，85（10）：92－101.

伴的资源具有单宿主性，促使天棚伙伴拒绝向竞争平台提供这些资源。例如，对蚂蚁金服旗下的支付宝（Alipay）来说，同在阿里巴巴集团旗下的新零售平台盒马鲜生就是它的天棚伙伴，盒马鲜生拒绝使用现金、信用卡、借记卡和微信支付等支付方式，只使用支付宝作为唯一的支付和结算方式，就是一个典型的个案。[①]

关于平台与合作伙伴之间的竞争，在实践中存在着合作伙伴对平台（partner-to-platform）的竞争和合作伙伴对合作伙伴（partner-to-partner）的竞争，这是一个高度动态竞争的问题，正随着市场竞争格局在不断演变。在平台经营实践中，平台倡导者经常在与客户打交道的应用程序开发商和互补品提供商之间产生竞争，以增加关联用户群、天棚用户和天棚伙伴，而应用程序和互补品提供商之间也存在着激烈的竞争。实践表明，倡导者层级（sponsor layer）的更大的开放性，确实加快了平台应用程序提供商提供新产品的速度（Boudreau，2010）[②]。

案例研究：票务大师（Ticketmaster）的平台竞争战略

美国热门服务平台——票务大师（Ticketmaster）属于娱乐类服务平台，其初期的主要职能是在互联网平台上为体育场馆、电影院和戏院出售门票。2006年，票务大师对其平台战略进行了重大转变，平台从场馆出售门票的长期战略转变为允许个人门票所有者在票务大师上转售门票的位置（Ticketmaster，2006）[③]。即票务大师开放其平台允许个人转售门票的服务，其平台称之为“粉丝间转售”（fan-to-fan resale）的功能。在票务大师的网站上，平台介绍了一个个场馆座位图，消费者在网站上可以看到代表票务大师出售门票的蓝色圆点，以及代表个人出售门票的粉色圆点。但在机票销售中，票务大师改变了其收入模式，粉丝在票务大师网站上转售的每一张机票都要收取交易费（transaction fee）。在同一个屏幕上，可以明显看到一种混合战略，其中包括转销商和基于平台的业务支持交易。

除了平台战略转型的考虑之外，对平台领导和高层管理团队来说，这些战略转型在各个职能领域都带来了挑战。营销专业人员不仅要向买家推销产品和

① 需要指出的是，盒马鲜生规定只能使用支付宝作为唯一的支付和结算方式，这违反了我国有关法令。按照《中华人民共和国人民币管理条例》第三条的规定：“中华人民共和国的法定货币是人民币。以人民币支付中华人民共和国境内的一切公共的和私人的债务，任何单位和个人不得拒收。”因而现在盒马鲜生也开始设立人民币收款的服务台。

② Boudreau，K.（2010）Open platform strategies and innovation：Granting access versus devolving control. Management Science，56（10）：1849－1872.

③ As of July 28，2016，the website：http://www. ticketmaster. com/verified explains the system.

服务，还要向卖家推销渠道和顾客；财务部门必须处理收入分享模式（revenue sharing model）；平台领导必须管理和维护与各个场馆的关系，以保持相互间的信任等。这些举措带来了领导层的挑战，因为他们引入了多种业务，而这些业务有时遵循的是不一致的制度逻辑：平台领导必须权衡与高度关注其基本客户关系（例如，音乐会场地和票务大师的促销员）相关的权衡，同时开放和包容地鼓励平台的所有参与者在他们的网站上销售，即使作为混合战略（hybrid strategy）的一部分，这些卖家可能会在一种合作竞争的动态中降低价格，并蚕食主要业务（cannibalizing the primary businesses）。平台员工需要被激励，以便在他们之前可能接受过集中精力销售商品或在服务培训时能够进行互动。平台领导和高层管理团队需要考虑，如何提高他们对促成互动的关注，影响他们的客户是谁，他们如何与他们接触，他们需要什么技能，以及这与现有的制度逻辑有多一致或不一致。此外，他们还需要考虑这对员工招聘、培训和留任的影响。

在票务大师的案例中，尽管票务大师有一个现成的潜在客户群来参与销售和购买转售机票，这个潜在客户群已经转化为票务大师的天棚用户和天棚伙伴。作为机票转售商战略的一部分，这些天棚用户和天棚伙伴正在进行的业务规模很大。因此，票务大师在 2008 年以 2. 65 亿美元的价格购买了在线机票转售商 TicketsNow。票务大师向 TicketsNow 这个天棚伙伴提供了技能、能力和额外的天棚用户，使其交易量迅速放大。

（五）平台包络战略

从长期战略视角看，平台所有者为确保平台经营的持久性（durability），并协调平台突变（platform mutation），需要制定平台包络战略来协调平台包络，同时阻止其他平台的包络攻击（envelope attack）。

所谓的平台包络（platform envelopment），是指在一个平台生态系统中添加一个新模块，该模块能够复制邻近平台（adjacency platform）的解决方案或产品的功能，该模块的用户基础与原平台生态系统重叠，即这些用户都是同一平台生态系统下的天棚用户。这是一种在位平台运营商将其业务扩展邻近市场解决方案的主要战略

(Eisenmann et al., 2011)①。

我们认为，这种由在位平台运营商实施的平台包络战略，实质上是要构建一个跨生态系统的协同成长平台（collaborative growth platform across ecosystems）。因此，在位平台的管理者需要不断地扫描竞争地平线，观察其他竞争平台的活动，特别是服务相似或重叠用户群的平台，这种平台一般称为相邻平台。当一个新功能出现在相邻平台时，它对在位平台可能代表一种竞争威胁，因为在位平台的用户可能会发现新功能足够吸引人，从而出现用户多宿主性，同时成为相邻平台的用户，有时甚至完全放弃在位平台。当一个平台有效地吸收了相邻平台的功能和用户群时，就会发生平台包络的现象。目前，苹果公司正努力利用其 iPhone 平台来覆盖移动支付系统和可穿戴技术的市场；同样道理，海尔集团（Haier Group）也在扩大其家电平台，以期覆盖互联网家电应用市场。从这个视角看，平台包络战略（platform envelopment strategy），实质上是跨越一个平台扩展到相邻市场（adjacency market）的跨生态系统的协同成长战略（collaborative growth strategy across ecosystems）。

案例研究：微软 Windows 包络 Real Audio

平台包络最早的案例出现在 20 世纪 90 年代。Real Networks 就以 1995 年的产品 Real Audio 的形式发明了流媒体音频，并很快占领市场，拥有流媒体音频市场 100% 的市场份额。这种文件格式几乎成了网络流媒体的代名词。Real Audio 的特点是可以在非常低的带宽下（低达 28.8kbps）提供足够好的音质，让用户能在线聆听。这一特点在早期的互联网中简直就是广大音乐发烧友的福音。正是因为出现了 Real Media② 之后，例如网络广播、网上教学、网上点播等相关的应用才浮出水面，逐渐形成一个新的行业。

但是，一旦微软决定占领这个市场，其现有平台的巨大规模就给了它几乎不可阻挡的优势。由于微软 Windows 在操作系统领域占有 90% 以上的市场份额，几乎所有对流媒体感兴趣的人都已经拥有微软的操作系统。微软所要做的就是开发一个类似 Real Audio 的软件产品，并将其作为 Windows 操作系统捆绑包的 Windows Media 提供。Windows 流媒体音频平台很快就覆盖了 Real Audio 创建的更小平台，尽管 Real Networks 软件性能更优越。

---

① Eisenmann, T. R. Parker, G. & Van Alstyne, M. W. (2011) Platform envelopment. Strategic Management Journal, 32 (12): 1270-1285.

② Real Media 包括 RealVideo 和 RealAudio，RA/RMA 这两个文件类型就是 Real Media 里面音频方面的格式。他们是由 Real Networks 公司发明的。

从平台扩展的移动线路看，有两种平台包络：水平包络（horizontalenvelopment）和垂直包络（vertical envelopment）。水平包络也称为横向包络，水平包络移动主要目的是为现有同一平台生态系统下的天棚用户提供新产品或服务（Zook and Allen，2003）①。水平包络是最广泛的平台扩展的包络移动，平台可以通过横向复制、吞并邻近产品或服务（adjacency product or service）的功能和市场解决方案，甚至扩展到相邻市场的平台上。垂直包络一般情况下较少发生，它是指平台所有者将应用程序的功能集成到平台中以扩展平台的本地功能，或者作为对应用程序开发失败的对冲（hedging）来提供该功能。一般来说，平台所有者很少参与这样的平台包络，因为它表明平台所有者将改变游戏规则，进而阻止平台协同效应的增加。

在绝大多数情况下，平台包络都是指水平包络。产生水平包络有两个先决条件：

（1）平台的用户和相邻解决方案的用户之间必须有相当大的重叠。这允许包络平台简单地复制其现有平台在包络空间中的产品或服务功能和市场解决方案，并获得同一平台生态系统下的天棚用户。对于平台市场中的新进入者而言，平台包络是规避竞争对手现有网络效应造成阻塞的最有力方法。

（2）包络平台的资产应该在包络解决方案的领域中得到充分利用。无论包络解决方案通过提供更好的产品或服务功能、提供更低的成本或更强的价值主张，它必须强大到足以说服目标解决方案的安装用户采用它。水平包络可以通过为未来的核心业务提供细分来抢占其核心市场饱和和下降的平台（Zook and Allen，2003）②。

浙江大学蔡宁教授等人（2015）③ 认为，平台包络竞争优势是以用户为基点的“逆向”构建过程，通过“基础用户沉淀—网络效应激发—商业系统共生—主导架构锁定”机制建立起可持续竞争优势。平台包络通过“差异”资源和能力支撑竞争的“供给端范式”转向通过“共性”用户资源支撑竞争的“需求端范式”。这里，蔡宁教授等人所说的“共性”用户就是我们所说的天棚用户。

平台所有者可以通过以下五种方式发现水平包络的机会：

（1）确定相邻产品或服务的捆绑销售机会。这需要识别平台现有终端用户所需的独立产品和服务，这些产品或服务可能会被有益地捆绑到平台中。

---

① Zook，C. & Allen，J.（2003）Growth outside the core. Harvard Business Review，81（12）：2-9.

② Zook，C. & Allen，J.（2003）Growth outside the core. Harvard Business Review，81（12）：2-9.

③ 蔡宁，王节祥，杨大鹏.（2015）产业融合背景下平台包络战略选择与竞争优势构建：基于浙报传媒的案例研究. 中国工业经济，（5）：96-109.

（2）观察相邻市场的 S 曲线（S curve）①，如果用户基础安装率持平或下降，通常表明成熟市场具有稳定的产品或服务。在这种情况下，产品或服务创新几乎无可能，创新焦点通常转移到过程创新上，此时最易出现包络攻击。例如，A 平台能够提供更便宜的产品或服务功能或提供改进的解决方案，且与 B 平台的用户基础和目标市场重叠，那么 B 平台通常是 A 平台包络攻击的目标。当然，这需要 A 平台必须利用该平台的资产来降低软件的交付成本或交易成本，或显著地提高目标解决方案的价值主张。例如，数码相机（digital camera，DC）行业成功地被智能手机包络，虽然智能手机初期只能提供一些像素（pixel）较弱的摄影能力，但大量数码相机用户同时也使用电子邮件和社交网络，用户拍照之后可以适时地将照片发送出去，智能手机包络数码相机就有了更好的整合。

（3）由于先前不同的技术解决方案的融合，也容易出现水平包络的机会。技术融合使得一个平台能够扩展其功能，包络相邻平台（adjacency platform）的产品或服务，并将其作为多产品捆绑包提供给最终用户。应当看到，每一次水平包络机会同时也可能是一个包络威胁。每一个平台都应密切关注来自邻近市场创新者的竞争，他们可以提供一个直接竞争的产品，并用非同寻常的商业模式来创建和分销。例如，2014 年开源 Linux 项目进入智能手机 OS 市场，对苹果公司来说，既是一次水平包络机会，也是一个包络威胁，因为开源 Linux 项目和通用公共授权（General Public License，GPL）许可的代码可以为新进入者提供支持。

（4）跟踪监管变化。留意本平台所在行业以外成熟行业的外部监管变化，这些变化会改变这些行业的竞争规则。例如，国家金融监管部门为防控金融风险，加强了对移动支付运营商的监管，将一些没有取得第三方移动支付牌照的厂商从移动支付市场上清除出去，这使支付宝、微信支付等拥有第三方移动支付牌照运营商可能主导个人支付生态变革，而其他第三方移动支付运营商则可以将经营重点转向产业生态，这就使在位移动支付运营商可以直接覆盖和包络使用移动支付交易的所有市场，包络形成支付生态（payment ecology）。

（5）观察对手平台可能的包络攻击目标。本平台直接对竞争对手的平台启动先发制人的包络攻击，无论多么微弱，都有助于识别包络目标。

平台发起包络攻击，需要一个统一的平台治理结构，特别是拥有平台治理的决策权。水平包络战略要求平台战略的实质选择权主要由平台所有者来控制。

---

① S 曲线是指平台技术解决方案各阶段形成的曲线，包括：（1）紧随其开发和研发阶段的入门阶段；（2）已达到盈亏平衡并开始聚集人气的上升阶段；（3）成熟阶段；（4）衰退阶段。该轨迹类似 S 形状，因而称为 S 曲线。

平台所有者对包络机会的警觉，对应用程序开发人员和互补品提供商也有潜在的价值，因为包络机会可能扩大应用程序开发人员和互补品提供商有权访问的潜在最终用户群，有助于将这些天棚用户转换为应用程序开发人员和互补品提供商的最终用户。从这个意义上说，包络攻击是由平台、应用程序开发人员和互补品提供商携手发起的水平包络攻击。美国管理学家克里斯·佐克和詹姆斯·艾伦（Zook and Allen，2003）[①] 指出，80%的成功邻接动作（adjacency moves）建立在对最终用户的需求痛点、消费行为和交易挫折的深刻洞察之上，而应用程序开发人员和互补品提供商往往比平台所有者更关注这些问题。

实际经济生活中，应用程序开发人员和互补品提供商寻求包络机会，可以帮助识别欠发达的邻接，利用未开发的潜在最终用户群，并识别未被认可的细分市场或长尾市场。因此，平台战略的实质选择权应包括应用程序开发人员和互补品提供商的互动。换言之，他们应该主动地寻求包络，而不是单纯地依靠平台所有者提供的包络机会。

平台所有者也可能遇到间接竞争对手的水平包络攻击，他们可以利用与本平台相同的邻接动作来冲击现有市场和重叠最终用户。平台所有者必须首先确定包络攻击是否是真正的威胁。如果平台上的一方使其应用程序开发者或最终用户都认为该平台提供了比本平台更好的价值主张，那么包络威胁是真实的。

平台包络的第二种类型是垂直包络，垂直包络也称为纵向包络。所谓的垂直包络是指平台所有者扩大平台范围以占据平台价值链中的各个不同环节（Zook and Allen，2003）[②]。这涉及平台在平台价值链上游或下游部分吞噬原本由平台参与者提供的功能。平台向价值链上游包络移动可能涉及上游软件组件或应用程序的提供商，这些上游厂商往往都是要素级互补性资产的提供者，平台既可能是他们的超级用户，也可能是他们的销售渠道。这些平台的外部服务提供商，通过平台的知识产权授权，成为平台要素级互补性资产的提供商（如Flash和VPN技术）。

垂直包络最出名的案例发生在苹果公司。2011年，苹果公司把云存储服务集成到iOS中，从而断了上游合作伙伴的生计业务，此前苹果iOS平台的应用程序开发者的云存储服务都是外包给Dropbox等外部服务提供商的。苹果公司通过将iCloud引入iOS平台，通过允许应用程序开发者将云存储能力集成到数千个应用程序中，从而降低了应用程序开发者的创新成本，大大地提高了应用程序开

① Zook, C. & Allen, J.(2003) Growth outside the core. Harvard Business Review, 81 (12): 2-9.

② Zook, C. & Allen, J.(2003) Growth outside the core. Harvard Business Review, 81 (12): 2-9.

发者的黏性。把云存储服务集成到 iOS 中的服务，在第一年结束时已有 3 亿用户。从实质上看，这种纵向包络行动通常会威胁上游合作伙伴的生存，平台所进行的上游包络运动往往风险高、成本高，机会相对较少，只有当垂直整合价值链上游成分可以增强平台的价值和黏性时，才应尝试这样做。

平台所有者将应用程序的功能集成到平台之中，以扩展平台的本地功能，称为下游垂直包络。下游包络往往是一个具有挑战性的两难选择，因为它使平台所有者与应用程序开发者的利益直接冲突。这样的包络移动可以一夜之间破坏现有的应用程序开发者的商业模式（Evans et al.，2006：253－254）①。只有当平台所有者认为应用程序市场不可能提供该平台需要的功能时，平台所有者才能够提供应用程序来填补这个空缺。例如，2012 年，苹果推出了一款地图应用程序，旨在取代谷歌地图，因为谷歌（Google）试图用自己的安卓平台（Android）来包络苹果 iOS 平台。苹果还制订了内部计划，在不久的将来在谷歌（Google）驱动的安卓平台（Android）设备上发布应用程序。平台所有者必须始终意识到，今天的应用程序正在演变为明天的竞争平台。

（六）平台的深度、宽度和黏性战略

在平台的竞争战略中，增加平台的深度和宽度，进而增加平台的厚度（thickness）是构建平台隔离机制的重要举措。对电商类平台来说，淘宝、京东、亚马逊（Amazon）、易趣（eBay）等平台在生态系统业务开发端中增加和发展交易平台和交易流量，是其扩张战略成功的关键因素。而实现这个目标需要增加平台的深度和宽度。主要有两种方法：

一是以增加平台参与者之间的互动数量和规模来扩大平台的规模经济，这需要改善平台的深度（depth of the platform）（Evans et al.，2008）②，即改善现有参与者的功能和服务，增加平台卖家（微商）的厚度（business thickness）来加强规模经济。例如，淘宝、京东、亚马逊（Amazon）等电商平台普遍采用客户推荐、评级系统、质量集中控制、搜索引擎、用户友好访问平台手段，扩大了平台功能；易趣网（eBay）收购 PayPal，引入新的支付体系和机器人售货系统，极大地扩大了平台流量和销售额。这种深度战略（depth strategy）吸引了平台参与的新成员，同时满足所有

---

① Evans，D. S. Hagiu，A. & Schmalensee，R.（2006）Invisible engines：How software platforms drive innovation and transform industries. Cambridge，Massachusetts：MIT Press.

② Evans，D. S. Hagiu，A. & Schmalensee，R.（2008）Invisible engines：How software platforms drive innovation and transform industries. MIT press.

参与者在平台上表达当前需求的诉求。从另一个视角看，深度也增加了平台参与者的转换成本（switching costs），从而提高忠诚度。转换成本通过平台参与者的学习曲线和经验效应得到加强：参与者在这一过程中学会使用平台、熟悉平台，抓住平台并习惯平台。

二是平台通过引入新的长期关系式合作伙伴，如能够提供独特互补品的厂商，为平台带来新的增量产品和服务，从而触发平台范围经济的宽度扩大。这通常被称为平台的广度战略（breadth strategy）（Evans et al.，2008）①。这意味着能够在平台上吸引更多的参与者和消费群体。宽度或广度还包括通过创造或满足交易平台的新需求或机会而产生的转换成本。范围经济和广度的基础经济是使平台具有多边性，或改进其先前多边性的想法。因此，在平台经营的扩张阶段，所有平台都会变成双边平台或多边平台。

需要指出的是，深度和宽度增加了平台的厚度，如果平台战略制定与实施得当，深度战略和广度战略可以通过竞争性平台阻碍或阻止竞争对手进入市场。深度加上宽度，可以提前锁定竞争对手未来可能拥有的大部分经济租金空间，从而为竞争对手增加进入壁垒。这个壁垒包括消费者意愿、转换成本、成员的技术锁定、对基础设施的大量投资、后发劣势等，并使平台上创造的战略空间几乎不可辩驳和不容置疑，这促使竞争对手最终只能进行正面价格竞争或横向进入系统（侧面竞争）。

平台黏性战略（platform stickiness strategy）的核心是要构建平台 C 端的终端用户、B 端的应用程序开发人员和互补品提供商积极使用平台的模式。我们关心随着时间的推移，C 端和 B 端积极使用的更多变化（增加或减少）。根据红色皇后效应（The Red Queen effect），竞争对手技术解决方案进步速度的提高，会给在位平台增加更快适应生存的压力（Barnett and Hansen，1996）②。红色皇后效应导致在位平台与竞争对手都很难率先成为主导平台，这意味着一个平台必须提供更多的厂商剩余（firm surplus）和消费者剩余（customer surplus）以保持其黏性的不会下降，并随着时间的推移而增加黏性。对于一个随着时间推移而变得越来越黏稠的平台，平台的终端用户、应用程序开发人员和互补品提供商都必须随着平台经营的发展，而获得更多的经济剩余。平台之间的竞争越激烈，保持和提高平台黏性的门槛就越来越高。

一般来说，提高平台终端用户黏性的办法主要有：

（1）应用程序开发人员黏性与最终用户黏性相关，提高平台终端用户黏性必须

---

① Evans，D. S. Hagiu，A. & Schmalensee，R.（2008）Invisible engines：How software platforms drive innovation and transform industries. MIT press.

② Barnett，W，P. & Hansen，M，T.（1996）The Red Queen in organizational evolution. Strategic Management Journal，17（SI）：139－157.

专注于提高应用程序开发人员的黏性，这是提高平台终端用户黏性的最有效的方法，因为应用程序开发人员增加黏性与通常增加终端用户黏性，是同一“硬币”的两面事情。最终用户期盼平台功能和实用性的改进，这需要来自应用程序开发者驱动的创新。平台需要建立强有力的激励机制，让应用程序开发者更容易在自己的工作中创新，创造一个正反馈良性循环（positive feedback virtuous circle）：更多的用户吸引更多的应用程序开发人员提供功能和实用性更好的应用程序，增加了终端用户可使用的应用程序种类。这反过来又会吸引更多的最终用户加入到一个平台中，从而形成一个以平台自身为基础的反馈循环。

如果平台没有内生性创新机制与手段，仅仅依靠外部创新来获得成长，这就意味着平台增长的停滞和平台衰亡。因此，平台所有者应当为应用程序开发人员提供一种有效的激励机制，这是平台所有者义不容辞的责任。

（2）基于消费者剩余最大化来实现最终用户锁定，而非强制锁定。强制锁定很少是可持续的，竞争平台通常可以设计出绕过强制锁定的方法。非强制锁定不是通过强制或绑定合同来实现的，而是通过增加无法在平台生态系统之外复制的强制价值来实现的。更有效和不易破解的非强制性锁定主要有三种方式：

第一，不可移植的网络效应。不可移植的网络效应是指这种网络效应只属于特定平台，对竞争对手平台几乎没有价值。例如，iOS 中的 iMessage 信息传递功能允许平台用户之间进行丰富的交互，但不能在竞争平台上以相同的方式起作用，从而创建了一个增加用户锁定的功能。又如，全球免费语音沟通软件 Skype 用户如果在全球范围内有一百个 Skype 联系人，任何人都很难说服这个用户放弃使用 Skype 平台，并迁移到另一个竞争性平台，即使竞争性平台可以提供相同甚至更优越的功能。因此，功能强大的同边网络效应的平台设计更有可能增加终端用户的平台黏性。

第二，个性化。平台善于学习并适应用户行为、偏好和特质，如用户文字输入模式和常用词等，使用户感到平台非常便于使用和操作，且非常适合自己，终端用户就会坚持使用它。如果淘宝、天猫和京东等电子商务平台善于总结分析用户兴趣和需求偏好，并使用相关数据来生成产品推荐向用户推荐，使用户体验到个性化需求被满足，也能够增加终端用户的平台黏性。

第三，降低最终用户的搜索成本。平台所有者必须让最终用户更容易、更便宜地找到能够增加平台应用场景的应用程序，使用户感到这些应用程序对自己很有价值。平台所有者的目标应该是帮助最终用户更有效地找到应用程序（Evans and

Schmalensee，2007：33)[①]。

（3）本平台与竞争性平台是否具有互操作性，是一种战略性决策。这种选择是随着平台在其生命周期的不同阶段发展而改变的。当最终用户的需求和偏好更加异质化，且触发网络效果的阈值相对较低时，不兼容性更有利。实践表明，在小众市场平台采用与竞争平台的战略不兼容性，可以极大地提高终端用户平台黏性。

高尔和库苏马诺（Gawer and Cusumano，2002)[②] 提供了许多平台用于激励和应对外部互补的策略：一是平台标准应保持开放，以便互补者继续投资；二是平台所有者不应该对新闻或战略变化的意外互补者表现出兴趣；三是合作伙伴的利益应与领先平台公司的利益相对应，例如，英特尔创建了一个独立的内部部门，代表合作伙伴在与其他内部部门相同的水平上的目标；四是平台可以通过与合作伙伴一起投资不确定的创新来分担风险；五是该平台应促进合作伙伴，尤其是小型合作伙伴的长期财务健康。

布德劳和哈古（Boudreau and Hagiu，2009)[③] 进一步建议平台公司：六是制定规则，平衡合作伙伴参与的诱因与自我充实；七是限制互补者之间的金融竞争，以促进投资，但鼓励个人之间的声誉竞争，以促进环境基金的发展。如果一个平台可以在其需求端单独收取访问费，那么它可能允许供应端合作伙伴之间的竞争加剧。但是，如果自由进入发生在需求端，平台更愿意限制供应端的竞争（Armstrong，2006)[④]。

---

① Evans，D. S. & Schmalensee，R.（2007）Catalyst code：The strategies behind the world's most dynamic companies. Boston，Massachusetts：Harvard Business Review Press.

② Gawer，A. & Cusumano，M. A.（2002）Platform leadership：How Intel，Microsoft，and Cisco drive industry innovation. Boston，Massachusetts：Harvard Business School Press.

③ Boudreau，K. and A. Hagiu.（2009）Platform rules：Multisided platforms as regulators. In Platforms，markets，and innovations，ed. A. Gawer. Cheltenham：Edward Elgar.

④ Armstrong，M.（2006）Competition in two-sided markets. RAND Journal of Economics，37（3）：668－691.

五、 本章小结

对平台型企业来说，一个成功的平台战略并非仅仅是提供渠道和中介服务，精髓在于打造完善、成长潜能强大的“生态圈”，平台连接的任意一方的成长都会带动另一方的成长。从这个意义上讲，平台型企业的平台战略，就是把多种业务价值链所共有的部分进行优化整合，从而成为这些业务必不可少或最佳选择的一部分，这种由价值链的部分环节构成的价值体就成了一个平台。基于平台战略而形成的业务结构，可以让企业有效摆脱在多元化和专业化之间的矛盾和游移，形成一种兼具稳固性和扩张性的业务战略。

无论是新创企业还是在位企业（incumbent firm），要想实施成功的平台战略并成为平台领导，其前提条件就是要有产品或服务必然附有一种价值易增加的技术功能和平台架构，能够协调内外部活动以适应环境变化，设计并监管“控制阀门”（mandatory gateway）来联结外围互补品厂商或个人。只有具备这些前提条件，平台领导才可能发挥其技术或商业优势，对外围互补品厂商或个人产生吸引力（Gawer & Cusumano，2002；[①] 2008[②]；Choi & Phan，2012）[③]。

在现实经济生活中，商业生态系统的出现和平台的创建，是厂商组织应对市场失灵战略决策的产物（De Vogeleer & Lescop，2011；[④] Lescop & Lescop，2013；[⑤] 2016）[⑥]。这些市场失灵可能是由于信息不对称、经济主体无法有效互动、商业模式不完善、知识和信息流通不足、信息流通速度慢、一些厂商组织的战略性反生产行为（如市场掠夺）等造成的，这些市场失灵都会导致经济交易主体之间互利互动的

---

① Gawer, A. & Cusumano, M. A. (2002) Platform leadership: How Intel, Microsoft, and Cisco drive industry innovation. Boston, Massachusetts: Harvard Business School Press.

② Gawer, A. & Cusumano, M. A. (2008) How companies become platform leaders. MIT Sloan Management Review, 49 (2): 28 – 35.

③ Choi, B. C. & Phan, K. (2012) Platform leadership in business ecosystem: Literature-based study on resource dependence theory (RDT) 2012 Portland International Center.

④ De Vogeleer, E. et Lescop, D. (2011) Plateformes, coordination et incitations. Management & Avenir, (46): 200 – 218.

⑤ Isckia, T. and Lescop, D. (2013) Platform-based ecosystems: Leveraging network centric innovation, In: Ben Letaïfa, S. Gratacap, A. and Isckia, T. (Eds) Understanding Business Ecosystems: How Firms Succeed in the New World of Convergence, Paris: De Boeck.

⑥ Lescop, D. and Lescop, E. (2016) The Apple Twist. DigiWorld Economic Journal (previously: Communications and Strategies): (102): 13 – 36.

损失，其结果是市场在经济主体之间的交流（商业发展），以及创新（技术发展）方面失去发展机会。成功的平台领导能够辨识产业的痛点和用户的需求盲点，通过构建平台生态系统，并实施构建在市场功能基础上的平台战略和独特的商业模式，充分利用这些市场发展机遇，以应对市场失灵（Staykova & Damsgaard，2014；[①] Kazan，Tan & Lim，2016；[②] Kazan et al.，2016；[③] Edelman & Geradin，2015；[④] Lescop & Lescop，2016）[⑤]。

应当看到，尽管许多工业经济时代的巨型公司现在仍极具市场竞争力，但一旦互联网营运平台进入同一市场，互联网平台基本上总会胜出。这就是为什么沃尔玛（Wal-Mart）、耐克（Nike）、宜家（IKEA）、全球农业机械制造商约翰·迪尔（John Deere）和通用电气（GE）等工业经济时代的巨头争相将互联网平台融入公司的发展战略中，以实现痛苦但卓有成效的转型。

① Staykova，K. & Damsgaard，J.（2014）A model of digital payment infrastructure formation and development：The EU regulator's perspective. Proceedings 13th International Conference on Mobile Business（ICMB）：London，4－5 June.

② Kazan，E. Tan，C. W. & Lim，E. T.（2016）The logic of digital platform disruption. In The 37th International Conference on Information Systems. ICIS 2016.

③ Kazan，E. Wee Tan，C. & Lim，E. T.（2016）Towards a framework of digital platform competition：A comparative study of monopolistic & federated mobile payment platforms. Journal of Theoretical and Applied Electronic Commerce Research，11（3）：50－64.

④ Edelman，B. G. & Geradin，D.（2015）Efficiencies and regulatory shortcuts：How should we regulate companies like Airbnb and Uber？. Harvard Business School NOM Unit Working Paper，（16－026）.

⑤ Lescop，D. and Lescop，E.（2016）The Apple Twist. DigiWorld Economic Journal（previously：Communications and Strategies）：（102）：13－36.

老板·创业			
一、经理人			
书名	内容	书名	内容
老总有想法，高层有干法 王清华 著	企业将、帅之间的定位问题、角色问题、方法问题、思维问题、管理问题等	历史深处的管理智慧1：组织建设与用人之道 刘文瑞 著	通过历史鉴照当今企业选人用人、二代接班人、创业团队管理等问题
历史深处的管理智慧2：战略决策与经营运作 刘文瑞 著	通过历史鉴照当今企业决策、战略规划、战略冒进、决策监督等问题	历史深处的管理智慧3：领导修炼与文化素养 刘文瑞 著	通过历史鉴照当今企业的领导修养、用权、管理风格等问题
老板经理人双赢之道 陈 明 著	经理人怎养选平台、怎么开局，老板怎样选/育/用/留		
二、用人			
用好骨干员工 王 敏 著	系统化分享关键人才打造与激励方法	领导这样点燃你的下属 孟广桥 著	领导者如何才能让员工积极主动地工作
让用人回归简单 宋新宇 著	帮助管理者抓住用人的要害，让用人变得简单		
三、转型·创业			
创业要过哪些坎 董 坤 著	15年创业咨询经验总结的创业遇到的问题及办法	高潜牛人 董 坤 著	创业和事业发展中如何找到牛人
成为下一个SaaS独角兽 崔牛会 主编	19位SaaS领专家，7个不同的视角总结SaaS行业实践	创模式：23个行业创新案例 段传敏 著	CEO社群23位企业家的思考与实践分享。
重生——中国企业的战略转型 施 炜 著	本书对中国企业战略转型的方向、路径及策略性举措提出了建议和意见。	7个转变，让公司3年胜出 李 蓓 著	企业估值、业务模式、营销、生产制造、客户服务、用户黏性到组织管理7个转变
企业二次创业成功路线图 夏惊鸣 著	五步骤给出了一幅企业二次创业经营突破、管理提升的成功路线图	跟老板“偷师”学创业 吴江萍 余晓雷 著	如何通过“偷师”学习与积累当老板的阅历
公司由小到大要过哪些坎 卢 强 著	企业成长路线图，现在我在哪，未来还要走哪些路，都清楚了	跳出同质思维，从跟随到领先 郭 剑 著	66个精彩案例剖析，帮助老板突破行业长期思维惯性
企业经营			
经营打造你的盈利系统 高可为 著	选择最有效的经营策略，打造属于自己的商业模式	中国企业的觉醒 王 涛 著	企业告别自私、野蛮，转向善良、爱，才会赢得消费者
成为敏感而体贴的公司 王 涛 著	未来有竞争力的企业，一定是那些敏感而体贴的公司！	有意识的思考 王 涛 著	对头脑中固有观念保持觉察，从而超越它们的局限
简单思考 孔祥云 著	著名咨询公司（AMT）CEO创业历程中的经验与思考	写给企业家的公司与家庭财务规划 周荣辉 著	以企业的发展周期为主线，写各阶段企业与企业主家庭的财务规划

续表

书名	内容	书名	内容
从10亿到100亿的企业顶层设计 刘建兆　著	重新定义企业成长方式，有效益、有效率、有效能、有效果、有品质的良性成长。	活系统：跟任正非学当老板 孙行健　尹　贤　著	造活系统，使系统活，靠系统活，活得系统。
宗：一位制造业企业家的思考 刘建兆　著	发展20年营业额近亿元制造业企业家的思考与心得	使命：驱动企业成长 高可为　著	用大企业发展轨迹及企业家的心路历程，揭示企业成长的基因，做事的逻辑
让经营回归简单 宋新宇　著	战略、客户、产品、员工、成长、经营者的经营法则	边干边学做老板 黄中强　著	86个案例讲述中小公司成长过程遇到的问题和方法
盈利原本就这么简单 高可为　著	跨越业务与财务边界，为企业提高盈利水平提供方法。		
综合管理			
一、企业管理			
让管理回归简单 宋新宇　著	从目标、组织、决策、授权、人才、老板自己等提供方案	管理的尺度 刘文瑞　著	西医式的体检化验，又要施加中医式的望闻问切
管理：以规则驾驭人性 王春强　著	人性驾驭角度权度运筹安排的可兑现性，管理有效性	看电影，学管理 刘文瑞　著	十六部电影的解读，揭示电影内含的管理之道
好管理　靠修行 曾　伟　著	从佛法、道法思想中寻找管理智慧	公司大了，怎么管 全国华　著	成长型企业发展中的共性问题，通过案例实录解开
低效会议怎么改 王玉荣　葛新红　著	从梳理公司会议体系的层面改变低效会议的现状	年初订计划年尾有结果 郭　晓　著	总结七步落地方案让战略计划切实落地实现
分股合心 段　磊　周　剑　著	围绕股权激励，详细介绍相关知识和实行方法	员工心理学超级漫画版 邢　磊　著	漫画形式对组织中个体心理的全面介绍和深入探讨
让投诉客户满意离开 孟广桥　著	投诉法律法规，应对各种投诉技巧等提升客诉能力		
二、管理思想			
管理学的奠基者 刘文瑞　著	近代以来的管理思想发展揭示管理思想的演化奥秘	巴纳德组织理论研读 郭　威　著	深度研读巴纳德《经理人员的职能》，帮你理解和看懂
管理学在中国 刘文瑞　著	科学看待管理学流入中国，对继承发展进行深入阐述	德鲁克管理学 张远凤　著	以德鲁克管理思想发展为线展示20世纪管理学发展
德鲁克与他的论敌们 罗　珉　著	德鲁克与马斯洛、戴明等诸多管理大师论战的故事	德鲁克管理思想解读 罗　珉　著	作为德鲁克学生全面解构其思想的精髓与实践价值
治论：中国古代管理思想 张再林　著	深入分析中国古代哲学基本精神的基础上，梳理分析了儒法墨三家的管理思想		

续表

营销·销售			
一、企业销售			
书名	内容	书名	内容
大客户销售这样说这样做 陆和平　著	大客户销售活动的十大模块，68个典型销售场景	向高层销售 贺兵一　著	销售人员与客户高层打交道需要重点掌握的知识、技巧
资深大客户经理 叶敦明　著	将大客户经理必须具备的规划、策略、执行三种能力连通自如	成为资深的销售经理 陆和平　著	让销售经理成功把握销售管理6个关键点，并提供工具
销售是个专业活 陆和平　著	据客户采购流程拆分销售过程10阶段，讲解方法技巧	学话术　卖产品 张小虎　著	手机、电动车、家电、食品等消费品的一线销售话术
二、企业营销			
新营销组织力 迪智成　著	适应最新数字化外部环境，系统化协同组织能力建设	营销按钮 老　苗　著	讲述存在于人性以及各个营销环节中的“按钮”
精品营销战略 杜建君　著	“精品营销战略”核心逻辑与营销组合策略	360°谈营销 王清华　古怀亮　著	营销是立体的，从不同角度观察不同企业的营销精髓
互联网精准营销 蒋　军　著	互联网时代整3体策划、包装品牌和产品	招招见销量的营销常识 刘文新　著	做好基本的营销动作都可以提高销量、减低成本
用数字解放营销人 黄润霖　著	用数字说话覆盖营销工作的方方面面	用营销计划锁定胜局 黄润霖　著	让营销计划落地，营销人员只需解决两个问题：基数与概率
我们的营销真案例 联纵智达研究院　著	五芳斋粽子、诺贝尔瓷砖、利豪家具、保健品、娃哈哈	中国营销战实录 联纵智达研究院　著	51个案例，46家企业，46万字，18年积淀
弱势品牌如何做营销 李政权　著	产品与物流通道、服务通道、促销互动通路提供方法	解决方案营销实战案例 刘祖轲　著	十大工业品作者实操案例解码解决方案营销
升级你的营销组织 程绍珊　吴越舟　著	根据企业实际情况建立有机性营销组织	变局下的营销模式升级 程绍珊　叶　宁　著	十年大量案例归纳三种核心驱动要素，三种升级方向
老板如何管营销 史贤龙　著	以十六个招式，理论与案例相结合，高段位营销方法	孙子兵法营销战 刘文新　著	理解《孙子兵法》原意的同时，还可体悟到营销之用
三、品牌			
中国品牌营销十三战法 朱玉童　著	深度演绎最符合企业品牌营销策划的十三套实战战法	中小企业如何打造区域强势品牌 吴　之　著	如何建立强势品牌的角度解析扩张难题
四、营销策划			
这样写文案，就没有卖不动的产品 秦　剑　刘安丽　著	术、法、道三个层面由浅至深培养商业文案创作能力	洞察人性的营销战术 沈　坤　著	介绍了28个匪夷所思的营销怪招，大部分甚至可以直接运用

续表

书名	内容	书名	内容
双剑破局：沈坤营销策划案例集 沈　坤　著	双剑公司8年来的实操案例，每个项目诞生过程、策划角度和方法		
企业案例			
鲁花：一粒花生撬动的粮油帝国 余　盛　著	鲁花如何成长为优秀的带动农业产业发展的品牌，鲁花你一定学得会	金龙鱼背后的粮油帝国 余　盛　著	以金龙鱼为脉的一部中国粮油行业的史诗
你不知道的加多宝 曲宗恺　牛玮娜　著	以时间为轴线，详细叙述了加多宝品牌的发展历程	静水流深 黄治国　著	作者在美的十五年对何享健近内部讲话资料的整理
娃哈哈区域标杆 罗宏文　快车君 赵晓萌　寇尚伟	讲娃哈哈豫北市场如何成为娃哈哈全国第一大市场、全国增量第一的市场	借力咨询：德邦成长背后的秘密 官同良　王祥伍　著	德邦将自己积累的与咨询公司发展共赢的合作逻辑和盘托出
六个核桃凭什么从0过100亿 张学军　著	全视角深度解读养元企业的裂变成长，复盘十年蜕变轨迹	像六个核桃一样 王　超　著	六个核桃为什么卖得这么好，产品畅销的6大要义36条简明法则
中国首家未来超市 IBMG集团　著	对乐城超市的掌门人及内部员工的采访详细阐释了乐城的经验	三四线城市超市如何快速成长：解密甘雨亭 IBMG集团　著	甘雨亭的许多关键经营指标均高于行业标准，学习其成功的方法
集团化企业阿米巴实战案例 初勇钢　著	作者在某酒厂推行阿米巴经营模式的心得		
经销商			
新经销：新零售时代教你做大商 黄润霖　著	探访近100位经销商在传统营销手法上的创新，传统营销微创新和新营销本地化	商用车经销商运营实战 杜建君　王朝阳 章晓青　著	对商用车经销商的经营与管理、4S店运营做了全方面的系统总结
跟行业老手学经销商开发与管理 黄润霖　著	从管理耐用消费品经销商角度提炼了48个代表性问题并给出解决办法	快消品经销商如何快速做大 黄润霖　著	经销商如何通过经营实现规模，通过管理实现规模效益
建材家居经销商实战42章经 王庆云　著	经营管理的心法和战法，帮助经销商成为“业务妙手”和“管理能手”	成为最赚钱的家具建材经销商 李治江　著	针对建材家居行业的经销商，从销售模式、产品、门店、市场等方面给出方法
白酒经销商的第一本书 唐江华　著	经销商如何选择厂家、合作、运营品牌等问题给建议	快消品招商的第一本书 刘　雷　著	从招商理论到招商动作进行系列化分解，化繁为简
中小企业			
中小企业如何打造区域强势品牌 吴　之　著	如何建立强势品牌的角度解析扩张难题	用流程解放管理者 张国祥　著	8个板块构成，共66篇文章，14幅流程管理图
用流程解放管理者2 张国祥　著	对中小企业规范化流程管理进行系统的阐述	弱势品牌如何做营销 李政权　著	产品与物流通道、服务通道、促销互动通路提供方法

续表

书名	内容	书名	内容
本土化人力资源管理8大思维 周　剑　著	用最贴近中国中小企业现实管理情境的案例去讲述周围人的“家事”	**中小农业企业品牌战法** 韩　旭　著	农业企业需要全产业链视野，更需要品牌实战方法
门店销售冠军复制系统 王吉坤　著	门店型企业如何打造可复制的销售冠军系统，凡是门店型企业都可以使用	**新零售动作分解与实操：建材·家居·家具** 盛斌子　著	对泛家居行业趋势、店面管理、团队管理、促销推广、五感营销等提供策略
家具建材促销与引流 薛　亮　李永锋　著	对泛家居营销执行模式和工具、关键环节等进行汇总	**建材家居门店6力爆破** 贾同领　著	产品力、导购力、形象力、推广力、服务力、组织力
家具行业操盘手 王献永　著	总结家具终端门店发展的现状及问题并给出策略	**手把手教你做专业督导** 熊亚柱　著	系统梳理督导的核心技能，岗位职责、工作流程及技能
手把手帮建材家居导购业绩倍增 熊亚柱　著	针对建材家居门店的业务人员，案例故事还原场景教你成为好导购	**10步成为最棒的建材家居门店店长** 徐伟泽　著	梳理店长管理的核心工作职责，店面管理规范和帮助销售人员成长
建材家居门店销量提升 贾同领　著	9个板块讲述建材门店一个单店如何做到经营的良性循环	**总部有多强大，门店就能走多远** IBMG集团　著	五大方向综合阐述连锁零售企业总部如何提升管理能力
赚不赚钱靠店长，从懂管理到会经营 孙彩军　著	注重专卖店的经营思路拓展，门店管理细节方面能力提升	**新医改了，药店就要这样开** 尚　锋　著	从药店定位的思考，内部和会员管理等几个方面探讨中小型药店发展方向
门店管理			
电商来了，实体药店如何突围 尚　锋　著	新时代药店经营三驾马车：药学专业服务、会员贴心服务和精准定向促销	**引爆药店成交率1：店员导购实战** 范月明　著	药店人的零售工作怎样接待顾客，完善销售技巧
引爆药店成交率2：药店经营实战 范月明　著	从药店经营角度如何建立改善门店现状的实用标准	**引爆药店成交率：专业化销售解决方案** 范月明　著	从简单的拿药服务到提供多角度的专业解决方案
互联网			
一、互联网转型			
画出公司的互联网进化路线图 李　蓓　著	18个“可以……吗”的问题作为你产品、客户和价值方面的指引牌	**7个转变，让公司3年胜出** 李　蓓　著	企业估值、业务模式、营销、生产制造、客户服务、用户黏性到组织管理7个转变
重生战略移动互联网和大数据时代的转型法则 沈　拓　著	四个重生战略对应四个法则告知传统企业的转型重生之路	**创造增量市场：传统企业互联网转型之道** 刘红明　著	为读者提供了寻找这些互联网的切入点和接触点的具体方法，带来增量市场
互联网+变与不变 本土管理实践与创新论坛　著	61篇精华文章，聚焦传统行业如何互联网+时代转型	**今后这样做品牌** 蒋　军　著	顶层设计、营销创新、产品战略、渠道变革、品牌策略
移动互联新玩法 史贤龙　著	立足现实，剖析新时代背景下的移动互联趋势与热点	**互联网时代的成本观** 程　翔　著	多维组合成本的互联网精神和大数据特征及应用

续表

书名	内容	书名	内容
正在发生的转型升级实践 本土管理实践与创新论坛　著	100多位本土管理专家当年对最新一年的思考和实践	**1000铁杆女粉丝** 张兵武　著	如何让普通女性成为忠实追随的铁杆粉丝，磁力点、情感结、甜蜜区、信任圈
混沌与秩序Ⅰ：变革时代企业领先之道 彭剑锋　施　炜 苗兆光　王祥伍 孙　波　夏惊鸣	新环境下企业面临变革应如何应对，作为企业家又应当如何坚守并与企业共同成长提出了深度思考	**混沌与秩序Ⅱ：变革时代管理新思维** 彭剑锋　施　炜 苗兆光　王祥伍 孙　波　夏惊鸣	对处于时代变革下的企业管理新机制、人力资源管理新思维，组织与人的新型关系，结合案例提出优化建议
消费升级：实践·研究 本土管理实践与创新论坛　著	从经营、管理、行业三个方面记录消费升级下的实践	**互联网精准营销** 蒋　军　著	互联网时代整体策划、包装品牌和产品
二、抖音、微信微商、电商			
抖音营销系统 刘大贺　著	抖音系统的实战营销知识，上百个从0做大的案例	**金牌微商团队长** 罗晓慧　著	微商团队长创业实操的指导工具书
微商生意经：真实再现33个成功案例操作全程 伏泓霖　罗晓慧　著	精心挑选的33个微商成功案例，阐述具体操作过程	**快速见效的企业微信营销方法** 孙　巍　著	站在微信生态的立体高度系统讲述企业微信快营销方法论
阿里巴巴实战运营：14招玩转诚信通 聂志新　著	产品定位、阿里巴巴排名因素、数据分析，标题优化等如何做好阿里巴巴	**阿里巴巴实战运营2：诚信通热卖技巧** 聂志新　著	打开诚信通运营的金钥匙，10大具体运营技巧
三、行业新营销			
餐饮新营销 杨　勇　程绍珊　著	聚焦餐饮企业转型，系统的餐饮企业营销管理体系	**新零售进化路径** 李政权　著	预先复盘新零售及商业的未来，找到方向
珠宝黄金新营销 崔德乾　著	珠宝业新营销/新品牌/新产品/新零售/新连接/新场景/新服务/新传播/新管理	**新经销：新零售时代教你做大商** 黄润霖　著	探访近100位经销商在传统营销手法上的创新，传统营销微创新和新营销本地化
新零售动作分解与实操：建材·家居·家具 盛斌子　著	对泛家居行业趋势、店面管理、团队管理、促销推广、五感营销等提供策略	**新营销** 刘春雄　著	让品牌商和渠道商掌握获得独立流量的能力，能够与平台商博弈
快速见效的企业网络营销方法　B2B　大宗B2C 张　进　著	数据和案例90%来自作者服务的中小企业，快速全面地学习企业网络营销方法	**移动互联下的超市升级** 联商网专栏　著	超市未来的发展趋势，对社区超市、生鲜、全渠道建设、O2O等提出观点
百货零售全渠道营销策略 陈继展　著	零售行业的竞争重点、行业本质，战略转型、未来趋势、经验和案例	**互联网时代的银行转型** 韩友斌　著	银行业在互联网金融变革浪潮中所做的积极应对和转型布局
触发需求：互联网新营销样本·水产 何足奇　著	通过鲜誉案例解读阐述水产行业如何进行互联网转型	**新农资如何弯道超车** 刘祖轲　著	从农业产业化、互联网转型、行业营销与经营突破四个方面阐述农资企业转型

续表

书名	内容	书名	内容
新零售　新终端 迪智成　著	将新零售系统打法做梳理并落地在新终端建设上		
医药医疗			
一、药店			
新医改了，药店就要这样开 尚　锋　著	从药店定位的思考，内部和会员管理等几个方面探讨中小型药店发展方向	电商来了，实体药店如何突围 尚　锋　著	新时代药店经营三驾马车：药学专业服务、会员贴心服务和精准定向促销
引爆药店成交率1：店员导购实战 范月明　著	药店人的零售工作怎样接待顾客，完善销售技巧	引爆药店成交率2：药店经营实战 范月明　著	从药店经营角度如何建立改善门店现状的实用标准
引爆药店成交率：专业化销售解决方案 范月明　著	从简单的拿药服务到提供多角度的专业解决方案		
二、药品销售			
医药第三终端：从控销到动销　诊所　基层医疗 王祥君　张芳文　著	用大量案例来梳理药企落地动销的策略、方法和技战术	医药营销：诊所开发维护与动销 张江民　著	从六个方面系统阐述基层诊所市场营销攻略
处方药合规推广实战宝典 赵佳震　著	对处方药推广体系搭建、推广人员岗位内容等六个方面进行阐述	医药代理商经营全指导 戴文杰　著	从产品选择、价格体系设计、路径管理等维度描述代理商产品操作的基本策略
处方药零售这样做 田　军　著	处方药零售的重要性及做市场的具体措施和方法	OTC 医药代表药店开发与维护 鄢圣安　著	一位从初级 OTC 医药销售代表成长起来的销售经理的经验分享
OTC 医药代表药店销售36计 鄢圣安　著	以《三十六计》为线，写 OTC 医药代表向药店销售的一些技巧与策略		
三、药企转型			
药企战略·运营与医药产业重构 杜　臣　著	对医药产业的深度认知与发展趋势结合，战略思考与经营操作相统一	医药行业大洗牌与药企创新 林延君　沈　斌　著	围绕着创新介绍医药行业，介绍近百家医药企业创新实践案例
医药新营销 史立臣　著	从药企最关心的八个方面阐述制药企业、医药商业企业营销模式转型	医药企业转型升级战略 史立臣　著	商业模式转型、管理转型、定位转型、运营模式转型和跨界转型五方面阐述转型
新医改下的医药营销与团队管理 史立臣　著	立足新医改相关政策的解读，为中小医药企业出谋划策	在中国，医药营销这样做 段继东　著	时代方略在医药营销领域思想、方法文章的精选合集
四、新医疗			
成为医疗器械领军者 王　强　著	中小型医疗器械生产企业和代理商怎样转型	新型诊所经营与创新 动脉网　著	对新型诊所从标准化管理、经营方式、团队建设、连锁模式四个方面进行解读

续表

书名	内容	书名	内容
医美新风口：颜值经济下的亿万市场 动脉网　著	详细介绍中国医疗美容行业的发展趋势，现状以及医美产业链等	互联网医院：正在发生的医疗新变革 动脉网　著	介绍互联网医院的建设与运营、管理，发展模式和市场布局，以及发展规律
快消品			
一、快消案例			
中国快消品营销这些年 史贤龙　著	一本书浓缩快消品营销15年的实战历程与前沿思考	这样打造大单品 迪智成　著	通过13个大案例帮助企业梳理打造大单品的路径
你不知道的加多宝 曲宗恺　牛玮娜　著	以时间为轴线，详细叙述了加多宝品牌的发展历程	娃哈哈区域标杆 罗宏文　快车君 赵晓萌　寇尚伟	讲娃哈哈豫北市场如何成为娃哈哈全国第一大市场、全国增量第一的市场
六个核桃凭什么从0过100亿 张学军　著	全视角深度解读养元企业的裂变成长，复盘十年蜕变轨迹	像六个核桃一样 王　超　著	六个核桃为什么卖得这么好，产品畅销的6大要义36条简明法则
5小时读懂快消品营销 陈海超　著	20年快速消品市场风云洞察解码，丰富的案例解析		
二、快消品区域经理			
快消品营销团队管理 刘　雷　伯建新　著	快消品团队管理相关的20余个工具+20余个案例	这样打造快消品区域标杆 罗宏文　牛玉龙　著	分为两篇解决如何成功打造标杆市场和进行持续增量管理两大问题
成为优秀的快消品区域经理（升级版） 伯建新　著	作为区域经理的“速成催化器”，升级版增加11篇内容	快消老手都在这样做：区域经理操盘锦囊 方　刚　著	一线成长起来的资深快消品营销人“压箱底”绝活亲囊而授
快消品营销人的第一本书 刘雷　伯建新　著	针对一线厂家业务员工作中常遇到的问题给予建议	销售轨迹：一位快消品营销总监的拼搏之路 秦国伟　著	一个普通营销人的故事，16年背井离乡的职场拼搏之路
快消品营销：一位销售经理的工作心得2 蒋　军　著	从市场操作、团队管理、传播推广、营销的具体策略和战略等方面提供方法		
三、快消品动销			
动销：产品是如何畅销起来的 余晓雷　著	怎么被消费者买走和竞争对手是谁这两个原点解决动销问题	动销操盘：节奏掌控与社群时代新战法 朱志明　著	用七个章节阐述关于动销操盘的要诀，节点、节奏、主次、条件匹配性等问题
动销四维：全程辅导与新品上市 高继中　著	从产品、渠道、促销和新品上市四个方面详细讲解提高动销的具体方法		
四、快消品渠道			
深度分销 施　炜　著	流道价值链、模式选择、渠道策略与管理、零售经销商管理、最佳实践、团队建设	通路精耕操作全解周俊 陈小龙　著	对康师傅制胜法宝通路精耕进行系统介绍与说明，图表和完善入微的操作方法

续表

书名	内容	书名	内容
酒水饮料快消品餐饮渠道营销手册 朱伟杰　著	对餐饮渠道深入挖掘，建立适合餐饮渠道发展的服务模式和组织保障措施	快消品经销商如何快速做大 杨永华　著	经销商如何通过经营实现规模，通过管理实现规模效益
快消品营销与渠道管理 谭长春　著	解决日常涉及的渠道管理、市场、产品等营销事务	快消品招商的第一本书 刘　雷　著	从招商理论到招商动作进行系列化分解，化繁为简
采纳方法：化解渠道冲突 朱玉童　著	21 个最新的渠道冲突案例立体地介绍渠道冲突的现象和方法		
五、快消品企业战略			
重构：快消品企业重生之道 杨永华　著	从战略，品牌，市场，产品，营销，系统，管理 7 个方面进行重构	变局下的快消品实战策略 杨永华　著	从 5 个角度针对快消品企业如何应对行业变局给出答案
新营销 刘春雄　著	让品牌商和渠道商掌握获得独立流量的能力，能够与平台商博弈	采纳方法：破解本土营销 8 大难题 朱玉童　著	破解困扰营销人的八大难题变给出解决方法
白酒营销培训宝典：复制高业绩 刘孝鞅　著	总结白酒营销人员系统运作市场的要点，转化为易学可复制的动作和工具表单	酒水饮料快消品餐饮渠道营销手册 朱伟杰　著	对餐饮渠道深入挖掘，建立适合餐饮渠道发展的服务模式和组织保障措施
白酒营销的第一本书 唐江华　著	多角度阐释白酒一线市场操作的最新模式和方法	白酒经销商的第一本书 唐江华　著	经销商如何选择厂家、合作、运营品牌等问题给建议
白酒到底如何卖 赵海永　著	多角度地阐释了白酒一线市场操作的最新模式和方法	白酒到底如何卖 2：从市场培育到动销 赵海永　著	系统化、标准化、模式化的促成动销的实战操作方式和方法
变局下的白酒企业重构 杨永华　著	白酒企业重构期的营销战略与实操策略 6 大方法	酒业转型大时代 微　酒　著	酒水营销、新闻资讯及行业分析、预测的知识宝典
区域型白酒企业营销必胜法则 朱志明　著	以 36 条法则从战略、营销、推广、产品线、品牌、市场、战术、等方面提供方法	10 步成功运作白酒区域市场 朱志明　著	从市场攻守、产品攻略、新品上市、占领渠道、促销等十个层面阐述
茶·调味品·油·乳业			
营销中国茶：2 小时读懂茶叶营销 史贤龙　著	中国茶营销的“困局”“破局”和“创举”	中国茶叶营销第一书 柏　龑　著	纵览中国茶叶市场的全局，并且有针对性地提出问题并阐述解决方法
调味品营销第一书 陈小龙　著	15 年监控中国市场 50 个中外著名调味品品牌市场运作、管理等得到的经验总结	调味品企业八大必胜法则 张　戟　著	提炼了调味品企业八大规律性的关键成功要素
食用油营销的第一本书 余　盛　著	从小包装油行业概述到产品的基本知识，从基本执行动作到品牌整体策划等	鲁花：一粒花生撬动的粮油帝国 余　盛　著	鲁花如何成长为优秀的带动农业产业发展的品牌，鲁花你一定学得会

续表

书名	内容	书名	内容
金龙鱼背后的粮油帝国 余　盛　著	以金龙鱼为脉的一部中国粮油行业的史诗	乳业营销的第一本书 侯军伟　著	区域型乳品企业如何才能够稳健的发展
工业品			
一、工业品销售			
大客户销售这样说这样做 陆和平　著	大客户销售活动的十大模块，68个典型销售场景	销售是个专业活　B2B 陆和平　著	据客户采购流程拆分销售过程10阶段，讲解方法技巧
成为资深的销售经理：B2B　工业品 陆和平　著	让销售经理成功把握销售管理6个关键点，并提供工具	一切为了订单：订单驱动下的工业品营销实践 唐道明　著	以订单流程的三个环节为主线讲述工业品营销管理新思路
二、工业品营销			
工业品营销管理实务(第4版) 李洪道　著	是信任导向工业品营销体系的深化版、工业品营销管理体系优化咨询升级版	工业品企业如何做品牌 张东利　著	为当下中国制造的品牌化转型提供经过实践证明的理念、方法和体系
工业品市场部实战全指导 杜　忠　著	解决职能不清、市场部五大职能如何运作、职业发展路径等具体问题	解决方案营销实战案例 刘祖轲　著	十大工业品作者实操案例解码解决方案营销
资深大客户经理：策略准　执行狠 叶敦明　著	将大客户经理必须具备的规划、策略、执行三种能力连通自如		
三、工业品企业			
变局下的工业品企业7大机遇 叶敦明　著	探索工业品企业成长的新机会，7大战略与战术性机会	两化融合管理体系贯标流程与方法 戴　勇　著	融合五十多家企业在两化融合贯标过程的经验，总结重点与举措
丁兴良讲工业4.0 丁兴良　著	多角度阐述中国在工业4.0的机遇和挑战		
建材家居			
一、建材家居门店			
家居建材促销与引流 薛　亮　李永锋　著	对泛家居营销执行模式和工具、关键环节等进行汇总	新零售动作分解与实操：建材·家居·家具 盛斌子　著	对泛家居行业趋势、店面管理、团队管理、促销推广、五感营销等提供策略
家具行业操盘手 王献永　著	总结家具终端门店发展的现状及问题并给出策略	手把手教你做专业督导 熊亚柱　著	系统梳理督导的核心技能，岗位职责、工作流程及技能
手把手帮建材家居导购业绩倍增 熊亚柱　著	针对建材家居门店的业务人员，案例故事还原场景教你成为好导购	10步成为最棒的建材家居门店店长 徐伟泽　著	梳理店长管理的核心工作职责，店面管理规范和帮助销售人员成长
建材家居门店销量提升 贾同领　著	9个板块讲述建材一个单店如何做到经营的良性循环	建材家居门店6力爆破 贾同领　著	产品力、导购力、形象力、推广力、服务力、组织力
二、建材家居经销商			
新经销：新零售时代教你做大商 黄润霖　著	探访近100位经销商在传统营销手法上的创新，传统营销微创新和新营销本地化	建材家居经销商42章经 王庆云　著	经营管理的心法和战法，帮助经销商成为“业务妙手”和“管理能手”

续表

书名	内容	书名	内容
成为最赚钱的家具建材经销商 李治江　著	针对建材家居行业的经销商，从销售模式、产品、门店、市场等方面给出方法		
三、建材家居企业			
定制家居黄金十年 韩　锋　翁长华　著	对中国定制家居行业20年发展历程深度、系统、专业的解读	建材家居营销：除了促销还能做什么 孙嘉晖　著	探索家居建材行业营销的革命，回顾和思考来发现行业"营销天花板"的突破口
建材家居营销实务：新环境、新战法 程绍珊　杨鸿贵　著	针对建材家居市场特点提出以客户价值为基础的整体营销价值链		
零货·超市·百货			
新零售进化路径 李政权　著	预先复盘新零售及商业的未来，找到方向	新零售　新终端 迪智成　著	将新零售系统打法做梳理并落地在新终端建设上
移动互联下的超市升级 联商网　著	超市未来的发展趋势，对社区超市、生鲜、全渠道建设、O2O等提出观点	百货零售全渠道营销策略 陈继展　著	零售行业的竞争重点、行业本质，战略转型、未来趋势、经验和案例
超市卖场定价策略与品类管理 IBMG集团　著	零售企业的市场拓展与商品定位、商品结构与商品陈列、毛利分析与库存分析	连锁零售企业招聘与培训破解之道 IBMG集团　著	围绕零售企业组织架构、培训体系建设等内容进行深刻探讨
总部有多强大，门店就能走多元 IBMG集团　著	五大方向综合阐述连锁零售企业总部如何提升管理能力	三四线城市超市如何快速成长：解密甘雨亭 IBMG集团　著	甘雨亭的许多关键经营指标均高于行业标准，学习其成功的方法
中国首家未来超市：解密安徽乐城 IBMG集团　著	对乐城超市的掌门人及内部员工的采访详细阐释了乐城的经验	零售：把客流变成购买力 丁　昀　著	通过大量的实际案例对中国零售业态的升级转型之路提出思考
餐饮·服装·影院			
餐饮新营销 杨　勇　程绍珊　著	聚焦餐饮企业转型，系统的餐饮企业营销管理体系	电影院的下一个黄金十年 李保煜　著	介绍了中国电影产业的运作模式以及电影院的开发、设计思路
餐饮企业经营策略第一书 吴　坚　著	阐述餐饮企业产品之道、市场之道、顾客之道及盈利之道	赚不赚钱靠店长，从懂管理到会经营 孙彩军　著	注重专卖店的经营思路拓展，门店管理细节方面能力提升
农牧业			
一、农资			
饲料营销有方法 陈石平　著	饲料营销的7大核心命题	农资营销实战全指导 张　博　著	深度营销在农资市场行之有效的营销策略和工具
新农资如何弯道超车 刘祖轲　著	从农业产业化、互联网转型、行业营销与经营突破		

续表

书名	内容	书名	内容
二、农牧企业			
中国牧场管理实战 黄剑黎　著	牧场管理标准、管理制度、操作规程做出剖析和指引	中小农业企业品牌战法 韩　旭　著	农业企业需要全产业链视野，更需要品牌实战方法
变局下的农牧企业9大成长策略 彭志雄　著	为农牧企业量身打造了9个立足现在、展望未来的成长策略	农产品营销实战第一书 胡浪球　著	针对33个农产品营销的核心问题提供具体招数
		地产·汽车	
一、地产			
中国城市群房地产投资策略 吕俊博　刘　宏　著	挖掘主要城市群的现状特征、发展因子、演化趋势、竞争关系等，给出分析建议	产业园区/产业地产：规划、招商、实战运营 阎立忠　著	认知、规划、招商、运营四方面系统解读产业园区的建设精要和运营技巧
人文商业地产策划 戴欣明　著	“全球化视野（创意）”＋“人文＋”思维		
二、汽车			
商用车经销商运营实战 杜建君　著	对商用车经销商的经营与管理、4S店运营做了全方面的系统总结	汽车配件这样卖 俞士耀　著	适合轮胎、机油、维修、快保、美容、洗车等汽车服务业态销售实操办法
润滑油销售：这样说，这样做更有效 张金荣　著	总结润滑油销售面对三大客户常遇到的200余个营销问题解决方法		
		投资理财·收购资本	
交易心理分析 马克·道格拉斯 【美】　著	一语道破赢家的思考方式，并提供了具体的训练方法	财报背后的投资机会 蒋　豹　著	零基础轻松掌握财务报表的相关知识，快速入门
写给企业家的公司与家庭财务规划 周荣辉　著	以企业的发展周期为主线，写各阶段企业与企业主家庭的财务规划	分股合心 段　磊　周　剑　著	围绕股权激励，详细介绍相关知识和实行方法
成功并购300问 浩德并购军师联盟　著	系统学习资本运作和企业并购知识的金融工具书	并购名著阅读指南 叶兴平　著	全球5000多本并购图书中精选200本并进行评价
		阿米巴	
阿米巴经营的中国模式 李志华　著	基于阿米巴经典理念提出了适合中国本土的员工自主经营的“1532”模型	集团化企业阿米巴实战案例 初勇钢　著	作者在某酒厂推行阿米巴经营模式的心得
中国式阿米巴落地实践之激活组织 胡八一　著	划分原则、裂变与整合、组织管控、重新定位、巴长竞聘和组阁	中国式阿米巴落地实践之从交付到交易 胡八一　著	从6个方面阐述经营会计，从交付到交易是成功实施阿米巴的标志
中国式阿米巴落地实践之持续盈利 胡八一　著	企业做平台、平台做成阿米巴、阿米巴做成合伙制		

续表

人力资源管理			
一、绩效·薪酬			
书名	内容	书名	内容
回归本源看绩效 孙　波　著	从目的和概念帮助企业梳理绩效管理与经营的关系	**走出薪酬管理误区** 全怀周　著	7个常见薪酬误区入手为企业提供一套系统解决方法
曹子祥教你做绩效管理 曹子祥　著	作者核心授课课程的还原，掌握绩效管理的核心内容	**曹子祥教你做激励性薪酬设计** 曹子祥　著	作者28年咨询经验总结，如何进行科学的薪酬体系设计
二、招聘·面试·培训			
把招聘做到极致 远　鸣　著	多年人力资源资深招聘经理多年工作心得提炼	**把面试做到极致** 孟广桥　著	一套实用的确定岗位招聘标准、提升面试官技能方法
人才评价中心漫画版 邢　雷　著	用漫画形式写成的人才测评专业书籍	**世界500强资深培训经理人教你做培训管理** 陈　锐　著	从构建培训体系、培训组织、培训文化、开发培训资源教你做培训管理
三、HR高管·劳动法			
经营型HRD 黄渊明　著	总结企业HRD如何支撑企业经营成功抓好七件关键事情	**人才供应链：实现高绩效均衡的人才管理模式** 许　锋　著	打造人才供应链的四大支柱，十项修炼的完整体系
新任HR高管如何从0到1 新　海　著	到互联网创业型企业担任HRVP，从0到1建立较完善的HR体系	**人力资源体系与e－HR信息化建设** 刘书生　陈　莹 王美佳　著	6大框架、28个关注点、5大目标、6大优势、166个交付物咨询体系和盘托出
集团化人力资源管理实践 李小勇　著	针对集团型企业人力资源管理急问题，提出科学建议	**我的人力资源管理笔记** 张　伟　著	第三方咨询视角跳出“技术方法”看人力资源管理
人力资源的5分钟劳动法 李皓楠　著	入职管理、在职管理、离职管理中遇到的劳动法问题及应对		
四、HRBP			
HRBP是这样炼成的之菜鸟起飞 黄渊明　著	作者在初步转型HRBP两年时间里摸索实践的亲身经历与总结	**HRBP是这样炼成的之中级修炼** 黄渊明　著	结合作者亲身从事HRBP的工作经历，总结HRBP的作战故事
HRBP高级修炼 黄渊明　著	故事方式，HRD角度深度呈现运用HRBP的思维、方法		
企业文化			
企业文化落地本土实践 王祥伍　著	华夏基石“知信行”模型描绘企业文化落地路线图	**企业文化的逻辑** 王祥伍　著	从文化起源深刻剖析文化、效率、企业、企业文化联系
企业文化定位·落地一本通 王明胤　著	企业文化理念传播和落地聚焦的17种方法，解读了近100个实战案例	**36个拿来就用的企业文化建设工具** 海融心胜　著	汇集整理了36个通用的企业文化实践工具

续表

书名	内容	书名	内容
企业文化激活沟通 宋杼宸　安　琪　著	系统阐述沟通与企业文化的关系，给予企业提升沟通效能的企业文化解决方案	**企业文化建设超级漫画版** 邢　雷　著	用漫画形式写成的企业文化建设专业书籍，理论体系和 29 个具体的操作方法
在组织中绽放自我 朱仁建　著	个人与组织之间的关系，文化对组织化形成的影响		
流程管理			
营销·研发·供应链业务架构与流程管理 谭勋晖　著	对营销、研发、供应链这三大业务流程变革实践经验总结	**打造集成供应链** 王春强　著	第一用力在“集成”上，梳理内外部各相关模块及其依赖关系
人人都要懂流程 金国华　余雅丽　著	50 幅流程管理漫画，内部对流程价值理念的高度共识	**用流程解放管理者** 张国祥　著	8 个板块构成，共 66 篇文章，14 幅流程管理图
用流程解放管理者 2 张国祥　著	对中小企业规范化流程管理进行系统的阐述	**跟我们学建流程体系** 陈立云　罗均丽　著	在《跟我们做流程管理》基础上丰富了标杆实践案例
16949 质量管理体系落地与全套文件汇编 谭洪华　著	对 IATF16949 每个条款讲解采用理解、作用、落地、模板、成功案例四个模块解析	**ISO9001：2015 制造业文件模板全集** 贺红喜　著	五篇内容组成的完整的质量管理体系工具文件
精益质量管理实战工具 贺小林　著	四个方面对精益质量管理进行了全方位介绍和解读，并提供大量方法工具	**五大质量工具详解及运用案例** 谭洪华　著	APQP、FMEA、MSA、SPC、PPAP 这五大质量工具的具体运用
IATF16949 质量管理体系详解与案例文件汇编 谭洪华　著	针对 IATF16949 的标准原文做详细解说，同时提供大量表单案例	**SA8000：2014 社会责任体系认证实战** 吕　林　著	将 SA8000 多版本及 10 多年的体系实战经验汇编成书
ISO9001：2015 新版质量管理体系解读与案例文件汇编 谭洪华　著	ISO9001：2015 新版标准理解和运用操作进行详细解读	**ISO14001：2015 新版环境管理体系解读与案例文件汇编** 谭洪华　著	ISO14001：2015 改版后的差别和操作运用进行详细讲解
精益生产			
一、精益·JIT·IE			
精益思维 刘承元　著	作者二十余年企业经营和咨询管理的经验总结	**比日本工厂更高效** 刘承元　著	管理提升无极限 + 超强经营力 + 精益改善里的成功实践
计划与物流精益改善之道 于晓光　著	围绕“计划与物流战略咨询的方法论”进行解析，提供方法论和案例	**300 张现场图看懂精益 5S** 乐　涛　著	通过日本丰田、上市企业案例，用 300 张现场图系统讲解 5S 管理
3A 顾问精益实践 1：IE 与效率提升 党新民　苏迎斌 蓝旭日　著	系统、全面地介绍 IE 工厂管理技术，提高效率创造价值	**3A 顾问精益实践 2：JIT 与精益改善** 肖智军　党新民　著	系统、全面地介绍 JIT 生产方式，并加入实践案例
高员工流失率下的精益生产 余伟辉　著	从三方面论述推行精益管理时如何应对员工流失		

续表

书名	内容	书名	内容
二、生产管理			
化工企业工艺安全管理实操 黄　娜　著	围绕化工工艺安全 14 要素来展开分析	手把手教你做专业生产经理 黄　娜　著	生产经理如何在信息流、物流、资金流三大流中开展工作
欧博心法：好工厂　靠管理 曾　伟　著	从管人篇和管事篇帮助读者解决人难管、事难控	欧博工厂案例 1：生产计划管控对话录 曾　伟　曾子豪　著	工厂管理生产计划管控模块的 8 个全景细节大案例
欧博工厂案例 2：品质技术改善对话录 曾　伟　曾子豪　著	工厂管理品质、技术、效率管理模块的 10 个全景细节大案例	欧博工厂案例 3：员工执行力提升对话录 曾　伟　曾子豪　著	工厂管理人员管控模块的 5 个全景细节大案例
工厂管理实战工具 曾　伟　著	中国传统文化指导下的工厂管理工具		
全能型班组：城市能源互联网与电力班组升级 国网天津电力公司　著	从互联网时期的班组转型升级出发，对新型班组组织模式和运行机制进行设想	国网天津电力全能型班组建设实务 国网天津电力公司　著	聚焦天津电力公司在探索全能型班组转型升级时的优秀实践
车间人员管理那些事儿 岑立聪　著	小事入手把基层车间管理者头疼的事务打包解决		
咨询·培训师			
培训师事业长青之道 廖信琳　著	培训师自我管理的“洋葱模型”，十项内容与五个层级	管理咨询师的第一本书 熊亚柱　著	深度剖析初级入行咨询师在工作中会遇到的问题
资深管理咨询顾问工作心得 张国祥　著	使用手册讲述咨询师如何操作项目，老板如何选择咨询师，企业如何自主落地	手把手教你做顶尖企业内训师 熊亚柱　著	从开、控、收、编、制、用的角度去践行培训师的职责
TTT 培训师精进三部曲上 廖信林　著	手把手教您“深度改善现场培训效果”的一招一式	TTT 培训师精进三部曲中 廖信林　著	建构一整套培训课程设计与开发的认知架构和方法体系
TTT 培训师精进三部曲下 廖信林　著	通过“沉淀职业功力的六度模型”，帮助培训师在职业技能上的持续精进		
产品·研发			
研发体系改进之道 靖　爽　陈年根 马鸣明　著	取材数十家企业研发改进的咨询实践，提炼一套实操的改进步骤与工具	新产品开发管理，就用 IPD（升级版） 郭富才　著	把产品经营的思想凝结在新产品开发管理机制中，升级版更丰富
产品开发管理：方法·流程·工具 任彭枞　著	结合超过 300 家企业的实际研发管理方法，总结问题和方法，大量表格	资深项目经理这样做新产品开发管理 秦海林　著	采用过程管理方法，对新产品开发的四大过程进行分析，主要针对小电器产品
产品炼金术Ⅰ：如何打造畅销产品 史贤龙　著	如何打造畅销产品的四个方法	产品炼金术Ⅱ：如何用产品驱动企业成长 史贤龙　著	经营者视角重新认识产品，对产品现状快速诊断
中东历史与现状二十讲 黄民兴　著	对中东几千年的历史和动荡的现状进行了一个白描	非暴力抵抗的诞生 甘　地　著	甘地南非 21 年为印度侨民争取政治权利的艰苦历程

续表

书名	内容	书名	内容
中国古代政治制度上：皇帝制度与中央政府 刘文瑞 著	探究中国古代政治制度的规则和机制，论证古代皇帝制度的形成和演变历程	中国古代政治制度下：地方体制与官僚制度 刘文瑞 著	探究中国古代政治制度的规则和机制，论证古代地方政府的发展演变过程
两晋南北朝十二讲 李文才 著	分12个专题对两晋南北朝的历史进行阐述	每个中国人身上的春秋基因 史贤龙 著	透过真实的春秋历史，看到人性里的黑暗与光明、卑劣与高尚
二、哲学			
车过麻城·再晤李贽 张再林 著	用游记的方式，展示李贽独到的学术眼力和理论建树	王阳明万物一体论 陈立胜 著	“万物一体”是王阳明思想的基本精神。大人者，能与天地万物为一体
自我与世界：以问题为中心的现象学运动研究 陈立胜 著	对现象学运动之中的“意向性”“自我”“他人”“身体”及“世界”进行深入分析	作为身体哲学的中国古代哲学 张再林 著	对中国古代哲学之性质内容给予一种全新的理论解读
中西哲学的歧义与汇通 张再林 著	揭示中西哲学“你中有我，我中有你”之旨		
三、传统文化			
与老子一起思考·道篇 史贤龙 著	一本将《老子》思想本义、思想价值、思想史地位、文明史意义讲透的著作	与老子一起思考·德篇 史贤龙 著	考、释、译、论四个方面的工作对《老子》进行解读
国富策：读管子知天下财富 翟玉忠 著	《管子》轻重十六篇为核心的轻重术，深刻阐发并从中汲取有益时代的经验教训	说服天下：鬼谷子的中国沟通术 翟玉忠 著	为纵横家正名，对纵横术进行了系统总结
中国商道 翟玉忠 著	对中国先秦和明清时期商业典籍系统整理和诠释	梁涛讲孟子之万章篇 梁 涛 著	对《万章》的讲解通俗、富有新意
中国思想文化十八讲 张茂泽 著	中国宗教文化课程10年基础上撰写而成，介绍中国古代宗教思想	孔门心法，中道而行：史幼波中庸讲记 史幼波 著	史幼波讲的《中庸》提炼出中华传统心性之学的精髓
大学之道，圣学纲目：史幼波大学讲记 史幼波 著	史幼波讲的《大学》帮助我们在自己身上找到一个精神的皈依处	史幼波《周子通书》《太极图说》讲记 史幼波 著	根据史幼波围绕这两篇儒学经典的系列讲座整理而成
四、书法·太极·教育·英语			
跟陈忠建学写名家书法Ⅰ 陈忠建 著	用视频跟陈忠建学名家书法之楷书·行书	跟陈忠建学写名家书法Ⅱ 陈忠建 著	用视频跟陈忠建学名家书法之隶书·楷书·行书
郑子太极拳理拳法 杨竣雄 著	作者14岁入郑子太极之门，用故事性的方式讲述教学	内功太极拳训练教程 王铁仁 著	训练方法及练习，用内气演练过程予以详析，有视频
别让你的执着毁了孩子 廖信林 著	复盘与孩子互动过程中的关键时刻，有效的亲子教育	像美国人一样讲话 马方旭 著	美国最常用的800句习惯用语搭配场景例句，有视频